W0089936

Charles Le Gai Eaton, 1921 in Lausanne geboren, studierte in Cambridge Geschichte und ging dann als britischer Diplomat nach Jamaica, Ägypten und Indien. Seinen muslimischen Glauben reflektiert er, jetzt in London lebend, in Büchern, Funksendungen und als Berater am Islamischen Kulturzentrum. Eaton gilt als einer der kompetentesten Islamisten des Landes.

Charles Le Gai Eaton

Der Islam und die Bestimmung des Menschen

Annäherung an eine Lebensform

Aus dem Englischen
von Eva-Liselotte Schmid

Mit einem Vorwort
von Annemarie Schimmel

WILHELM HEYNE VERLAG
MÜNCHEN

HEYNE SACHBUCH
Nr. 19/333

Titel der englischen Originalausgabe:
ISLAM AND THE DESTINY OF MAN
Erschienen bei The Islamic Texts Society / George Allen & Unwin
(Publishers) Ltd.

Ungekürzte Taschenbuchausgabe
im Wilhelm Heyne Verlag GmbH & Co. KG, München
Copyright © The Islamic Texts Society / George Allen & Unwin
(Publishers) Ltd.
Copyright © 1987 der deutschen Ausgabe
by Eugen Diederichs Verlag, München
Printed in Germany 1994
Umschlagillustration: Archiv für Kunst und Geschichte, Berlin
Umschlaggestaltung: Atelier Adolf Bachmann, Reischach
Druck und Verarbeitung: Ebner Ulm

ISBN 3-453-08141-2

Inhalt

Im Islam leben

Vorwort von Annemarie Schimmel

Unter allen Religionen und Kulturen ist der Islam diejenige, die im Abendland am wenigsten verstanden und am meisten gefürchtet wird. Es scheint für viele leichter zu sein, sich der bunten Vielfalt des Hinduismus, der unserer Denkweise so fremden Psychologie des Buddhismus oder dem streng dualen Zoroastrismus zu nähern als jener monotheistischen Religion, die schon dadurch für den abendländischen Christen zum Stein des Anstoßes geworden ist, daß sie *nach* dem Christentum auftrat und den Anspruch stellte, die ihr vorausgegangenen Religionen zu vollenden und zu krönen. Politische Gründe haben zu einer Vertiefung dieser Aversion geführt, obschon man in den Chroniken des frühen Mittelalters lesen kann, daß die Muslime von vielen christlichen Gruppen des Nahen Ostens als Befreier von einer Diktatur der byzantinischen Staatskirche erfreut empfangen wurden, und obgleich man weiß, daß die Juden im mittelalterlichen Islam als »Schutzbefohlene« (gleich den Christen) eine bedeutend bessere Stellung innehatten als im Europa der gleichen Zeit. Doch die doppelte Angst – vor der religiösen und der politischen Bedrohung – blieb lebendig, und die letzten Jahrzehnte mit dem immer wieder beschworenen und doch so selten richtig verstandenen Phänomen des wachsenden »islamischen Fundamentalismus« haben die Aversion gegen die letzte der großen abrahamitischen Religionen noch verstärkt, geschürt von oberflächlichen Berichten, die am wirklichen Wesen des Islam vorbeigingen, vertieft auch durch die Gegenwart so vieler Türken in unserem Lande, deren Gedanken so unverständlich scheinen.

Zur gleichen Zeit aber findet man, daß eine wachsende Anzahl von Europäern und Amerikanern zum Islam übertritt – teilweise geleitet von einem mystischen Suchen nach einer sonst verlorenen Einheit, teilweise in der Hoffnung, eine Form der Frömmigkeit zu entdecken, in der sie inneren und äußeren

Halt finden – einen Halt, den ihnen die moderne Zivilisation und selbst viele der Kirchen nicht geben können. Diejenigen, die sich dem Islam anschließen, interpretieren ihren Schritt in verschiedener Weise; denn jeder der zahlreichen Aspekte des Islam hat Menschen angezogen, die nun versuchen, ihren Weg für ihre Mitmenschen zu erklären, wobei nicht selten der Fanatismus des Neubekehrten durchschimmert, der, glücklich, die Wahrheit gefunden zu haben, sich von allem, was er hinter sich gelassen hat, mit Verachtung abwendet.

Richard LeGai Eaton gehört zu der wachsenden Zahl britischer Intellektueller, die sich dem Islam angeschlossen haben, weil sie fühlen, daß hier, und nur hier, das große, allumfassende Prinzip gefunden werden kann, das allein dem Leben einen Sinn gibt. Sein Buch, das in England und den USA mit großem Interesse, ja mit Begeisterung gelesen wird, ist in der Tat eine faszinierende Darstellung des Islam und seines Wesens aus der Feder eines Mannes, der die westliche Zivilisation genau kennt und der mit Recht auch auf die vielen Parallelen zwischen echt christlicher und islamischer Erfahrung hinweist. Denn erst in unserer Zeit der Säkularisierung erscheint vieles im Islam veraltet und nicht »fortschrittlich« genug. Eaton geht kritisch mit denjenigen seiner Glaubensgenossen ins Gericht, die eine »Modernisierung« – und das heißt für ihn Säkularisierung – des Islam anstreben und erinnert sie wie auch seine nichtmuslimischen Leser immer aufs neue daran, daß der Islam ein in allen seinen Aspekten von einer einzigen Zentralmacht zeugendes Gebilde ist. Die ungeheure Gegenwart Gottes, dem Menschen »näher als seine Halsschlagader« (Sura 50,16) und doch in absoluter Transzendenz und Einzigkeit niemals durch menschliches Sinnen und Trachten zu erreichen, steht im Mittelpunkt seiner Betrachtungen; eine Gegenwart, die schon viele Abendländer berührt hat, wenn sie in einer weitgespannten Moschee – sei es Kairuan oder Lahore, sei es Cordoba, Isfahan oder Istanbul – stehen und plötzlich das Numinose ganz greifbar empfinden. Nicht umsonst hat Rudolf Otto dieses »Erlebnis des Heiligen« in einer nordafrikanischen Moschee gehabt, und

Rilke ist dort wie in Cordoba durch die allumgreifende lebendige Gegenwart Gottes erschüttert worden.

Der Gott des Islam ist *ḥāḍir wa nāẓir*, »gegenwärtig und schauend«, und der Muslim weiß, daß er keinen Atemzug tun kann, ohne diesem allgewaltigen Herrn verantwortlich zu sein – daher die Pflicht, auch die kleinsten Gebote einzuhalten und die scheinbar unwichtigsten Handlungen des Lebens zu heiligen. Diese Gewißheit der Gegenwart Gottes aber liegt auch dem sogenannten islamischen »Fatalismus« zugrunde: es ist kein Glaube an ein blindes Fatum, sondern das Vertrauen auf einen unendlich weisen Herrn, der in seiner Allwissenheit die Welt so lenkt, wie es am besten ist, so daß am Ende das von ihm geschaffene Werk vollendet sein wird – ein Gefühl, dem Christen durchaus vertraut: es genügt, einmal in voller Andacht Paul Gerhardts »Befiehl du deine Wege« zu sprechen. Die Muslime haben in ihrer Dichtung – vor allem in der persisch-türkischen Welt, die Eaton allerdings wenig berührt – das Leben oftmals einem Teppich verglichen, dessen endgültiges Muster nur der große Webmeister kennt. Und wenn Rilke in den »Sonetten an Orpheus« sagt:

… Welchem der Bilder du auch im Innern geeint bist
(sei es selbst ein Moment aus dem Leben der Pein),
fühl, daß der ganze, der rühmliche Teppich gemeint ist

so ist das rein islamisch gefühlt und ausgedrückt. Die Muslime haben auch das Bild der Buchstaben verwendet, ein Bild, das einer Religion, in der sich Gott nicht, wie im Christentum, »inkarniert«, im »Fleische offenbar« wird, sondern »inlibriert« (im »Buche« offenbart), und in der die Kalligraphie die typischste Kunstform ist, besonders gut ansteht. Wissen wir denn, welchem Buchstaben im unübersehbaren Buche des Lebens wir ähneln und aus welchem Grunde der göttliche Kalligraph uns auf dünnes oder grobes, weißes oder farbiges Papier geschrieben, uns mit schön oder häßlich scheinenden Buchstaben verbunden hat? Er allein weiß, wie die ganze Seite aussehen wird …

So ist islamischer »Fatalismus« festes Vertrauen auf den Gott, der im Koran als »Der Barmherzige der Erbarmer« erscheint und mit diesen Namen zu Beginn jedes Korankapitels benannt wird; ja, »Im Namen des Barmherzigen des Erbarmers« soll jedes Werk begonnen werden. Er, Der Schöpfer, ist auch Der Gewaltige und Der Starke: er ist es, Der Leben gibt und Der Tod gibt, ist Der Erste und Der Letzte, Der Äußere und Der Innere, denn in seiner Vollkommenheit fallen alle Gegensätze zusammen, die hier in dieser Welt vorhanden sind, um den Fluß des Lebens im Wechsel von Tag und Nacht, im Zusammenspiel von Mann und Weib zu erhalten, aber scheinbar die göttliche Einheit verhüllen. Dieser eine und einzige Gott hat, wie der zweite Satz des Glaubensbekenntnisses versichert, seinen Willen durch die Propheten verkündet, deren letzter Muhammad ist, in dessen Offenbarung noch einmal die Fülle der früheren Offenbarungen zusammengefaßt ist, die seit Adam immer aufs neue der Welt gegeben worden waren.

Der Abendländer, der seit Jahrhunderten den Propheten des Islam als sinnlichen, grausamen Politiker geschildert hat und erst langsam versteht, daß er auch andere Dimensionen hat, ist höchst erstaunt, wenn er sieht, wie völlig anders der Muslim ihn beurteilt: wie er für den Gläubigen die vollkommenste Vereinigung aller positiven menschlichen Eigenschaften darstellt, wie er Fürbitter und liebender Führer seiner Gemeinde ist – ein Mann, gesandt als »Erbarmung für die Welten« (Sura 21/107), ein Führer, den man verehren und dem man nachfolgen muß, da er als »Schönes Beispiel« (Sura 33/12) gesetzt worden ist, dessen Handlungen exemplarisch sind; ein Modell für alle, die der durch ihn geoffenbarten Religion folgen. Er ist der »illiterate« Prophet, unbefleckt von irdischem erlernten Wissen, und, wie der große persische Mystiker Dschelaladdin Rumi sagt, »Gott war der Schenke, Muhammad das Gefäß, durch das der Wein der Offenbarung und göttlichen Liebe der Welt geschenkt wurde«. Der Abendländer wird es schwer haben, zu verstehen, wie auch die profansten Handlungen des Propheten aufgezeichnet werden, aber gerade die volle

Menschlichkeit Muhammads ist dem Muslim wichtig: in ihm scheinen alle guten menschlichen Qualitäten unverkürzt auf, so kann er zum Vorbild für alle werden, die ihm folgen. Die Liebe des Frommen zu seinem Propheten hat Muhammads Leben mit wundersamen Legenden umgeben, hat eine bis heute lebendige Literatur in allen islamischen Sprachen hervorgebracht.

Eatons Buch stellt den Leser vor eine in sich geschlossene Welt, in der alles und jedes seinen Platz hat, Glück und Unglück, Leiden und Freuden – wer in islamischen Ländern gelebt hat, weiß, wie ein wahrhaft gläubiger Muslim auch beim tiefsten Verlust, beim Tod eines geliebten Kindes etwa, fähig ist, selbst ein Wort des Trostes für die zu finden, die kommen, um ihm ihren ach so schwachen menschlichen Trost zu spenden: in jedem Geschehen ist eine *ḥikma,* eine Weisheit, verborgen.

Es gibt viele Varianten im Islam, da sich die Religion in den vergangenen 1 400 Jahren über alle Teile der Welt ausgebreitet hat, und jede Nation, jede der zahlreichen Sprachen, in denen sich die Muslime ausdrücken, hat neue kleine Nuancen hinzugefügt. Und doch bleibt die große Einheit bestehen – wie ein gewaltiger Baum mit Ästen, Zweigen, Blättern, Blüten und Früchten und Nestern für Vögel und anderes Getier, ja vielleicht mit Luftwurzeln wie ein Banyanbaum, der eines ist und doch einem Walde gleicht. Diese Einheit reflektiert die große göttliche Einheit: es gibt *ein* heiliges abschließendes Buch in einer geheiligten Sprache, dem Arabischen, man glaubt an *einen,* den letzten, Propheten, richtet sich nach *einem* Ort, der Ka'ba in Mekka, beim Gebet.

Muhammad Iqbal, der indomuslimische Modernist, Dichter-Philosoph und geistige Vater Pakistans, hat einmal geschrieben, die Rolle der Muslime in unserer Zeit sei, Zeugen für die Einheit zu sein. Und so sehr Iqbals dynamische Interpretation des Islam, seine Lehre von der höchstmöglichen Entfaltung des Menschen dem oberflächlichen Betrachter vielleicht dem Ideal des in sich ruhenden Muslims in Eatons Darstellung entgegengesetzt zu sein scheint, beruht Iqbals Vision doch auf der gleichen Basis: auch er weiß, daß das Ziel des Gebetes nicht ist, einen flüchtigen Wunsch zu befriedigen, sondern das menschliche Herz durch den unmittelbaren Kontakt mit Gott zu wandeln, und auch er hat seine Leser immer wieder daran erinnert, daß der Mensch der *khalīfa*, der Statthalter Gottes ist, gefährdet wie geehrt, und gerufen, sich ständig im Kampf mit dem Bösen zu stählen, den heiligen Krieg gegen die widerstreitenden negativen Kräfte seines Herzens zu führen, und so jene Vollkommenheit zu erreichen, die Gott in seinem ewigen Plan für ihn vorgesehen hat.

Für Iqbal ist auch das Paradies »ewiges Streben« (im Goetheschen Sinne), während der Leser Eatons vielleicht die größten Schwierigkeiten haben mag, seine Darstellung von Paradies und Hölle recht zu verstehen. Aber die menschliche Sprache kann unaussprechliche, unausdenkbare Freuden und Qualen nur durch einen großen Spiegel mitteilen und muß sich einer sinnlichen Bildwelt bedienen, die dem edlen und subtilen Thema unangemessen ist. »Höher denn alle Vernunft« – das ist alles, was man über das Jenseits sagen kann, und wer Bilder braucht, mag sie verwenden, solange er weiß, daß sie transzendiert werden müssen; »wenn man zu einem Kind von Liebeseinigung spricht, sagt man, sie sei wie Zucker«, sagt Rumi. So kann jeder irdische Begriff zu einem Fenster werden, durch das ein schwacher Schimmer vom »Morgenglanz der Ewigkeit« in das menschliche Leben dringt.

Eatons Buch wird den Leser zum Nachdenken anregen und wird ihm die Stärke einer Religion zeigen, die auf der kompromißlosen Anerkennung der göttlichen Einheit beruht, einer Einheit, neben der alles Geschaffene nur eine beschränkte und bedingte Existenz hat, die aber den Menschen erfahren läßt, daß er nicht allein und verlassen ist in der ungeheuren Weite des Universums, sondern gehalten von einem Schöpfer, der barmherzig und weise ist und dem man sich ganz überlassen muß – *islām* ist »Ergebung in den Willen Gottes«. Sagt nicht Goethe:

Wenn *Islam* Gott ergeben heißt,
in Islam leben und sterben wir alle?

Was es bedeutet, ein Muslim zu sein

Einleitung von Gai Eaton

Religion ist etwas ganz anderes.

Andere Themen mögen sich, wenn auch unterschiedlichen Grades, für ein objektives Studium eignen, und manchmal dient persönliches Engagement doch nur dazu, das zu verzerren, was ein klares und ausgewogenes Bild sein sollte. Religion aber ist etwas ganz anderes, weil hier Objektivität nur flüchtig die Oberfläche streift und am Wesentlichen vorbeigeht. Die Schlüssel zum Verständnis liegen im eigenen Wesen und der Erfahrung des Betrachters, und ohne diese Schlüssel wird sich keine Tür öffen.

Dies trifft in besonderem Maß auf den Islam zu, eine Religion, welche die Unterscheidung zwischen Glauben und Unglauben als die fundamentalste aller möglichen Unterscheidungen behandelt, vergleichbar auf der physischen Ebene dem Unterschied zwischen Sehenden und Blinden. Glauben und Verstehen ergänzen und unterstützen einander. Wir erwarten von einem Blinden keine angemessene Beschreibung einer Landschaft, selbst dann nicht, wenn er ihre Topographie wissenschaftlich studiert und die Beschaffenheit ihres Gesteins und ihrer Vegetation analysiert hat. Im Islam ist jeder Aspekt des menschlichen Lebens, jeder Gedanke und jede Handlung im Licht des grundlegenden Glaubensartikels geformt und bewertet. Entfernt man diese Halterung, so bricht die ganze Struktur zusammen.

Für den Ungläubigen ist dieser Glaubensartikel sinnlos, und infolgedessen hat auch alles andere im Leben der Muslime für ihn keinen Sinn. Selbst für den gläubigen Christen gehören das »Erhabene« und das »Irdische« verschiedenen Dimensionen an, und durch eine Vermischung der beiden wird er beunruhigt. Der Islam erkennt diese Unterscheidung nicht an. Für den Muslim sind sein Gottesdienst und seine Art, mit körperlichen Funktionen umzugehen, sein Streben nach Heiligkeit und sein

Handeln auf dem Markt, seine Arbeit und seine Mußestunden nur Elemente in einem unteilbaren Ganzen, das, wie die Schöpfung selbst, keine Spaltungen zuläßt. Ein einziger Schlüssel öffnet die einzige Tür zu der integrierten und festgefügten Welt des Muslims.

Dieser Schlüssel ist die Bejahung der göttlichen Einheit und alles dessen, was aus dieser Anerkenntnis folgt, bis hin zu ihrem entferntesten Echo an den äußersten Grenzen des Seins, dort, wo Dasein auf Nichtsein stößt. Der Islam ist die Religion des Alles oder Nichts; des Glaubens an Eine Wirklichkeit, die nicht zuläßt, daß irgendetwas außerhalb ihres Umkreises noch unabhängige Realität besitzt; denn gäbe es etwas derartiges, so entfernt, so verborgen es auch sein möge, es würde die Vollkommenheit und Totalität dessen anfechten, das alleine *ist*.

Daraus folgt, daß man nicht über den Islam sprechen kann, ohne sich einen ganz bestimmten Gesichtspunkt zu eigen zu machen und diesen Gesichtspunkt ganz deutlich klarzulegen. Dieses Buch ist von einem Europäer geschrieben, der vor vielen Jahren Muslim geworden ist, aus intellektueller Überzeugung und weil er an die transzendente Einheit aller geoffenbarten Religionen glaubte. Das Wort »Konvertit« schließt das Aufgeben einer Religion zugunsten einer anderen ein; mein Schritt war jedoch ein Akt der Annahme, der keinen entsprechenden Akt des Aufgebens mit sich brachte, mit Ausnahme der Ablehnung der säkularen, agnostischen Gedankenwelt als Ganzes.

Jemand, der aus freier Wahl und nicht durch Geburt in die Gemeinschaft des Islam eintritt, verwurzelt sich in den Boden der Religion, den Koran und die Traditionen des Propheten; aber die Gewohnheiten und Bräuche der muslimischen Völker sind nicht die seinen. Er besitzt nicht ihre Stärke, und er ist immun gegen ihre Schwächen; immun vor allem gegen die psychologischen »Komplexe«, die das Ergebnis ihrer neueren Geschichte sind. Er wird keinen Araber nachahmen wollen; denn er weiß, daß der Islam als Weltreligion sowohl sein Durchhaltevermögen als auch seine reiche Gewebestruktur den »Ausländern« verdankt, die ihm im Lauf der Jahrhunderte beigetreten sind: Persern, Berbern, Mongolen, Türken, Indern, Malayen, Afrikanern. Diese »Ausländer« zerbrachen oft die von den Arabern geliebte und gepflegte ursprüngliche Form, sie flößten jedoch der Religion neues Leben ein – und damit auch der Kultur und der Gesellschaft, die ihren Stempel trugen. Der Islam hat ein sofort erkennbares Grundmuster für das menschliche Leben geschaffen; wie dieses Grundmuster jedoch ausgefüllt und koloriert wurde, war von Region zu Region innerhalb der *Dār ul-Islām* (des »Haus des Islam«) sehr verschieden; der Pfauenschweif wurde über die Welt ausgebreitet.

Der Europäer oder Amerikaner, der auf diese Weise zum Islam gekommen ist, steht mit einem Bein in dieser, mit dem anderen in jener Tradition, über der Grenze, die die islamische Zivilisation zuerst von der Christenheit und später von der nachchristlichen Welt etwa dreizehn Jahrhunderte lang getrennt hat. Das ist in vieler Hinsicht eine seltsame Position, die man da einnimmt, denn die Grenze verläuft zwischen zwei Regionen gegenseitigen Unverständnisses, und in beiden zu Hause zu sein, ist in gewissem Sinne, als reise man zwischen verschiedenen Planeten-Systemen hin und her. Das Unvermögen des Abendländers, den Muslim zu verstehen, entspricht der Unfähigkeit des Muslim, den Abendländer zu verstehen. Diejenigen, die mit einem Bein in dieser, mit dem anderen in jener Tradition stehen, sehen sich verpflichtet, als Dolmetscher zwischen zwei verschiedenen Sprachen zu wirken, und müssen selbst beide einigermaßen fließend beherrschen.

Der abendländische Muslim ändert nicht seine Identität, obwohl er seine Richtung ändert. Er ist in die charakteristische Farbe der Kultur eingefärbt, in die er hineingeboren ist und die ihn geformt hat; er stellt die Fragen, die diese Kultur stellt; er behält ein Gefühl für das Tragische und für die Vieldeutigkeit der Welt, von der die europäische Tradition durchdrungen, die aber dem traditionsgebundenen Muslim fremd ist; und er wird noch immer von den Gespenstern der Vergangenheit Europas heimgesucht. Väterstimmen, seinesgleichen vertraut, sind nicht zum Schweigen gebracht, doch hat er nun Abstand von ihnen. Semitischer Geist und semitisches Temperament sind ihrer Natur nach legalistisch, und eine gewisse Buchstabentreue ist charakteristisch für den Muslim. Der Europäer seinerseits ist mehr am Geist als am Buchstaben des Gesetzes interessiert und bringt unvermeidlich etwas von dieser Neigung mit in den Islam. Das könnte sogar der nützlichste Beitrag sein, den er seinem adoptierten Glauben in einem Zeitalter von Veränderung und Aufweichung leisten kann, einem Zeitalter, in dem die äußeren Bastionen der Religion durch Zeitabläufe abgeschliffen sind, so daß es wie nie zuvor notwendig ist, die wirklichen Grundfesten des Glaubens zu etablieren und sich fest an sie zu halten. Dies zu sagen bedeutet nicht, daß irgendein Teil der Gesamtstruktur unwichtig wäre, es soll nur betont werden, daß, wenn eine Burg belagert wird und der Feind bereits die äußeren Mauern erstürmt hat, man bereit sein muß, den inneren Verteidigungsring zu bemannen.

Dieses Buch ist für jene geschrieben, deren Geist durch westliche Kultur geformt ist. Da nun die heutige Welt, wie sie fast überall existiert, ganz und gar ein Produkt dieser Kultur ist, schreibe ich ebenso für diejenigen meiner Glaubensgenossen, die eine »moderne« Erziehung erhalten haben, wie für Nicht-Muslime. Unter den Erstgenannten gibt es bereits eine ganze Menge, die jene Religion, in die sie hineingeboren sind, wiederentdeckt haben, weil sie sie nämlich durch fremde Augen gesehen haben; nicht mehr durch die traditionellen Argumente ihres Glaubens überzeugt – die ausreichten, solange der Islam ein in sich geschlossenes System war –, mußten sie tief tauchen und weit reisen, um zu ihrem Ursprung zurückzukehren. Sie werden dieses Buch im Licht ihrer Kenntnis der Religion beurteilen. Der Nicht-Muslim jedoch, der Interesse daran hat, den Islam zu verstehen, dem es aber an Zeit und Neigung mangelt, eine Reihe von Büchern zu lesen und miteinander zu vergleichen, hat durchaus das Recht, zu fragen, ob das, was ihm hier gesagt wird, authentisch und, ganz allgemein, »orthodox« ist.

Auf diese Frage gibt es keine einfache Antwort. Es ist schwer, eine allgemein annehmbare Definition von muslimischer »Orthodoxie« zu geben, eines Begriffs, für den es in der arabischen Sprache keine genaue Entsprechung gibt. Es gibt keine kirchliche Hierarchie im Islam (selbst wenn der schiitische Islam in Iran diesen Anschein erwecken könnte), keine oberste Lehr-Autorität, außer dem Buch selbst, dem Koran. Woran ich glaube oder woran mein Nächster glaubt, ist – vorausgesetzt, wir bleiben im Rahmen des religiösen Gesetzes – weitgehend eine Frage persönlicher Einsicht, solange wir uns nicht allzuweit vom Konsensus der Gemeinschaft entfernen (angenommen, daß es einen solchen Konsensus gibt, und das ist heute eine offene Frage).

Wenn wir jedoch einen eigentlich christlichen Begriff übernehmen, dann kann gesagt werden, daß die sunnitische Orthodoxie im 10. Jahrhundert aufkam und während der nächsten zweihundert Jahre Gestalt annahm; und daß sie als Konsensus entstanden ist, der einem Mittelweg zwischen gegensätzlichen Ansichten, welche die Gemeinschaft auseinanderzureißen drohten, folgte. Sie wurde zustandegebracht als Reaktion gegen enge und exklusive Ansichten darüber, was »Orthodoxie« eigentlich ausmacht und was einen Mann oder eine Frau dazu berechtigt, der *Ummah,* der heiligen Gemeinschaft des Islam, anzugehören, indem man Raum für eine große Variationsbreite von Meinungen ließ. Ein Muslim ist nach dieser Definition jeder, der fähig ist, das Glaubensbekenntnis ehrlich und aufrichtig abzulegen, sieben Worte zu sagen und sie ehrlich zu meinen. *Lā ilāha illa 'Llāh; Muhammadun rasūlu 'Llāh:* »Es gibt keinen Gott außer Allah; Muhammad ist der Gesandte Gottes.« Und da menschliche Wesen nicht die Geheimnisse der Herzen lesen können, bleibt das Urteil über ihre Aufrichtigkeit allein Allah überlassen.

In der Praxis würden nur wenige Muslime akzeptieren, daß dies ausreichend ist, es sei denn, man geht davon aus, daß es alle Konsequenzen einschließt, die aus der einfachen Bestätigung des Glaubens fließen. Der Muslim glaubt an Einen Gott, der allmächtig ist und keinen Teilhaber hat; er glaubt an Seine Gesandten, die der Menschheit seit Anbeginn der Zeit geschickt worden sind, um sie zu leiten; er glaubt, daß Muhammad den Kreis der Gesandten abgeschlossen hat, und daß es keine weitere Offenbarung des göttlichen Gesetzes nach ihm geben kann; er glaubt, daß der Koran das Wort Gottes ist, unverändert und unveränderbar, und er glaubt an die Verpflichtung, sich an die »Fünf Pfeiler« zu halten: das Glaubensbekenntnis, die fünf täglichen Gebete, die Zahlung der Armensteuer, das Fasten im Monat Ramadan und den Vollzug der Pilgerfahrt nach Mekka durch diejenigen, die körperlich und finanziell dazu in der Lage sind. Ein Muslim kann einen oder mehrere der Pfeiler (mit Ausnahme des ersten) vernachlässigen und dennoch zu den Gläubigen gezählt werden – wenn er jedoch ihre Notwendigkeit leugnet, hat er sich außerhalb der Gemeinschaft gestellt.

Der Koran selbst gibt eine umfassende Definition: »Es glaubt der Gesandte an das, was zu ihm herabgesandt ward von seinem Herrn, und die Gläubigen alle glauben an Allah und Seine Engel und Seine Schriften und Seine Gesandten. Wir machen keinen Unterschied zwischen Seinen Gesandten. Und sie sprechen: ›Wir hören und wir gehorchen; Deine Vergebung, o Herr! Und zu Dir ist die Heimkehr!‹« (Sura 2, 285). Allerdings ergibt sich daraus eine weitere Bedingung – wenn die Mitgliedschaft in der Gemeinschaft der Gläubigen die Annahme des Koran als dem geoffenbarten Wort Gottes erfordert, dann kann angenommen werden, daß die Leugnung irgendeines Teils des Koran oder irgendeiner in dem Buch getroffenen Feststellung den Glauben in Frage stellen wird. So ist es, und doch haben wir hier ein Gebiet von Doppeldeutigkeit. Gewisse Verse, besonders solche, die sich auf Rechtsfragen beziehen, sind einfach zu verstehen; viele Teile des Koran bieten sich jedoch für eine Vielfalt von Interpretationen an, und es wird tatsächlich behauptet, daß im Prinzip jeder einzelne Vers eine Vielfalt von Bedeutungsschichten enthält. Es ist nur natürlich, daß es große Variationen bei der Interpretation gegeben hat, Variationen, die im großen und ganzen akzeptiert worden sind, vorausgesetzt, sie standen nicht in Widerspruch zum wörtlichen Sinn.

Das ist der Grund, warum der gesunde Menschenverstand, der sich während der gesamten Geschichte des Islam ständig gegen die Leidenschaften und Torheiten des Fanatismus behauptet hatte, zu einer großzügigen Definition des Begriffs »Orthodoxie« neigt und das letzte Wort dem Konsensus der Gemeinschaft überläßt. Die Schlacht um Toleranz und um eine großzügige Definition ist jedoch niemals endgültig gewonnen worden, und dies ist besonders deutlich in unserer heutigen Zeit, in der aus verschiedenen Gründen – einschließlich jenem, den man als »Identitätskrise« bezeichnen könnte – viele Muslime ihre Zuflucht in geistiger Enge und Buchstabenglauben gesucht haben. Da jede einzelne Gruppe auf ihrem eigenen engen Standpunkt beharrt, wird die *Ummah* als Ganzes durch bittere und unnötige Meinungsverschiedenheiten beunruhigt. Der Muslim, der heute über den Islam schreibt oder spricht, muß erwarten, des *kufr* (Unglaubens) oder der *bid'ah* (Neuerung [d. h. Häresie]) von der einen oder anderen Gruppe angeklagt zu werden, nicht unähnlich dem Christen, der in früheren Zeiten (als Religion noch eine Sache von Leben und Tod, von Errettung oder Verdammnis war) auf einem Drahtseil über den Abgrund der »Ketzerei« ging. Er wird diese Anschuldigungen mit so viel guter Miene tragen, wie er aufbringen kann, weil er in ihnen eher Symptome von Schwäche als von Stärke entdeckt. Soweit es sich um »Neuerung« handelt, wäre es in der Tat sehr schwierig, irgendein neues Element in das muslimische Denken einzuführen – sogar angenommen, man wolle das –; es ist jedoch leicht, vieles von dem wieder einzuführen, das im Lauf der Zeit vergessen oder übersehen worden ist Es kommt oft genug vor, daß wir stolz erregt sind von etwas, das wir für eine neue Einsicht in die Religion halten, und dann feststellen, daß eben diese Idee bereits von dem und dem muslimischen Denker vor tausend Jahren vorgebracht worden ist; und so sollte es auch sein.

Während einerseits die »Rechtgläubigkeit« des abendländischen Muslims von den etwas Engherzigeren unter seinen Glaubensgenossen in Frage gestellt werden mag, werden ihm andererseits wahrscheinlich einige Nicht-Muslime, die gewisse Kontakte zur islamischen Welt hatten, vorwerfen, den Islam zu »idealisieren« und ein Bild des Wahren Glaubens zu zeichnen, das im Gegensatz zu den wahrnehmbaren Fakten steht. Diese Fakten beziehen sich jedoch auf die Praxis und nicht auf die Prinzipien, und er ist nicht verpflichtet, die Art und Weise zu verteidigen oder zu rechtfertigen, in der die Religion während einer bestimmten Periode der Geschichte von denjenigen ihrer Anhänger praktiziert wird, die gerade besonders im Rampenlicht stehen und die Aufmerksamkeit auf sich lenken. Wo es um menschliche Wesen geht, sind gute Männer und gute Frauen keineswegs dicht gesät; das Laster zahlt jedoch immer der Tugend seinen Tribut, indem es sich hinter der Maske der Religion oder – in jüngerer Zeit – irgendeiner politischen Ideologie versteckt, und Bösartigkeit wie Dummheit gehen mit größerem Selbstvertrauen auf die Straße, wenn sie anständig gekleidet sind.

Es wäre töricht und – um es vorsichtig auszudrücken – kontraproduktiv, nach Argumenten zu suchen, um die Spaltungen in der *Ummah* zu entschuldigen, die Kriege zwischen muslimischen Staaten, die Brutalität und Heuchelei gewisser Volksführer, die korrupten Praktiken der Reichen oder die Hysterie von Eiferern, die das grundlegende Gesetz der Barmherzigkeit und die bindende Verpflichtung, Gebrauch von der Gabe der Intelligenz zu machen, vergessen haben. Wir leben in einem Zeitalter der *fitnah*. Dieser Begriff wird gewöhnlich als »Aufruhr des Volkes« übersetzt. Eine alternative Übersetzung könnte »Gärung« sein, und es ist charakteristisch für den Prozeß der Gärung, daß der Bodensatz an die Oberfläche steigt.

Gleichzeitig muß man daran denken, daß trotz der erst verhältnismäßig jungen Teilung der *Ummah* in Nationalstaaten die Muslime noch immer dazu neigen, einen Menschen eher entsprechend der Religion, in die er hineingeboren ist, zu identifizieren, als entsprechend seiner Nationalität oder rassischen Abstammung. Da es ihnen schwerfällt, zu begreifen, daß es in dieser Welt Menschen gibt, die sich nicht einmal zu einem Glauben an Gott bekennen – irgendeinen Gott –, bezeichnen sie gewöhnlich alle Europäer und Amerikaner als »Christen« (man kann öfter hören, wie der verstorbene Adolf Hitler als Beispiel dafür zitiert wird, wie böse sich Christen aufführen können). Dementsprechend nennt sich jeder, der nun gerade einmal in die islamische Welt hineingeboren ist, »Muslim«. Abendländer nehmen diese Bezeichnung wörtlich, und schäbige kleine Tyrannen, die so weit vom Islam entfernt sind wie Hitler vom Christentum, werden als »Muslime« gesehen; die Religion als solche wird nach deren Verhalten beurteilt – oder verkannt.

Unter der Oberfläche jedoch, für den flüchtigen Beobachter unsichtbar, gibt es eine große Menge einfacher Männer und Frauen, die exemplarische Muslime bleiben und die Ehre des Islam heute so aufrechterhalten wie sie es in der Vergangenheit getan haben, wie es auch die Mystiker tun, deren selbstloses Dürsten nach Gott die Sünden der Mächtigen auf wenig mehr als eine grobe Belanglosigkeit reduziert. Der Islam ist nicht immer in den Händen oder den Herzen seiner Führer oder offiziellen Sprecher zu entdecken, aber diejenigen, die ihn suchen, werden ihn finden.

Sie werden ihn in vielen verschiedenen Formen ausgedrückt finden. Das zentrale Thema jedes ernsthaften Studiums des Islam muß Einheit in Vielfalt sein. Muhammad war ein Araber, und der Koran ist in seiner Quintessenz eine arabische Schrift, ausgedrückt in einer Sprache, die innerhalb ihrer eigenen Struktur eine unbedingte Ansicht der Realität in sich schließt. Von diesem Gesichtspunkt aus betrachtet ist jeder Muslim in einem gewissen Sinn »arabisiert«, und obgleich dies ein deutlich erkennbares Muster in den verschiedenen Gewebestrukturen der islamischen Zivilisation hervorgebracht hat, so hat es doch nicht eine durch rassische und historische Verschiedenheiten geformte reiche kulturelle Vielfalt ausgelöscht. Die Prinzipien der Religion und des aus ihr abgeleiteten Gesetzes sind einfach, der Vielfalt ihrer Anwendungsmöglichkeiten läßt sich jedoch keine Grenze setzen.

Im Folgenden hoffe ich, so Gott will, zeigen zu können, was es bedeutet, ein Muslim zu sein, und die Lehre, die Geschichte und das soziale Leben im Licht der Offenbarung darzulegen, welche die Quelle des Glaubens ist, ebenso wie die der Zivilisation und Kultur, die von Menschen, guten und bösen, weisen und törichten, aufgebaut worden sind mit Materialien, die sich aus dieser Quelle herauskristallisiert haben. Aber das Ganze, das eine Widerspiegelung der göttlichen Fülle ist, kann nicht in irgendeinem Netz aus Worten eingefangen werden. Jeder Feststellung würde ich mit Freuden eine Formel von großer Bedeutung im islamischen Kontext hinzufügen, eine Formel, die bedeutet, daß Gott es am besten weiß, daß Er alleine weiß, und daß diejenigen, die sprechen oder schreiben, sich stets ihrer relativen Unwissenheit und der Begrenzungen ihrer Perspektive erinnern müssen ebenso wie die Lebenden sich immer den Tod vor Augen halten müssen. *Wa Allāhu a'lam.*

I

Eine Annäherung an den Glauben

1. Der Islam und Europa

Mit dem Dahinschwinden imperialer Macht, die es dem Westen ermöglicht hatte, andere Kulturen zu verachten, ist neuerdings das Interesse am Islam wieder aufgelebt, und der wirtschaftliche Einfluß der ölreichen Muslim-Staaten lieferte zum ersten Mal seit zweihundertfünfzig Jahren ein praktisches Motiv dafür, die muslimische Welt verstehen zu wollen. Es besteht kein Mangel an Information, und die Regale der Bibliotheken sind voller Bücher über den Islam; ob jedoch diese Flut von Informationen auch die Schlüssel zum Verständnis liefert – und zu der Empathie, ohne die dieses Verständnis nur oberflächlich sein kann –, ist eine andere Frage. Jedenfalls sind diejenigen von uns, die es für notwendig halten, Brücken über die Grenzen zu bauen, niemals zufrieden. Ein Bekenntnis ist nichts, wenn das übermittelnde Signal schwach oder verzerrt ist, und obschon es sein mag, daß alle solche Signale schon ihrer Natur nach Stärke und Deutlichkeit vermissen lassen, muß immer wieder versucht werden, die richtigen Worte und die wirksamsten Kommunikationsmittel zu finden.

Die Verständigung zwischen Islam und Christentum wie auch die zwischen dem Islam und der nach-christlichen Kultur wurde immer wieder durch ganz besondere Schwierigkeiten behindert. Die abendländische* Literatur über den Islam – wir würden heute vom Werk der Orientalisten sprechen – hatte nur allzu oft ihre Wurzeln in den bitteren Polemiken des Mittelalters. Von der Zeit an, da das Christentum vom Römischen Reich Besitz ergriff, bis zum 7. Jahrhundert hätte man vernünftigerweise annehmen können, daß nichts die universelle Aus-

---

* Im allgemeinen Sprachgebrauch bezieht sich der Begriff »westlich« auf Westeuropa sowie Nord- und Südamerika, im Gegensatz zum sozialistischen »Osten«. Es erscheint deshalb am besten, den Terminus »abendländisch« zu gebrauchen, wenn auf die Zivilisation des weißen Mannes als Ganzes Bezug genommen wird; dies hat noch einen zusätzlichen Vorteil, wenn es dazu dient, uns daran zu erinnern, daß der Marxismus ebenso ein Produkt der europäischen Kultur ist wie die parlamentarische Demokratie.

breitung der christlichen Botschaft würde aufhalten können. Im 7. Jahrhundert hielt der Islam sie auf. Von da an konnte nichts – es sei denn eine Frömmigkeit, die auch den schwersten Schock aushalten kann – die Christen vor dem unfaßbaren Gedanken bewahren, Gott habe einen schrecklichen Fehler begangen. Palästina und andere Länder des Nahen Ostens waren zusammen mit dem christlichen Ägypten von einem Ungeheuer verschlungen worden, das ohne Vorwarnung aus der arabischen Wüste gekommen war; die Grundfesten der Welt waren erschüttert worden, und der Schatten der Finsternis hatte sich über das Herz der Christenheit, das Heilige Land, gelegt.

Da der Islam stark bewaffnet und die Christenheit schwach war, wurden Worte die einzigen verfügbaren Waffen gegen das, was man zunächst als »Häresie« und später als eine falsche Religion satanischen Ursprungs ansah, und das gesamte Potential der Sprache wurde in den Dienst einer Propagandakampagne eingespannt, die selbst den verblichenen Dr. Goebbels hätte erröten lassen. Echos davon kann man noch heute spüren. Papst Innozenz III. hatte Muhammad als den Antichristen identifiziert; fast siebenhundert Jahre später beschrieb ihn der Forschungsreisende Doughty als »schmutzigen und perfiden Araber«. In seiner 1936 veröffentlichten *History of Europe,* die noch viele Jahre danach ein Standardwerk in den Schulen war, bezeichnete H.A.L. Fisher ihn als »grausam und listenreich, lüstern und ignorant« und sprach von den »unflätigen Ergüssen des Koran«.

Der moderne Muslim wird jedoch oft weniger von Büchern beunruhigt, die ein offenes, klares Vorurteil erkennen lassen – sei es aus einer eng begrenzten konfessionellen Perspektive heraus oder als Teil eines allgemeinen Angriffs auf traditionelle Religion –, als durch Werke, die sich mitfühlend (und herablassend) geben, praktisch aber die Grundlagen seines Glaubens untergraben. Um nur das augenfälligste Beispiel zu nennen: viele Autoren, die man als wohlgesonnen bezeichnen könnte, gehen von der unausgesprochenen Annahme aus, daß Muhammad der »Autor« des Koran sei. Die Unterstellung, der Koran habe einen menschlichen Autor, selbst wenn zugegeben wird, er sei »ein inspiriertes Genie« gewesen, bedeutet, daß man die Religion des Islam als minderwertig abtut. Solche Autoren geben bereitwillig die »Größe des Propheten« zu; wie wohlwollende Schulmeister finden sie vieles an ihm bewundernswert, und sie staunen über seine Großmut gegenüber seinen Feinden. Sie weisen alle Beschuldigungen zurück, er sei nicht aufrichtig, tapfer und ehrenhaft gewesen, und sie sind schokkiert über die von früheren Autoren gegen ihn gerichteten ungehobelten Anschuldigungen. Gleichzeitig tritt, ihnen selbst ganz unbewußt, immer wieder jener Ton liebenswürdiger Herablassung in Erscheinung, den – seit dem Ende des Britischen Empire – die Europäer gegenüber den »Rückständigen« und den »Entwicklungsvölkern« der Dritten Welt sich zu eigen gemacht haben.

Es gibt eine gewisse Zweideutigkeit in vielen dieser Bücher, so als könnten sich ihre Autoren nicht entscheiden, ob der Islam eine wirklich geoffenbarte Religion ist oder nicht. Sogar der britische Islamkundler W. Montgomery Watt scheint ein Opfer dieser Unentschlossenheit zu sein. Im Resümee seines Buches *Muhammad, Prophet and Statesman* bemerkt er ganz nebenbei: »Nicht alle Gedanken, die er verkündete, sind wahr und vernünftig, aber durch die Gnade Gottes konnte er den Menschen eine bessere Religion bringen als sie sie je zuvor gehabt hatten.« Man könnte annehmen, daß ihm hier die Feder ausgerutscht ist, denn der Autor ist Christ, und das Christentum gab es bereits vor dem Islam; die Doppeldeutigkeit wird jedoch offensichtlich, wenn man sich erstens fragt, weshalb »die Gnade Gottes« im Falle Muhammads nur teilweise wirksam gewesen sein sollte, und zweitens, nach welchem absoluten Wahrheitskriterium einige dieser Gedanken wirklich wahr waren und andere weniger. Wenn man diese Aussage auf die christliche Religion übertrüge, könnte man sich zu Recht fragen, wie ein gläubiger Christ auf die Formulierung reagieren würde: »Nicht alle Gedanken Jesu waren wahr und vernünftig«, daß jedoch das Christentum einen Fortschritt gegenüber der griechischen und römischen Religion darstellte.

Bei christlichen Autoren muß man gewisse Grenzen des Verständnisses in Rechnung stellen und akzeptieren. Man kann nicht von ihnen erwarten, daß sie den Prinzipien ihres eigenen Glaubens untreu werden, und die Tatsache, daß sie selbst Gläubige sind, verleiht ihnen ein Verständnis für Religion als solche, das Türen öffnet und manchmal bis ins Herz der Dinge führen könnte; und es gibt einige, die sehr wohl verstehen, daß höflich über eine andere Religion zu sprechen, nicht nur eine Geste des Respekts ihren Anhängern gegenüber ist, sondern auch eine Geste der Höflichkeit Gott gegenüber angesichts des Mysteriums der göttlichen Selbstoffenbarung. Dies ist zutreffend ausgedrückt von dem katholischen Islamkundler Emile Dermenghem in seinem Buch *Life of Mohamet**, in dem er – als er über die »Hindernisse« schrieb, »die zerstört werden müssen« – auch sagte: »Das Gefühl für wahre Relativität zerstört nicht das Gefühl für das Absolute« und hinzufügte: »Die göttliche Offenbarung kommt aus dem Mund von Menschen und paßt sich den Zeiten und Orten an...Was uns als widersprüchlich erscheint, ist nur die Brechung des ewigen Strahls im Prisma der Zeit.«

Aber selbst Dermenghem demonstriert – trotz seiner tiefen Liebe zum Islam, die ihn dazu führte, sein Leben in Algerien zu beenden –, daß es Markierungspunkte gibt, über die der Christ nicht hinausgehen, und Perspektiven, die er nicht teilen kann. Viele Muslime mißtrauen aufgrund natürlicher Vorbehalte gegenüber einer verwandten, aber rivalisierenden Religion allen christlichen Büchern über den Islam und ziehen ihnen die vermeintlich objektiveren Bücher der Agnostiker vor. Darin irren sie sich. Glauben spricht zu Glauben, selbst im Disput, während der Ungläubige stumm ist. Und was die Objektivität angeht, so kann sie in diesem Lager nicht gefunden werden. Je näher man sich von der anderen Seite der

---

* London 1939 (Routledge); *La vie de Mahomet*, Paris 1929 (Plon)

Grenze aus mit dem typischen westlichen liberalen Agnostiker befaßt (dem Kind einer besonderen Kultur und eines besonderen Augenblicks in seiner Geschichte), desto unmißverständlicher identifiziert dieser sich selbst als »gottlosen Christen«. Er mag sich dem Glauben gegenüber verschließen; wenn er jedoch das Christentum angreift, geschieht dies im Namen von Prinzipien, die er indirekt aus der christlichen Religion übernommen hat, genauso wie Asiaten und Afrikaner sich gegen den Kolonialismus im Namen der Prinzipien wandten, die sie von ihren Kolonialherren übernommen hatten. Die offen dargelegten Vorurteile des christlichen Autors sind, ganz allgemein gesehen, den versteckten des Agnostikers vorzuziehen.

Theoretisch sollten die Schwächen der von Nicht-Muslimen über den Islam geschriebenen Bücher kaum Bedeutung haben. Nur wenige Menschen, die sich um ein richtiges Verständnis des Christentums bemühen, würden sich dafür nichtchristliche Autoren aussuchen. Können nicht muslimische Autoren das Bedürfnis befriedigen, das ohne jeden Zweifel besteht?

Die meisten muslimischen Gelehrten scheinen sich darüber einig zu sein – zumindest geben sie es im privaten Gespräch zu –, daß es in erstaunlichem Maß mißlungen ist, sich über die kulturelle Grenze hinaus zu verständigen. Die gängigen Kommunikationsmittel – die Art und Weise, wie man Religion heutzutage präsentieren muß – wurden nicht aus islamischen Materialien geschmiedet, sondern im Westen. Der muslimische Autor muß mit Instrumenten arbeiten, die sich seiner Hand nur schwer anpassen. Darüber hinaus können sich traditionelle Muslime, die dem Einfluß der »modernen«, d. h. der abendländischen Erziehung entronnen sind, nicht in das abendländische Denken hineinversetzen, das ihnen so fremd erscheint wie es einem Christen des Mittelalters erschienen wäre. Seit der Renaissance haben sich die Europäer über die Barrieren hinausgewagt, die von den traditionellen Zivilisationen gegen solches Umherschweifen errichtet worden waren. Damit könnten sie sich selbst einen irreparablen Schaden zugefügt haben; sie wurden dadurch jedoch intellektuell so »aufgeklärt«, daß andere Kulturen im Vergleich dazu naiv erscheinen. Es gab auch einmal eine Zeit, da das anders war. Plato konnte die Orientalen »alt« nennen, im Vergleich zu der unschuldigen Jugendlichkeit der Griechen; jetzt sind es die Europäer, die »alt« sind, weil sie zuviel gesehen haben und mit nur schwer erträglichen Erinnerungen belastet sind.

Der traditionelle Muslim schreibt mit Autorität und Überzeugung, aber er weiß nicht, wie er die Fragen beantworten soll, die das westliche Denken im religiösen Zusammenhang beherrschen. Diese Fragen erscheinen ihm unnötig, wenn nicht geradezu blasphemisch, und er hat im tiefsten Grunde seines Herzens das Gefühl, sich eine überflüssige Aufgabe gestellt zu haben. Die Wahrheit des Koran ist für ihn selbst so zwingend und so selbstverständlich, daß, wenn nicht sie den Ungläubigen überzeugt, seine armseligen Bemühungen es schon gar nicht können.

Meistens sind es jedoch jene Muslime, die die moderne Bildungs-Maschine des Westens durchlaufen haben, die dann die im Westen zirkulierenden Bücher schreiben. Die Werke, die sie im späten 19. und frühen 20. Jahrhundert herausbrachten, kann man jetzt nicht mehr lesen, ohne peinlich berührt zu sein. Diese Männer waren die »Uncle Toms« des Islam. Ihre Verteidigung der Religion mußte, wie sie meinten, auf dem Beweis beruhen, daß sie nichts enthielt, was sich nicht mit den besten gerade modischen Gedankenströmungen verbinden ließ und völlig mit den moralischen und philosophischen Normen der europäischen Zivilisation übereinstimmte. Sie durchstöberten die Bibliotheken auf der Suche nach vorteilhaften Bemerkungen über den Islam in den Werken der »großen Philosophen« (wie z. B. H.G. Wells), mußten sich jedoch oft begnügen, längst vergessene Journalisten zu zitieren, die einmal ein gutes Wort für den Propheten oder die Muslime als solche gefunden hatten. Der Gedanke, daß die von ihnen so blind bewunderte Zivilisation aus islamischer Sicht auf radikale Kritik stoßen könnte, schien ihnen kaum in den Sinn zu kommen.

Die Situation hat sich in den letzten Jahren verändert, obwohl die »Uncle Toms« noch immer unter uns sind (nur leicht kaschiert als Modernisten). Man kann den zeitgenössischen muslimischen Autoren nicht vorwerfen, sie seien nicht stolz auf den Islam; dieser Stolz wird manchmal sogar in schrillen Tönen ausgedrückt, und niemand könnte behaupten, daß sie der westlichen »Dekadenz« unkritisch gegenüberstehen, wenn auch ihre Kritik dazu neigt, das Ziel zu verfehlen und sich eher auf die Symptome als auf die Ursachen konzentriert. Auch sie konnten jedoch nicht einer anderen Art von Unterwerfung unter abendländische Normen entgehen. Sie neigen dazu, sich sehr für *al-Naḥḍah,* »Erneuerung«, die »islamische Renaissance«, zu engagieren, die sie ohne weiteres mit der Renaissance in Europa vergleichen. Die europäische Renaissance war jedoch, vom religiösen Standpunkt aus betrachtet, eine Wiedergeburt des vom Christentum verdrängten Heidentums, und sie war die Quelle gerade jener »Dekadenz«, die den Muslimen im westlichen Leben und Gedankengut auffällt. Ihre angeborene Feindschaft gegenüber dem Christentum macht sie blind für die Tatsache, daß Kräfte und Ideologien, die *eine* Religion zerstörten, ebenso leicht eine andere zerstören könnten; falls sie es aber sehen, glauben sie, daß die dem Islam innewohnende Stärke und seine Befähigung, fremde Elemente in sich aufzunehmen und zu islamisieren, ihn vor Aushöhlung schützen wird. Dies ist, milde gesagt, ein gefährliches Spiel.

Wer enge Kontakte zu Muslimen unterhält, ist daran gewöhnt, mit monotoner Regelmäßigkeit das Papageiengeplapper zu hören: »Wir werden das Gute aus der westlichen Zivilisation übernehmen; das Schlechte werden wir ablehnen.« Es ist merkwürdig, daß ein Muslim sich einbilden kann, so etwas wäre möglich. Der Islam selbst ist ein organisches Ganzes, eine *Gestalt,* in der alles miteinander verbunden ist und in der kein Einzelteil isoliert vom Ganzen betrachtet werden kann. Der Muslim sollte eher als alle anderen begreifen, daß jede Kultur etwas von dieser Einheit besitzt, und er sollte sich darüber klar werden, daß die im Westen geschaffene moderne Zivilisation, selbst wenn sie sich ständig kaleidoskopartig zu verändern scheint, ein zusammenhängendes Webmuster aus Ursache und Wirkung ist. Wenn man auch nur einen Faden aus ihm zieht, wird man feststellen, daß dieser durch unzählige unsichtbare Fäserchen mit dem Ganzen verbunden ist. Das kleine Fragment des »Guten«, das aus dem Muster gezogen wurde, zieht Stück für Stück die gesamte Struktur nach. Mit dem Licht kommen die Schatten, und mit allem Positiven kommen auch alle negativen Elemente, die mit ihm verbunden sind, sei es als Ursache oder als Wirkung.

Seyyed Hossein Nasr, der unter den muslimischen Autoren fast einmalig ist, weil er sowohl den traditionellen Islam als auch die Kräfte im Westen versteht, die ihn zu unterwandern suchen, stellt fest: »Von vielen [dieser Autoren] sind Worte und Ausdrücke auf eine Art und Weise benutzt worden, die viel von dem kulturellen Schock und oft auch dem Minderwertigkeitsgefühl dem Westen gegenüber verraten, unter dem sie leiden. Ihre Schriften enthüllen vor allem eine sklavische Geisteshaltung gegenüber den Normen und Urteilen der westlichen Zivilisation. Darüber hinaus sind diese Normen gewöhnlich unter dem Schleier eines ›Islam‹ versteckt, von dem oft wenig mehr übriggeblieben ist als ein Name und gewisse emotionale Bindungen, ein Islam, der entleert wird von der intellektuellen und spirituellen Wahrheit, die das Herz der islamischen Offenbarung ist.«*

Die zunächst von mehr oder weniger feindlich gesinnten Orientalisten geäußerte Ansicht, die islamische Zivilisation sei von dem Augenblick an »dekadent«, »stagnierend« und »steril« geworden, als sie keine Wissenschaftler (wie der Begriff jetzt verstanden wird) mehr hervorbrachte – d. h. etwa um das 13. Jahrhundert der christlichen Ära –, wird gleichermaßen von Modernisten wie auch »Fundamentalisten« kritiklos akzeptiert. Dies wird durch einen leidenschaftlichen Glauben an die gegenwärtige oder kurz bevorstehende »Renaissance« kompensiert, und sie sehen nicht, daß Dekadenz (falls das Wort

---

* *Islam and the Plight of Modern Man*, S. 122 (Longman)

überhaupt zutreffend ist) einer Abweichung vom Glauben bei weitem vorzuziehen ist. »Dekadenz« ist ein Symptom von Ermüdung, Überdruß und Schlaffheit, wohingegen »Abweichung« die Form einer bösartigen Aktivität annimmt oder eines Dynamismus, der auf falsche Ziele gerichtet ist. Besser ein schlafender Riese als ein verrückter oder dämonischer!

Die Neigung vieler zeitgenössischer Muslime, tausend Jahren historischer und kultureller Entwicklung den Rücken zuzukehren, hat ihre Wurzeln im 18. Jahrhundert, noch ehe der Westen seine Wirkung auf den Islam ausgeübt hatte. Zu dieser Zeit gab es zwölf besonders einflußreiche »Reformatoren«, die in den *haramayn* (den »beiden Heiligen Stätten«, Mekka und Medina) lehrten und predigten. Sie verlangten die Reinigung der Religion von allen Elementen, die nicht direkt auf den Koran oder auf die Aussprüche und Gewohnheiten des Propheten zurückgeführt werden konnten, und sie verdammten *taqlīd* (die blinde Befolgung der Meinungen früherer Gelehrter), ähnlich wie die Protestanten in der christlichen Welt etwa dreihundertfünfzig Jahre zuvor eine Rückbesinnung auf die Quellen der Schrift gepredigt hatten.

Muslimische Gelehrte waren immer große Reisende, überall im »Haus des Islam« zu Hause, und nur fünf dieser Männer waren Araber, die anderen indischer, marokkanischer und kurdischer Herkunft. Pilger-Gelehrte aus allen Ecken und Enden der Welt verbrachten ein oder zwei Jahre in den *haramayn,* um unter ihnen zu studieren, bevor sie wieder nach Hause zurückkehrten, und so wurden ihre Ansichten schnell überall verbreitet. Rückblickend betrachtet, war der bedeutendste der Reformatoren des 18. Jahrhunderts Muhammad Ibn ʿAbduʾl-Wahhāb (1703–1792). Er hatte in den *haramayn* studiert und war weit gereist, ehe er zu seinem Dorf in einem abgelegenen Teil der Arabischen Halbinsel zurückkehrte, um sich dort – was bedeutsame historische Folgen haben sollte – mit einem Stammesfürsten namens Saud zu verbünden, dessen Nachkommen jetzt über den größten Teil der Halbinsel regieren. Entsetzt über die Gegensätze zwischen dem islamischen Ideal und der muslimischen Welt, die er im Verlauf seiner Reisen entdeckt hatte, kam er zu dem Schluß, daß nur wenige Muslime seiner Zeit ein Recht hatten, sich Muslime zu nennen; mit leidenschaftlicher Überzeugung und großer Sprachgewalt predigte er eine einfache und kompromißlose Lehre reiner Transzendenz und bedingungslosen Gehorsams gegenüber dem geoffenbarten Willen des Transzendenten; in dieser Lehre war kein Raum für die Mystik, die allegorische Interpretaton des Koran, Synkretismus oder Adaptation. Dies war reiner Monotheismus, und alles andere war falsch, verdammenswert und un-islamisch.

Die Zeit verging, und der Kult der Einfachheit degenerierte nur allzu oft zu einem Kult der Banalität; ein Prozeß, der durch die Erfahrung westlicher Oberherrschaft noch beschleunigt wurde. Islam, so sagt man uns, ist so einfach und gradlinig, so einfach zu verstehen und zu befolgen, daß man ihn nicht erklären oder interpretieren muß. Gott ist der König. Der Mensch ist Sein Sklave. Der König hat Seine Befehle erteilt. Der Sklave muß diese Befehle befolgen, oder er wird verdammt. Alles wäre gut gewesen – die »Christen« hätten niemals triumphiert –, wäre nicht die reine Religion im Lauf der Jahrhunderte von einem Netz theologischer Spekulation, mystischer Extravaganz und komplexer Philosophie überzogen worden, mit dem Ergebnis, daß die Muslime zuließen, daß ihnen ihr Erbe aus den Händen glitt, bis die dekadente Zivilisation des Westens in der Lage war, »die beste der Nationen« zu überwinden und zu dominieren. Alles, was man dazu braucht, um diese bedauerliche Situation zu überwinden, ist die Rückkehr zum Koran und zur *Sunna* des Propheten. »Werft die Bücher weg«, ist zu einer Art Slogan geworden. Wir besitzen die Schrift, und das sollte jedem Menschen genügen.

Es ist in der Tat wahr, daß das Wesentliche des Islam klar und einfach ist. Als letzte Offenbarung darüber, wie Gott Seine Geschöpfe lenkt, ist er kompromißlos: der Mensch steht nackt vor seinem Schöpfer, ohne eine vermittelnde Instanz und ohne alles, was diese unmittelbare Begegnung verschleiern könnte. Die Regeln, die das persönliche und gesellschaftliche Leben bestimmen, wurden mit einer Klarheit gegeben, die keinen Raum für Mißverständnisse läßt; und wenn alles gesagt und getan ist, wird die göttliche Gnade die menschlichen Schwächen ausgleichen. Zweifelsohne würde alles dies ausreichen, wäre die menschliche Natur nicht so komplex und gespalten und wären wir nicht mit einer suchenden Intelligenz ausgestattet worden, die analysieren muß, ehe sie zu einer Synthese gelangt. Der Reichtum muslimischer Gedanken und religiöser Spekulation über so viele Jahrhunderte hinweg ist ein hinreichender Beweis dafür, daß dies nicht genug ist.

Der Islam wurde von Europäern, die in der arabischen Welt gelebt und gearbeitet haben, als eine »Pfadfinder-Religion« beschrieben, und genau in diesem Sinn stellen viele ihrer Sprecher sie dar; ein Bild, das nichts mehr mit der Pracht und Herrlichkeit des Kalifats von Bagdad zu tun hat, dem muslimischen Spanien, den Safawiden in Iran, den Timuriden in Zentralasien, den Osmanen auf dem Höhepunkt ihrer Macht und den Scharen von Philosophen, Mystikern und Künstlern, die zur Glorie dieser verschiedenen Kristallisationen der islamischen Zivilisation gehörten. Pfadfinder-Regeln tragen nur wenig dazu bei, unsere Fragen zu beantworten oder die Pein der Seele zu lindern. Sie befriedigen weder die westlichen Menschen noch die gebildeten Muslime, und der einzige Grund dafür, daß nicht mehr der letztgenannten sich von der Religion entfernt haben, ist, daß sie diese einerseits als eine politische Ideologie interpretieren konnten (in einem Zeitalter, das von politischen »Lösungen« besessen ist) und daß sie andererseits nicht wissen, wohin sie sich sonst wenden könnten. Der Europäer oder der Amerikaner, der dem Christentum den Rücken kehrt, ist immer noch Erbe einer reichen Kultur und hat keinen Anlaß für das Gefühl, er sei zu einer »Unperson« geworden. Das Kind des Islam, das sich abwendet, steht mit leeren Händen da und weiß nicht mehr, wer er ist. Islamische Kultur ist nicht mehr und nicht weniger als ein Aspekt der Religion; es gibt so gut wie keine säkulare Kultur. Darüber hinaus ist die Gemeinschaft noch immer im wesentlichen eine religiöse Gemeinschaft, und die Religion aufgeben heißt auch die Gemeinschaft verlassen.

Es sind jedoch nicht nur die zeitgenössischen Muslime, die das Bedürfnis nach Profundität, das Bedürfnis nachTheologie und einer metaphysischen Annäherung an die Religion in Frage stellen. Viele Christen tun das gleiche, was zu einer großen Verarmung des Christentums geführt hat. Es hat Gott gefallen, in gewissen Männern und Frauen eine Art Intelligenz zu erschaffen, die aus innerstem Drang weitreichende Fragen über das Wesen der Wirklichkeit stellen muß. Dies ist eine göttliche Gabe, wenn auch nicht ohne Gefahren, wie das bei allen Gaben der Fall ist; sie hat deshalb gewisse Rechte, einschließlich des Rechts, Antworten auf die Fragen zu erhalten, die spontan in ihr auftauchen. In einem gewissen Sinn werden diese Fragen von Gott Selbst gestellt, so daß Er sie beantworten und damit unser Verständnis bereichern kann, und man versichert uns, daß Er uns niemals ein echtes Bedürfnis gibt, ohne für seine Befriedigung zu sorgen. Fragende Menschen mögen immer und überall eine Minderheit sein, aber gerade sie – die Fragenden – sind es, die letztendlich die Meinungsbildner sind. Was die Intellektuellen heute in Zweifel ziehen, wird schließlich auch von den einfachen Menschen in Zweifel gezogen werden. Ideen, die auf den ersten Blick äußerst abstrakt und völlig entfernt von den Angelegenheiten gewöhnlicher Männer und Frauen erscheinen, haben es an sich, das gesamte Gewebe der Gesellschaft zu durchdringen, obwohl sie während dieses Prozesses des öfteren verzerrt werden. Angesichts der Art unserer modernen Zivilisation (und der Art ihrer Ursprünge) wirken sich die in unserer Zeit vorherrschenden Ideen zerstörerisch auf den religiösen Glauben aus, es sei denn, dieser Glaube wird durch eine intellektuelle Waffenrüstung – und intellektuelle Waffen – geschützt, die sich den Bedingungen des späten 20. Jahrhunderts anpassen. Die traditionellen Argumente zur Unterstützung des Glaubens sind nicht mehr absolut wirksam, und es erscheint nicht mehr als »natürlich«, an Gott zu glauben und an Seinsformen jenseits dieses gegenwärtigen Lebens. Da der Koran sich besonders an »jene, die denken« und die »nachdenken« wendet und uns in der Tat befiehlt, unsere Geistesgaben voll zu nutzen, sind die Muslime verpflichtet, die intellektuellen Grundlagen ihres Glaubens zu vertiefen und zu entwickeln, und sie haben keine Entschuldigung dafür, sich auf gedankenlosen Gehorsam und emotionale Inbrunst zu verlassen, um ihn vor den suchenden Fragen unserer Zeit zu schützen.

Der Kult der Einfachheit oder Plattheit kommt nicht nur in Exposés über den Islam als Lebenshaltung zum Ausdruck, sondern auch in modernen Interpretationen des Koran. Man braucht bloß einmal einen populären modernen Kommentar, sei er sentimental oder banal, mit den großen mittelalterlichen Kommentaren zu vergleichen: mit denen der Rationalisten, die ihre intellektuellen Instrumente aus der griechischen Philosophie bezogen, mit jenen der Sufis, die die Tiefen der Bedeutung unter der Oberfläche des Textes ausloteten, und mit jenen der Grammatiker, die die subtilsten Schattierungen der Bedeutung hinter jedem Wort und jedem Satz analysierten, um festzustellen, welche Verarmung stattgefunden hat.

Dies könnte am besten durch direkte Zitate illustriert werden; es wäre jedoch unfreundlich, die Anstrengungen aufrichtiger und frommer Männer lächerlich zu machen, die ihre Liebe zum Buch auf diese Art zeigen; der Beweis kann genau so wirkungsvoll durch eine Parodie erbracht werden, ohne daß das Original identifiziert wird, von dem sie nur wenig abweicht.

Hier ein Kommentar zu den Eröffnungsversen der 91. Sure:

> »Bei der Sonne, die im Glanze schreitet
> Und bei dem Mond, der sie begleitet!
> Und bei dem Tag, der sie weidet,
> Und bei der Nacht, die sie bestreitet...«*

---

* Übersetzung: Friedrich Rückert (Der Koran, im Auszug übersetzt, aus dem Nachlaß hrsg. von August Müller. Frankfurt 1888. Reprint Hildesheim 1980)

Die mittelalterlichen Kommentatoren entdeckten eine profunde Bedeutung in diesen einfachen Zeilen und interpretierten ihre Symbolismen mit erstaunlicher Subtilität und spekulativem Wagemut. Der moderne Kommentar lautet etwa so: »Der Eid bezieht sich auf das Aufgehen der Sonne, und wie schön ist dies! Die Sonne ist am klarsten, wenn sie aufgeht, und sie scheint mit einem reinen Licht. Sie ist die Quelle unseres physischen Lebens, und wie großmütig ist Gott, uns Leben zu geben! Dann ist da der Mond mit seinem schönen Licht, der zu dem menschlichen Herzen flüstert und es mit poetischen Gedanken inspiriert. Wie schön ist es, im Mondlicht zu sitzen! Dann kommt der Eid beim Tag, wenn die Sonne scheint und die Erde erleuchtet wird; aber wenn die Nacht die Erde bedeckt, ist es das Gegenteil von dem, was am Tage geschieht. Die Sonne scheint nicht mehr. Alles ist vor unseren Augen verborgen, und wir sind in der Dunkelheit. Wie unvergleichlich beschreibt der heilige Koran all dies, und wie inspirierend sind diese Verse!« Und so weiter, Wort wird an Wort gereiht, Seite für Seite, mit den besten Absichten und wenig Sinn.

Aufrichtigkeit und gute Absichten garantieren noch keine wirksame Kommunikation, aber das Unvermögen der meisten zeitgenössischen muslimischen Autoren, sich in einer Sprache auszudrücken, die für sie tatsächlich eine Fremdsprache ist, spiegelt nur die außergewöhnliche Situation des Islam in der nachkolonialen Periode einer Welt wider, die voll und ganz von abendländischen Werten geformt wurde und von Ideologien, die aus der *Dār ul-Ḥarb* (dem »Haus der Zwietracht«, der Welt jenseits der Grenzen des [muslimischen] Glaubens) stammen. Man könnte sagen, daß die Muslime »erwachten« (wenn wir, weil uns nichts besseres einfällt, diesen zweifelhaften Begriff verwenden wollen) und sich auf einem von ihren Feinden besetzten Planeten wiederfanden, gezwungen, wenn sie dieses abrupte Erwachen überhaupt überleben wollten, ihre Feinde in allem nachzuahmen. Um zu verstehen, wie außergewöhnlich diese Situation vom muslimischen Standpunkt aus betrachtet ist, wird es dringend notwendig, etwas von der

Geschichte der Konfrontation zwischen diesen beiden Zivilisationen zu verstehen.

Innerhalb eines Jahrhunderts nach dem Tod des Propheten im Jahr 632 der christlichen Ära hatte sich das muslimische Reich von den Grenzen Chinas bis zum Atlantik, von Frankreich bis zu den äußeren Provinzen Indiens und vom Kaspischen Meer bis zur Sahara ausgebreitet. Diese erstaunliche Expansion war von einem Volk bewerkstelligt worden, das, hätte man überhaupt in der großen Welt jenseits der Arabischen Halbinsel von ihm gewußt, als unwissende Nomaden abgetan worden wäre. Sie hatten nahezu zwölf Millionen Quadratkilometer Land überrannt und den Lauf der Geschichte verändert, indem sie das Christentum in seinen Heimatländern im Nahen Osten, Nordafrika und Spanien dem Islam unterwarfen, das Römische Reich von Byzanz in die Defensive zwangen und das Reich der Perser in ein Bollwerk des Islam verwandelten. Die menschliche Geschichte weiß von keiner anderen Leistung zu berichten, die dieser vergleichbar wäre. Alexander hatte die alte Welt durch seine Eroberungen fasziniert; er hinterließ jedoch nur Legenden und einige wenige Inschriften. Wo die Araber hinkamen, schufen sie eine Zivilisation und ein ganzes Gedanken- und Lebensmodell, das sich hielt und noch immer hält, und sie bestimmten entscheidend die zukünftige Geschichte Europas, indem sie den Zugang zu den reichen Territorien des Ostens versperrten und dadurch – viele Jahrhunderte später – die Entdeckungsreisen nach Westen und Süden provozierten, die die europäische Macht nähren sollten.

Um das Jahr 720 hatten die Muslime das gewaltige Hindernis der Pyrenäen überschritten, und ganz Westeuropa lag offen vor ihnen. Sie wurden von den Franken in einer Schlacht geschlagen, die zwischen den heutigen Städten Tours und Poitiers stattfand; es ist jedoch zweifelhaft, ob diese Schlacht eine wirklich entscheidende war; jedenfalls war der östliche Flügel der Armee bereits in das schweizerische Wallis eingedrungen. Es ist wahrscheinlicher, daß die dunklen Wälder, die vor ihnen lagen, ihnen wenig einladend erschienen und daß die bittere

Kälte der sogenannten gemäßigten Länder ihnen wie die Kälte des Todes erschien; und zweifelsohne hatte sich die große Welle der Expansion zu diesem Augenblick selbst erschöpft und war an ihre natürlichen Grenzen gestoßen. Noch ein paar Meilen weiter, und die Geschichte wäre anders ausgegangen, mit einem Sultan auf dem Thron Frankreichs, seinem Emir in einem Palast an der Themse und Europas Nachkommen in Nordamerika unter dem Banner des Islam.

Die Schnelligkeit, mit der sich der Islam über die bekannte Welt des 7. bis 8. Jahrhunderts ausbreitete, war schon seltsam genug; noch seltsamer ist jedoch die Tatsache, daß es keine Flüsse voller Blut gab, keine Felder mit den Leichnamen der Besiegten gedüngt wurden. Als Krieger mögen die Araber nicht besser als andere Soldaten gewesen sein, die in bevölkerten Landstrichen metzelten und Verheerungen anrichteten, aber anders als jene wurden sie an einer Leine gehalten. Es gab keine Massaker, keine Vergewaltigungen, keine verbrannten Städte. Diese Männer fürchteten Gott in einem Maß, wie man es sich in unserer heutigen Zeit kaum vorstellen kann, und sie hatten eine tiefe Scheu vor Seiner allsehenden Gegenwart, spürten sie im Wind und in den Bäumen, hinter jedem Felsen und in jedem Tal. Selbst in diesen fremden Ländern gab es keinen Platz, wo sie sich vor dieser Gegenwart hätten verstecken können, und während riesige Entfernungen ihnen zuwinkten und sie immer weiter vorwärtstrieben, ritten sie behutsam über die Erde, so wie man es ihnen befohlen hatte. Niemals zuvor hatte es eine Eroberung wie diese gegeben.

In den Jahrhunderten, die dieser fruchtlosen Expedition nach Frankreich hinein folgten, war die Bedrohung Westeuropas niemals ganz beseitigt. Der Islam war die beherrschende Zivilisation, und die Christenheit war beschränkt auf einen Zipfel der euro-asiatischen Landmasse, ganz darin eingeschlossen und niemals wirklich sicher, außer zu jenen Zeiten, als die Muslime – so oft ihre eigenen schlimmsten Feinde – unter sich zerstritten waren. Die Kreuzfahrer kamen nach Palästina und wurden nach angemessener Zeit wieder davongejagt, und im 13. Jahrhundert wurde die arabische Welt durch die mongolischen Horden verwüstet; die Mongolen wurden jedoch bekehrt, um Vorkämpfer des Islam zu werden, ebenso wie die Türken. Konstantinopel fiel im Jahr 1453, und bald nahmen die Osmanen die Herausforderung an, welche die europäische Enklave darstellte. Belgrad wurde 1521 eingenommen, und im drauffolgenden Jahr Rhodos. Suleyman der Prächtige drang nach Ungarn ein und errang einen großen Sieg bei Mohács, und in den dreißiger Jahren des 16. Jahrhunderts suchte der französische König Franz I. Unterstützung gegen die Habsburger und förderte die osmanischen Pläne zur Invasion Italiens. Ein paar Jahre später waren es die protestantischen Fürsten, die mit den Muslimen verhandelten, um deren Hilfe gegen den Papst und den Kaiser zu erlangen, und der Sultan traf seine Vorbereitungen, um nach Deutschland einzudringen.

Das mag nur eine leere Drohung gewesen sein; denn zu diesem Zeitpunkt war Europa dabei, die muslimische Welt an tatsächlicher Macht zu überholen, hauptsächlich durch technische Verbesserungen bei den Feuerwaffen und im Schiffsbau; doch in ihr klang die uralte Bedrohung, die fast neun Jahrhunderte hindurch die europäische Weltschau geformt hatte, noch immer nach. Das »Ungeheuer des Islam« war der einzige konstante Faktor inmitten der Veränderungen und Verwandlungen geblieben, und es hatte sich dem europäischen Bewußtsein eingeprägt. Das Brandmal ist noch immer sichtbar.

Es trat jedoch eine Wende ein. 1683 belagerten die Osmanen Wien zum letzten Mal. Ihre Kampfkraft war aber bereits erschöpft, und diese Tatsache wurde im 1699 unterzeichneten Vertrag von Carlowitz anerkannt. Die Welt des Islam, falls man sie noch immer eine »Welt« nennen konnte, hatte sich bereits seit einigen Jahren in der Defensive befunden, und ihre Verteidigungspositionen waren bröcklig geworden. Die Briten waren in Indien und die Holländer in Indonesien, und die Einnahme der Stadt Asow durch die Russen brachte den, damals wie heute, unversöhnlichsten Feind der Muslime auf den Balkan.

Fast tausend Jahre lagen zwischen Carlowitz und dem muslimischen Vorstoß nach Südfrankreich; weniger als dreihundert Jahre trennen uns von Carlowitz, dreihundert Jahre, in denen die Europäer, zumindest bis vor ganz kurzer Zeit, hätten versuchen können, ihren langanhaltenden Schauder vor dem Islam zu vergessen. Doch er wurde nicht so leicht vergessen.

»Tatsache bleibt«, sagt der tunesische Schriftsteller Hichem Djaït, »daß die Vorurteile des Mittelalters sich in das kollektive Bewußtsein des Westens so tief eingegraben haben, daß man sich voller Schrecken fragen mag, ob sie jemals wieder ausgemerzt werden können.«*

Gewiß waren die Jahre der imperialen Macht Jahre des Vergessens. Im späten 18. Jahrhundert hielt es Edward Gibbon noch für notwendig, 9 von den 71 Kapiteln seines Buches *The Decline and Fall of the Roman Empire* (Geschichte des Verfalls und Untergangs des Römischen Reiches) dem Islam zu widmen. Europäische Historiker des folgenden Jahrhunderts konnten ihn ignorieren. Und doch müssen wir nicht weit suchen, um den bekannten Ton der Furcht und des Abscheus aufs neue zu hören, selbst zu einer Zeit, als die Macht und Herrlichkeit des Britischen Empire noch nicht verdunkelt war. John Buchans Buch *Greenmantle,* das 1916 erschien und während der folgenden zwanzig Jahre wahrscheinlich von jedem britischen Schuljungen gelesen wurde, befaßte sich mit einer Bedrohung der Zivilisation, schrecklicher als alle Truppen des deutschen Kaisers: der Bedrohung durch einen »wieder emporkommenden Islam«.

Wie so oft in vorhergegangenen Jahrhunderten wurden die Kinder Europas dazu ermutigt, mit Alpträumen von grünbeturbanten Horden zu Bett zu gehen, die »Allāhu akbar!« brüllen und über die Zivilisation herfallen, um sie in Schutt und Asche zu legen. Die öffentliche Meinung und volkstümliche Ansichten zu ändern, ist eine Sisyphusarbeit; sie zu bestärken aber ist einfach. Buchan hätte »Greenmantle« nicht geschrie-

* *L'Europe et l'Islam*, S. 21, Paris (Collection Esprit/Seuil).

ben, wenn er seine Argumente gegen den Islam hätte verteidigen müssen; dafür bestand jedoch keine Notwendigkeit.

Die Alpträume gab es jedoch nur auf der einen Seite. Während des längsten Teils ihrer Geschichte hatten die Muslime keinen Anlaß, Europa gegenüber Komplexe zu haben, und abgesehen von der relativ kurzen Periode der Kreuzzüge konnten sie sich leisten, es zu ignorieren. Während des Mittelalters reisten muslimische Gelehrte, Prediger und Kaufleute durch die gesamte Welt des Islam zwischen Spanien und Indonesien; ihr Paß war das Glaubensbekenntnis – *Lā ilāha illā 'Llāh* – und ihre Abenteuerlust wurde ihnen leicht gemacht durch die Tatsache, daß Gastfreundschaft und Hilfe für den Reisenden eine religiöse Pflicht ist. Der Gelehrte aus dem muslimischen Indien war in Marokko zu Hause, und einige der frühen Mystiker reisten so weit und in so verschiedene Gegenden, daß man sich manchmal fragt, welche Transportmittel sie wohl benutzt haben könnten, es sei denn den legendären fliegenden Teppich. Viele, besonders die Kaufleute, reisten über die Grenzen der *Dār ul-Islām* hinaus. Ein Reisender aus Kairo konnte seine Kreditbriefe in Kanton einlösen. Sie hielten sich jedoch an die zivilisierte Welt und wagten sich nicht bis ins dunkelste Europa vor – wo sie mit größter Wahrscheinlichkeit getötet worden wären –, obgleich sie einige Kenntnisse über diese Religion von den christlichen Gelehrten erhalten haben dürften, die auf der Suche nach Bildung an die großen Universitäten des muslimischen Spanien kamen. Ein früher Autor vertrat voll guten Willens den Standpunkt, daß der weiße Mann (entgegen der volkstümlichen Meinung) nicht weniger intelligent sei als der schwarze Mann in Afrika; im ganzen gesehen hatte es jedoch den Anschein, als sei das mittelalterliche Europa jenseits der Pyrenäen eine Region des Schmutzes und der Barbarei. Die Europäer, die als Kreuzzügler in Palästina eingefallen waren, wütend in ihrer Kriegsführung, ohne Respekt für Frauen und Kinder und schmutzig in ihren Angewohnheiten, können nur wenig zum Abbau dieser Vorurteile beigetragen haben. Die Muslime konnten nichts von dem geheimen spirituellen Leben der Christenheit ahnen, das vor ihrem Blick in Klöstern und Einsiedeleien verborgen war, ebenso wie der moderne Europäer nur wenig von dem geheimen spirituellen Leben des Muslim weiß und nur die äußerliche Maskerade sieht.

Schon vor den Kreuzzügen hatte ein gewisser Saʿīd Ibn Aḥmad von Toledo ein Buch über die »Kategorien der Nationen« geschrieben, das die Menschheit in zwei Arten einteilt: solche, die sich mit Wissenschaft befassen, und solche, die davon nichts wissen. Die erste Gruppe schloß Araber, Perser, Byzantiner, Juden und Griechen ein; die übrige Menschheit bestand aus nördlichen und südlichen Barbaren – den Weißen und den Schwarzen. Der Gedanke, daß die ‚fränkische‘ Religion und Philosophie von irgendwelchem Interesse sein könnte, kam niemandem in den Sinn. Am Ende des 14. Jahrhunderts überging Ibn Khaldūn, einer der größten Historiker aller Zeiten, Westeuropa in seinen Schriften und bemerkte nur beiläufig, er habe Berichte über eine gewisse Entwicklung der Philosophie in dieser Region der Welt gehört. Er fügte hinzu: »Aber Gott weiß am besten, was in diesen Gegenden geschieht!« Dies war auf dem Höhepunkt des europäischen Mittelalters und weniger als ein Jahrhundert, bevor Europa seine Fesseln löste und Südamerika und Nordamerika »entdeckte«. Während eine beachtliche Anzahl von Werken aus dem Griechischen, Persischen und Syrischen ins Arabische übersetzt worden war, ist nur ein einziger Fall der Übersetzung eines lateinischen Werkes aus der Zeit vor dem 16. Jahrhundert bekannt geworden.

Sicher gab es auch noch einen anderen Grund für diesen Mangel an Interesse. Während schon allein die Existenz des Islam einen unerträglichen Affront für das Christentum darstellte, sahen die Muslime kein Problem darin, die Existenz dieser »Leute des Buches« zu akzeptieren. Ein Christ, der bekannte, zu glauben, daß Muhammad eine wahre Botschaft von Gott empfangen hatte, wäre ein Ketzer gewesen, reif für den Scheiterhaufen. In absolutem Gegensatz dazu ist der Muslim gehalten, die Authentizität Jesu zu akzeptieren und trotzdem daran zu glauben, daß die christliche Botschaft nicht das letzte Wort war. Der Koran stellt klar, daß die Verleugnung eines Trägers einer göttlichen Botschaft einer Verleugnung aller Gesandten und ihrer Botschaften gleichkommt, den Koran selbst eingeschlossen. »Wer auch immer alles glaubt, das er zu glauben gehalten ist«, sagt ein weitbekanntes Glauensstatut, das *Fiqh Akbar I* (das Abū Ḥanīfa zugeschrieben wird), »aber sagt, ›ich weiß nicht, ob Moses und Jesus (der Friede sei auf ihnen) zu den Gesandten [Allahs] gehören – oder nicht‹, der ist ein Ungläubiger.«[*]

Daß Juden und Christen von den Muslimen akzeptiert wurden, besonders in Spanien, während es Teil der *Dār ul-Islām* war, war nicht eine Frage der »Toleranz« im modernen Sinn des Wortes, sondern eine religiöse Pflicht; ebenso verpflichtend war es für die Christen, nachdem sie Spanien erobert hatten, darauf zu bestehen, daß Juden und Muslime entweder konvertieren mußten oder getötet würden.

Während die muslimische Welt sich einer Sicherheit erfreute, die damals wie für die Ewigkeit gemacht zu sein schien, fanden außergewöhnliche Dinge in der Region statt, die Ibn Khaldūn als »diese Gegenden« abgetan hatte. Ironischerweise war es der Islam, von dem die »Barbaren« die Bücher der griechischen Philosophie und Wissenschaft erhalten hatten, die jetzt aus dem Arabischen ins Lateinische übersetzt wurden und einen Prozeß der Gärung in Gang setzten. Unfähig, das »neue Wissen« selektiv in ihre Struktur einzufügen, wie es die islamische Zivilisation getan hatte, begann die Christenheit – als integrales Ganzes, in sich geschlossen, alle Aspekte des Lebens umfassend und alle Fragen beantwortend, die der Christ stellen durfte – sich zu zersetzen; was zuvor nur haardünne Risse waren, wurde durch Ideen belastet, die die Struktur nicht in

[*] Von Muhammad wird berichtet, er habe gesagt: »So einer bezeugt, daß es keine Gottheit außer Allah gibt, der keinen Teilhaber hat, und daß Muhammad Sein Diener und Sein Gesandter ist, daß Jesus Allahs Diener und Gesandter ist – Sein Wort, welches Er in Maria legte und ›ein Geist von Ihm‹ – und [bezeugt], daß Paradies und Hölle wirklich sind, dann wird Allah ihn in das Paradies einlassen, was immer er auch getan haben mag.«

sich aufnehmen konnte, und der europäische Mensch entwickelte sich, nun alle Fesseln sprengend, auf unerprobte Richtungen hin, wie sie die Menschheit niemals zuvor eingeschlagen hatte.

So wie der Prozeß der Zersetzung explosive Gase freisetzt – oder wie Wasser, den Berg hinunterlaufend, Energie erzeugt –, so entwickelte die christliche Welt im Prozeß der Spaltung eine enorme materielle Kraft. Die römische Kirche konnte diese Entwicklung, die ihrer eigenen Logik und ihren eigenen Gesetzen folgte, nicht länger in Schranken halten, und mit dem Aufkommen der industriellen Revolution und dem unkontrollierten Wachstum der angewandten Wissenschaften kamen die freigelassenen Energien in den Besitz solcher Instrumente, wie sie wirksam für Eroberung und Ausbeutung eingesetzt werden konnten.

Nur auf sich selbst bezogen und vielleicht auch allzu selbstbewußt, hatten die Muslime kaum erkannt, was da im Gang war.

Während die Randgebiete der *Dār ul-Islām* unter fremde Herrschaft gerieten, blieb das Herzland in sich geschlossen und vergaß, daß sich die Welt ändert und daß weltliche Herrschaft, wie der Koran lehrt, etwas Vergängliches ist. Die Schale, die das Herzland beschützte, erwies sich als nicht stärker als eine Eierschale. Sie wurde durch Napoleon zerbrochen, als er im Juli 1798 in Alexandria landete, mit Plänen, nach Mekka zu marschieren, und begleitet von Gerüchten, er würde selbst Muslim werden. Die Ägypter konnten nichts tun, um ihn aufzuhalten; es war der Engländer Nelson, der seine Träume von einem neuen Islamischen Imperium mit ihm selbst an der Spitze zerstörte.

Von da an gab es dann keinen wirklichen Widerstand mehr. Es gab heroische Episoden – den Emir 'Abdu'l-Qādir in Algerien, Schamyl im Kaukasus, Dipo Nagaro in Indonesien, den »Mahdi« im Sudan – aber mit dem Ende des Ersten Weltkriegs befand sich fast die gesamte islamische Welt unter fremder Herrschaft.

Das Unmögliche war nicht nur möglich geworden; es war tatsächlich geschehen, und es bedurfte keines großen Einsichtvermögens bei den Muslimen, um zu begreifen, daß sie selbst, zumindest teilweise, daran schuld waren. So kam zur Demütigung der Niederlage und Unterwerfung auch noch ein Schuldgefühl hinzu. Trotz westlicher Überlegenheit an Waffen, Technologie und im Verwaltungswesen hätte das Desaster nicht so schnell und so vollständig kommen können, wäre die islamische Welt ihrem Glauben und ihren Glaubenspflichten treu geblieben.

Ungeachtet dessen, was praktisch akzeptiert wurde – der Mensch ist nun einmal so wie er ist –, kann der Islam im Prinzip gar nicht ohne Selbstverrat in verschiedene, einander feindlich gesinnte Einheiten aufgeteilt werden. Eine islamische Welt, vereinigt von der atlantischen Küste Marokkos bis zu den äußersten Inseln des indonesischen Archipels und vom Aralsee bis zum Sudan, wäre sicher keine leichte Beute gewesen. Ebenso wie einst Uneinigkeit und innere Rivalitäten der *Ummah* den zeitweiligen Triumph der Kreuzfahrer in Palästina ermöglichten, hatten jetzt eben diese Laster auch Tür und Tor für die totale Unterwerfung geöffnet, und sie konnten in den achtziger Jahren unseres Jahrhunderts noch immer alle hohen Bestrebungen vereiteln.

Was sich ereignet hatte, war mehr als nur eine physische Eroberung. Diejenigen, die zuvor ihre Spuren in der muslimischen Welt hinterlassen hatten, waren entweder militärisch stark, aber kulturell schwach (wie die Mongolen), oder umgekehrt. Jetzt aber, bei ihrem Zusammenstoß mit der westlichen Macht, stießen die Muslime auf physische Stärke, verbunden mit kultureller Dominanz. Wäre die Erfahrung des Kolonialismus eine Erfahrung grausamer Unterdrückung gewesen, so hätte dies nur eine verhältnismäßig kleine Wunde mit einer oberflächlichen Narbe hinterlassen. Die Toten sind schnell begraben und Massaker vergißt man. Dies war jedoch für den Islam, wie auch für die übrige nicht-europäische Welt, eine Erfahrung der Bevormundung durch Machthaber, die die besten Absichten hatten und es für ihre moralische Pflicht hielten, die »Eingeborenen« so auszubilden, daß sie es zu etwas Höherem bringen könnten, und die nur höfliche Verachtung zeigten für die tiefsten Werte, nach denen diese »Eingeborenen« lebten; und höfliche Verachtung eines Glaubens oder einer tiefverwurzelten Tradition ist noch sehr viel tödlicher als Verfolgung. Diese Machthaber zerstörten nicht Körper, sondern Seelen – oder zumindest die Nahrung, von der menschliche Seelen leben.

Obwohl die Eroberer sich Christen nannten, waren sie zum größten Teil keine Männer der Religion in dem Sinn, der den unterworfenen Völkern geläufig war; denn sie waren selbst nicht voll und ganz besessen von der religiösen Idee und von dem Gefühl für das Heilige. Sie waren – oder schienen – Menschen, die dem Wesentlichen gegenüber gleichgültig, jedoch verzehrt vom Unwesentlichen waren, und deshalb ungemein begabt, mit dem Unwesentlichen umzugehen. Sie wußten, wie später Mussolini, was man tun muß, damit Züge den Fahrplan einhalten. Es gab keinen Weg für sie, Menschen, für die das Heilige Vorrang vor allem anderen hatte, zu verstehen oder von ihnen verstanden zu werden.

Die Europäer zogen sich zurück, hinterließen jedoch ihren Stachel. Mit Ausnahme von Algerien und Indonesien kann man nicht sagen, daß sie fortgejagt wurden. Ihre Reiche fielen aus einem Mangel an Willenskraft in sich zusammen, aus Zweifel an sich selbst und Erschöpfung nach zwei großen Kriegen, aber auch als Folge wirtschaftlicher Faktoren. Selbst nach ihrer Abdankung versuchten sie noch immer, ihre Pflicht zu tun, indem sie den neuen unabhängigen Nationen ein völlig unangebrachtes Regierungs- und Verwaltungssystem auferlegten. Es mag tatsächlich keine andere Alternative gegeben haben, da die traditionellen Muster von Herrschaft und sozialem Leben in weitem Maß zerstört worden waren; aber nirgendwo stand zur Debatte, den *status quo ante* wiederherzustellen, und während der vergangenen Jahre haben wir in Uganda (ein besonders treffender Beweis) die Ergebnisse einer absichtlichen Unterminierung der traditionellen Autorität am Vorabend der Unabhängigkeit erlebt.*

Die Unabhängigkeitsbewegungen in den Kolonien und Protektoraten entstanden nicht durch eine Rückkehr der Betroffenen zu einheimischen Werten, sondern durch die Absorbierung abendländischer Ideen und Ideologien, seien sie nun liberal oder revolutionär. Der Prozeß der Modernisierung – ein Euphemismus für Verwestlichung – wurde durch diesen Rückzug nicht nur nicht aufgehalten, sondern tatsächlich sogar noch beschleunigt. Die Begeisterung der neuen Herrscher für alles »Moderne« wurde nicht, wie die Begeisterung ihrer früheren Gebieter, durch irgendein Element des Selbstzweifels in Schranken gehalten. Die in der ganzen Situation liegende Ironie kam auf tragische Weise im Vietnam-Krieg zum Vorschein, als die Menschen jenes Landes kämpften, nicht um ihre eigenen Traditionen zu erhalten oder für das Recht, wirklich sie selbst sein zu können, sondern unter dem Banner einer billigen abendländischen Ideologie und für das Privileg, ihre früheren Machthaber im Nationalismus oder Sozialismus nachzuahmen. Der Westen bekriegte sein eigenes Spiegelbild in einem bösartigen Totentanz.

Es wird oft gesagt, daß, obgleich erst dreißig Jahre vergangen sind, seit Europa (mit der Ausnahme Rußlands) sein imperiales Joch abzog, es nicht mehr möglich ist, sich eine Gedankenhaltung, einen Zustand inneren Selbstvertrauens vorzustellen, der die Rolle des Herrschers als gottgegeben ansah. Wie konnten diese rotgesichtigen Sahibs sich ihrer eigenen Gerechtigkeit so sicher gewesen sein? Junge Menschen finden Bilder von Vize-

---

* Sir Andrew Cohens aus besten Absichten und im Geist der Liberalität unternommene Absetzung des Königs der Kabaka zeitigte Resultate, die selbst durch vorsätzliche Bösartigkeit nicht hätten erreicht werden können. Er war der Meinung, der Kabaka stünde dem »Fortschritt« und der »Demokratie« im Weg; diese beiden Begriffe müssen wir jetzt, soweit es sich um Uganda handelt, durch »Chaos« und »Barbarei« ersetzen. Es gibt heute viele gebildete Muslime, die Cohens Verachtung für die traditionellen Herrschaftsmuster teilen. Auch sie könnten sich als Agenten der Finsternis erweisen.

königen und Gouverneuren, die mit merkwürdigen Hüten auf dem Kopf unter Palmen einherstolzieren, zum Totlachen komisch. Und doch hat es keine grundlegende Veränderung gegeben.

Die westlichen Werte sind noch immer der Standard, nach dem alle beurteilt werden, und die meisten nehmen es hin, so beurteilt zu werden. Viel von dem Selbstvertrauen, das es dem Sahib einer früheren Generation ermöglichte, nur mit einem Offiziersstöckchen in der Hand einen Haufen von Eingeborenen in Zucht zu halten, ist noch immer vorhanden, da als selbstverständlich angenommen wird, daß der Rest der Welt nach den Regeln spielen muß, die von der westlichen Zivilisation aufgestellt wurden; Regeln, die das Produkt der europäischen Geschichte sind. Die europäischen Mächte sind eine kleine Minderheit in den Vereinten Nationen, aber ein Blick auf die Charta dieser Organisation genügt, um zu zeigen, daß sie auch nicht ein Prinzip enthält, das aus einer anderen Quelle kommt, und das gleiche gilt für das Völkerrecht, wie es gegenwärtig verstanden wird. Die Meinungen, Vorurteile und moralischen Prinzipien der früheren Kolonialherren sind ebenso mächtig geblieben wie es die europäischen Waffen in der Vergangenheit waren, und der einzige Ausbruch, der unternommen wurde, endete in einer Sackgasse: der jüdisch-europäischen Doktrin – oder Pseudo-Religion – des Marxismus mit ihrer Mischung aus christlichen Häresien, judäischen messianischen Träumen und zweifelhafter Wissenschaft.

Das Schlüsselwort ist »Zivilisation«. Man mag Muslim, Hindu, Buddhist oder meinetwegen auch ein Eskimo-Schamane sein; nur eine Bedingung ist verpflichtend für alle – man muß sich »zivilisierten Werten« anpassen, um nicht als »rückständig« verdammt zu werden. Frithjof Schuon definierte »Zivilisation« als »städtische Verfeinerung im Rahmen einer weltlichen und merkantilen Betrachtungsweise«, feindlich sowohl gegenüber der unberührten Natur als auch der Religion*, und seinem

---

* *Light on the Ancient World*, S. 9 (Perennial Books)

Ursprung nach bedeutet das Wort nichts anderes als in Städten zu leben (die in der Vergangenheit gemeinhin als Orte spiritueller Korruption und physischen Schmutzes angesehen wurden). Es ist trotz alledem ein sehr starkes Wort, und selbst der glühendste Revolutionär, in der muslimischen Welt oder anderswo, fürchtet sich davor, als »unzivilisiert« beschrieben zu werden. Antikolonialismus auf politischer Ebene hat sich als eine Art Opium für das Volk erwiesen, was die Menschen daran hinderte, zu sehen, daß das wirklich Entscheidende war, wie man ihren Verstand und Geist kolonisiert hat.

Die daraus entstandenen Traumata, unter denen der größte Teil der nicht-europäischen Welt leidet, wurden bei den muslimischen Völkern noch durch besondere Umstände verstärkt und beeinflussen heute fast jede öffentliche Darstellung des Islam, sowohl auf intellektueller als auch auf politischer Ebene. Bei dem Versuch, den Westen auf seinem eigenen Gebiet zu schlagen, werden fremde Ideen und Ideologien übernommen und über Nacht »islamisiert«, einfach indem man ihnen das Etikett »islamisch« anheftet, und man sollte sich nicht wundern, wenn dies zu einem heftigen Anfall von Verdauungsstörung führt. Politisch wird die Herausforderung des Westens als der wirksamste Weg zur Wiederdurchsetzung »islamischer Werte« angesehen, ohne Rücksicht darauf, wie tief diese Werte korrumpiert sein mögen, und ungeachtet der Tatsache, daß hysterisches Benehmen als Antwort auf Beleidigungen – oder eingebildete Beleidigungen – völlig in Gegensatz zum Geist und Ethos des Islam steht. Es ist dem Beobachter fast unmöglich (es sei denn, er besitzt einen inneren Prüfstein), auseinanderzuhalten, was wirklich islamisch und was lediglich eine konvulsive Reaktion auf die traumatische Erfahrung ist, die von der muslimischen Welt durchlaufen wurde; auch verfügt die Mehrheit der zeitgenössischen Muslime nicht über genügend Selbsterkenntnis – oder Selbstkritik –, um diese Unterscheidung zu treffen.

Dies allein würde ausreichen, um vieles von dem zu erklären, was jetzt in der Welt des Islam geschieht, wie auch viele der

Krisen, die in der Dritten Welt im allgemeinen auftreten; für die Muslime gibt es jedoch noch einen zusätzlichen Faktor, der die alten Wunden offenhält; wie sie es sehen, ist die westliche militärische und politische Macht noch immer fest inmitten der Dār ul-Islām etabliert, unter dem Deckmantel des Staates Israel.

Die Palästinafrage ist so mit Emotionen befrachtet, daß man froh wäre, der Notwendigkeit, sie zu erwähnen, ausweichen zu können. Man kann jedoch etwas Notwendigem nicht ausweichen, und die Existenz des Staates Israel in Palästina (dem ersten Territorium außerhalb der Arabischen Halbinsel, das vom Islam erobert wurde) ist der Schlüssel zur politischen Orientierung der großen Mehrheit gebildeter Muslime in unserer Zeit, die Ursache der meisten Schwierigkeiten, von denen die arabische Welt während der vergangenen vierzig Jahre heimgesucht wurde, und ein ständiger Faktor der Instabilität im Mittleren Osten.

Zunächst einmal sind die Muslime im allgemeinen nicht von dem europäischen »Rassenwahn« besessen. Die Europäer und ihre amerikanischen Vettern, selbst wenn sie ziemlich frei von feindseligen Vorurteilen sind, identifizieren die Menschen automatisch ihrem rassischen Ursprung nach. Der Muslim andererseits identifiziert und beurteilt einen Mann oder eine Frau in erster Linie nach ihrer Religion. Ein »Jude« ist ein gläubiger Anhänger des Judaismus, ebenso wie ein Muslim ein Anhänger des Islam ist, selbst wenn sein Großvater ein jüdischer Rabbi gewesen sein sollte (was bei einem hervorragenden zeitgenössischen Schriftsteller und Gelehrten, Muhammad Asad, der Fall ist); es ist tatsächlich so, daß ein erstaunlich hoher Prozentsatz der während der vergangenen Jahre zum Islam konvertierten Europäer und Amerikaner »jüdischen Ursprungs« war, ohne Zweifel aufgrund der starken Affinitäten zwischen diesen beiden religiösen Perspektiven.

Was der Westen in Israel sieht, ist die Errichtung einer Heimstätte für die jüdische »Rasse«, eine gerechte Wiedergutmachung für Jahrhunderte der Verfolgung durch die Europäer.

Ob die Bürger des neuen Staates als Einzelpersonen »religiös« sind oder nicht, erscheint dabei als völlig belanglos. Die Nazis prüften nicht die Frömmigkeit eines Menschen, ehe sie ihn in die Gaskammer schickten.

Was der Muslim in Israel sieht, sind europäische und amerikanische Siedler, angesiedelt in einem muslimischen Land mit Unterstützung der früheren imperialen Mächte, in ihrer Stellung dort bestärkt durch amerikanische Waffen und offensichtlich entschlossen, ihr Territorium noch weiter hinein in die *Dār ul-Islām* zu erweitern. Ein »säkularer« Jude ist seiner Ansicht nach ein Widerspruch an sich. Soweit er es beurteilen kann, sind die meisten Israelis, besonders die in der herrschenden Schicht, überhaupt keine Juden. Sie sehen wie Europäer aus, sie sprechen wie Europäer, sie denken wie Europäer, und – was am wichtigsten ist – sie zeigen genau die Charakteristiken von Aggressivität und effizienter Verwaltung, die der Muslim mit europäischem Imperialismus in Verbindung bringt[*]. Die Parallele zu den Kreuzzügen wird schmerzlich offenbar. Wieder sind westliche Menschen nach Palästina gekommen, wieder besetzen sie die Heilige Stadt Quds (Jerusalem). Das Unglück der Juden als »Rasse« – die Pogrome und der Holocaust selbst – können sicherlich nicht den Muslimen angelastet werden. Europas Schuldgefühle sind Europas Angelegenheit, und die Muslime sehen nicht ein, weshalb man von ihnen erwartet, daß sie darunter leiden sollen.

»Weshalb geben Sie den Juden nicht ein paar der schönsten Gegenden von Deutschland?«, fragte König 'Abdul 'Aziz Ibn

---

[*] Es stimmt, daß die orientalischen Juden, die *Sephardim,* jetzt in Israel zahlenmäßig stärker sind als die »westlichen Juden«, die *Ashkenazim,* und beginnen, einen entscheidenden Einfluß auf die Regierung auszuüben; aber in der Politik ist das, was ins Auge fällt, wichtiger als Fakten. Der Eindruck, daß Israel eine westliche koloniale Enklave ist, wird noch verstärkt durch die öffentliche Haltung in Europa und Amerika. Es ist interessant, um ein Beispiel zu nennen, daß Israel das einzige nicht-europäische Land ist, das an dem jährlichen Eurovisions-Gesangswettbewerb teilnimmt, der schätzungsweise von fünfhundert Millionen Zuschauern gesehen wird, und doch findet niemand dies merkwürdig.

Saud einmal Präsident Roosevelt. Er hätte ebensogut vorschlagen können – nicht weniger räsonabel aber auch nicht profitabler –, daß die Amerikaner, wenn sie sich schon so stark für dieses Thema engagierten, doch wohl auch einen ihrer eigenen achtundvierzig Staaten (vielleicht Texas) als Heimstätte für die Juden abgeben könnten. Der »weiße Mann« neigt, wie es die Araber sehen, eher dazu, die Territorien anderer wegzugeben als seine eigenen.

Viele Muslime sind davon überzeugt, daß die westliche Unterstützung Israels ganz einfach auf Heuchelei beruht. Sie glauben, daß Europa und die Vereinigten Staaten Israel geschaffen haben, um ihre eigenen jüdischen Bevölkerungen loszuwerden. So absurd diese Anschuldigung den Europäern und Amerikanern auch erscheinen mag, Tatsache bleibt, daß der Zionismus als Reaktion auf den Antisemitismus entstand und, nach Ansicht seiner Gründer, den Antisemitismus »brauchte«. Theodor Herzl selbst scheute sich nicht zu sagen: »Die Antisemiten werden unsere verläßlichsten Freunde sein und die antisemitischen Länder unsere Verbündeten«. Gerade weil zu seiner Zeit das Vorurteil gegen Menschen jüdischer Abstammung abnahm und der Prozeß der Assimilierung sich beschleunigte, war es um so notwendiger, zu betonen, daß Juden »anders« sind und nicht wirklich zu ihrer Wahlheimat »gehörten«, eine Ansicht, der die Antisemiten von Herzen beistimmten. Herzl wurde von einem Freund, dem österreichischen Parlamentspräsidenten, gewarnt, daß diese Betonung der »Verschiedenheit« der jüdischen Menschen schließlich »ein Blutbad über das Judentum« bringen würde. Fünfzig Jahre später waren es der Holocaust und das in Europa und den Vereinigten Staaten (die so viele Leben durch die Politik einer »offenen Tür« gegenüber jüdischen Flüchtlingen hätten retten können) vorherrschende Schuldgefühl, die die Errichtung des Staates Israel möglich machten.

Dies wurde erleichtert durch die Selbst-Identifizierung der Palästinenser als »Araber«. Es wurde – und wird noch immer – von vielen Menschen im Westen angenommen, daß dies auf ihre rassische Abstammung hinweist. Im Islam wird das Wort »Araber« auf jeden angewendet, dessen erste Sprache Arabisch ist; es sagt uns nichts über seine Vorfahren. Tatsächlich stammen die Palästinenser von den alten Kanaanitern ab, zu deren »Blut« (wenn man schon einen rassistischen Begriff anwenden muß) ein Dutzend eindringende Völkerschaften ihr Teil beitrugen: Philister, Hebräer, Griechen, Römer, Perser, Araber und Türken, um nur einige wenige zu nennen. Festzuhalten ist nur, daß die Palästinenser kein Volk sind, das das Land durch Waffengewalt einnahm; sie waren schon »immer« da.

Schließlich können die Muslime – mit ihrer direkten Erfahrung von Kolonialismus – klar genug sehen, daß die Idee, Menschen aus anderen Gegenden in einem Land der Dritten Welt gegen den Wunsch der einheimischen Bevölkerung anzusiedeln, nur als Ausdruck kolonialistischer Mentalität entstanden sein konnte. Auch hier scheinen ihnen die Erklärungen der Gründerväter des Zionismus diese Ansicht zu untermauern. Die zionistischen Pioniere waren notwendigerweise Männer ihrer Zeit, und ihre Zeit war die Mittagsstunde des »Imperialismus«; sie teilten mit ihren Mit-Europäern eine Reihe von Werten und Ansichten, die die Kolonisierung Asiens und Afrikas rechtfertigten und sogar die gute Tat verherrlichten, den »Eingeborenen« Zivilisation zu bringen. Es ist also kein Wunder, daß zum Beispiel Aaron Aaronsohn bei einer Ansprache vor französischen *colons** 1909 in Tunesien deren Aufmerksamkeit auf die Tatsache lenkte, daß die jüdische Immigration nach Palästina im gleichen Jahr 1882 wie die französische Kolonisierung Tunesiens begonnen habe, und den jüdischen Siedler in Palästina mit dem französischen Siedler in Tunesien verglich.

Für die gebildeten Muslime, die sich mit den Palästinensern identifizieren, wurde die Demütigung, als »Eingeborene« behandelt zu werden, die man beiseiteschieben kann, um Platz für weiße Männer und Frauen zu machen, noch verstärkt durch den fehlgeschlagenen Versuch überlegener arabischer Streit-

---

* französische Kolonialisten in Algerien, Tunesien und Marokko

kräfte, diese »Siedler« zu vertreiben. Gerade zu einer Zeit, als die westliche imperiale Macht sich in anderen Teilen der Welt diskret zurückzog, wurden sie wieder gezwungen, ihre eigene Ohnmacht gegenüber dieser Macht zu erkennen. Demütigung erzeugt Zorn, und dieser Zorn hat sich nun tief verwurzelt, selbst in den entferntesten Vorposten der muslimischen Welt, ganz besonders unter den jungen Menschen. Turbulente Emotionen lassen sich nicht leicht analysieren, aber man hat den Eindruck, daß diese jungen Menschen ihren bittersten Groll nicht gegen die Israelis, sondern gegen die Amerikaner hegen. Bis zu einem gewissen Maß verstehen sie, daß die Israelis handeln, wie sie wohl selbst unter ähnlichen Umständen handeln würden. Sie können jedoch der Nation nicht vergeben, ohne deren Unterstützung der Staat Israel in seiner jetzigen Form nicht überleben könnte.

Die Folge davon ist eine Verzerrung der Geschichte, die, wenn sie nicht bald korrigiert wird, die bittersten Konsequenzen für uns alle haben könnte. So »dekadent« die Vereinigten Staaten in muslimischen Augen auch erscheinen mögen, könnte dies doch als das kleinere Übel betrachtet werden im Vergleich zu dem aggressiven Atheismus der Sowjetunion. Zum ersten Mal seit der triumphalen Rückkehr des Propheten nach Mekka sieht sich der Islam einer Macht gegenüber, die entschlossen ist, die Religion als solche auszurotten und die Muslime vom Glauben zum Unglauben zu bekehren. Gäbe es nicht die Palästinafrage – das Palästina-Trauma –, so wäre dies gewiß die alles andere überschattende Sorge des heutigen Islam. Etwa fünfundvierzig Millionen Muslime leben unter sowjetischer Herrschaft in Zentralasien und im Kaukasus. Sechzig Jahre lang haben sie sich abgemüht, ihren Glauben zu erhalten, die Prinzipien und Bräuche des Islam zu bewahren – trotz fast ständiger Verfolgung. Während dieser ganzen Zeit haben sie keine wirksame Unterstützung von der weltweiten Gemeinschaft erhalten, deren Recht, sich *Ummah* zu nennen, von der Erfüllung ihrer vornehmsten Pflicht abhängt, jenen ihrer Mitglieder zu helfen, die ihres Glaubens wegen verfolgt werden.

Die uneingeschränkte Unterstützung, welche die Vereinigten Staaten Israel zuteil werden lassen, hat eine große Anzahl von Muslimen dazu veranlaßt, in der Sowjetunion das kleinere Übel zu sehen. Da sie diesen Standpunkt nur aufrechterhalten können, wenn sie die Augen vor den Tatsachen verschließen, wenn sie die Notlage ihrer Glaubensbrüder und -schwestern, welche Opfer des Sowjet-Imperialismus sind, ignorieren und wenn sie die Natur der modernen Welt mißverstehen, leben sie jetzt inmitten politischer Phantasien, die keinen Bezug zu den Realitäten der Situation mehr haben.

Obgleich Europäer und Amerikaner seit einiger Zeit – zum großen Teil aus wirtschaftlichen Gründen – die Notwendigkeit erkannt haben, die muslimische Welt zu verstehen, kann man doch nicht sagen, daß große Fortschritte erzielt wurden. Die Hindernisse sind, wie wir gesehen haben, beachtlich, aber das Überleben jenes Teils der Menschheit, der noch immer anerkennt, daß religiöser Glaube das Recht hat zu existieren, könnte davon abhängen, ob diese Hindernisse überwunden werden. Eine Aussöhnung mit dem Islam auf politischer wie auch religiöser Ebene ist jetzt wesentlich für die Zukunft des Westens und sollte zu den höchsten Prioritäten gehören. Genaue Zahlen können nicht gegeben werden, aber es scheint doch wahrscheinlich, daß es mindestens eine Milliarde Muslime gibt, und dies stellt, gelinde gesagt, ein entscheidendes Gewicht dar, das in die Wagschale des politischen Gleichgewichts gelegt werden muß. Die *Ummah* ist durch nationale Grenzen und nationale Rivalitäten geteilt, aber bei einer im Glauben fest verwurzelten Basis von Indonesien bis Marokko hat das Gefühl der Einheit und des gemeinsamen Interesses die Wechselfälle der Geschichte überlebt und ist noch immer der stärkste Richtpunkt für die Loyalität der Völker.

»Und so machten wir euch«, sagt der Koran, »zu einem Volk in der Mitte (oder ‚einer Gemeinschaft des mittleren Weges‘), auf daß ihr Zeugen seid in betreff der Menschen...« (Sura 2, 137). Der Islam ist »ein Volk in der Mitte«, selbst im rein geographischen Sinn, da er sich über die Gürtellinie des Planeten erstreckt; ein »Volk«, das Erbe uralter und universaler Wahrheiten und der Prinzipien sozialer und humaner Stabilität (oft verraten, aber nie vergessen) ist, deren unsere chaotische Welt verzweifelt bedarf; ein Volk, das eine Hoffnung bezeugt, die über die Sackgasse hinausführt, in der sich unsere heutige Welt zu Tode rennt.

Inmitten einer Menschheit, die zwischen Ost und West, Norden und Süden polarisiert ist, stellt der Islam sowohl ein Verbindungsglied als auch einen Schwerpunkt dar. Teilung, Niederlage, Unterwerfung und politische Verwirrung haben noch nicht ganz das muslimische Gefühl für Prioritäten zerstört. »In einer Welt des Materialismus, des Hedonismus und der Technologie«, schrieb ein Jesuit kürzlich in der Londoner *Times,* »gelingt es den islamischen Massen noch immer, Gott und nicht die Technologie zur zentralen Gewißheit ihres Lebens zu machen... Mittlerweile muß die Wahl zwischen Marxismus und Amerikanismus manchmal jenen Menschen als dürftig erscheinen, die schon vor langem entschieden und es für richtig erachtet haben, zu ihrer Entscheidung zu stehen, daß der Mensch nicht allein vom Brot lebt...«[*]

Überall sehen wir heute, wie durch die Einwirkung des modernen Westens auf Glauben und kulturelle Modelle, die diesen Zusammenprall nicht überleben konnten, alles aus den Fugen gerät; ganze Völker leben jetzt in einem geistigen und psychischen Vakuum. Die Welt des Islam wurde erschüttert, wenn nicht in ihren Grundfesten, so doch zumindest in ihrer ganzen Struktur, sie hat jedoch verhältnismäßig unbeschädigt überlebt – in diesem Fall könnte man von einer unwiderstehlichen Kraft sprechen, die auf ein unbewegliches Objekt prallte – und hat uns das einzige voll überlebende Exemplar einer anderen Lebensweise, einer anderen Denkweise und einer anderen Art, die Dinge anzupacken, geliefert. Ihre Verbindung zur Vergangenheit ist nie unterbrochen worden. »Von Indonesien bis Marokko«, schreibt Seyyed Hossein Nasr, »muß man von der

[*] Francis Edwards, *Examining the root cause of Islam's present discontents* (*The Times,* 26. Januar 1980)

überwältigenden Mehrheit der islamischen Kultur im Präsens sprechen und nicht als von etwas, das der Vergangenheit angehört. Diejenigen, die von ihr in der Vergangenheit sprechen, gehören einer sehr kleinen, aber lautstarken Minorität an, die aufgehört hat, in der Welt der Tradition zu leben und ihren eigenen Verlust der Mitte für die Auflösung der gesamten islamischen Gesellschaft hält.«*

Das muslimische Zeitgefühl selbst ist verschieden von dem der Christen. Geschichte ist für den Muslim niemals etwas Totes und Begrabenes. Die Gefährten und der Prophet selbst – zusammen mit den großen und frommen Männern früherer Zeitalter – scheinen noch Gemeinschaft mit den Lebenden zu haben, und in einem gewissen Sinn schließt die *Ummah* sie ein, auch wenn sie im Paradies und wir noch in diese gegenwärtige Zeit eingekapselt sind. Der moderne Mensch lebt in nutzlosen und illusorischen Zukunftsträumen; für den Muslim ist die Vergangenheit nicht nur *dort,* sondern auch in einem gewissen Sinn *hier und jetzt.*

Der mittelalterliche Christ hätte den Muslim sehr gut verstanden, wenn er sich das erlaubt hätte. Der moderne Mensch kann nicht einmal seine eigenen Vorfahren verstehen, da er im Lauf der vergangenen Jahrhunderte zu einem Wesen geworden ist, wie man es niemals zuvor auf der Erde gesehen hat, geleitet von Ansichten, die in nichts dem traditionellen und religiösen Erbe der Menschheit entsprechen. Könnte er den Muslim verstehen, könnte er vielleicht beginnen, sich selbst zu verstehen, ehe er zur Selbstzerstörung taumelt.

Dem »Durchschnittsmenschen«, sei er nun säkular oder agnostisch eingestellt (oder sich ganz einfach nicht bewußt, daß Religion eine Realität auf allen Ebenen ist) oder wurzellos, könnte der Islam die Tür zu einem ganzen Universum des Gespräches öffnen, das seinen Vorfahren geläufig war, ihm aber fremd ist; der Christ würde dann eine nahe verwandte Religion erleben, die einen vom Christentum völlig verschiede-

* Seyyed Hossein Nasr, aaO., S. 135

nen Weg eingeschlagen hat und ihre Rolle als die beherrschende Kraft in einer ganzen Zivilisation bewahrt hat, intellektuell, kulturell und im sozialen Bereich. Bei der Betrachtung der Unterschiede zwischen Christ und Muslim muß man jedoch unterscheiden zwischen denen, die wesentlich, und denen, die nur peripher sind. Der Ort, wo sich die Religionen treffen, ist gleichsam wie eine geheime Kammer, in welcher der Mensch, seines zeitlichen Gewandes entkleidet, allein ist mit Gott, oder in der das Relative nur als ein Schatten des Absoluten gesehen wird. Von diesem Mittelpunkt aus entfernen sich die Radien voneinander, um in Begriffen wie Theologie, moralisches Gesetz, soziales Verhalten und schließlich menschliches »Klima« differenziert zu werden.

Einerseits gibt es die Unterschiede zwischen den Religionen als solchen (in der Art wie sie die [Eine] Realität erkennen), und andererseits die Unterschiede zwischen Gesellschaften und Einzelpersonen, die durch ihre besondere Tradition geprägt worden sind; im letzteren Fall ist der bedeutendste Faktor das, was die Menschen als gegeben oder als selbstverständlich ansehen. Was an der Peripherie zählt, ist »der Duft«, »das Aroma« der Religion und der von ihr geformten Kultur oder das spirituelle und menschliche Klima, in dem ihre Anhänger ihr Leben leben und ihre Erfahrungen interpretieren.

Es ist wichtig zu wissen, was eine Religion an sich ist, man sollte sich jedoch auch darüber klar werden, wie man über sie denkt und wie dies in Vorurteilen und instinktiven Urteilen einfacher Menschen zum Ausdruck kommt. Der moderne westliche Mensch, der überzeugt davon ist, daß er ein Recht hat »selbst zu denken«, und sich einbildet, daß er dieses Recht ausübt, will nicht zugeben, daß jeder seiner Gedanken durch kulturelle und historische Einflüsse geformt worden ist und daß seine Ansichten wie Teile eines Puzzlespiels in ein Muster passen, das nichts Zufälliges an sich hat. Feststellungen, die mit den Worten beginnen: »Ich meine...«, reflektieren ein Klima, das geschaffen worden ist von all jenen verschiedenen Glaubensrichtungen und Erfahrungen – aber auch von Torheit und

Korruption –, die dazu beigetragen haben, die augenblickliche Geisteshaltung zu formen und Prinzipien aufzustellen, die von keinem normalen und vernünftigen Menschen an diesem Ort und zu diesem Zeitpunkt in Zweifel gezogen werden können.

Das Klima, in dem der gewöhnliche Muslim lebt, wurde zumindest teilweise bestimmt durch die Umwelt, in welche die göttliche Fügung die Religion hineinprojizierte und in der sie sich entwickelte: die Wüste und, soweit es Türken und Mongolen betrifft, die Steppen Asiens; mit anderen Worten, die »Weite« – offener Raum und klare Horizonte am Ende der Welt –; und dies ist der absolute Gegensatz zur menschlichen Welt der Städte und der bestellten Felder und, schließlich, dem vom Menschen geschaffenen Ameisenhaufen. Frithjof Schuon hat bemerkt, daß die Genesis einer neuen Religion »der Erschaffung eines moralischen und spirituellen Typus« gleichkommt, »im Falle des Islam«, sagte er, »verfügt dieser Typus – vom christlichen Standpunkt aus gesehen paradox – über Ausgewogenheit zwischen kontemplativer Betrachtung und Kampfgeist, sowie ferner zwischen heiliger Armut und geheiligter Sexualität. Der Araber – und der durch den Islam arabisierte Mann – hat sozusagen vier Pole: die Wüste, das Schwert, die Frau und die Religion«. Das Schwert, fügt er hinzu, steht für den Tod, »den man sowohl anderen zufügt als auch selbst sucht«, die Frau für »empfangene und gegebene Liebe«, so daß sie die »Inkarnation aller großmütigen Tugenden« ist und »den Duft des Todes mit dem Duft des Lebens kompensiert...Die Symbiose von Liebe und Tod im Rahmen der Armut und im Angesicht des Absoluten ist das Wesentliche im arabischen Adel...«[*]

Dieser Adel ist noch immer zu finden, wenn auch nicht immer in der Führungsschicht der arabischen Welt oder bei jenen, die sich selbst zu offiziellen Sprechern des Islam ernannt haben. Wie steht es aber mit der Masse der Menschen, die durch das

---

[*] *Islam and the Perennial Philosophy*, S. 91 (World of Islam Publishing Company).

islamische Klima geprägt sind? Da sie zum größten Teil nicht sprachgewandt sind, können sie nicht für sich selbst sprechen, und wir müssen uns auf neutrale Beobachter verlassen. Ein solcher Beobachter ist Paul Bowles, ein amerikanischer Novellist, der viele Jahre in Marokko gelebt hat. Er kann als »neutral« bezeichnet werden, da er sich einzig und allein für die Menschen um ihn herum interessiert; er hat sich nicht mit Religion befaßt, außer wie sie sich ihm im täglichen Leben der Menschen und ihrer Art zu denken darstellte. In einem Essay mit dem Titel *Mustapha und seine Freunde* faßte er seine Beobachtungen in einem erfundenen Porträt eines typischen marokkanischen Jungen zusammen, dessen westliches Gegenstück nur für Fußball und Diskotheken leben würde. Das macht seinen »Mustapha« zu einer Art Testfall für den Vergleich zwischen den sozialen Randgebieten des Islam einerseits und der zeitgenössischen westlichen Welt andererseits.

Man muß zugeben, daß viele muslimische Hochschulabsolventen und andere, die auf die Meinungsbildung Einfluß haben, dieses Porträt verdammen und Bowles als noch so einen Ausländer bezeichnen würden, der dem »arabischen Volk« und dem »sich wieder erhebenden Islam« gegenüber übelgesinnt ist. Sie könnten eine gewisse Authentizität des Porträts zwar nicht abstreiten, würden aber »Mustapha« als Repräsentanten von etwas sehen, das durch Rückkehr zum wahren Glauben überwunden werden muß, als Überlebenden aus einer Vergangenheit, die man am besten vergißt. Im Unterschied zum Christentum, könnten sie sagen, ist der Islam eine Religion dieser Welt, eine Religion sozialer Verantwortung und des politischen Idealismus; »Mustapha« muß diszipliniert werden, man muß ihn den wahren Islam lehren, so daß er mit anderen, würdigeren jungen Männern unter einem revolutionären Banner marschieren und »Tod dem Soundso!« und »Nieder mit den korrupten Knechten des Imperialismus!« brüllen könnte.

Das ist Ansichtssache. Der arme »Mustapha« weiß nicht viel über den Imperialismus, aber er ist ja auch frei von den Komplexen und inneren Qualen, unter denen seine gebildeteren Brüder leiden, und er ist sich nicht bewußt, daß die Religion, die er als gottgegeben hinnimmt, als Mittel eingesetzt werden muß, um den Stolz der arabischen Nation wiederherzustellen. Zweifelsohne könnte er als unfähig bezeichnet werden; aber »Mustapha« ist einer »aus dem Volk« (in dessen Namen die Slogans verfaßt werden); und während der gesamten islamischen Geschichte, während die Herrscher sich gegenseitig ermordeten, während die Doktoren der Jurisprudenz und der Theologie disputierten und während die Reformatoren Reformen durchführten, ist das Volk seinen Weg gegangen und hat nur wenig auf das geachtet, was die großen Männer dachten oder taten.

Es mag sogar sein, daß »Mustapha« und seine Freunde die großen Männer überleben; der Prophet scheint, merkwürdig genug, ein paar »Mustaphas« um sich gehabt zu haben, die er mit leicht belustigter Güte und Toleranz behandelte, was von den religiösen Autoritäten späterer Zeiten nicht immer nachgeahmt wurde.

»Mustapha«, sagt Bowles, »mag nur wenig gebildet sein, ja, er kann sogar ein Analphabet sein, was wahrscheinlicher ist. Er mag seine religiösen Pflichten buchstabengetreu erfüllen oder nur teilweise oder auch gar nicht; er wird sich jedoch immer als Muslim bezeichnen. Seine vornehmste Loyalität gehört seinen Mit-Muslimen, ganz gleich in welchem Land...Der Unterschied zwischen Mustapha und uns ist möglicherweise noch größer als wenn er ein Hindu oder Buddhist wäre, denn es gibt keine Religion auf Erden, die eine strengere Übereinstimmung mit den Lehrsätzen ihres Dogmas verlangt als die supra-nationale Bruderschaft, die man Islam nennt.

Selbst der am visionärsten und idealistischsten Veranlagte unter uns in der westlichen Welt würde höchstwahrscheinlich den Sinn und Zweck des Lebens mit Begriffen wie Begabung und Leistungserfüllung definieren. Unsere Definition von Sinn und Zweck wird immer eine dynamische sein, wobei als erstrebenswert angesehen wird, daß jeder Einzelne sein Teil, mag es auch noch so winzig sein, zur gesamten greifbaren oder nicht greifbaren Bereicherung des Lebens beiträgt. Mustapha sieht das ganz anders. Ihm erscheint es ein wenig absurd, wie sehr wir die ›Arbeit‹ betonen, auch unsere Sehnsucht, ›die Welt besser zu verlassen als wir sie vorfanden‹, unsere nicht nachlassenden Anstrengungen, Ideen und Dinge zu produzieren. ›Wir sind nicht auf die Erde gesetzt worden, um zu arbeiten‹, wird er Ihnen sagen, ›wir sind hier, um zu beten; das ist der Sinn und Zweck des Lebens...‹. Gesellschaftliche Tugenden wie ein Geschmack an der ›demokratischen Lebensweise‹ und ein Gefühl für bürgerliches Verantwortungsbewußtsein bedeuten ihm nur sehr wenig.«

Mustapha ist der Abenteurer *par excellence.* Er erwartet vom Leben so etwas wie die Vielfalt, den Duft und die Wohlgerüche von *Tausend und einer Nacht,* und wenn es diesen Reiz nicht hat, wird er sich nach Kräften bemühen, ihn ihm hinzuzufügen. Da er von ganzem Herzen ein gefahrenreiches Leben liebt, nimmt er oft unglaubliche Risiken auf sich, was, wie Bowles sagt, von der »Weigerung zu glauben, daß Taten Folgen haben«, herrührt. Für ihn sind beide völlig getrennt, da sie zum Beginn der Zeiten als unerbittliches und unumgängliches Schicksal festgelegt worden sind...Es ist eine monströse Absurdität, den Tod, die Zukunft oder die Folgen unserer Taten zu fürchten, da dies ja auch bedeuten müßte, das Leben selbst zu fürchten. Deshalb ist es lächerlich, vorsichtig zu sein; sparsam zu sein ist verachtenswert, und Vorsorge zu treffen, grenzt ans Sündhafte. Wie kann ein Mensch so vermessen sein anzunehmen, daß der morgige Tag, ganz zu schweigen vom nächsten Jahr, auch tatsächlich kommen wird? Und wie kann er es wagen, das Schicksal herauszufordern, indem er sich auf einen Teil der Zukunft, sei er nahe bevorstehend oder weit entfernt, vorbereitet?

»Der weise Mann ist in jedem Augenblick ganz in sich selbst geschlossen, ohne durch Hoffnungen gefesselt zu sein, die sich auf die Zukunft erstrecken und seine Seele umgarnen, so daß sie es vielleicht verabscheut, dieses Leben zu verlassen. Mustapha wird Ihnen sagen, daß der wahre Muslim immer und in jedem Augenblick für den Tod bereit ist... Er liebt seine persönliche Unabhängigkeit leidenschaftlich. Er erwartet keine Hilfe von anderen..., denn alle Hilfe kommt nur von Allah allein. Selbst das Geld, das der Bettler einem Fremden auf der Straße hat entlocken können, wird einem Freund triumphierend mit der Bemerkung: ›Sieh, was Allah mir gegeben hat‹ gezeigt werden. Er würde nie auf den Gedanken kommen, daß ein Mensch in der Lage sein könnte, den Verlauf seines eigenen Lebens zu beeinflussen. Ganz allgemein stellt er sich das Leben wie einen Besuch vor: man kommt, bleibt eine Weile und geht wieder. Umstände und Dauer des Besuchs liegen außerhalb unserer Kontrolle und sind deshalb nur von geringem Interesse.«*

Dieses Porträt ist trotz gewisser Verzerrungen der Perspektive reich an Implikationen und könnte vielleicht klarer als alle theoretischen Erwägungen auf den Abgrund hinweisen, der diejenigen, deren Geist in einem islamischen Klima geformt wurde, von dem »Mann auf der Straße« des Abendlands trennt. Die sozialen und Bildungsschichtungen der heutigen muslimischen Gesellschaft sind scharf voneinander getrennt, und der Abgrund muß auf mehr als nur einer Ebene überbrückt werden, wenn jemals überhaupt ein Verständnis und eine Verständigung erreicht werden soll.

* Paul Bowles, *Their Heads are Green*, S. 83–89, London (Peter Owen)

2. Kontinuität und Kontrast

Eine uralte Tradition besagt (und Gott weiß am besten, wie wahr sie ist), daß Adam, dem ersten Menschen und ersten Propheten, befohlen wurde, eine große Reise zu unternehmen. Nachdem er aus dem Paradies auf die staubige Erde gefallen war, nur noch ein Schatten seines früheren Selbst und vermindert an Statur und Vision, war er doch immer noch einer von jenen, zu denen Gott von jenseits der Schleier von Zeit und Sterblichkeit spricht.

So sprach sein Herr zu ihm und sagte: »Ich habe ein Heiligtum genau unter meinem Thron. Geh jetzt und baue Mir dort ein Haus, und umschreite es, so wie du die Engel Meinen Thron umschreiten sahst.« Da machte sich Adam auf den Weg zu der heiligen Stätte, die auf dem Achsenpunkt jedes Kreises liegt. Dort hatte das himmlische Zentrum seinen Reflex geworfen, in der Form eines Tempels, dessen Dach aus einem großen Rubin war, gestützt auf Säulen aus Smaragd, und der einen weißen Stein bewahrte, leuchtender als jedes andere irdische Licht.

Dieser Stein war gleich der menschlichen Seele in ihrer uranfänglichen Vollkommenheit, noch nicht verdunkelt durch den Lauf der Zeit.

Er reiste weit, von Engelskraft geleitet, bis er durch die Wüste des Hedschas kam und endlich in einem von Hügeln umgebenen Tal stand, einem Ort voller Felsen und Sand, und scheinbar noch weiter entfernt von dem Paradies seiner Erinnerung als das duftende Land, das seinen Fall zunächst unterbrochen hatte. Dort umhüllte er die himmlische Vision mit einem irdischen Haus, gebaut aus Steinen, die, wie man sagt, genommen waren vom Berge Sinai, dem Ölberg, dem Berg Libanon und einem vierten Berg, der manchmal el-Jūdī genannt wird und auf dem, sehr viel später, die Arche Noah aufsetzen sollte. Nachdem seine Aufgabe erfüllt war, führte er die vorgeschriebenen Riten aus und schied von hinnen, wie es alle Geschöpfe müssen, ob sie nun einen Tag oder tausend Jahre leben; und lange Zeit lag Stille über diesem heiligen Ort, und vom Wind verwehter Sand bedeckte den von Adam gebauten Tempel.

Nachdem Zeitalter vergangen waren (und Gott alleine weiß, wie lange das währte), kamen zwei Fremde durch die Wüste in das mekkanische Tal und führten mit sich ein kleines Kind: ein hochgewachsener Mann, bereits in den Achtzigern, Abraham mit Namen und ein Prophet der Bestimmung nach, und Hagar, die liebliche ägyptische Magd, die ihm den Sohn seines Alters, Ismael, geboren hatte. Neben dem Hügel, der das Heilige Haus bedeckte, überantwortete Abraham Hagar und ihr Kind der göttlichen Barmherzigkeit und hinterließ ihnen nicht mehr als ein paar Datteln und einen Schlauch Wassers.

Außer sich vor Verzweiflung und durstig ließ Hagar das Kind an einem geschützten Platz und folgte einem Pfad, der durch die Hügel führte. Von Safā aus sah sie keine Quelle und keine Spur menschlicher Niederlassungen, und von Marwa aus sah sie auch keine. Siebenmal eilte sie zwischen diesen beiden Hügeln hin und her und erflehte die Gnade Gottes; dann hörte sie eine Stimme und hastete zu ihrem Sohn zurück. Neben ihm stand ein Engel, der nun mit seiner Schwinge auf die Erde schlug, so daß süßes Wasser hervorsprang. Dies war die Quelle, genannt Zamzam, von der Millionen von Pilgern heute noch trinken. Hier zog sie Ismael auf, den Stammvater der arabischen Rasse; hier kamen später Reisende aus dem Norden vorbei und schlossen sich ihr an, und hier starb sie.

Der Knabe war bereits zum Mann herangereift, als Abraham zurückkehrte; und beide machten sich daran, das Haus Gottes, die Ka'ba, wieder aufzubauen, die Adam gestellte Aufgabe wiederholend, wie es alle Menschen auf die eine oder andere Art tun müssen, da sie von Adams Fleisch und Blut sind. Ismael trug die Steine auf seinem Rücken herbei, und sein Vater setzte einen auf den anderen, ohne Mörtel: »Und als Abraham und Ismael die Fundamente des Hauses legten, sprachen sie: O unser Herr, nimm es an von uns; siehe, Du bist der Hörende, der Wissende« (Sura 2, 121). Und als er das Hedschas verließ, um nie mehr zurückzukehren, segnete Abraham das Tal von

Mekka und betete: »Unser Herr, siehe, ich habe einen Teil meiner Nachkommenschaft in einem unfruchtbaren Tal bei Deinem heiligen Hause angesiedelt...« (Sura 14, 40); und er betete: »O unser Herr, und erwecke einen Gesandten von ihnen, der ihnen Deine Zeichen verkündet und sie lehret die Schrift und die Weisheit, und sie reiniget« (Sura 2, 123).

Viele Jahrhunderte vergingen, ehe Abrahams Gebet erhört wurde. Der leuchtende Stein wurde schwarz durch die Sünden der Menschen, und das Wasser von Zamzam wurde brackig. Wieder einmal wurde die heilige Stätte zu einem vergessenen Heiligtum, das nur einige verstreute Nomaden kannten, von denen die Geschichte nichts weiß. Sie wartete auf ihre Wiederentdeckung und auf die Ankunft eines Mahners der Menschheit; bis dann, als die Zeit erfüllt war, von Ismaels Samen, unter den Arabern, aus dem Stamme Quraysch und der Sippe Hāshim, ein Gesandter Gottes geboren wurde, der letzte Prophet aus Adams Linie, Muhammad »der Vielgepriesene«.

Dies ist eine Art der Darstellung, vielleicht die geeignetste, denn Erklärungen können nie ganz die erfühlten und erahnten Bilder ersetzen, die sie erläutern wollen; und solche Bilder soll man nicht als bloß subjektive Phantasien abtun. Die göttliche Imagination, durch die alle Dinge wurden, überschattet und inspiriert die menschliche Imagination, solange sich diese noch inspirieren läßt; wie diese Erzählung jedoch interpretiert wird, ist eine Frage der individuellen Berufung, denn solche Erzählungen enthalten eine Vielfalt von Bedeutungen.

Was am deutlichsten aus dieser Tradition, diesem Bericht über die Gründung der Kaʿba in Mekka und dem Kommen Muhammads hervorgeht, ist das Gefühl der Kontinuität, die alle heilige Geschichte miteinander verbindet und die jede Manifestation im Islam charakterisiert. Es könnte auch nicht anders sein. Die Religion der Einheit und der Vereinigung muß notwendigerweise auch die Religion der Kontinuität sein, die keinen Bruch mit der Vergangenheit zuläßt und sich weigert zuzugestehen, daß die Zeit die miteinander verknüpften Elemente der immerwährenden Wahrheit zertrennen könne. Wäre die Botschaft des Koran etwas völlig »Neues« gewesen, dann hätte sie das Webmuster durchbrochen, den Faden der Kontinuität zerschnitten und Zweifel an der göttlichen Weisheit erweckt, die ihrer Natur nach unwandelbar ist. Der Koran selbst bestätigt das unzweideutig: »Nicht wird etwas anderes zu dir gesprochen [Muhammad], als was zu den Gesandten vor dir gesprochen ward« (Sura 41,43). Hätte es Gott gefallen, dem, was Er in der Vergangenheit gesagt hatte, zu widersprechen, so könnte man sich zu Recht fragen, weshalb Er diese Führung den Menschen früherer Zeiten versagte oder weshalb Er so lange damit gewartet habe, zu sagen, was zu sagen notwendig war.

Aus der Erzählung ergibt sich ein weiterer wichtiger Kontrast zwischen den Perspektiven des Christentums und des Islam. Für die Christen konnte nichts außer dem Opfertod des Gott-Menschen Jesus die Sünde Adams sühnen und das kosmische Gleichgewicht wiederherstellen, das durch diese Sünde gestört worden war. In der islamischen Version des Sündenfalls wurde Adam vergeben, und seine Sünde wurde ausgelöscht, so daß sie nicht mehr zählte (obgleich die Konsequenzen als solche nicht aufgehoben wurden; denn Adam kehrte nicht mehr ins Paradies zurück).

Aus muslimischer Sicht ist, was von Jesus, aber auch von Muhammad verlangt wurde, nicht so sehr ein Akt universaler Erlösung, sondern lediglich die Wiederholung – in einer diesen späteren Zeiten angemessenen Form – der uralten Botschaft, die Adam gegeben wurde; und deshalb ist die Sünde des Menschen in erster Linie eine Sünde der Vergeßlichkeit. Wenn wir nicht schon unserer Natur nach vergeßlich wären, nicht so leicht der Abgötterei anheimfielen (indem wir Illusionen der Wirklichkeit vorziehen), wäre das Kommen beider nicht notwendig gewesen. Deshalb hat man gesagt, daß der Islam nichts mehr und nichts weniger ist als eine Wiedereinsetzung der uranfänglichen, der primordialen Religion der Menschheit, der »fortdauernden Philosophie«. »Er hat euch den Glauben verordnet, den er Noah vorschrieb, und was wir dir offenbarten und Abraham und Moses und Jesus vorschrieben: Haltet den

Glauben und trennt euch nicht in ihm« (Sura 42,11). Diese Religion, diese Weisheit ist ebenso sehr Teil der gesamten menschlichen Situation wie die Winde und die Gezeiten und die Erde selbst. Ein Mensch hat zwei Augen, zwei Ohren und so weiter; und wenn sein Herz nicht krank ist, hat er – als Mensch – diese gottgegebene Weisheit, die nicht nur Teil seines Erbes, sondern auch seiner Natur ist. Selbst in jenen, die am allerunwissendsten und höchst unerleuchtet scheinen, brennt noch immer dieses göttliche Leitlicht, denn sonst könnten sie nicht mehr als Menschen angesehen werden.

Der Islam besteht unerschütterlich darauf, die Natur der Dinge zu akzeptieren, nicht wie sie sein könnten, sondern wie sie sind; in erster Linie besteht er auf der Transzendenten Wirklichkeit, neben der jedes andere Licht getrübt erscheint; und zweitens auf den faßbaren (aber bedingten) Realitäten der Welt und der menschlichen Erfahrung. Vielleicht war Napoleon mehr Muslim als man annehmen würde, denn er sagte einmal: »Mein Meister ist die Natur der Dinge«. Eine der größten Schwächen des zeitgenössischen Islam ist der Eifer, mit dem die heutigen Muslime Fakten ignorieren und sich in Träumen verlieren, sehr im Gegensatz zum Beispiel des Propheten, der ein Realist in jedem Sinne des Wortes war. Realismus ist schon seiner Natur nach ruhig und gelassen, weil er nicht in Erstaunen versetzt oder desillusioniert werden kann; und es wird von dem Muslim erwartet, daß er in diesem Geist der Ruhe und Gelassenheit die Wechselfälle der Zeit und der Geschichte beobachtet und erträgt, gestärkt durch die Qualitäten der Stille und Zeitlosigkeit, die im tiefsten Grunde seines Glaubens verwurzelt sind. Alles um ihn herum bewegt und ändert sich, aber er muß in der Stille verwurzelt bleiben; und dies ist einer der Gründe, weshalb die Muslime behaupten, daß alle anderen Religionen auf die eine oder andere Art im Verlauf der Zeit korrumpiert oder verändert wurden, während der Islam, in Einklang mit Gottes feierlichem Versprechen, bleibt und immer bleiben wird, was er ist. Der Anhänger des Islam ist gehalten, nicht von der menschlichen Norm, *fiṭrah,* der Würde und Integrität des Menschen, wie er aus der Hand Gottes kommt, abzuweichen: »Und so richte dein Angesicht aufrichtig zum Glauben, als einer natürlichen Norm (fiṭrah) Allahs, zu der er die Menschen erschaffen« (Sura 30,29). Man könnte sogar sagen, daß es das wichtigste Ziel des Islam ist, den Mann dazu zu bewegen, wirklich Mann auf jeder Ebene seines Seins zu sein, und die Frau, wirklich Frau auf jeder Ebene ihres Seins zu sein, und sie vom Abgrund grenzenloser Vielfältigkeit zurückzuhalten, in der sie – hin- und hergeworfen von den dort tobenden Stürmen – Gefahr laufen, sowohl Würde als auch Integrität und schließlich sich selbst zu verlieren. Der vollkommene Muslim, der aufrecht vor seinem Schöpfer steht, zugleich stolz und unterwürfig, frei von allen Illusionen und von jeglicher Voreingenommenheit im Umgang mit seinem Nächsten, veranschaulicht, was fiṭrah ist. Er ist sowohl der vollkommene Herr als auch der vollkommene Diener.

Innerhalb des planetaren Systems des Monotheismus hat das Christentum die rituellen Formen und das heilige Gesetz des Judentums zugunsten geistiger Freiheit und Innerlichkeit zerbrochen. Danach – so sehen es die Muslime – erforderte es die göttliche Absicht, daß das Gleichgewicht wiederhergestellt und das letzte Wort in der Form einer Synthese oder Zusammenfassung gesprochen würde. Dies ist der Grund, weshalb der Islam in seiner einheitlichen Struktur eine so reiche Vielfalt enthalten muß, als wäre er eine direkte Manifestation des göttlichen Namens al-Wāsiʿ (der »Weiträumige« oder »der Riesig Weite«), vor der Zersplitterung geschützt durch drei Faktoren: das geoffenbarte Gesetz, das das soziale Verhalten wie auch die Riten des Glaubens bestimmt; die Pilgerfahrt, die alle Muslime zu dem heiligen Haus, der Kaʿba in Mekka, zieht; und dem Gewicht, das man dem Konsensus der Meinungen unter frommen und unterrichteten Gläubigen beimißt. Das Gesetz dringt nicht ein in die innerste Privatsphäre des Menschen, die Verbindung der menschlichen Seele mit Gott; auch befaßt es sich nicht mit der Art und Weise, wie jeder Einzelne die grundlegenden geistigen Lehren der Religion interpretiert (sie im Licht einer Wahrheit vertiefend, die äußerlich sichtbar wie innerlich real ist), vorausgesetzt, daß sich dies nicht in einem Verhalten ausdrückt, das im Gegensatz zu den Interessen der Gemeinschaft steht; es stellt jedoch den Rahmen für ein soziales und psychologisches Gleichgewicht dar, innerhalb dessen jeder Einzelne seiner besonderen Berufung folgen kann.

Das Christentum hingegen operierte vom entgegengesetzten Ende des Spektrums aus. Da es keine *Sharī'ah* – kein von Gott gegebenes Gesetz für die Gesellschaft – besitzt, kümmerte es sich um die innere Beziehung des Menschen zu Gott durch Jesus als dem Mittler; das äußere Gesetz wurde im Verlauf der Zeit aus Elementen zweier sehr verschiedener Traditionen, der jüdischen und der römischen, zusammengesetzt, und in der Neuzeit hat es sich bereitwillig den sich wandelnden Strömungen der säkularen Meinung angepaßt. Für das Volk Christi wurden die Pfade und Wege der inneren Seelenlandschaft von einer reichen und komplexen Theologie genau aufgezeichnet; die islamische Theologie ihrerseits ist niemals in der Lage gewesen, obrigkeitliche Autorität über das geistige Leben des Muslim zu beanspruchen. Sie kann als Werkzeug benutzt werden, um gewisse Punkte der Lehre ins rechte Licht zu rücken, oder sie kann ignoriert werden, wie ein Werkzeug, das man meistens auf der Werkbank liegen läßt. Was sein spirituelles Leben angeht, verläßt sich der Christ auf seinen Priester oder den Abt seines Klosters. Da der Islam keine Priesterschaft und kein Klosterwesen besitzt, ist der Muslim innerlich alleine mit Gott, von Angesicht zu Angesicht mit der Absoluten Realität, ohne eine Mittlerschaft.

Während der Christ mit einer Sehnsucht, die edel wie auch tragisch sein kann, immer versucht, das ferne Ziel zu erreichen, drängt es den Muslim nicht dorthin – obwohl große Anstrengungen von ihm verlangt werden, wenn er in sich selbst die ideale menschliche Norm wiederherstellen will –, denn alles ist hier und alles ist jetzt. Gerade im Licht dieser Perspektive der Rückkehr zur Norm und zum Wesentlichen zeigt sich der Islam als Synthese alles dessen, was vorher war. Der Schlußstein ist dem großen Gebäude göttlicher Offenbarung eingefügt worden, und aus diesem Grund muß der Muslim erwarten, daß seine Wahrheit auch in anderen Religionen bestätigt wird.

Muhammad sagte: »Weisheit ist das verirrte Kamel des Gläubigen; er nimmt sie, wo immer er sie findet, und kümmert sich nicht darum, aus welchem Gefäß sie kam.«. Es kommt häufig genug vor, daß abendländische Autoren, wenn sie sich mit den verschiedenen Formen befassen, die der Islam unter verschiedenen Völkern angenommen hat, sagen, daß es ihm nicht gelungen sei, »vorislamische Ideen« auszumerzen. Die Religion des Koran ist nicht in diese Welt gekommen, um solche Ideen auszumerzen, es sei denn, sie wären durch menschliche Leidenschaften verformt und durch menschliche Einseitigkeit verfälscht worden, denn er ist der Erbe der spirituellen Schätze der Vergangenheit. Nichts, was wahr ist, ist ihm fremd. Viele Flüsse sind im Lauf der Zeit in diesen großen Strom aufgenommen worden; er fließt noch immer zum Meer.

»Und wahrlich, Wir entsandten Unsere Gesandten schon vor dir [Muhammad]; von einigen von ihnen erzählten Wir dir, und von andern erzählten Wir dir nicht« (Sura 40,78). Anders als Judentum und Christentum, sagt Martin Lings, kann der Islam aus »seinem Bollwerk der Endgültigkeit als letzte Religion in diesem Zeitzyklus es sich leisten, anderen Religionen gegenüber großmütig zu sein. Darüber hinaus verleiht ihm seine Position in dem Zyklus so etwas wie die Funktion eines zusammenfassenden Schlußredners, was ihn zwingt, gerecht zu erwähnen, was ihm vorausging, oder zumindest eine Tür offenzuhalten für das, was er nicht im besonderen erwähnt.«*

In diesem Kontext zitiert Dr. Lings den folgenden Vers des Koran: »Siehe die Gläubigen und die Juden und die Sabäer und die Nazarener – wer da glaubt an Allah und an den Jüngsten Tag und das Rechte tut – keine Furcht soll über sie kommen und nicht sollen sie traurig sein« (Sura 5,73).

---

* »With all thy Mind«, veröffentlicht in *Studies in Comparative Religion* (Winter 1976)

Das starke Band, das eine bestimmte Religion mit anderen von Gott gegebenen Botschaften verbindet, ist in der Tat ein klares Zeichen ihrer Rechtgläubigkeit im universalsten Sinn dieses Begriffs, und solange wir keinen Prüfstein besitzen, mit dem wir die Rechtgläubigkeit der Religionen beurteilen können, können wir auch kein Urteil abgeben über die falschen Propheten und abscheulichen Kulte, die in diesem Jahrhundert aufgekommen sind – beispielsweise der verstorbene Herr Jones aus Jonestown in Guyana, der seine Anhänger zu einem Massenselbstmord führte und damit, vielleicht aufgrund höherer Fügung – die wahre Natur aller solcher Häresien demonstrierte. Diese wurzelhafte Rechtgläubigkeit wird jedoch im Gleichgewicht gehalten (wenn auch niemals zerstört) durch die Unterschiede zwischen einer bestimmten Gruppe äußerlicher Formen und doktrinärer Formulierungen und einer anderen. Ein Rechteck und ein Dreieck sind ganz verschiedene Figuren; sie können dennoch ein einziges geometrisches Zentrum haben.

Der allumfassende Charakter des [wahren] Glaubens an sich kann jedoch nicht völlig eine Neigung zur Exklusivität kompensieren, die der menschlichen Natur angeboren ist, und so wird oft die Frage gestellt, ob die Muslime das Christentum (und die anderen traditionellen Religionen) als Wege zur »Erlösung« und als Manifestationen der Wahrheit akzeptieren. Darauf gibt es keine einfache Antwort. Die Meinungen über diesen Punkt gingen und gehen noch immer auseinander, und manchmal hört man sagen, daß die Anhänger anderer Religionen nur dann der Verdammung entgehen, wenn sie niemals Gelegenheit gehabt hatten, zum Islam zu konvertieren. Die Tatsache, daß der Islam, als er die Oberherrschaft hatte, in der Praxis die Anwesenheit von Juden und Christen in seiner Mitte ohne jede Schwierigkeit akzeptierte, ist bedeutsam; eine Reihe von Theologen und Rechtsgelehrten haben jedoch die Ansicht vertreten, daß diese letzte und umfassende Offenbarung des göttlichen Willens alle anderen Offenbarungen völlig ersetzt hat, und daß es vor Gott keine ausreichende Entschuldigung gibt, sich an eine frühere Religion zu klammern. Sie behaupten, eine Unterstützung ihrer Ansicht im folgenden Koranvers zu finden: »Siehe, wer da ungläubig ist [einer anderen Religion als *al-islām* anhängt]... ihnen wird schmerzliche Strafe und nicht finden sie Helfer« (Sura 3,85).

Da das Wort *islām* »Selbstunterwerfung (unter Gott)« bedeutet, verstehen die meisten Kommentatoren und Übersetzer diesen Vers so, daß die Unterwerfung des Herzens, Willens und Verstandes unter Gott eines der Grundprinzipien jeder authentischen Religion ist. Nach Zamakhshari (12. Jahrhundert) bezeugt der Koran hier wie auch an anderen Stellen die transzendente Einheit aller geoffenbarten Religionen, die auf dem Glauben an Einen Gott gründen, ungeachtet aller Verschiedenheiten »der zum Wohl der Gemeinden je nach ihren Lebensbedingungen gegebenen Statuten und daraus folgernden Praktiken«. Viele Gläubige innerhalb der Gemeinschaft des Islam wie auch in anderen Glaubensgemeinschaften scheinen jedoch tiefe Befriedigung bei der Vorstellung zu empfinden, nur sie befänden sich auf dem rechten Weg und alle anderen seien fehlgeleitet. Diese durch den menschlichen Hang zur Exklusivität genährte Überzeugung, sie allein besäßen den wahren Glauben, wird unterstützt durch die Tatsache, daß die verschiedenen Religionen notwendigerweise deutliche Konturen haben müssen, wenn man sie klar voneinander unterscheiden will.

Der gewöhnliche Gläubige, der »einfache Mann« in seiner Glaubensgemeinschaft, wird wohl eher verwirrt als erleuchtet sein, wenn man ihm sagt, daß auch andere Religionen als die seine wirkungsvolle Wege der Annäherung an Gott seien. Das könnte ihm als Bedrohung seiner Überzeugungen erscheinen und die Grundfesten seines Glücks und seiner Sicherheit erschüttern; und einen schlichten Glauben, mag er uns auch noch so begrenzt und naiv erscheinen, zu erschüttern, ist in der Tat sehr gefährlich, wenn wir nichts dagegen zu setzen haben – d. h. nichts, was dem schlichten Gemüt einleuchten könnte. In jedem Fall ist Glaube ohne Eifer etwas Armseliges, und wir sollten eine Denkpause einlegen, ehe wir diejenigen verwirren, deren religiöser Eifer auf einer engen Perspektive beruht.

Unter den außergewöhnlichen Umständen des späten 20. Jahrhunderts sollte diese Pause jedoch nicht zu lange dauern. In früheren Zeiten mag die gegenseitige Intoleranz, z. B. zwischen Muslimen und Christen, dazu gedient haben, die Integrität verschiedener religiöser »Welten« zu bewahren, von denen jede spirituell ganz in sich geschlossen war.* Wie uns der Koran versichert, steht es in Einklang mit dem göttlichen Willen, daß solche verschiedenen »Welten« innerhalb einer einzigen Menschheit koexistieren sollten, und es war nur allzu natürlich, daß jede eine Schutzmauer um ihr Territorium errichtete, um Ideen fernzuhalten, die sich nicht mit ihrer eigenen Perspektive vereinbaren ließen. In jüngster Zeit hat sich die Situation der Menschheit jedoch so radikal verändert, daß es manche gibt, die in dieser Transformation ein Zeichen dafür sehen, daß unsere Zeit sich ihrem Ende nähert und daß der Schatten des Jüngsten Gerichts, bei dem alle religiösen Gemeinschaften vor dem Einen Gott stehen werden, bereits über der Welt liegt. Heute stehen sich die Religionen in einer unbehaglichen Konfrontation gegenüber, und Fragen, die sich in der Vergangenheit gar nicht erst stellten, drängen sich uns jetzt auf.

Diesen Fragen kann der Gläubige nicht mehr aus dem Weg gehen, nachdem er auch mit Anhängern anderer Glaubensrichtungen in Kontakt gekommen ist. Religiöse Exklusivität ist dann keine Schutzzone mehr, sondern führt eher zu Schwäche und Verwundbarkeit. Der Muslim oder der Christ, der gewohnheitsmäßig alle anderen als Ungläubige betrachtete, wird gezwungen (vorausgesetzt, er hat ein Mindestmaß an

---

* »Unnötig zu sagen, daß unsere Vorfahren wußten, daß es auch noch andere Religionen neben ihrer eigenen gab, aber geblendet und durchdrungen von dem großen Licht, das direkt über ihnen schien, konnte der Anblick entfernterer und – für sie – nicht so direkt leuchtender Lichter an den Horizonten weder ein positives Interesse erwecken noch Probleme schaffen.« Martin Lings, *Ancient Beliefs and Modern Superstition*, London 1980, S. 70 (Unwin Paperbacks – Mandala Books).

Intelligenz), sich zu fragen, ob er weiterhin an einen Gott glauben kann, dem es scheinbar gefallen hat, die Mehrheit Seiner Geschöpfe Jahrhunderte hindurch fehlzuleiten, indem Er ihnen erlaubte, falschen Religionen zu folgen, und dem es beliebt, sie zur Hölle zu schicken, weil sie Ihn zwar ehrlichen Herzens, aber auf falsche Art und Weise anbeteten. Sollen wir annehmen, daß Er Heiligkeit geringschätzt, wenn sie durch andere Methoden als die unseren erreicht wird, und werden Gebete nur dann erhört, wenn sie (vom christlichen Standpunkt aus) im Namen Jesu oder (vom muslimischen Standpunkt aus) im Rahmen des islamischen Credo an Ihn gerichtet werden? Seinen Glauben auf solche Annahmen zu bauen, bedeutet mit den Worten Martin Lings »schlecht über die göttliche Vorsehung zu denken«, und laut Ibn'Arabi macht sich der einfache Gläubige, der sich weigert, die göttliche Selbst-Manifestation in anderen Religionen als der seinen anzuerkennen, schlechten Benehmens Gott gegenüber schuldig.

Tatsächlich ist der exklusive Glaube bedroht, sobald diese Fragen gestellt und ihre Implikationen voll erkannt werden. Wenn andere Männer und Frauen, von Vernunft und guten Absichten geleitet, so einfach in die Irre geführt werden konnten, dann fragt sich dieser Gläubige früher oder später, ob nicht auch er das Opfer einer großen Täuschung sein könnte. Wenn so viele andere sich irrten und noch immer irren, besteht eine statistische Wahrscheinlichkeit, daß auch er einer Illusion erliegt; am Ende des Tages wird das Dogma, in dessen Namen alle anderen verdammt wurden, selbst verhängnisvoll untergraben. »Was dem einen recht ist, ist dem andern billig«, sagt das Sprichwort.

Im Verlauf des vergangenen Jahrhunderts war dies einer der stärksten Faktoren, die zur Zerstörung des religiösen Glaubens im Westen führten.

Der Gläubige sieht sich jetzt Alternativen gegenübergestellt, denen seine Vorfahren niemals ausgesetzt waren. Entweder sind alle Religionen falsch, unvereinbare Fiktionen, die von dem menschlichen Tier als Zuflucht vor einem sinnlosen Universum und einem Leben ohne Zweck und Ziel erfunden wurden, oder aber jede einzelne hat ihren eigenen Wert und ist die Facette einer Wahrheit, die nicht voll und ganz in irgendeiner Einzelformulierung ausgedrückt werden kann.

Wenn er in der Lage ist, diesen zweiten Vorschlag zu akzeptieren – und das trotz aller scheinbaren Widersprüchlichkeiten zwischen den verschiedenen Glaubensrichtungen – steht der Gläubige vor einer anderen Alternative. Einerseits könnte er, im Geist der Demut, das Prinzip respektieren, daß Gottes Wege jenseits seines rationalen Verstandes liegen, weil sich das Unendliche allen endlichen Kategorien entzieht. In diesem Zusammenhang kann sich der Muslim glücklich preisen, im Korantext selbst Hinweise auf die Universalität der Wahrheit zu besitzen, die jede Formulierung übersteigt. »...Jedem von euch gaben wir eine Norm und einen Weg. Und wenn Allah es wollte, wahrlich so machte er euch zu einer einzigen Gemeinde; doch will er euch prüfen in dem, was er euch gegeben. Wetteifert darum im Guten. Zu Allah ist euer aller Heimkehr, und er wird euch aufklären, worüber ihr uneins seid« (Sura 5,52,53). Der Muslim kann dann friedlich auf diese letzte Aufklärung warten, sicher in der Gewißheit, daß seine Religion sich als die beste von allen erweisen wird. Der Christ hat da viel größere Schwierigkeiten, wenn er diesen Akt der Annahme vollzieht. Es ist doch wohl gewiß, daß wir nur durch Christus zu Gott kommen können? Es könnte jedoch auch sein, daß er dem Beispiel eines präkonziliaren Papstes folgt, der in keiner Weise für seine ökumenischen Bemühungen berühmt war. In seiner Abschiedsrede an den päpstlichen Delegaten, den er vor ca. sechzig Jahren nach Libyen entsandte, sagte Papst Pius XI.: »Glauben Sie nicht, daß Sie zu Ungläubigen geschickt werden. Muslime gelangen zur Erlösung. Die Wege Gottes sind unendlich.«

Andererseits kann sich der Gläubige, wenn er dazu berufen ist, auf den Pfad der Metaphysik und der intellektuellen Intuition begeben, bis er begreift, daß »der Gott der Religionen« (um den Ausdruck Ibn'Arabīs zu benutzen), nicht Gott-an-sich ist, nicht das Absolute. Er wird dann erkennen, daß Gott-an-sich jenseits aller Definitionen – jedes Konzept und jede Form transzendierend – deshalb auch jenseits von Anbetung ist. Wir können nicht zu dem völlig Unerkennbaren beten. Eben deshalb ergibt Er sich in die Begrenzungen, die der betende Mensch Ihm auferlegt, und läßt zu, daß Er so erkannt und geliebt wird, wie wir unserer Natur nach geneigt sind, Ihn zu erkennen und Ihn zu lieben. Das ist Er uns auch schuldig, denn Er ist es, der uns diese Natur gegeben hat, uns diese Begrenzungen auferlegt und sich uns in einer Vielfalt von Manifestationen offenbart hat. Nachdem der Gläubige sich damit abgefunden hat, daß die verschiedenen Formen tatsächlich Schleier sind, mit denen sich die Eine Wirklichkeit umgibt, kann er dann zu seiner eigenen religiösen Perspektive zurückfinden und sich ruhig seinem Gottesdienst und den moralischen Vorschriften hingeben, die zu dieser Perspektive gehören.

Nach dem großen *mujāhid* (dem »Krieger auf dem Pfad Allahs«), dem Emir Abdu'l-Qādir, »ist unser Gott und der Gott aller Gemeinschaften, die die unsere bekämpfen, in Wahrheit Ein Gott... trotz der Vielfalt Seiner Manifestationen... Er hat sich dem Volk Muhammads jenseits aller Form und doch gleichzeitig *in* jeder Form manifestiert... Den Christen hat Er sich in der Form Christi manifestiert... und den Anbetern welcher Form es auch immer sein mag... in eben der Form dieses Dings; denn kein Anbeter eines endlichen Objekts betet dieses um seiner selbst willen an. Was er anbetet, ist die Epiphanie der Attribute des wahren Gottes in dieser Form ... Und doch ist das, was alle Anbeter anbeten, ein und dasselbe. Der Irrtum besteht nur darin, es in Begrenzungen festlegen zu wollen.«* Abdu'l-Qādir bekämpfte die Christen, die in sein Land, Algerien, eingefallen waren, weil er ein Muslim war. Im Exil in Damaskus beschützte er die Christen vor Massakern, indem er sie in sein eigenes Haus aufnahm, denn er verstand.

* Aus *mawqif* 236 in den *Mawāqif of Abdu'l Qādir* (französische Übersetzung von M. Chodkiewicz; Paris 1982, Editions du Seuil).

Diejenigen, die diese Entscheidung in Frage stellen oder ihn der Häresie anklagen wollten, müßten bereit sein, sich seinem Schwert zu stellen und den Tod von seiner Klinge zu empfangen, denn kleine Leute riskieren ihren Hals, wenn sie große Menschen herausfordern.

Kein Muslim streitet ab oder könnte jemals abstreiten, daß der Koran der heilige Grund ist, in dem die Lehren und die praktische Ausübung seiner Religion wurzeln; wenn man jedoch annimmt, dies bedeute, daß nur, was in der Schrift genauestens dargelegt ist, als wahrhaft »islamisch« akzeptiert werden kann – und alles andere *bid'ah*, Neuerung, ist –, dann leugnet man die Universalität und den allumfassenden Charakter, von dem die Schrift selbst beredtes Zeugnis ablegt. Es entspricht mehr dem Geist des Islam zu sagen: wenn der Koran auf gewisse uralte Wahrheiten hinweist, die sich in früheren Traditionen oder Mythologien noch vor dem Aufdämmern der Geschichte oder auch, vielleicht, in metaphysischen Lehren wie dem Neuplatonismus fanden, dann habe er eine seiner wesentlichen Funktionen als »Rettungsseil« für Männer und Frauen jeder Art und jeder Glaubensüberzeugung erfüllt. Er hat uns eine universale Wahrheit ins Gedächtnis gerufen oder einen Aspekt der uranfänglichen Wahrheit als solcher – *dīn ul-fiṭrah* –, der Wahrheit Adams. Er hat uns auch ins Gedächtnis gerufen, daß Gott die Menschen früherer Zeiten nicht getäuscht und sie auch nicht ohne Leitung und Lenkung gelassen hat.

Das Wort Gottes, hineinprojiziert in menschliche Kategorien und menschliche Sprache, setzt nicht notwendigerweise ein Pünktchen auf jedes »i« oder macht einen Strich durch jedes »t«; es befreit uns auch nicht von geistiger, intellektueller und imaginativer Anstrengung. Diejenigen, die darauf bestehen, keine Meinung sei akzeptabel, wenn sie nicht durch ein relevantes Zitat des Koran (oder zumindest von einem anerkannten *ḥadīth*) gestützt wird, glauben, daß sie die Reinheit des Glaubens schützen; tatsächlich begrenzen sie aber die Universalität des Islam und reduzieren ihn dadurch – auf lange Sicht – auf den Status eines Kultus unter anderen. So ungern sie es auch zugeben mögen, sind sie doch zutiefst beeinflußt durch gerade jene »Orientalisten«, die sie so leidenschaftlich verurteilen. Der Gedanke, daß der Islam im Verlauf der Jahrhunderte Elemente von anderen Traditionen »borgte« und dadurch seinen gesamten Charakter veränderte, hatte seinen Ursprung im Westen; und was die Orientalisten wirklich meinten, war, die Religion des Koran sei zu »primitiv« gewesen, um eine große Kultur, reich an Kunst, Mystik und Philosophie, zu schaffen. Unglaublicherweise haben muslimische Puritaner – vielleicht wäre »Puristen« ein angemesseneres Wort – diesen Gedanken kritiklos aufgenommen und ihn sich zu eigen gemacht. »Reinigt den Islam von allen fremden Elementen, und alles wird gut werden«, ist eine verführerisch einfache Antwort auf die Probleme der muslimischen Welt, selbst wenn sie bedeutet, zu leugnen, daß Religion sich entwickelt, so wie eine Pflanze die Möglichkeiten entwickelt, die in ihrem Samen oder ihrer Knolle beschlossen liegen. Und weil unlogische Auffassungen selten folgerichtig sind, sind die gleichen Leute, die nach »Reinigung« der Religion von allem fremden »Aberglauben« und von »un-islamischen Praktiken« rufen, nur allzugern bereit, von abendländischen Ideologien zu borgen und den Abschaum des Modernismus mit gutem Appetit zu verschlingen (oft, indem sie behaupten, der Islam hätte sich in der gleichen Richtung entwickelt, wäre er nicht »korrumpiert« worden). Sie heißen säkulare und wissenschaftliche Ideen willkommen, die in der Verleugnung Gottes wurzeln, charakterisiert sind durch Gleichgültigkeit gegenüber dem Heiligen und aufgebaut auf der Annahme, das menschliche Leben habe keinen letztendlichen Sinn. Es ist kein Zufall, daß viele sogenannte »Fundamentalisten« von politischen Ideen angezogen werden, die ihren Ursprung im Marxismus haben.

Es ist absolut legitim für Muslime, von anderen Religionen das zu »borgen«, was tatsächlich bereits von Rechts wegen ihr Eigentum ist – ihr »umherirrendes Kamel« – aber nichts, das seine Wurzeln im Säkularismus und Agnostizismus hat, kann dem Islam einverleibt werden, ohne das ganze System zu vergiften. Das Heilige ist eins, da es Den Einen in unerschöpflicher Vielfalt widerspiegelt; es besteht keine Gefahr der Korrumpierung, wenn man zugibt, daß eine bestimmte Wahrheit, die dem Koran innewohnt, auch gut und wirksam in der christlichen Theologie ausgedrückt sein mag, oder in der jüdischen Kabbala, im Hindu Vedanta; dies ist jedoch Anathema für die muslimischen Puristen. Die Trivialitäten der westlichen säkularen Philosophie werden dagegen mit Respekt behandelt. Die Frage, was ohne Gefahr für den Glauben und die Gemeinschaft in den Islam assimiliert werden kann, und was nicht, stellt die Muslime heute vor schwere Probleme, und es gibt keine einfachen Antworten darauf. Es geht nicht nur darum, festzustellen, ob eine bestimmte Idee oder Praxis im Licht von Koran und *ḥadīth* etwa *ḥalāl* (erlaubt) oder *ḥarām* (verboten) ist, sondern auch darum, mittels eines inneren Prüfsteins zu beurteilen, ob sie mit dem Geist – oder Klima – des Islam vereinbar ist, und dieser Geist kann leichter erfahren als definiert werden. Bei dieser Beurteilung könnten gelehrte Männer, die sich im Buchstaben des Gesetzes gut auskennen, in die Irre gehen, während einfache, ungeschulte Gläubige, die sich auf ein instinktives Gefühl für das, was schicklich und harmonisch ist, verlassen, die richtigen Antworten finden könnten.

Émile Dermenghem, der es vorzog, in einem islamischen Klima zu leben, obwohl er selbst Katholik war, hat etwas von diesem Geist in einem bemerkenswerten Aufsatz eingefangen, den er vor fast vierzig Jahren schrieb. Der Islam, so schrieb er, bietet »die Möglichkeit wirklicher und wirkungsvoller Freiheit und Ausgewogenheit zwischen der Gesellschaft und dem Individuum, einem Gefühl der Gerechtigkeit, einer Gleichheit in Vielfalt, von Toleranz selbst im Krieg, von geistiger Armut selbst in den protzigsten Städten, von Würde selbst im Elend, von Ritus und ritueller Reinheit, von der Überzeugung, daß nichts außer dem Absoluten von Bedeutung ist, woraus folgt, daß alles, was existiert, nur durch Teilhabe am Absoluten existiert, das heißt, daß alles im doppelten Sinn ›unschätzbar kostbar‹ ist, daß alles, was geschieht, ›anbetungswürdig‹ ist (wie Léon Bloy sagte), und daß nichts außerhalb dieser Teilhabe an der Wirklichkeit von Bedeutung ist.«* Dies sind Qualitäten, deren Verlust den Islam seines Inhalts entleeren würden, selbst wenn der Buchstabe des Gesetzes noch immer streng befolgt würde.

Zwei besondere Aussprüche des Propheten sind in diesem Zusammenhang von Bedeutung. »Gott hat nichts Edleres erschaffen als die Intelligenz«, sagte er, »und Sein Zorn fällt auf den, der sie verachtet«; und hier könnte Intelligenz als die Fähigkeit bezeichnet werden, die Wahrheit auf jeder Ebene zu erkennen und zu assimilieren. Er hat auch gesagt: »Gott ist schön, und Er liebt die Schönheit.« Hier besteht eine enge Beziehung zu dem Konzept der *fiṭrah*, denn die menschliche Norm ist eine Norm der Schönheit des Geistes, der Schönheit der Seele, einer Schönheit der Haltung und schließlich der Schönheit der Dinge, mit denen wir uns umgeben – Haus, Kleidung, Geräte usw. Ärger, der in Koran und *ḥadīth* aus moralischen Gründen verdammt wird, wird auch verdammt, weil er das menschliche Antlitz entstellt. Das Wahre und das Schöne gehören deshalb auf eine ganz besondere Weise zu diesem letzten Glauben.**

Dummheit und Häßlichkeit haben keinen Platz in ihm.

---

*   »Témoignage de l'Islam«, veröffentlicht in *Les Cahiers du Sud*, 1947
** Diejenigen, die nur den moralistischen, »puritanischen« Aspekt des Islam haben beobachten können, mögen diese Ansicht als untypisch abtun. Zwei Bemerkungen, die der Autor von Muslimen aus entgegengesetzten Enden des Bildungsspektrums hörte, lassen anderes vermuten. Die erste Bemerkung kam von einem Moschee-Diener, einem Algerier, der den größten Teil seines Berufslebens auf See verbracht hatte. »Weshalb«, fragte er, »diskutieren die gelehrten Leute so viel? Der Islam ist einfach. Islam bedeutet, die schönen Dinge in der Welt zu lieben.« Die zweite wurde von einem Ägypter gemacht, der in London als Fachmann arbeitet: »Sie wollen meine Auffassung von Gott hören? Ich kann es in einem Wort ausdrücken – Schönheit! Wenn ich in einen Laden gehe und dort ein Paar schöne Schuhe sehe, handwerklich vollkommen gemacht, dann wird mir klar, daß sie schön sind, weil sie vollkommen sind, und das läßt mich an Gott denken. Seine Schönheit ist die Schönheit der Vollkommenheit!«

Verschieden geformt und doch dem gleichen Zweck dienend, sind die Religionen wie Schiffe, die gebaut wurden, um große Menschenmengen über die stürmischen Meere des Daseins zu tragen, in denen sie sonst ertrinken würden. Ohne die göttliche Gnade hätte es keine solchen Schiffe gegeben, um die Menschen zu tragen, die das Schwimmen verlernt hatten. »Und ein Zeichen ist es ihnen, daß Wir ihre Nachkommenschaft in der vollbeladenen Arche trugen / Und ihnen gleiche Schiffe machten, die sie besteigen / Und wenn Wir wollen, ertränken Wir sie, und sie haben keinen Helfer und werden nicht errettet, / Es sei denn in Unsrer Barmherzigkeit und zu einem Nießbrauch auf Zeit.« (Sura 36,41–44). Jeder einzelne Schiffskörper ist nach göttlicher Verordnung so gestaltet, daß er den Menschen zu einem sicheren Landeplatz bringt, getrieben von dem gleichen Wind, dem der Islam die Schöpfung selbst zuschreibt, dem Atem *(nafas)* des Allerbarmers.

Doch kein Schiff ist alleine auf den Wassern; die Ozeane sind weit, und die Himmel sind noch weiter, und die, die von dem Schiff getragen werden, werden das Flüstern anderer Botschaften hören und vom Wind getragene Fragmente anderer Gebete, die sie verstehen (oder nicht verstehen können), je nach der Größe ihres Herzens.

Der Islam hat sich in erster Linie mit den Schiffen befaßt, die ihm auf dem Ozean am nächsten waren, den Religionen, die – wie er selbst – von dem differenzierten Monotheismus Abrahams abstammen. Gerade weil diese drei Religionen (anders als zum Beispiel der Hinduismus oder der Buddhismus) sich in einer ähnlichen Terminologie ausdrücken, sind die Unterschiede in ihrer Perspektive klar erkenntlich; und doch überwiegt das, was sie gemeinsam haben, diese Unterschiede.

Juden sind, wenn sie in Kontakt mit unterrichten Muslimen kommen, oft darüber erstaunt, wie groß diese gemeinsame Grundlage ist. Viele Aspekte des Islam, die dem Christen als fremd erscheinen – wie zum Beispiel das geoffenbarte Gesetz – stellen kein Problem für den Juden dar, der im Koran so manchen Widerhall seines eigenen Glaubens findet, ebenso wie in der für den Muslim charakteristischen Einstellung zum Leben. Wie oft beobachtet worden ist, benutzt die Thora – der Pentateuch – niemals einen hebräischen Begriff, der dem Wort »Religion« entspricht, da sie keine getrennte Abteilung des persönlichen oder öffentlichen Lebens anerkennt, die man als »profan« beschreiben könnte; wenn Religion allumfassend ist, dann wird das Wort selbst überflüssig, und im Judentum – wie im Islam – sind alle normalen und regulären Akte des menschlichen Lebens, bis hin zu den »allerirdischsten«, geheiligt. Entweder gibt es einen Gott oder nicht. Gibt es einen, dann folgt daraus, daß nichts außerhalb Seiner Herrschaft und Seiner Fürsorge sein kann. Aus diesem Grund beanstanden viele Muslime, wenn der koranische Begriff *dīn* als »Religion« übersetzt wird, und ziehen ihm »Lebensweise« vor, mit allem, was dieser Begriff in sich birgt.

Darüber hinaus besteht auch noch eine rassische Affinität. Das Wort »semitisch« ist ein zweifelhaftes Wort, da die Levante – jener Teil Asiens, der an das Mittelmeer grenzt – ein Schmelztiegel der Rassen gewesen ist, wahrscheinlich in größerem Ausmaß als irgendein anderer Teil der Welt; und da die Juden beanspruchen, palästinensischen Ursprungs zu sein, sind sie auch gezwungen, ihre nahe Verwandtschaft mit den arabischsprechenden Menschen der Levante anzuerkennen.

Es ist kaum verwunderlich, daß vor nur hundert Jahren in Großbritannien die Gegner von Disraelis Orientpolitik den Premierminister mit der Begründung angriffen, daß er als Jude natürlich pro-muslimisch (und somit implizit anti-christlich) sein müsse. Juden hatten hervorragende Positionen in der muslimischen Welt des Mittelalters inne und wurden aufgrund ihrer Integrität respektiert. Erst vor kurzem ist unter dem Einfluß des Zionismus dieses Gefühl der Verwandtschaft zerstört worden.

Der Koran tadelt die Anhänger des Judentums (es muß betont werden, daß wir hier nicht von einer Rasse sprechen, sondern von den Anhängern einer bestimmten Glaubensrichtung, von denen viele – zur Zeit des Propheten – arabische Vorfahren hatten) jedoch in zwei Punkten: erstens, daß sie die ihnen anvertraute heilige Sendung verraten und, einmalig privilegiert durch einen Reichtum an prophetischer Offenbarung, viele ihrer Propheten (Jesus eingeschlossen) verachtet hatten; zweitens, daß sie gegen Muhammad Ränke schmiedeten, als er ihnen mit Vertrauen und Freundschaft entgegenkam. Durch eine einfarbig getönte Brille betrachtet, hat der Islam mehr Gemeinsamkeiten mit dem Judentum als mit dem Christentum; durch ein anders gefärbtes Glas gesehen, wird die Situation umgekehrt, und es sind die Anhänger Jesu, mit denen die Muslime die engste Affinität zu haben scheinen.

»Wahrlich du wirst finden, daß unter allen Menschen die Juden...«, sagt der Koran, »den Gläubigen am meisten feind sind, und wirst finden, daß den Gläubigen diejenigen, welche sprechen: ›Wir sind Nazarener‹ am freundlichsten gegenüberstehen. Solches, dieweil unter ihnen Priester und Mönche sind, und weil sie nicht hoffärtig sind. Und wenn sie hören, was hinabgesandt ward zum Gesandten, siehst du ihre Augen von Tränen überfließen« (Sura 5,85,86). Hier wird, abgesehen davon, daß diese Stelle sich auf Ereignisse zur Zeit des Propheten bezieht, der Stolz und die Heuchelei der Schriftgelehrten und Pharisäer in Gegensatz zur Frömmigkeit und Selbstaufopferung von Priestern und Mönchen gestellt, die sich der Anbetung Gottes widmen; und ihre Sünde des *shirk* (d. h. Jesus Göttlichkeit zuzuschreiben) wird, laut Muhammad Asad, gemildert durch die Tatsache, daß sie »auf keiner bewußten Absicht beruht, sondern eher daher rührt, daß sie ›die Grenzen der Wahrheit überschritten‹ aufgrund ihrer Verehrung Jesu«.[*] Sein Zitat stammt aus einem Vers der vorhergehenden Sure: »Der Messias Jesus, der Sohn der Maria, ist der Gesandte Allahs und sein Wort, das er in Maria legte, und Geist von ihm. So glaubet an Allah und seinen Gesandten...« (Sura 4,169). Jesus und seine Mutter, die Jungfrau Maria, sind gemäß dem Koran ein Zeichen oder ein Symbol göttlicher Gnade, und der

---

[*] *The Message of the Qurān*, S. 160, Anm. 97

Prophet hat gesagt, daß alle Männer und Frauen bei der Geburt von der Kralle des Teufels gezeichnet werden außer diesen beiden. Einer der schwersten Vorwürfe, die der Islam den Juden macht, ist, daß sie Maria verleumdeten. »Allah hat dich auserwählt«, sagte der Engel der Verkündigung zu ihr, »und hat dich gereinigt und hat dich erwählt vor allen Weibern der Welt« (Sura 3,37); Maria gemahnt die Menschheit an die göttliche Barmherzigkeit und Großmut. Laut dem Koran fand Zacharias, sooft er in die Gebetsnische des Tempels zu ihr kam, Speise bei ihr (das Symbol der unerschöpflichen geistigen Nahrung). Er fragte sie dann: »O Maria, woher ist dir dies?«, und dann antwortete sie: »Es ist von Allah; siehe Allah versorgt, wen er will, ohne zu rechnen« (Sura 3,32). Diesen Vers findet man häufig über den Gebetsnischen in Moscheen geschrieben, und die marianische Botschaft (»siehe Allah versorgt, wen er will, ohne zu rechnen«) kommt mehrere Male im Koran vor und weist auf eine überfließende Großmut hin, der keine menschlichen Grenzen gesetzt werden können. Die unvergleichlich hohe Frau, die an der Spitze dessen steht, was man als den femininen Aspekt des Islam bezeichnen könnte, ist auch das Verbindungsglied zwischen Islam und Christentum.

Wie es Dermenghem sieht, verdammt der Koran, wenn er die Inkarnation und die Trinität erwähnt, in Wirklichkeit nicht so sehr diese Dogmen als solche, sondere ihre häretische Interpretation: er tadelt den Monophysitismus, Eutychianismus, Collyridismus oder andere mehr oder weniger abwegige Formen des Christentums, und nicht so sehr die orthodoxe Idee.* Dies mag eine übermäßige Vereinfachung sein; wenn sich jedoch Muslime und Christen wegen der Doktrin der Inkarnation in den Haaren liegen (wahrscheinlich aus muslimischer Sicht das einzige absolut unannehmbare Element im Christentum), fragt man sich manchmal, ob sie sich nicht bloß über die Bedeutung von Worten streiten. Die Christen selbst haben dieses Dogma auf viele verschiedene Weisen interpretiert, und dies sind

* *The Life of Mahomet*, S. 111

Gebiete der Begriffsbestimmung und der Auseinandersetzung, wo alles davon abhängt, wie man einen bestimmten Begriff versteht.

Die beiden Religionen entfernten sich im Lauf der Zeit immer weiter voneinander, je mehr sie sich nach der ihnen innewohnenden Logik entwickelten; aber, wie Hichem Djaït bemerkte, eine der historischen Folgen des Emporkommens des Islam war der Triumph des westlichen Christentums über das östliche Christentum.

Zur Zeit des Propheten war das Christentum in erster Linie eine Religion des Nahen Ostens, wie sie heute durch die Koptische und durch die Maronitische Kirche vertreten wird. Das östliche Christentum wurde jedoch vom Islam politisch unterworfen, und es waren die »Barbaren« des Westens, die die Fackel weitertragen und der Religion ihre lateinische (und später germanische) Färbung geben sollten. Die bitteren Streitereien über die Doktrinen der Trinität und der Inkarnation waren laut Montgomery Watt zu einem gewissen Maß Dispute zwischen griechisch sprechenden Christen und östlichen Christen syrischer, armenischer oder koptischer Sprache. »Die Formulierungen, die schließlich als orthodox akzeptiert wurden«, sagt Montgomery Watt, »stellten einen Kompromiß zwischen den griechisch Sprechenden und den lateinisch Sprechenden dar; es erwies sich als unmöglich, Formulierungen zu finden, die auch die östlichen Christen befriedigt hätten; und deshalb wurden sie als Häretiker aus der Kirche ausgeschlossen.«*

Dieser Ausschluß war es, der die östlichen Christen dazu veranlaßte, ihre muslimischen Eroberer als Befreier willkommen zu heißen; und sie waren tatsächlich von der Verfolgung durch ihre Mitchristen befreit worden. Dies hatte weitreichende historische Folgen. Von der Eroberung Persiens durch Alexander im Jahre 330 v. Chr. an bis zum Kommen des Islam war die Levante zusammen mit Ägypten und Nordafrika als

---

* W. Montgomery Watt, *Islam and the Integration of Society*, S. 268

Ganzes ein Teil der westlichen Welt gewesen; und als Provinz des Römischen Reiches war sie in ein politisches, wirtschaftliches und kulturelles Modell eingegliedert, dem auch Britannien und Gallien angehörten. Der Islam war der Erbe der griechisch-römischen Kultur der Region; und erst als die muslimische Hauptstadt von Damaskus nach Bagdad verlegt wurde, fiel endgültig der trennende Vorhang zwischen Osten und Westen.

Von da an waren es die Verschiedenheiten zwischen diesen beiden Glaubensrichtungen, die besonders betont wurden – oder übertrieben, wie es bei den christlichen Polemikern der Fall war –, und die Gelegenheiten für einen fruchtbaren Kontakt verminderten sich. Diese Differenzen – zusammen mit denen zwischen dem Islam und dem Judentum – sind es, die uns hier hauptsächlich beschäftigen, sofern sie dazu dienen, die besonderen Charakteristika jeder Religion zu klären und in groben Zügen die geometrischen Figuren – Viereck, Kreis, Dreieck – zu zeichnen, durch die jede von ihnen dargestellt werden könnte, ohne dabei aber die Tatsache aus den Augen zu verlieren, daß ihr gemeinsamer Mittelpunkt die göttliche Einheit ist, der Eine Gott, und daß ihr gemeinsamer Ursprung der Glaube des Patriarchen Abraham ist.

Aus muslimischer Sicht »nationalisierte« der Judaismus den Monotheismus, indem er ihn für *ein* Volk allein beanspruchte, während im Christentum die Person Jesu sozusagen die Gottheit überschattete, so wie die Sonne zeitweilig vom Mond überschattet wird; oder, um es anders auszudrücken, der Judaismus stabilisierte diesen Monotheismus, indem er ihm ein Zuhause und eine Armee gab, ihn aber auch gleichzeitig völlig mit Beschlag belegte; das Christentum verbreitete die Wahrheit in der Welt, verdünnte sie jedoch; der Islam schloß den Kreis und stellte die Reinheit des Glaubens Abrahams wieder her, indem er Moses und Jesus herausragende Positionen in seinem Universum einräumte und sich der Quintessenz des Monotheismus bemächtigte, der uneingeschränkten Anbetung des Einen und der Widerspiegelung der göttlichen Einheit im persönlichen und sozialen Gleichgewicht – einem Gleichgewicht zwischen allen gegensätzlichen Kräften und zwischen den verschiedenen Ebenen der menschlichen Erfahrung.

Ibn Taymiyyah (gestorben im Jahr 1328) behauptete, daß der Islam das mosaische Gesetz der Gerechtigkeit mit dem christlichen Gesetz der Gnade verbunden und einen Mittelweg zwischen der Strenge des Judaismus und der Barmherzigkeit Jesu gefunden habe; er sagte, daß, während Moses die Majestät Gottes verkündet hatte und Jesus Seine Güte, Muhammad Seine Vollkommenheit verkündete. Im gleichen Kontext wird gesagt, daß Jesus offenbarte, was Moses verborgen gehalten hatte, nämlich die Geheimnisse der göttlichen Barmherzigkeit und den Reichtum der göttlichen Liebe; und daß der Islam schließlich alles in die richtige Perspektive im Licht der totalen Wahrheit gebracht habe.

Es ist auch gesagt worden, das Judentum sei die Religion der Prophetie, das Christentum die Religion einer Person und der Islam die Religion Gottes; nach den Worten Massignons ist Israel in der Hoffnung verwurzelt, das Christentum der Liebe verpflichtet, und der Islam auf den Glauben konzentriert. Das letztere ist natürlich eine christliche Ansicht dieser dreieinigen Verschiedenheit; die Muslime würden sagen, daß die Juden den wahren Glauben auf ein einziges Volk beschränkt und die Christen ihn auf eine einmalige Manifestation eingegrenzt hätten, während der Islam verkündet, daß er in keiner Weise begrenzt oder besessen werden kann, auch nicht erschöpft durch irgendeine historische Manifestation. Im tiefsten Herzen des Islam liegt eine fast unbarmherzige Entschlossenheit, keine menschlichen Normen – oder menschliche Gedankenkategorien – auf Gott zu übertragen, Ihn in irgendeine Definition einzugrenzen. Gleichermaßen können auch menschliche Neigungen oder Abneigungen keine Relevanz für die objektive Wahrheit haben, und der Gedanke, daß wir, Seine Geschöpfe, Gott nach unseren Interessen beurteilen könnten, ist für den Muslim eine ungeheuerliche Anmaßung. Was der Muslim am Christentum zurückweist, ist die Art und Weise, wie Gott im

Lauf der Geschichte zu leiden scheint und dadurch nicht mehr völlig unabhängig und ganz und gar in sich selbst ruhend ist, so wie Ihn der Koran beschreibt, unbeteiligt an den Widerspiegelungen Seiner Macht und Güte, die durch jedes Fragment Seiner Schöpfung hindurchscheinen.

Aus muslimischer Sicht waren die Christen so besessen und überwältigt von der Herrlichkeit ihres Propheten Jesus, daß sie dadurch die göttliche Transzendenz beeinträchtigten; während sie ihre persönliche Frömmigkeit kultivierten, erlaubten sie der menschlichen Gesellschaft, sich von der Gerechtigkeit zu entfernen, wobei sie die weltlichen Angelegenheiten säkularen Kräften überließen, die kein Gefühl für die Priorität der ewigen Normen hatten. Es war notwendig geworden, die Situation wieder ins Lot zu bringen, nicht weil es Mängel in der Botschaft Jesu gegeben hätte (oder in der Botschaft Mose), sondern aufgrund dessen, was die Menschen im Lauf der Zeit aus diesen Offenbarungen gemacht hatten, und wegen der Art und Weise, in der das für jede göttliche Botschaft charakteristische Gleichgewicht gestört worden war. Eine unzweideutige endgültige Feststellung der Wahrheit wurde deshalb dem hinzugefügt, was vorher gewesen war, überbracht von einem Gesandten Gottes, der sie interpretieren und mit niemals schwankender Präzision vorleben sollte. Darüber hinaus sollte die durch diese göttliche Intervention geformte Gemeinschaft die Botschaft mit peinlichster Sorgfalt bewahren und sie bis zu den Enden der Erde tragen, ohne daß Irrtum oder Verzerrung möglich wären. Das ist der Grund, weshalb die Muslime einen solch tiefen Horror vor allem haben, was nach *bid'ah*, »Neuerung«, aussieht, einschließlich dessen, was moderne Christen als notwendige Anpassung der Religion an die sich wandelnden Zeiten ansehen würden. Die Funktion des Menschen im großen Gesamtplan der Dinge, seine Bestimmung und seine Pflichten sind mit nie zuvor dagewesener Klarheit ausgesprochen worden; da alles, was gesagt werden mußte, gesagt worden ist, kann es nie wieder notwendig werden, der Menschheit einen »Mahner« zu schicken. Wenn Männer und Frauen noch einmal der Vergeßlichkeit anheimfallen oder wenn sie wiederum die von Gott gegebene Wahrheit verzerren, dann kann es keine Hoffnung für sie geben.

Es ist für die Christen nicht immer leicht, die scheinbar »abstrakte« Wahrheit zu begreifen, die das Herzstück des Monotheismus ist, oder mit ihr zu leben. Das wunderbare Kommen Jesu und das sublime Beispiel, das er gegeben hat und gibt, blendet sie so, daß die Wahrheit selbst eher persönlich als objektiv gesehen wird. Im Islam steigt Gott nicht Selbst zu dem menschlichen Muttergrund herab oder bekehrt durch Wunder. Er läßt wissen, wer Er ist und was Er wünscht, und das beläßt zumindest einen Teil der Aufgabe der »Erlösung« – die für den Christen mit einem fast erdrückenden Gewicht auf Jesus fällt – dem Menschen als Statthalter und irdischem Repräsentanten Gottes.

Der Islam nimmt den Menschen so wie er ist, belehrt ihn auf dieser Grundlage über seine Pflichten und lenkt ihn auf sein Ziel hin. Er ist in der Lage, dies zu tun, da er das christliche Dogma ablehnt, die menschliche Natur sei in ihrer innersten Substanz verderbt. Der Mensch ist schwach, närrisch und vergeßlich; sein innerstes Wesen ist jedoch nicht verderbt, und es bedarf keiner Wunder, um ihn zu erretten. Das Christentum seinerseits lokalisiert das Geschwür der Sünde und Verfehlung im Herzen jedes Mannes und jeder Frau, die je geboren sind; darüber hinaus wird die gesamte natürliche Welt so betrachtet, als habe sie an dem Sündenfall teilgehabt, als sei jedes Blatt und jede Blume durch die Ursünde (Erbsünde) befleckt; eine Ansicht, die in einer säkularisierten Welt die brutale Ausbeutung der Natur ermöglichte, um menschliche Begierden zu stillen.

Im alttestamentarischen Deuteronomium sagt man uns: »...der Herr, dein Gott ist ein verzehrendes Feuer...« (5. Mose 4,24), und dieses Element der judäischen Offenbarung ist noch immer durch das Alte Testament im Christentum lebendig. Die Feuer der Liebe und des Opfers schmelzen das verhärtete Herz und der Christ sucht Wärme genau so wie der

Muslim Raum, »Weite« sucht. Wenn wir »Feuer« mit dem Christentum assoziieren, so ist es möglich, das Bild des »Schnees« in Verbindung mit dem Islam uns vor Augen zu rufen, obgleich der Koran – aus einleuchtenden Gründen – dieses besondere »Zeichen Gottes« nicht erwähnt; der Islam besitzt etwas von der Qualität einer unendlich weiten, reinen Schneedecke, die selbst häßliche und unziemliche Dinge mit ihrer kühlen Leuchtkraft überdeckt. Kühle und Nüchternheit gehören der gleichen religiösen Perspektive an. Die Bekehrung zum Christentum, sagt Frithjof Schuon, »erscheint einem in gewisser Hinsicht wie der Beginn einer großen Liebe, die das bisherige Leben eines Menschen als eitel, nutzlos und trivial erscheinen läßt – sie ist eine ›Wiedergeburt‹ nach einem ›Tod‹; die Bekehrung zum Islam ist dagegen wie ein Erwachen aus einer unglücklichen Liebe oder wie Nüchternheit nach Trunkenheit oder auch wie die Frische des Morgens nach einer unruhigen Nacht. Im Christentum ›friert sich die Seele zu Tode‹ in dem ihr angeborenen Egoismus, und Christus ist das zentrale Feuer, das sie erwärmt und wieder zum Leben erweckt; im Islam andererseits »erstickt« die Seele in der Umschnürung dieses gleichen Egoismus, und der Islam erscheint als die kühle Weite des Raums, der ihr erlaubt, zu ›atmen‹ und sich ›auszudehnen‹ bis hin zum Grenzenlosen.«[*]
Was uns bei all diesen Vergleichen zwischen den Religionen beschäftigt, ist nicht die dogmatische Theologie, sondern Unterschiede im »Klima«, Unterschiede, die nicht nur Gedankengänge beeinflussen, sondern auch die Imagination und die Sensibilität. Die Strahlen der Sonne, die in den südlichen Wüsten Mensch und Tier töten, werden in den nördlichen Breiten gefiltert, so daß sie nicht nur ein anderes Klima, sondern auch eine andere Landschaft schaffen. Aber die Tatsache bleibt bestehen, daß es nur eine Sonne in unserem Planetensystem gibt.
Die Umstände des menschlichen Lebens stellen uns überall vor

[*] F. Schuon, *Gnosis: Divine Wisdom*, S. 15, London 1957 (John Murray)

Alternativen und die Notwendigkeit, eine Auswahl unter ihnen zu treffen. Wir können nicht an zwei Orten zugleich sein oder uns zwei ganz verschiedene Perspektiven gleichzeitig zu eigen machen, selbst dann nicht, wenn uns beide gleich reizvoll erscheinen; dies ist der einleuchtendste Grund dafür, weshalb es völlig unmöglich ist, eine Art universaler Religion aus den »besten Elementen« jeder einzelnen zu schaffen. Gerade die Art und Weise, wie die verschiedenen Religionen die beherrschenden Kräfte und Episoden des menschlichen Lebens ansehen, liefert uns die aufschlußreichsten Hinweise auf ihren wesentlichen Charakter; und wiederum in ihrer Einstellung zur menschlichen Sexualität werden ihre Perspektiven ganz besonders klar definiert. Dies ist vor allem der Fall, wenn wir den Islam dem Christentum gegenüberstellen; kein anderer Aspekt der lange anhaltenden Konfrontation zwischen beiden hat mehr Anlaß zu dauerhafteren Mißverständnissen gegeben. Bis die »Duldung« der letzten Jahre sogar in die Kirchen Eingang fand (und damit die Situation umkehrte, da jetzt die Muslime den Christen die Laxheit ihrer Sexualmoral vorwerfen), hat nichts im Islam die Christen mehr entsetzt – und fasziniert – als das, was als die »lizensierte Sinnlichkeit« der Muslime angesehen wurde; Muhammad wurde ebenso sehr deswegen verdammt, ein »Lüstling« wie auch ein »falscher Prophet« gewesen zu sein. Noch bis zum heutigen Tag kann man mit Witzen über den »Harem« ein »verständnisvolles« Grinsen hervorrufen; und als Antwort auf die christliche Polemik gingen die muslimischen Apologeten absurderweise sogar so weit, im Tonfall eines spröden Puritanismus zu suggerieren, der Prophet selbst habe mit seinen Frauen nur aus Pflichtgefühl geschlafen.

Es sind Versuche unternommen worden, die Religionen der Welt zu klassifizieren, indem man zwischen solchen, die »lebensbejahend«, und solchen, die »lebensverleugnend« sind, unterscheidet. Dies hat zu groben Vereinfachungen geführt, es könnte jedoch ein Weg sein, die Doppelsinnigkeit aufzuzeigen, die charakteristisch für die Schöpfung als Ganzes ist, ja, in der

Tat für alles, was »außer Gott« ist – oder zu sein scheint. – Einerseits ist die Welt eine göttliche Schöpfung, eine Schöpfung, die Gott, wie die Genesis sagt, für »sehr gut« befand; und der Islam lehrt, daß die Schöpfung aus der göttlichen Barmherzigkeit fließt, wofür all ihre Freuden und Schönheiten beredtes Zeugnis ablegen.

Andererseits ist diese Welt gezeichnet durch die Trennung von ihrer Quelle; ihre »Spaltungen« – Tod, Leid und die Enttäuschung menschlicher Hoffnungen – zeigen nur allzu schmerzlich das Ausmaß dieser Trennung auf. Sie ist so nahe am Nichts – der Schwärze des Leeren –, daß alles in ihr vergänglich ist, nur kurz aus dem Unsichtbaren hervorkommt und wieder dorthin verschwindet.

Mit anderen Worten, die Schöpfung als solche ist sowohl zentrifugal als auch zentripetal. Durch sie projiziert Gott nach außen und holt wieder nach innen zurück, so daß die Welt entweder als eine Straße gesehen werden kann, die vom Licht des Himmels wegführt oder, ganz wörtlich, als eine *sharī'ah*, eine Straße zurück; man kann aber auch beides gleichzeitig darin sehen. Es gibt viele Koranstellen, die davon sprechen, wie Gott Seine Geschöpfe sowohl »irreführt« als auch »lenkt«, und es ist, als ob der große Wind der Schöpfung die einzelnen Essenzen nach draußen an den Rand des Abgrunds trüge, und danach – vorausgesetzt, sie haben sich nicht völlig abgetrennt und ihren Ursprung vergessen –, zieht der Magnetismus des göttlichen Mittelpunkts sie wieder zurück.

Es ist gesagt worden, und nicht nur von Muslimen, daß alles in der Welt – jedes Ding, jede Energie, jedes Ereignis – zwei Gesichter hat, ein helles und ein dunkles; das eine Gott zugewandt und untrennbar mit seinem Ursprung verbunden, das andere dem Nichts zugewandt und schicksalhaft zur Auflösung verdammt; das eine durchsichtig, das andere undurchsichtig. Al-Ghazzali (gestorben 1111) sagte, alles habe »ein eigenes Gesicht und ein Gesicht seines Herrn; was das eigene Gesicht angeht, so ist es Nichts, und was das Gesicht seines Herrn angeht, so ist es Sein«.

Beide Gesichter existieren: es stellt sich nur die Frage, welchem wir uns zuwenden.*

Das traditionelle Christentum muß, da es die Verderbtheit des Menschen der Erbsünde zuschreibt, annehmen, daß dessen natürliche Neigung dahingeht, das dunkle Gesicht zu wählen. Der Islam kann, da er realistisch ist, nicht einen völlig entgegengesetzten Standpunkt einnehmen; er geht jedoch von der Annahme aus, daß der Mensch, richtig geleitet und beaufsichtigt, fähig ist, das lichte Gesicht zu wählen und durch die Phänomene hindurch das Gesicht Gottes zu erkennen.

Die Ambiguität der Schöpfung ist im Weiblichen und in der Sexualität an sich kristallisiert. Hier ist der Gegensatz zwischen der »Durchsichtigkeit« der Phänomene und ihrer »Undurchsichtigkeit« am bedeutsamsten. Für den Islam hat die Qualität der Durchsichtigkeit Vorrang, denn alle Dinge sind nach dem Koran »Zeichen Gottes«; sie zeigen Ihn, sie drücken Ihn aus, und durch sie kann Er gefunden werden. Das Christentum leugnet diese Durchsichtigkeit nicht prinzipiell, aber es bezweifelt, ob die Menschen in der Lage sind, daraus Nutzen zu ziehen, und neigt dazu, die Phänomene – und im besonderen Sexualität – als Versuchungen anzusehen. Es ist wichtig, sich über diesen Unterschied klar zu werden, wobei man ihn weder übertreiben noch unterschätzen darf. Der Islam mißbilligt die beiläufige Promiskuität genauso wie es das Christentum tut; der Muslim sieht es jedoch als selbstverständlich an, daß, wenn ein Mann eine schöne Frau sieht, er die körperliche Vereinigung mit ihr ersehnt, und daß, wenn eine Frau einen Mann sieht, der ihr gefällt, sie sich zu ihm hingezogen fühlt, und dieses gegenseitige Begehren wird als direkter Ausfluß der

---

* Dieser Punkt, der einer der wesentlichen Schlüssel zum Verständnis der menschlichen Situation ist, wurde von Rumi in seinem *Mathnawī* vollendet zum Ausdruck gebracht: »Alles und jedes existierende [Ding], das aus der Nichtexistenz hervorkam, ist Gift für den einen und Zucker für den andern« (M.V, 4236); und »Alles und jedes in der Welt ist eine Falle für den Narren und ein Mittel zur Befreiung für den Weisen« (M. VI, 4287). [S. a. Schimmel, *Rumi: Ich bin Wind und du bist Feuer.* Kapitel 3. Köln 1978 (Diederichs)]

Natur der Dinge gesehen, wie sie von Gott gewollt ist. Es ist in sich selbst etwas unzweifelhaft Gutes, so sehr es auch manchmal mit gewissen Restriktionen umgeben werden muß.

Dieser Unterschied in der Perspektive kann durch zwei Zitate illustriert werden. Das erste stammt von Thomas von Aquino, der sagte, die Ehe werde »heiliger *sine carnale commixione*«, mit anderen Worten, wenn sexuelles Begehren nicht vorhanden ist; und obgleich im traditionellen Christentum der Geschlechtsverkehr zur Fortpflanzung erlaubt ist, wird diese Erlaubnis sozusagen nur mit Bedauern erteilt, und der Geschlechtsverkehr bloß als solcher wird verdammt.

Das zweite Zitat stammt von Ibn'Arabī, dem spanischen Mystiker und Philosophen, der auch als der Shaykh al-Akbar, der Magister Magnus, der »größte aller spirituellen Meister«, bekannt ist. »Die intensivste und vollkommenste Kontemplation Gottes«, sagte er, »wird uns durch die Frauen zuteil, und die leidenschaftlichste Vereinigung ist der eheliche Akt«. Wenn wir zur heutigen Zeit kommen, so hat Papst Johannes Paul II. von den Übeln der »Lust« selbst innerhalb der Ehe gesprochen, während ein zeitgenössischer muslimischer Autor ganz nebenbei bemerkt: »Wenn zwei Menschen in der Hochzeitsnacht zusammenkommen, vergibt ihnen Allah alle ihre vorhergegangenen Sünden, so sehr liebt Er die Ehe.« Der Prophet hat gesagt, die Ehe sei »die halbe Religion«, und er setzte seine Gefährten in Erstaunen, als er ihnen sagte, es gebe im Himmel eine Belohnung für jeden Akt der Vereinigung zwischen einem Mann und seiner Frau; bei anderer Gelegenheit sagte er: »Wenn Ehemann und Ehefrau einander die Hände halten, entweichen ihre Sünden durch ihre Fingerspitzen...«[*]

Nichts schockiert die Christen mehr als die Geschichten über die sexuelle Potenz des Propheten (ob sie nun apokryph sind oder nicht, spielt dabei keine Rolle). »Wir pflegten zu sagen«, berichtete sein Gefährte Anas, »daß dem Propheten die Potenz von dreißig Männern gegeben ward«. Zumindest unter einfa-

---

[*] Sh. Nāzim Qibrisi, *Mercy Oceans*, S. 147

chen Muslimen, die nicht verstehen können, daß moderne Akademiker davon peinlich berührt sind, verstärkt dieses *ḥadīth* nur noch das Prestige des Gesandten.

Nicht weniger schockierend sind für den Christen die koranischen Hinweise auf die großäugigen Jungfrauen des Paradieses, von denen (in den Traditionen) gesagt wird, daß, wenn eine von ihnen ihren Schleier auf die Welt fallen ließe, die ganze Erde durchduftet wäre. Wie kann dies mit der Feststellung Jesu in Einklang gebracht werden, daß im Himmel keine Ehen geschlossen werden? Es ist sicherlich eine Frage, auf welche Weise man göttliche Zweckmäßigkeit schildert: da die Menschen stets dazu neigen werden, sich das Paradies in zu engen oder zu irdischen Sinnbildern vorzustellen, muß man ihnen sagen, daß »es *so* überhaupt nicht ist«. Da aber nichts, was gut oder schön und uns auf Erden lieb ist, im Paradies fehlen kann, können wir diese irdischen Freuden als einen Vorgeschmack himmlischer Freude betrachten, versuchen aber gleichzeitig zu verstehen, wie unzulänglich solche Bilder sind. Das Christentum legt die Betonung auf ihre Unzulänglichkeit; der Koran andererseits »spricht von den Freuden der Sinne, weil diese unmittelbaren Freuden in der Tat die irdischen Projektionen oder Schatten der paradiesischen Archetypen sind, die er zu vermitteln sucht. Da die sinnlichen Wahrnehmungen ihre Wurzeln in diesen Urbildern haben, haben sie auch die Kraft, uns diese wieder in Erinnerung zu bringen, denn der ›Haltestrick‹, der das Symbol an seine Wirklichkeit bindet, steckt nicht nur den Pfad ab, auf dem dieses Symbol ins Sein kam, sondern kann auch, in umgekehrter Richtung, zu einer schwingenden Saite spiritueller Erinnerung werden«; und während diese Beschreibungen die Seele daran erinnern, daß das Paradies zutiefst erstrebenswert ist, dienen sie auch dazu, »das Leben auf Erden wieder mit einer verlorengegangenen Dimension auszustatten«.*

---

* Martin Lings, *What is Sufism?*, S. 55 (London 1975, Allen & Unwin). Deutsch: *Was ist Sufitum?* 1987 (Aurum)

Auch hier treffen wir wieder auf die Doppelsinnigkeit, die unserer Erfahrung innewohnt; die Tatsache, daß das Symbol eine ansonsten unbeschreibbare und unerkennbare Realität darstellt, und die Tatsache, daß es als solches nicht die gemeinte Realität ist. Die Dinge dieser Welt sind sowohl schattenhafte Abbilder der himmlischen Dinge als auch falsch und irreführend, falls man nämlich glaubt, sie hätten eine eigene unabhängige Realität. Zweckmäßigkeit bestimmt, welche dieser entgegengesetzten Betrachtungsweisen in einem bestimmten Kontext angewandt werden sollte.

Einer der Gründe dafür, daß Ibn'Arabī die Wichtigkeit der sexuellen Vereinigung so stark zu betonen wünschte, ist, daß für den Muslim nichts, was so viel Kraft und Intensität hat, aus einer anderen Quelle als aus Gott kommen könnte. Sie ist nicht nur eine der größten Seiner Gaben, sondern sie entrückt uns auch von alledem, was wir in unserem kleinlichen Alltagsselbst sind, und ist deshalb ein Abbild jener Entrückung durch den Geist, die das Ziel der Religion ist. Das Christentum sieht zunächst und in erster Linie die [an die Welt] bindende Qualität dieser Erfahrung, ebenso wie die bindende Qualität aller irdischen Schönheit (die zum Verfall verdammt ist, sobald wir einmal an ihr Gefallen gefunden haben). Der Islam sieht in ihrem fleischlichen und vergänglichen Charakter nicht mehr als einen Schleier; und indem er auf der »großen Waschung« – vom Kopf bis zu den Füßen – nach dem Geschlechtsakt besteht, hat er damit ein Mittel gewählt, das wegzuwaschen, was irdisch und sterblich ist an dem Akt, während das zurückbleibt, was nach der ewigen Schönheit duftet.

Es ist jedenfalls augenfällig, daß die Schönheit des menschlichen Körpers ein Glanz ist, der auf dieses arme Fleisch von anderswo her gefallen ist; und das Gewahrwerden dieses Glanzes ist schon an sich eine Form der kontemplativen Erfahrung. Bei gewissen extremen sexuellen Perversionen kann man eine verzweifelte Anstrengung beobachten, das zu ergreifen und zu besitzen, was niemals ergriffen oder besessen werden kann. Der Islam beschäftigt sich mit der »Durchsichtigkeit«, der

Transparenz der Phänomene, das heißt, er sucht durch sie ihren Schöpfer zu finden; die Christen neigen dazu, wie Schuon sagte, »den Schleier zu zerreißen«, in dem die Phänomene eingewoben sind, ihn wegzuwerfen, um das Licht hinter ihm zu erreichen. Wir brauchen nicht mit dem Kopf gegen die Wand zu rennen oder von starren Positionen aus zu argumentieren, welcher Gesichtspunkt »richtig« und welcher »falsch« ist; beide entsprechen den Realitäten des menschlichen Lebens und unserer Situation in der Matrix der Realität.

Es ist bezeichnend, daß im biblischen Bericht über den Sündenfall Eva zu dem Vergehen Adams Hilfestellung leistete, und die Frau als »Versucherin« nimmt in der abendländischen Vorstellung eine zentrale Stelle ein. Dieses Element spielt im koranischen Bericht über den Sündenfall keine Rolle; dort ist es allein »Iblīs« – die satanische Kraft –, die das erste Paar zu Fall bringt. Das Christentum mußte wegen dieser »Mythologie« eine strenge, mißtrauische Haltung gegenüber den Frauen als »Gefäßen des Zorns« einnehmen, und es ist vollkommen logisch, daß man unter Christen sagt, sie »kommen zu Fall« durch ihre Sexualität, und daß auf populärer Ebene der sexuelle Witz häufig auf die Fäkalebene abrutscht. Es hat den Anschein, als ob der Christ und seine säkularen Erben ihre Sterblichkeit am einschneidendsten durch ihre Sexualnatur empfänden; und sie finden es unverständlich, daß ein muslimischer Asket, der nur das Minimum ißt, um Leib und Seele zusammenzuhalten, der die Hälfte seiner Nächte mit Wachen und Beten verbringt, der sich sogar erlaubte Freuden versagt und, soweit es die Welt angeht, »ein wandelnder Leichnam« ist, trotz alledem heiratet – und vielleicht sogar mehr als eine Frau. Der Abendländer, ob gläubig oder ungläubig, empfindet, daß Ehelosigkeit mehr im Einklang mit einer solchen Vokation stehen würde. Der Muslim andererseits freut sich, daß dieser heilige Mann sich nicht aus der menschlichen Gemeinschaft entfernt hat, sondern sich bemüht, in die Fußstapfen des Propheten zu treten.

Es gibt einen weiteren kulturellen Faktor, der die christliche (und die nach-christliche) Ansicht über die menschliche Sexualität bedingt. Das Christentum war seiner gesamten Perspektive nach gezwungen, sich gegen den Naturalismus der klassischen Welt zur Wehr zu setzen, die zu verwandeln seine Bestimmung war, einen Naturalismus, der seinen heiligen Charakter verloren hatte und trivial und profan geworden war. Der abendländische Mensch betrachtet die Natur, wenn nicht direkt als feindlich, so doch als etwas, das erobert und beherrscht werden muß. Er kann es nicht gutheißen, den Gesetzen und Erfordernissen der natürlichen Welt unterworfen zu sein, ob sie nun jenseits von ihm oder in ihm selbst liegen, Gesetzen und Erfordernissen, die für den Muslim göttlichen Ursprungs und ihrer Natur nach heilig sind.

Der Christ und seine Erben schätzen ihren moralischen Heroismus sehr hoch ein und sehen manchmal sogar Vorteile darin, von Versuchungen umgeben zu sein, die ihnen Gelegenheit bieten, Selbstkontrolle und Disziplin über ihre natürlichen Instinkte auszuüben. Der Muslim neigt dazu, zu glauben, daß der Mensch Wichtigeres zu tun hat, als sich in einen Ringkampf mit der Versuchung einzulassen, was er als Ablenkung von seiner wichtigsten Angelegenheit betrachtet, nämlich ständig Gottes gewahr zu sein. Da er auch glaubt, was ihm der Koran über die menschliche Schwäche sagt, hält er es für unwahrscheinlich, daß Männer und Frauen der Versuchung widerstehen, wenn diese an sie herangetragen wird, und ergreift daher Maßnahmen, um Gelegenheiten zur Versuchung zu beseitigen; daher die Regeln für Trennung der Geschlechter und für weibliche Kleidung. In einigen Gemeinschaften wird sogar als selbstverständlich angenommen, daß, wenn man einen Mann und eine Frau kurze Zeit alleine läßt, sie so sicher zusammenkommen werden, wie ein Magnet Eisenspäne anzieht. Nicht umsonst hat Gott die beiden Geschlechter geschaffen und ihnen die Leidenschaft eingegeben, sich zu vereinigen, und das ist eher ein Grund zum Staunen als zum Vorwurf. Gewissen Autoritäten zufolge soll der Prophet, als er zufällig Zaynab (die Frau seines Freigelassenen, die er später selbst heiratete) noch nicht vollständig angekleidet sah, ausgerufen haben: »Gelobt sei Allah, der unsere Herzen verwandelt und mit ihnen tut, was Ihm gefällt!«

Gerade weil der Islam so weit geht, die natürlichen Instinkte zu akzeptieren und zu heiligen, muß er auch eine so feste »Grenzlinie« ziehen und Abweichungen von der Norm und Überschreitungen der durch das religiöse Gesetz gezogenen Grenzen so streng bestrafen. Die Erfordernisse des sozialen und psychologischen Gleichgewichts, die Notwendigkeit, die Frauen und die Sicherheit der Kinder zu schützen, sind die Motive, die dieses Gesetz bestimmen, und da die gesamte soziale Struktur in der Familie verankert ist, bedrohen Übertretungen die Gesellschaft als Ganzes und werden entsprechend bestraft. Als eine Zivilisation und eine »Lebensweise« steht oder fällt der Islam mit dem empfindlichen Gleichgewicht zwischen Ordnung und Freiheit wie auch zwischen der Gesellschaft und dem Einzelnen.

Unter den Orientalisten haben einige den Islam als »individualistisch« beschrieben, während andere ihn als »kollektivistisch« angesehen haben. Er ist beides. Wenn sie Schulter an Schulter in gerade ausgerichteten Reihen beim gemeinsamen Gebet stehen, bilden die Muslime einen einzigen Block, eine unteilbare Armee Gottes, in der der Einzelne in der heiligen Gemeinschaft aufgeht; und doch verkörpert ein Mann, der alleine in der Wüste betet, abgeschieden von allen anderen, in sich selbst die Fülle der Gemeinschaft und übt die göttliche Autorität auf Erden aus; die anderen mögen schon gestorben sein, der Islam ist jedoch zugegen, wo dieser Mann zugegen ist. Das gleiche kann von denen gesagt werden, die dem Beispiel des Propheten folgen, wenn sie aufstehen, um in der Stille der Nacht zu beten; die Welt schläft, aber die *Ummah* ist wach und steht vor ihrem Herrn. Selbst inmitten der Gemeinschaft erkennt der Einzelne keine letztendliche Autorität an, sei sie geistiger oder temporaler Art, außer der Autorität Gottes; und dies ist einer der Gründe, weshalb der Koran uns sagt, daß, wenn wir einen einzigen Menschen ungerechtfertigt töten, es so ist, als hätten wir die ganze Menschheit getötet (Sura 5,35).

Hier wie auch in all den besonderen Charakteristiken und Akzenten, die den Islam von anderen Religionen unterscheiden, bestimmt das Glaubensbekenntnis – *lā ilāha illā'Llāh* – jedes Element in einem integrierten Webmuster, und das Prinzip der Einheit wird im Einzelmenschen widergespiegelt, vollkommen in sich selbst und der menschlichen Norm angepaßt, ebenso wie in der Gemeinschaft, vereint im Gebet und im Gehorsam gegenüber dem Gesetz.

3. Wahrheit und Barmherzigkeit

Denjenigen, die es schwierig finden, an eine Gottheit zu glauben, geschweige denn an eine Vielfalt von Göttern, und die eine Anbetung von Bildern als primitiven Kult auffassen – dem aufgeklärten Menschen so fern wie Kannibalismus –, erscheint das Glaubensbekenntnis, das Credo des Islam: »Ich bezeuge, daß *lā ilāha illā'Llāh*« – es keine Gottheit außer Gott gibt – als sinnlos, vor allem, wenn sie sich nicht dessen bewußt sind, daß der gesamte Koran als ein Kommentar über diese vier Worte oder als eine Erweiterung davon beschrieben werden könnte. Und doch besitzen sowohl die Juden als auch die Christen in ihrer eigenen Tradition – der Thora oder dem Pentateuch – eine vergleichbare Aussage. Als Er zu Moses aus dem brennenden Dornbusch spricht, beschreibt Gott Sich mit den Worten: »Ich bin Der Ich bin« (Luth.: »Ich werde sein, der ich sein werde« – 2. Mos. 3,14)[*]. Vielleicht erscheint das auch vielen, deren heilige Schrift die Bibel ist, als sinnlos; sie wollen wissen, was oder wer »Der« ist, obgleich »Der« – schon seiner Definition nach – jenseits aller Definitionen ist.

---

[*] *Eheyeh asher eheyeh* (Exodus III, 14)

Die erste *Shahādah* – welche die göttliche Einheit bezeugt – ist der Urquell aller islamischen Lehre wie auch aller muslimischen Praxis. »Keine Gottheit außer Gott« weist darauf hin, daß nichts absolut ist außer dem Einzigen Absoluten; nichts ist gänzlich real außer Der Realität, die Eins und unteilbar ist; denn wie könnten Dinge, die mit der Zeit kommen und gehen – wie kurz auf eine Leinwand geworfene Bilder, heute hier und morgen vergangen –, als »wirklich« im vollen Sinn des Wortes betrachtet werden? Daraus folgert, daß nichts, was existiert, sei es für Jahrtausende oder den Bruchteil einer Sekunde, das sein könnte, es sei denn, es habe teil an dem Einen oder, um ein anderes Bild zu gebrauchen, durch den Willen Gottes »der zu einem Ding sagt ›Werde!‹, und es ist«. Wenn die Zeit kommt, wird die bewohnte Erde mit all ihrer Zier verschwinden wie Rauchschwaden: »alle auf ihr sind vergänglich, aber es bleibt das Angesicht deines Herrn voll Majestät und Ehre« (Sura 55, 26,27). *Lā ilāha illa 'Llāh:* Gott *ist,* Er ist weil Er ist, ohne Ursache. »Sprich: Er ist Gott der Eine, Der ewige Gott; Er zeugt nicht noch ist Er gezeugt, Und keiner ist Ihm gleich« (Sura 112).

Daraus folgert auch, daß es keine Kraft außer Der Kraft gibt, keine Liebe außer Der Liebe, keine Barmherzigkeit außer Der Barmherzigkeit, keinen Helfer außer Dem Helfer, und, auf der dunkleren Seite der menschlichen Erfahrung, keinen Mörder oder Totschläger außer Dem Totschläger und keinen Rächer außer Dem Rächer; und daraus folgert wieder, daß Er allein uns aufrichtet und Er allein uns niederwirft, uns Reichtum gibt oder nimmt, uns glücklich oder traurig macht. Er allein ist Der Urheber, und Er allein ist Die Ursache. Laßt tausend Männer bis an die Zähne bewaffnet gegen mich ziehen – sie können mich nicht berühren, es sei denn, Er wolle es. Laßt meine Feinde Ränke schmieden, bis sie Gift ausschwitzen – sie sind machtlos, es sei denn, Er wolle es anders.

Die *Shahādah* unterscheidet zwischen Dem-was-nicht-Gott-ist und Gott Selbst und führt das Erstgenannte – alles, was als »anders« erscheint – zu seinem Ursprung und seiner wahren

Identität zurück. Vollkommene Unvergleichbarkeit heißt, daß nichts neben Den Unvergleichbaren gestellt werden kann. Gemäß einem *ḥadīth qudsī* (einem der direkt inspirierten Aussprüche des Propheten) »war Allah, und nichts war neben Ihm«; und man sagt, ʿAlī habe hinzugefügt: »Und Er ist jetzt noch so wie Er immer war.« Aber diese extreme Entfernung *(tanzīh)* birgt in sich eine Ergänzung. Da nichts dem Einen gegenübergestellt werden kann – denn dann wäre es selbst eine eigenständige »Gottheit« –, muß jede bedingte Realität eine Widerspiegelung der Einen Realität sein, und jede Bedeutung, die wir dem Wort »Gottheit« geben könnten, wird transponiert in *in divinis*.

Islām bedeutet Unterwerfung unter den Einen und, wie uns der Koran sagt, gibt es nichts, das sich nicht »willig oder unwillig« in jedem Augenblick – von seinem Ursprung bis zu seinem Ende – dem Gott unterwirft, außer Dem es nichts gibt, kein Ding, kein Sein, kein Licht, kein Wort, keinen Atem. »Sprich: Wer versorgt euch vom Himmel und von der Erde her? Oder wer hat Gewalt über Gehör und Gesicht...?« (Sura 10,32).

Wir können nicht sprechen; Er spricht. Wir können nicht sehen; Er sieht. Wir können nicht hören; Er hört. Wir können nicht schmecken; Er schmeckt. Wir können uns von Ihm getrennt nicht erfreuen, denn Freude gehört Ihm allein. Er leiht uns diese Kräfte durch Seine Barmherzigkeit, ihre Wurzeln jedoch verbleiben in Ihm. Um hier einen von Muhammads Lieblings-Koranversen zu zitieren: »*Lā ḥawla wa lā qūwata illā bi ʾLlāh*« – »es gibt keine Kraft und keine Macht außer bei Allah«.

Gott wird manchmal als *al-Bayyin* beschrieben, was als der »Sichtbare« der »Offenbare« übersetzt wird, aber solche lauwarmen Worte können nicht die Kraft übermitteln, die diesem Wort innewohnt. Für einen Menschen in der Wüste ist die Sonne nicht nur »sichtbar«, sie ist lodernd und unbestreitbar *da*, und er kann ihr nicht entrinnen; so erscheint dem Muslim die Wirklichkeit des Göttlichen. Frithjof Schuon spricht von den

Nomaden, »versengt und ausgedörrt durch die immer gegenwärtige, immer ewige Göttliche Sonne. Im Angesicht dieser
Sonne ist der Mensch nichts: Daß der Kalif Umar einen Teil der
alten Welt eroberte oder der Prophet seine Ziege molk, kommt
mehr oder weniger auf das gleiche hinaus; das heißt, es gibt
keine ›menschliche Größe‹, weder im profanen noch im titanischen Sinn, und so auch keinen Humanismus, der eitlen Ruhm
erwachsen ließe; die einzige Größe, die zugelassen werden
kann, ist die immerwährende Größe der Heiligkeit, und die
gehört Gott.«*
Es kann kein Mysterium geben um etwas, das so überwältigend
klar ist.**
Im Klima des Islam könnte man billigerweise sagen: »Gott ist
einfach und sichtbar; ich bin finster und schwer wahrzunehmen«.
Das Mysterium liegt in den Schatten und all den Ambiguitäten
der menschlichen Welt, jenen Doppeldeutigkeiten, die der
Relativität innewohnen, gerade weil sie relativ ist und nicht
absolut. Es kann vorkommen, daß ein Mensch, je länger er
lebt, sich desto mehr über die Verwicklungen der menschlichen
Subjektivität und über die Begegnungen zwischen menschlichen Persönlichkeiten in ihrer subjektiven Einstellung klar
wird, bis er es dann aufgibt, solche verworrenen Fäden entwir-
ren zu wollen und das sucht und sich dem zuwendet, das
alleine klar und unzweideutig ist.
Die *Shahādah* kann auf verschiedene Art und Weise analysiert
werden, immer im Hinblick auf das Ziel, sie unserem Geist und
unserem Herzen tiefer und tiefer einzuprägen. Sie kann zum
Beispiel in zwei Teile aufgeteilt werden, eine Verneinung und
eine Bestätigung: »Keine Gottheit« bezieht sich auf die Welt

---

* Frithjof Schuon, *Dimensions of Islam*, S. 69
** Wie der persische Dichter Mahmūd Shabistārī sagt, ist »das Absolute dem
menschlichen Auge so nackt offenbar, daß es unsichtbar ist«. S. a. Annemarie Schimmel, *Mystische Dimensionen des Islam.* S. 397f. Köln 1986
(Diederichs)

und reduziert diese zum Nichts, falls sie von ihrer Quelle getrennt ist – oder man sie als von ihr getrennt ansieht; »außer Allah« bezieht sich auf Die Wahrheit, und nachdem die *Shahādah* einmal »Nein« gesagt hat zu einer Welt (oder einem Ego), das sich anmaßt, sich selbst als kleinen Gott aufzuspielen, sagt sie »Ja« innerhalb dieses gleichen Rahmens und setzt die Welt (oder das Ego) wieder in eine Existenz ein, die durch ihre totale Abhängigkeit von Dem Einen bestimmt ist.

Wiederum kann die Formel Wort für Wort betrachtet werden, und auch das hilft uns sicher, ihre Bedeutung in uns aufzunehmen.

Lā, »Nein«, hat, wenn es von einem Araber gesagt wird, eine fast explosive Kraft, und hier ist es das explosive Negative, das alle Illusionen zerstört, indem es Vielfältigkeit als in sich geschlossenes Universum von Dingen und »Selbstheiten« zerschmettert. Alles in unserer Erfahrung kann behandelt werden – und wird auch von Zeit zu Zeit so behandelt –, als ob es eine eigene Existenz habe, als ob es eine Gottheit wäre, die mit Allah in Wettbewerb stünde; das Wort *ilāha* steht deshalb für alles und jedes, was so behandelt wird. Das dritte Wort der Formel, *»illā«*, ist eine Zusammenziehung von *in lā* (»wenn nicht« oder »außer«); und man bezeichnet es manchmal als den »Isthmus« *(barzakh)* zwischen Negation und Affirmation – als das Verbindungsglied – und jenseits davon steht die wahre Realität, *Allāh;* und alles, was verneint wurde, wird seiner wahren Identität in Gott zurückgegeben.

Es gibt Wege ohne Zahl, auf denen diese Worte beleuchtet werden können; ein besonders treffender ist jedoch derjenige, der die Lichtterminologie anwendet; denn gemäß dem Koran ist »Allāh das Licht der Himmel und der Erde«, und die islamische Lehre schreibt die Existenz dessen, was als von Ihm getrennt erscheint, der »Verschleierung« jenes Lichts durch Schleier ohne Zahl zu. Nach dieser Lehre verkörpert das *»lā«* die Schleier, weil sie das Licht verbergen und vollkommen undurchsichtig sind; *ilāha* ist die Widerspiegelung des von seiner Quelle getrennten Lichts; *illā* weist auf den durchsichtigen Schleier hin, der das Licht übermittelt, und *Allāh* ist Das Licht als solches.

Das Wissen, daß *lā ilāha illā 'Llāh*, daß es keinen Gott außer Gott gibt, kann, obwohl äußerlich durch die Offenbarung als »Erinnerung« gegeben, angesehen werden als den tiefsten Schichten der menschlichen Natur innewohnend; aber es könnten strenge Maßnahmen notwendig sein, um es wieder ins Bewußtsein zu rufen.

»Und eines Tages, wenn die Ungläubigen dem Feuer ausgesetzt werden, [wird man sie fragen]: ›Ist dies nicht in Wahrheit?‹. Sie werden sprechen: ›Jawohl, bei unserm Herrn!‹« (Sura 46,33). Dies ist die Art von Begegnung mit der Realität, für die wir durch unsere Natur prädisponiert – und durch unsere Taten bestimmt – sind.*

Nur in Träumen kann der Herr verleugnet werden, nur durch Selbstbetrug kann die Realität gänzlich verschleiert werden. »Die Werke der Ungläubigen aber gleichen der Luftspiegelung in einer Ebene, die der Dürstende für Wasser hält, bis daß, wenn er zu ihr kommt, er nichts findet; doch findet er, daß Allah bei ihm ist und Allah zahlt ihm seine Rechnung voll aus...« (Sura 24,39). »Wohin ihr euch wendet, dort ist Allahs Angesicht« (Sura 2, 109). An jedem Horizont, am Ende jeder Straße und in jeder geheimen Kammer ist das Angesicht, dem man in Seiner Allgegenwärtigkeit nicht entgehen kann, und wir müssen vorsichtig sein, damit die Straße, die wir einschlagen, uns zu dem Angesicht der Barmherzigkeit führt und nicht zu dem des Zorns.

Das, was für den Philosophen Realität oder das Absolute ist, ist für den einfachen Mann oder die einfache Frau, die von ihrem Alltagsleben in Anspruch genommen sind, Macht. Als

---

* Wenn die Bildschirme mit ihren unzähligen Bildern und Mustern (ihren Landschaften, Ereignissen und Menschen) am Ende einer Welt oder einer individuellen Existenz weggerissen werden, gibt es nur einen möglichen Ruf: »Was glaubt ihr? Wenn zu euch kommt die Strafe von Allah, oder es kommt zu euch ›die Stunde‹, werdet ihr zu einem andern rufen als Allah?...Nein, zu ihm werdet ihr rufen..., und vergessen werdet ihr, was ihr ihm [früher] beigesellet« (Sura 6, 40–41).

»Macht« begegnen wir der Realität in unseren normalen Erfahrungen; und der Koran spricht zu den Menschen in der Sprache normaler Erfahrungen. Die *Shahādah* ist nicht nur Doktrin, sondern auch Praxis – oder der Schlüssel zur Praxis. Ihre Wahrheit ist etwas, das assimiliert und gelebt werden muß, und deshalb sprechen wir, wenn wir von dem islamischen Credo sprechen, nicht von einer Abstraktion, sondern von dem Weg, nach dem Männer und Frauen ihr ganzes Leben ausrichten, ihr Wachen und ihren Schlaf, ihre Arbeit und ihre Ruhe, die Worte, die sie im Umgang miteinander gebrauchen, und die Gesten, die sie machen, wenn sie sich lieben, das Pflanzen eines Pflänzleins und das Einbringen einer Ernte, das Öffnen eines Hahns, aus dem Wasser fließt, und sein Schließen, wie auch Leben und Tod aller Geschöpfe.

Um zu verstehen, wie entscheidend diese Formel ist, muß man beobachten, welchen Stellenwert sie im Leben des gewöhnlichen Muslim einnimmt, der diese Worte in jeder Krise und in jedem Augenblick ausspricht, wenn die Welt ihn zu überwältigen droht, wie auch wenn der Tod naht. Ein frommer Mann, vom Zorn übermannt, wird ganz plötzlich ruhig erscheinen, wenn er sich an die *Shahādah* erinnert und sich gleichsam zurückzieht, und so einen großen Abstand zwischen sich und seine turbulenten Gefühle legt. Eine Frau, die während der Geburt aufschreit, wird ebenso plötzlich still werden, sich erinnernd; und ein Student, der sich unruhig über sein Pult in einem Prüfungssaal beugt, wird seinen Kopf heben, diese Worte aussprechen, und ein kaum hörbarer Seufzer der Erleichterung geht durch alle Anwesenden. Dies ist die letztendliche Antwort auf alle Fragen.*

---

* Ein Freund des Autors, der mit seiner Frau und zwei kleinen Kindern in einem abgelegenen und scheinbar unbewohnten Teil Ostafrikas mit dem Wagen fuhr, geriet in einen Graben. Nachdem alle Bemühungen, den Wagen wieder in Gang zu bekommen, vergeblich waren, stellte er sich auf die Seite und rief aus: *lā ilāha illā 'Llāh*. Sofort kam eine Anzahl muslimischer Dorfbewohner, die ihn von einem Versteck aus beobachtet hatten, aus dem Busch hervor, hoben den Wagen aus dem Graben und bewirteten die Familie mit dem Besten, was sie hatten.

Daraus folgt, daß es keine größere Sünde für den Muslim gibt als *shirk,* die »Assoziierung« anderer »Götter« mit Gott; mit anderen Worten Götzendienst oder Vielgötterei. »Siehe Allah vergibt nicht, daß man ihm Götter beigesellt, doch verzeiht er, was außer diesem ist, wem er will...« (Sura 4,51).

Götzendienst und Vielgötterei werden daher nicht nur als einfache Irrtümer hinsichtlich der Natur der Realität angesehen, sondern als das Endstadium eines Prozesses der Korrumpierung oder Zersetzung, bei dem der menschliche Wille eine große Rolle spielt. *→ Sittliche Verderbung*

Jetzt, nachdem man naive Theorien über die »Evolution« der Religion, wie sie während des vergangenen Jahrhunderts in Umlauf waren, überwunden und abgelegt hat, wird allgemein anerkannt, daß Vielgötterei immer dann aufkommt, wenn göttliche »Energien«, die ursprünglich als Aspekte der einen Höchsten Gottheit angesehen wurden, ein eigenes Leben annehmen und angebetet werden, als seien sie ganz unabhängige Wesenheiten.

Die vielfältigen Motive, die hinter diesem Prozeß stecken, können immer der Weltlichkeit in einer oder der anderen Form zugeschrieben werden. Dieses Szenarium kann man zum Beispiel in der Religion des alten Griechenland, in afrikanischen Stammesreligionen und auch im »volkstümlichen« Hinduismus beobachten.

Der Koran bezeugt eine ebensolche Entwicklung auch unter den Arabern, bevor dann der Islam als »Mahner« erschien, der sie an das erinnerte, was sie ganz offenbar hatten vergessen wollen. Sie wußten wohl von *Allāh,* hatten Ihm aber »Söhne« und »Töchter« beigesellt und allerlei »Teilhaber«, bequeme, praktische und dienliche Gottheiten, mit denen der Umgang einfach war und die dann auch weiter keine Forderungen an ihre Anhänger stellten.

Götzendienst ist seinem Wesen nach die Anbetung von Symbolen um ihrer selbst willen, ob sie nun die Form von Götzenbildern haben oder bloß in der menschlichen Phantasie existieren...

»In den ›klassischen‹ und ›traditionellen‹ Fällen des Paganismus«, sagt Frithjof Schuon erklärend, »resultiert der Verlust der vollen Wahrheit und damit einer wirklichen Chance zur Errettung aus einer tiefgreifenden Wandlung der Mentalität der Anbetenden und nicht aus einer letztendlichen Falschheit der Symbole... Eine Mentalität, die einstmals kontemplativ und somit befähigt war, die metaphysische Transparenz der Formen zu erkennen, hatte damit geendet, daß sie sich in Gefühlen verlor, weltlich und im strikten Sinn des Wortes abergläubisch wurde. Das Symbol, in dem die symbolisierte Wahrheit ursprünglich klar erkannt wurde..., hat sich nun in der Tat zu einem undurchsichtigen und unverstandenen Bild oder einem Idol verwandelt...«*

Die Mekkaner zu Muhammads Zeiten waren jedoch noch einen Schritt weiter auf der absteigenden Ebene gegangen, die von der Anbetung unverstandener Symbole zur Anbetung von menschengemachten Puppen und Spielzeugen führt, Idolen, die nichts verkörpern (Wegweisern gleich, die nach nirgendwo weisen).

Das fanatische Mißtrauen des Muslim gegenüber allem, was auch nur ganz entfernt nach Götzendienst riecht – wie zum Beispiel Skulpturen menschlicher oder tierischer Figuren – könnte der Tatsache zugeschrieben werden, daß es für Menschen, welche die Fähigkeit verloren haben, durch Abbilder der Gottheit »hindurchzuschauen«, zu erkennen, was hinter ihnen steht, und die sie nun als materielle Objekte sehen, es lediglich eines kleinen Schrittes bedarf, jedes materielle Objekt so zu behandeln, als sei es selbst-existent, und es um seiner selbst willen anzubeten.

Vielgötterei und Götzendienst könnten als institutionalisierter *shirk* beschrieben werden; *shirk* kann jedoch auch subtilere und universalere Formen annehmen. Es ist nicht schwierig zu erkennen, daß der moderne Naturwissenschaftler, nicht als Beobachter und Registrierender, sondern als Theoretiker, ein

---

* Frithjof Schuon, *Understanding Işlam*, S. 55

mushrik ist (einer, der sich der »Assoziation« schuldig macht), da er die Kräfte der Natur und alle kausalen Kräfte eher als unabhängige Kräfte ansieht denn als die Instrumente eines einzigen allmächtigen Willens. So befindet sich der Mensch, der sein Herz an einen weltlichen Gewinn hängt – wie zum Beispiel Macht oder Reichtum –, in einem Zustand, der ihn den einzigen Preis vergessen läßt, der es wert ist, errungen zu werden, und so ergeht es jedem, der eher ein Ding um seiner selbst willen besitzen als Gott gefallen will. Von diesem Gesichtspunkt aus betrachtet, hat jeder Akt des Ungehorsams gegenüber den göttlichen Befehlen den Geruch des *shirk* an sich, und wir sind auch alle auf die eine oder andere Art schuldig.

»Und so Allah die Menschen für ihre Sünde strafte, so würde er nichts, was sich regt, auf der Erde lassen; jedoch verzieht er mit ihnen bis zu einem bestimmten Termin...« (Sura 16,63). Es ist üblich, der *Shahādah* die Worte zuzufügen *lā sharīka lahu,* »Er hat keinen Teilhaber«, und es gibt Millionen verschiedener Wege – in Gedanken oder in Werken –, auf denen wir dem Einen, der keine Teilhaber hat, doch solche zuschreiben können.

Gäbe es nicht das Eingreifen der göttlichen Barmherzigkeit und das Überfließen der göttlichen Vergebung, so würde keiner der Strafe durch das Feuer entrinnen. Überdies ist der eigentlich »falsche Gott«, jene schattenhafte Präsenz hinter allen anderen, das menschliche Ego mit seinem Anspruch auf Selbstgenügsamkeit.

Irgendwo auf der Straße, die vom Licht zur Dunkelheit führt, wird *shirk* zu *kufr*, der Verleugnung Gottes, Atheismus* oder

---

* Atheismus als aktiver »Anti-Glaube« ist im Westen selten – häufiger ist faule Gleichgültigkeit gegenüber der Religion. Er ist jedoch das offizielle Glaubensbekenntnis der Sowjetunion und erweckt bei den Muslimen, die seinem Druck unterworfen sind, eine wütende Verachtung. »Die Muslime sehen einen wirklichen Atheisten nicht als romantischen Rebellen oder als überlegenen philosophischen Freidenker an, sondern als Untermenschen mit begrenztem Intellekt..., der auf die Ebene der Bestialität,

Agnostizismus. Das Wort *kāfir* wird gewöhnlich als »Ungläubiger« übersetzt, was zureichend ist, solange man in diesem Begriff ein aktives Willenselement erkennt, nämlich eine Korruption des Willens wie auch des Intellekts. Muhammad Asad übersetzt es als »einer, der die Wahrheit leugnet«, und die Tatsache, daß »Unglaube« viel mehr ist als einfache intellektuelle Unfähigkeit, eine gegebene Proposition anzunehmen, geht aus der Wurzelbedeutung des Wortes klar hervor. Ein *kāfir* ist »einer, der bedeckt«, wie der Bauer die Saat, die er gesät hat, mit Erde bedeckt *(kafara)* oder wie die Nacht die sichtbare Welt mit Dunkelheit »bedeckt«.

»In ihrem abstrakten Sinn«, sagt Muhammad Asad, »haben sowohl das Verb als auch die von ihm abgeleiteten Substantive eine Konnotation von: etwas, das existiert, zu ›verbergen‹ oder etwas, das wahr ist, zu ›leugnen‹. Deshalb ist im Sprachgebrauch des Koran... ein *kāfir* ›einer, der leugnet‹ (oder ›sich weigert, anzuerkennen‹) – der die Wahrheit in ihrem weitesten spirituellen Sinn leugnet; das heißt, ungeachtet dessen, ob es sich auf eine Wahrnehmung der höchsten Wahrheit – nämlich der Existenz Gottes – bezieht oder auf eine Doktrin oder Verordnung, die in der heiligen Schrift ausgesprochen wurde, oder auf eine selbstverständliche moralische Vorschrift oder die Anerkennung gewährter Gunst und deshalb auch die Dankbarkeit für sie.«[*]

Dies sollte tatsächlich klar sein, sobald man anerkennt, daß die vorliegenden Wahrheiten der menschlichen Natur innewohnen, obschon »vergessen«, wie der Koran immer wieder feststellt.

Es geht nicht darum, daß wir unfähig wären, etwas zu akzeptieren, das man uns gesagt hat, sondern eher um die Weigerung – aus eigensüchtigen Motiven – etwas zuzugeben, das wir bereits wissen.

---

wenn nicht tiefer, gesunken ist.« Alexandre Bennigsen and Marie Broxup, *The Islamic Threat to the Soviet State,* 1983 (Croom Helm)

[*] Muhammad Asad, *The Message of the Quran,* S. 907, Anm. 4

Der Akt, etwas zu verbergen, sogar vor uns selbst, ist ein Akt des Willens.

Die Schuld des Unglaubens, sagt Frithjof Schuon, »liegt in der leidenschaftlichen Versteifung des Willens und in den weltlichen Neigungen, die diese Versteifung bewirken. Das Verdienst des Glaubens ist das Festhalten an der übernatürlich natürlichen Aufnahmefähigkeit des ursprünglichen Menschen; es bedeutet, so zu bleiben wie uns Gott geschaffen hat und ständig zu Seiner Verfügung zu stehen...«.[*] Was man gemeinhin als »Realismus« bezeichnet, ist eng verbunden mit dieser Versteifung und dieser Weltlichkeit, weil der Glaube an die totale und sich selbst genügende Realität dieser Welt gerade das ist, was uns dazu bringt, die innerlich bekannte und äußerlich geoffenbarte Wahrheit mit Dingen, Objekten und Träumen zuzuschütten.

»Keineswegs doch über ihre Herzen ist gelegt, was sie geschafft haben. Fürwahr; doch werden sie wahrlich an jenem Tag von ihrem Herrn ausgeschlossen sein« (Sura 83, 14/15). Hier wird wieder der Faktor der Eigenwilligkeit betont, diesmal ist es jedoch nicht ein einmaliger und definitiver Akt der Verleugnung, sondern eher der kumulative Effekt einer ganzen Reihe von kleinen Taten, die eine miteinbegriffene Leugnung Gottes mit sich bringen; der Sünder hat sich in der Tat so benommen, als gäbe es Gott gar nicht und als wäre er frei, genau so zu handeln wie es ihm gefällt, das heißt geradezu wie ein kleiner selbständiger Gott.

Und wenn, wie die Sufis sagen, die göttliche Barmherzigkeit als unerschöpflicher Quell im Herzen jedes Menschen vorhanden ist, dann kann man auch sagen, daß der Mensch diese immanente Barmherzigkeit zugedeckt und sich von ihr isoliert hat.

Die praktische Unterscheidung zwischen Gläubigen und Ungläubigen (oder »Verleugnern«) muß unvermeidlicherweise stark vereinfachend sein. Sie ist ungeheuer wichtig als Hinweis auf die primäre Orientierung eines Menschen – die Richtung,

---

[*] Frithjof Schuon, *Logic and Transcendence*, S. 200

der er sich spontan zuwendet als Ergebnis dessen, was er ist und alles dessen, was er je getan hat –; sie rechnet jedoch nicht mit Ambiguitäten und inneren Widersprüchen der menschlichen Natur oder mit dem Fragezeichen, das hinter jedem Urteil, das wir uns über unsere Mitmenschen bilden, gemacht werden muß; auch nimmt sie keine Rücksicht auf unsere Unfähigkeit, uns selbst so zu sehen, wie andere uns sehen, und die entsprechende Unfähigkeit anderer, in unsere Herzen zu sehen und unsere tiefsten Motive zu bewerten. Die Menschen sind nicht immer das, was sie zu sein behaupten – oder sogar, was sie zu sein glauben. Es gibt nur Einen, der uns objektiv sieht, und wir haben auch allen Grund, dafür dankbar zu sein, daß Er der Barmherzige, der Erbarmer, der Vergebende genannt wird.

Jeder Mann und jede Frau ist innerlich eine Stadt, in der es viele Parteien gibt, von denen heute die eine, morgen die andere die Oberhand gewinnt. Die einzigen Menschen, in denen dieser ständige Krieg der Parteien zur Ruhe gekommen ist, sind einerseits die Heiligen, diese völlig integrierten Wesen, die all solche gegensätzlichen Kräfte unter die Kontrolle des höchsten Prinzips gebracht haben, und andererseits diejenigen, die sich der mächtigsten und brutalsten Partei, die in ihrer Anlage verankert ist, völlig unterworfen haben und sich somit einer Illusion des Friedens erfreuen, die schlimmer ist als alle Kriegführung.

Zwischen diesen beiden Extremen liegt ein Schlachtfeld. Die Tatsache, daß es viele Menschen gibt, die ein ruhiges, routinemäßiges Leben leben, weder nach rechts noch nach links, weder hinauf zu den Himmeln noch hinab in den Abgrund blickend, ist irreführend, denn in jedem von uns liegen Kräfte auf der Lauer, die so lange schlummern, wie kein großer Preis in Reichweite ist oder keine große Gefahr droht. Wenn sich ein Mensch der Religion zuwendet, werden diese Kräfte erweckt, sei es zum Guten oder zum Bösen; und wenn zum Bösen, können sie versuchen, die Religion in den Griff zu bekommen, um sie für ihre eigenen Zwecke zu benutzen.

Kein Ego ist aufgeblasener als eines, das sich von Religion
nährt und seine Gier und Wut in religiösen Begriffen rechtfer-
tigt; ja, es kann vorkommen, daß Hemmungen, die mörderische Impulse bei solchen bremsen, die nur für diese Welt leben,
losgelassen werden, wenn sich die Gelegenheit ergibt, im
Namen Gottes zu morden. Diejenigen, die das Paradies
suchen, bewegen sich auf einem Drahtseil über der Hölle; je
höher der Preis, desto größer ist auch das Risiko.

Licht aber ist Licht; schon durch seine Natur zeigt es Dinge
auf, die wir lieber verstecken würden; es enthüllt und legt bloß,
so wie das Gericht, dem wir uns alle schließlich stellen müssen.
Der Agnostiker hat eine sehr merkwürdige Vorstellung von der
Religion. Er ist davon überzeugt, daß ein Mensch, der sagt
»Ich glaube an Gott«, sofort vollkommen werden müßte; ist
dies nicht der Fall, so muß der Gläubige ein Schwindler und
Heuchler sein. Er glaubt, daß man, wenn man einer Religion
anhängt, schon das Ende des Weges erreicht hat, wohingegen
es tatsächlich erst der Anfang eines sehr langen und manchmal
sehr beschwerlichen Weges ist. Er erwartet folgerichtiges Verhalten von religiösen Menschen, so sehr er sich auch der
Ungereimtheiten in sich selbst bewußt sein mag.

Die Tatsache, daß wir Folgerichtigkeit bei anderen erwarten –
und erstaunt sind, wenn es ihnen daran mangelt – beweist hin-
reichend unser Wissen um die Notwendigkeit, daß die menschliche Persönlichkeit eine Einheit unter einem einzigen Befehl
sein sollte. Vielleicht die schwierigste aller Forderungen der
Religion ist Einfachheit, denn der einfache Mensch besteht
ganz aus einem Stück; er läßt nicht Stückchen von sich überall
über die Landschaft seines Lebens verstreut liegen. Er ist
sozusagen durch und durch ein und derselbe, ganz gleich in
welcher Richtung man ihn sezieren möge und man hat gesagt,
nur der Heilige habe das Recht, »Ich« zu sagen; alle wir
anderen täten besser daran zu bekennen »Mein Name ist Legion«. Diese innerliche Vielfalt – die Vielfalt der »Parteien« –
ist wie ein Widerhall des draußen herrschenden Polytheismus
innerhalb der menschlichen Persönlichkeit: auf der einen Seite

viele »Personen« in einer einzigen fleischlichen Hülle, auf der anderen viele »Götter« in einem zersplitterten Universum. Monotheismus ist nicht nur eine Theologie, er ist auch eine Psychologie. Und so auch die *Shahādah – lā ilāha illā 'Llāh*.

Dem Agnostiker fällt es auch schwer zu verstehen, daß diejenigen, die fähig sind zu glauben und einen Glauben zu bejahen, an ganz verschiedene und nicht miteinander zu vereinbarende Dinge auf verschiedenen Ebenen ihrer Persönlichkeit glauben können. Eine treffende Beschreibung dieses inneren Widerspruchs hat der Schriftsteller und Diplomat Conor Cruise O'Brien in einem vor kurzem erschienenen Zeitungsartikel gegeben. Er zitierte einen irischen Priester in einer abgelegenen Gemeinde, der auf die Frage, ob die Mehrheit der ihm anvertrauten Katholiken wirklich an ein Leben nach dem Tode glaubten, sagte, sie glaubten an das, was die Kirche sie über die Unsterblichkeit der Seele lehrt: Auferstehung des Fleisches, Belohnung und Bestrafung. Er fügte hinzu, sie glaubten aber auch, daß ein toter Mensch so tot sei wie ein Tier, »das ist's nun mal eben«.[*]

Jedenfalls wird der »Gläubige« eher geboren als gemacht; er nennt sich Christ oder Muslim, weil er in diese oder jene religiöse Umwelt hineingeboren ist. Er meint, daß er die Glaubensvorstellung der Menschen seiner Umgebung teilt; mit einem Teil seiner selbst glaubt er, mit einem anderen glaubt er nicht. Gleichermaßen können diejenigen, die in eine säkulare agnostische Gesellschaft hineingeboren sind und die Slogans nachplappern, die ihnen durch ihre Erziehung und Verhaltensmuster auferlegt wurden, trotz allem dem Glauben näher sein, als sie es selbst wissen; in diesem Fall könnte der »Rost«, der ihre Herzen bedeckt, eher von außen als aus ihrem eigenen Innern gekommen sein. Ein paar Jahre vor seinem Tod im Jahr 1934 befreundete sich der große algerische Sheikh Ahmad al-'Alawī mit einem Franzosen, Dr. Carret, der ihn wegen einiger kleinerer Leiden behandelt hatte. Eines Tages versuchte Dr.

[*]   *The Observer*, London, 22. Februar 1981

116

Carret ihm zu erklären, weshalb er Agnostiker sei, fügte jedoch hinzu, er sei am meisten darüber erstaunt, daß Menschen, die behaupteten religiös zu sein, »diesem irdischen Leben immer noch Wichtigkeit beimessen könnten«. Nach einer Denkpause sagte der Sheikh zu ihm: »Es ist schade, daß Sie Ihren Geist sich nicht über Sie selbst erheben lassen. Was aber Sie auch immer sagen und was immer Sie sich vorstellen mögen, Sie sind näher bei Gott als Sie glauben.«* In diesem verwirrten Zeitalter, in dem wir uns jetzt befinden, mag es so manchen Gläubigen geben, der unter der Haut ein *kāfir* ist und so manchen *kāfir*, der dem Gott, an den er nicht zu glauben meint, näher ist als er weiß. Es ist wichtig, sich über diese Paradoxe klarzuwerden, denn das Mißtrauen gegenüber der Religion – oder zumindest der »organisierten Religion« –, wie es im Westen so weit verbreitet ist, rührt weniger von intellektuellen Zweifeln her als von einer kritischen Beurteilung der Art und Weise, wie man religiöse Menschen sich benehmen sieht. Der Agnostiker ist nicht an den übernatürlichen Dimensionen der Religion interessiert, schon gar nicht an der letztendlichen Wahrheit. Er sieht nur jenen Teil des Eisbergs, der über der Oberfläche sichtbar ist, und diesen beurteilt er als mißgestaltet. Die ganze traurige Geschichte ist in dem »Gebet des weisen Kindes« zusammengefaßt: »Herr, mach bitte die guten Leute religiös und mach die religiösen Leute gut.«

Der Anhänger des Islam wird *Muslim* genannt (»einer der sich unterwirft«) und nicht *Mu'min* (»einer der glaubt«), und dies aus gutem Grund. »Die Araber sprechen: ›Wir glauben‹... Sprechet vielmehr: ›Wir sind Muslime‹, denn der Glauben ist noch nicht eingekehrt in eure Herzen« (Sura 49,14). Es gibt drei Dimensionen, die in jedem religiösen Kontext identifiziert werden können. Sie hängen mit Furcht, Liebe und Wissen zusammen, und im allgemeinen ist es die erstere, die das Anfangsstadium der spirituellen Reise beherrscht. »Die Furcht des Herrn ist der Weisheit Anfang«; und es gibt Elemente in

---

* Martin Lings, *A Sufi Saint of the Twentieth Century*, S. 29

der menschlichen Persönlichkeit, die nur auf die Androhung von Strafe reagieren, so wie es auch andere Elemente gibt, die durch Liebe in das Webmuster der Einheit gezogen werden, und wieder andere, die sich im Licht des Wissens einfügen. Eine gewisse Ordnung wird unter den kriegführenden Parteien der Stadt durch Furcht hergestellt, und erst dann ist ein Platz bereitet für das zündende Feuer der Liebe und für *Īmān* (Glauben), den der Islam als den Zustand beschreibt, in dem das Herz die Wahrheit akzeptiert und durch sie lebt, die Lippen und die Zunge die Wahrheit bekunden und die Glieder ausführen, was die Wahrheit von ihnen verlangt. Jenseits davon steht das Wissen, das der Gewißheit entspricht, das heißt, unmittelbarer Schau. Der erste der Titel Muhammads – seiner »Titel der Lobpreisung« – ist nicht »Gesandter« oder »Prophet«, sondern »Sklave« (*'abd*), denn der Mensch muß ein Sklave der Wahrheit sein, ehe er zu ihrem Gesandten werden kann, und der Sklave ist definiert als einer, der sich mit Körper und Seele seinem Herrn unterwirft, keine Rechte beansprucht, keine Fragen stellt und nichts besitzt, das er sein eigen nennen kann. Es ist Sache des Herrn, ihn, wenn er will, zu einem höheren Status zu erheben.

Es hat viel Mißverständnis hinsichtlich dieser Bilder der Unterwerfung gegeben. Teils aus Vorurteil, teils aber auch aus der echten Schwierigkeit heraus, die eine Kultur hat, die tiefsten Motivationen einer anderen zu begreifen; der Westen hat den Muslim oftmals dargestellt, wie er vor einem tyrannischen Herrn kriecht und sich unterwirft, so wie ein Tier sich seinem unverständlichen Schicksal unterwirft. Nichts könnte der Wahrheit ferner sein. Der Muslim fürchtet Gott, weil er ein Realist ist; er weiß, daß es Dinge gibt, die man fürchten muß, und daß alle Dinge – die bitteren wie die süßen – nur *einen* Schöpfer haben. Er unterwirft sich, weil er glaubt, daß es ein göttliches Muster oder einen göttlichen Plan der Dinge gibt, der sowohl intelligent als auch schön ist, und er wünscht seinen Platz in diesem Muster einzunehmen und sich ihm einzupassen; er weiß, daß er dies nicht ohne Anweisungen tun kann –

die genauestens befolgt werden müssen, da sie göttlichen Ursprungs sind. Er ergibt sich nicht einfach in den göttlichen Willen; er sucht ihn und ist entzückt, wenn er ihn findet.*

In einer in den frühen fünfziger Jahren dieses Jahrhunderts geschriebenen Autobiographie erzählt Muhammad Asad eine Begebenheit, die diesen Aspekt der muslimischen Perspektive sehr lebendig macht. Als er als junger Mann durch den Sinai reiste, kam er in ein von tobenden Winden verwüstetes Gebiet und wurde vom Dorfältesten zum Essen eingeladen. »Möge Gott dir Leben geben«, sagt sein Gastgeber, »dieses Haus ist dein Haus; iß im Namen Gottes. Es ist alles, was wir haben, aber die Datteln sind nicht schlecht.« Die Datteln stellten sich als die besten heraus, die Asad jemals gekostet hatte, und sein Gastgeber fährt fort: »Der Wind, der Wind, der macht uns das Leben schwer; aber das ist Gottes Wille. Der Wind zerstört unsere Pflanzungen. Wir müssen ständig kämpfen, damit sie nicht ganz von Sand bedeckt werden...aber wir beklagen uns nicht. Wie du weißt, hat uns der Prophet – Gott möge ihn segnen – gesagt: ›Gott spricht: *Schmäht nicht das Schicksal, denn siehe – Ich bin das Schicksal*‹.«

»Niemals«, sagt Asad, »habe ich, selbst bei einem glücklichen Volk gesehen, daß ein ›Ja‹ zur Wirklichkeit mit soviel Ruhe und Sicherheit ausgesprochen wurde. Mit einer weiten, unbe-

---

* Um die »Unvermeidlichkeit« alles dessen zu verstehen, was uns geschieht, ist es wesentlich, die Tatsache zu begreifen, daß »mein« Schicksal ebenso sehr Teil »meines Selbst« ist wie die physischen und psychologischen Charakteristika, mit denen »Ich« identifiziert werde. Einige mystische Philosophen haben das Schicksal personifiziert, und von diesem Gesichtspunkt aus ist das persönliche Schicksal jedes Menschen sein Archetypus oder sein »anderes Selbst« – sein »Engel« –, mit dem er wieder vereinigt werden muß, wenn er sich über seine fragmentarische Identität als Weltgeschöpf erheben und wieder »ganz« werden will, so wie er es im Geiste Gottes ist (und immer war). Durch die Zeit in »Segmente« geteilt, sind wir in diesem Leben niemals wahrhaft wir selbst. Jedes Wesen wird Monat für Monat, Jahr für Jahr aufgerollt wie ein großer Teppich, der nicht als einziges zusammenhängendes Muster betrachtet werden kann, solange er nicht ganz entrollt und offen da liegt; und davon zu sprechen, heißt in der Tat vom »Jüngsten Gericht« sprechen.

stimmten, fast sinnlichen Bewegung seines Arms beschreibt er einen Kreis in der Luft – einen Kreis, der alles umfaßt, was zu diesem Leben gehört; der armselige dunkle Raum, der Wind mit seinem ewigen Heulen, das erbarmungslose Vorrücken des Sandes; Sehnsucht nach Glück und Ergebung in das, was nicht zu ändern ist; der Teller, gefüllt mit Datteln; die kleinen, ums Überleben kämpfenden Obstgärten hinter ihrer Schutzwand aus Tamarisken; das Feuer im Herd; das Lachen einer jungen Frau irgendwo im Hof des nächsten Hauses: und in all diesen Dingen und in dieser Geste, die sie hervorgebracht und vereinigt hat, scheine ich das Lied eines starken Geistes zu hören, der keine durch Umstände gezogenen Grenzen kennt und in Frieden mit sich selbst ist.«*

Unterwerfung hat, wenn es Unterwerfung unter die Wahrheit ist – und wenn man weiß, daß die Wahrheit sowohl schön als auch barmherzig ist –, nichts gemein mit Fatalismus oder Stoizismus, so wie diese Begriffe in der westlichen Tradition verstanden werden, denn ihre Motivation ist eine andere. Fakhr ad-Dīn ar-Rāzī, einer der großen Kommentatoren des Koran, sagte: »Gottesdienst der Augen ist das Weinen, Gottesdienst der Ohren ist das Hören, Anbetung der Zunge ist die Lobpreisung, Anbetung der Hände ist Geben, Anbetung des Körpers ist Anstrengung, Anbetung des Herzens ist Furcht und Hoffnung, und Anbetung des Geistes ist Unterwerfung und Befriedigung in Allah.«** Hier ist eine einfache Gleichung: Ergebenheit in das Schicksal, so wie es aus dem Unbekannten auf uns zukommt, ist gleich al-islām, der Selbstunterwerfung unter Gott, und diese wiederum ist gleich der Anbetung, die positiv, aktiv und freudig ist. Durch unser Schicksal spricht Gott zu uns, und durch unsere Anbetung sprechen wir zu Ihm.

In der menschlichen Erfahrung ist Unterwerfung etwas, das

---

* Muhammad Asad, *The Road to Mecca*, S. 93 (Simon & Schuster). Deutsch: *Der Weg nach Mekka*, S. 107. Bein/Frankfurt 1955 (S. Fischer)
** Constance Padwick, *Muslim Devotions* (S. P. C. K.)

dem Reich der Finsternis angehört, da wir keine einfache Erklärung für die Ereignisse und Umstände finden, die uns an der Kehle packen und sich uns aufzwingen – rational betrachtet, ist das Leben »sinnlos« –; aber durch seine Unterwerfung sucht der Muslim das Licht, überzeugt, daß es am Ende des Tunnels gefunden werden kann. Was das letzte Gericht angeht, sagt der Koran: »An dem Tag, wenn du die Gläubigen, Männer und Frauen, sehen wirst, ihr Licht vor ihnen . . . An jenem Tag sprechen die Heuchler und Heuchlerinnen zu den Gläubigen: ›Wartet auf uns, daß wir (unser Licht) an eurem Licht anzünden‹, da wird gesprochen werden: ›Kehret zurück und suchet euch Licht . . .!‹« (Sura 57, 12–13). Sich dem Licht zu unterwerfen, das uns von jenseits unserer selbst gegeben wurde – und auf welches das innere Licht antwortet – heißt eine leidenschaftliche Sehnsucht nach größerem Licht zu entwickeln. »O Allah, gib mir Licht in meinem Herzen, Licht vor mir und Licht hinter mir, Licht zu meiner Rechten und Licht zu meiner Linken, Licht über mir und Licht unter mir, Licht in meinem Augenlicht und in meiner Erkenntnis, Licht in meinem Angesicht und Licht in meinem Fleisch, Licht in meinem Blut und Licht in meinen Gebeinen; gib mir mehr Licht und gib mir Licht.«*

Die erste *Shahādah* – oder der erste Teil des Glaubensbekenntnisses, der einen Mann oder eine Frau als Muslim oder Muslimin identifiziert – stellt eine Wahrheit fest, die, so strahlend schön sie in ihrer Einfachheit auch sein mag, vom menschlichen Gesichtspunkt aus betrachtet eine Abstraktion bliebe, wenn sie keine Folge hätte. Es folgen ihr deshalb diese Worte: ». . . und ich bezeuge *Muhammadun rasūlu 'Llāh*, Muhammad ist der Gesandte Gottes«.

Das erste Zeugnis sagt uns, daß Gott allein wahrhaft *ist;* das zweite, daß alle Dinge mit Ihm verbunden sind. »Siehe, wir sind Allahs, und siehe, zu ihm kehren wir heim« (Sura 2,151).

---

* Constance Padwick, *Muslim Devotions*. Annemarie Schimmel, *Mystische Dimensionen des Islam*, S. 306. Köln 1985 (Diederichs)

Der Zustand der Trennung, in dem wir leben (und ohne den wir nicht »leben« würden, so wie wir den Begriff verstehen), ist verursacht durch die Schleier, die Ihn vor unserem Blick verbergen; aber selbst in scheinbarer Trennung sind wir niemals allein oder unbeobachtet; Er sieht nicht nur jede unserer Taten, sondern auch jeden unserer Gedanken; Er ist *al-Khabīr*, der Vollkommen Wissende, vor dessen allumfassendem Bewußtsein nichts verborgen ist. Und nach einer sehr kurzen Zeit kehren wir wieder dorthin zurück, von wo wir kamen: »Und an dem Tage, an dem Er sie versammelt, wird es ihnen sein, als hätten sie nur eine Stunde vom Tage [auf Erden] geweilt...« (Sura 10,46). Unsere Zeit der Trennung wird uns dann wohl nicht länger als ein Traum während eines kurzen Schlafs erscheinen (man berichtet, der Prophet habe gesagt: »Die Menschen schlafen, und wenn sie sterben, erwachen sie«). Dieser Traum war für uns jedoch sehr real, da unsere Erfahrung uns nichts Realeres bietet, das ein Vergleichsmaß böte; es könnte ja auch nicht anders sein, denn der Traum ist gewollt und bestimmt von Dem, der unendlich viel wirklicher ist als wir, und er ist durchwoben mit Abbildern dessen, das sein Sein anderswo hat.

Man könnte sagen, daß die zweite *Shahādah* die erste auf die Erde herabbringt; und die zweite zu leugnen würde bedeuten, daß man alle Verbindung mit der ersten durchtrennt. Der Prophet ist per definitionem nahe bei Gott, da er Sein Gesandter ist, und »der Prophet steht den Gläubigen näher als sie sich selber.« (Sura 33,6). Er ist deshalb das Verbindungsglied zwischen Schöpfer und Geschöpf.

Der Name Muhammad bedeutet »Der Vielgepriesene«, und da er ein Mensch und nicht mehr als ein Mensch ist, weist dies (unter anderem) auf die Vollkommenheit und Herrlichkeit der Schöpfung hin, wenn sie der Absicht ihres Schöpfers treu bleibt – »und Gott sah, daß es sehr gut war«, wie uns die Genesis sagt. Er verkörpert die menschliche Norm und ist deshalb das Vorbild für jeden Muslim. Ohne dieses Vorbild wüßten wir nicht, wie wir uns in unserer Person und in unserem Leben der

Wahrheit entsprechend verhalten könnten, die in der ersten *Shahādah* ausgesagt wird; und wäre er ein übermenschliches Wesen oder ein Engel, gesandt, um der Menschheit zu predigen, so könnten wir uns nicht bemühen, ihn nachzuahmen und würden es auch nicht versuchen. Eben weil er *bashar*, Fleisch und Blut – armer irdischer Lehm wie wir – ist, ist er imstande, seine beispielhafte Funktion auszuüben, obgleich von ihm gesagt wird, er »sei Mensch, jedoch nicht wie andere Menschen, sondern wie ein Edelstein unter Steinen«.

Aus Furcht vor Abgötterei und aus Angst davor, die Aufmerksamkeit des Muslim von dem einzigen Objekt seiner Anbetung abzulenken, kann die islamische Perspektive keine Vorstellung dulden, die auch nur im entferntesten die Möglichkeit einer »Inkarnation« impliziert; Gott wird nicht Mensch, da Er in keiner Bedeutung des Wortes *»wird«;* Er ist, und war immer und wird immer sein. Aber Er teilt uns einiges von dem mit, was Er ist. Es wird berichtet, der Prophet habe gesagt: »Wer mich gesehen hat, hat die Wahrheit gesehen«. Die Bedeutung dieses *ḥadīth* wird von Frithjof Schuon folgenderweise ausgedrückt: »Wenn die Sonne sich in einem See widerspiegelt, kann man zuerst die Sonne erkennen, zweitens den Strahl und drittens die Widerspiegelung; man könnte endlos darüber diskutieren, ob ein Geschöpf, das nur die Widerspiegelung gesehen hat – weil die Sonne durch irgendein Hindernis dem Blick verborgen war –, nur das Wasser gesehen hat, oder aber wirklich etwas von der Sonne. So viel ist unbestreitbar: ohne die Sonne wäre das Wasser noch nicht einmal sichtbar, und es würde nichts, überhaupt nichts widerspiegeln; es ist deshalb unmöglich, zu leugnen, daß, wer das Spiegelbild der Sonne sieht, ›in gewisser Weise‹ auch die Sonne selbst sieht...«[*]

Gewiß werden »endlose Diskussionen« über Fragen dieser Art weitergehen, bis die Welt endet und die Sprache zum Schweigen kommt; sich jedoch die Köpfe wegen bestimmter Definitionen einzuschlagen, ist ein sinnloses Unterfangen.

[*] Frithjof Schuon, *Dimensions of Islam*, S. 75

Muhammad wird im Arabischen gewöhnlich als der *rasūlu 'Llāh* bezeichnet, der »Gesandte Gottes«, während im westlichen Sprachgebrauch das Wort »Prophet« (arabisch *nabī*) gebräuchlicher ist, zweifelsohne weil es denen geläufiger ist, deren Heilige Schrift die Bibel ist. Der Islam trifft eine klare Unterscheidung zwischen beiden Titeln. Ein *rasūl* ist jemand, der eine Botschaft von Gott empfängt und dem befohlen wird, diese Botschaft öffentlich zu verkünden, damit sie zum geistigen Rahmen für einen ganzen Sektor der Menschheit wird. Das Wort *nabī* bedeutet »einer, der informiert wurde« (oder »einer, der Nachrichten empfangen hat«), und die Information, die ihm geoffenbart wurde, kann eine bereits etablierte Religion durch neue Einsichten ergänzen, oder – wie es der Fall bei vielen der jüdischen Propheten war – Verzerrungen korrigieren, die zur Dekadenz einer etablierten Religion geführt hatten. Jeder »Gesandte« (Moses, Jesus, Muhammad und solche anderen, die im Verlauf der menschlichen Geschichte erschienen sein mögen), ist auch ein »Prophet«, aber nicht jeder »Prophet« ist ein »Gesandter«.

Die moderne Mentalität, die weder für Beschränkungen und festes Rahmenwerk noch für Regeln und Satzungen Geduld aufbringt, zieht den »Propheten« dem »Gesandten« vor. Selbst in einem Land wie England, in dem praktizierende Christen in der Minderheit sind, behaupten – nach den jüngsten statistischen Erhebungen – die meisten Menschen, »an einen Gott zu glauben«, obwohl sie mit »organisierter Religion« nichts anfangen können. Die Poesie der prophetischen Aussage, ganz Feuer und Eis, hat, verglichen mit »Religion«, eine immense Anziehungskraft, weil man von »Religion« glaubt, sie kerkere den freien Geist ein und sei letzten Endes langweilig; sie setzt Pflichten an die Stelle von Gefühlen und erfordert Verbindung mit einigen wenig anziehenden Leuten. Poesie hilft jedoch nicht, ein Haus zu bauen, in dem uninspirierte Männer und Frauen ihr Leben im Rahmen eines geoffenbarten Lebensmodells leben können, und das mag einer der Gründe sein, weshalb der Koran uns ausdrücklich sagt, daß Muhammad

»kein Dichter« ist. Was ein »Gesandter« bringt, sind nicht nur Nachrichten aus dem Himmel, sondern die Blaupausen, der Entwurf für eine irdische Struktur, die uns vor der Hölle bewahrt.

Wie schon erwähnt, führt Muhammad einen weiteren Titel, der gewissermaßen die menschliche Basis für seine Funktion als Gesandter ist. Er ist »ʿAbduʾLlāh«, der »Sklave Gottes«. Moderne Übersetzer ziehen gewöhnlich das Wort »Diener« vor, und zwar wegen des häßlichen und sogar finsteren Beigeschmacks, den das Wort »Sklave« im Westen hat, welcher einerseits auf den Rassismus zurückzuführen ist, der die Basis der Sklaverei auf dem amerikanischen Kontinent war, und andererseits auf die damit verbundene Grausamkeit und die Ausbeutung. Sklaverei in der einfachen Gesellschaft des alten Arabien besaß keines dieser Merkmale, und »Sklave« war deshalb auch keine unehrenhafte Bezeichnung. Obgleich das Wort »Diener« in diesem Kontext offensichtlich seine Vorzüge hat, schwächt und verfälscht es jedoch die Bedeutung des arabischen Wortes ʿabd. Ein Diener arbeitet für seinen Lohn, er kann weggehen, wenn ihm seine Arbeitsbedingungen nicht zusagen, und er kann, wenn es ihm gefällt, seinen Willen dem seines Arbeitgebers entgegensetzen. Gott ist jedoch kein Arbeitgeber, und Seine Gesandten sind keine Angestellten. Der »Sklave Gottes« unterwirft seinen Willen dem seines Herrn und exemplifiziert damit die Qualität der spirituellen Armut *(faqr)*, die in der eigentlichen Wurzel des Islam liegt.*

Diese Qualität des »Sklaventums« – der gehorsamen Passivität – ist eine Vorbedingung für die Tätigkeit des Gesandten in der Welt. Die Wahrheit der Botschaft selbst könnte in Zweifel gezogen werden, gäbe es auch nur den geringsten Verdacht, daß ein menschlicher Wille in den Prozeß der Offenbarung eingegriffen hätte. In seinen überlieferten Aussprüchen sprach

---

* Eine alternative Übersetzung für »ʿabd« ist »Leibeigener«, ein etwas veralteter Ausdruck, der jedoch den Vorteil hat, daß er das »Gott eigen sein« betont, dem niemand entgeht, und vielleicht nicht ganz so gefühlsbetonte Nebenbedeutungen wie »Sklave« hat.

Muhammad als der Mann, der er war, und gab, außer wenn er direkt inspiriert war, seine eigene Fehlbarkeit zu; aber als das Instrument, durch das der Koran vom Himmel der Erde übermittelt wurde, war es sein Ziel, ein aufmerksamer und genauer »Schreiber« zu sein. Er sagte: »Ein einfacher Vers des Buches Allahs ist mehr wert als Muhammad und seine ganze Familie«, und da sein Betragen in jedem Aspekt des täglichen Lebens diese Qualitäten der Aufnahmefähigkeit und der Aufmerksamkeit musterhaft verkörperte, war er selbst ein Aspekt dieser Botschaft von Gott zum Menschen. Von einem unvoreingenommenen christlichen Standpunkt aus betrachtet, »bedeutet diese Verbindung des 'abd mit seinem Herrn in ihrer schönsten Form, wie sie beispielhaft vom Propheten selbst und von solchen seiner Nachfolger wie 'Umar vorgelebt wurde, eine ständige Qualität von Bewußtsein und Willen, die allein dem Islam eigen ist«* und in seiner Übersetzung des Koran interpretiert Muhammad Asad das Schlüsselwort *taqwā*, das gewöhnlich als »Furcht Gottes« übersetzt wird, als »sich Gottes bewußt sein«, wodurch er die Qualitäten der ständigen Bewußtheit, der inneren Sammlung und der Bereitschaft betont, die den Muslim charakterisieren, der seinem Glauben treu ist.

Der Gesandte, der auch ein Sklave ist, ordnet nicht nur seinen eigenen Willen dem seines Herrn unter; es gibt auch nichts in seinem Verstand oder in seinem Gedächtnis, das den freien Durchgang der Offenbarung behindern könnte. Muhammad ist 'abd und *rasūl*, er ist auch *an-nabī al-ummī*, der des Lesens und Schreibens unkundige Prophet; ein unbeschriebenes Blatt vor der göttlichen Feder. Auf diesem Blatt gibt es kein Zeichen von einer anderen Feder, keine Spur profanen oder indirekten Wissens. Ein Prophet borgt sein Wissen nicht aus einer menschlichen Vorratskammer, noch ist er ein Mann, der auf die langsame menschliche Art lernt und dann seine Gelehrsamkeit weitergibt. Sein Wissen stammt aus einem direkten Ein-

---

* Rev. Kenneth Cragg, *Call of the Minaret*, S. 46

greifen des Göttlichen in die menschliche Ordnung, einem *tajallī,* oder Ausgießung der Wahrheit auf ein durch göttliche Vorsehung bestimmtes Wesen, das bereit ist, sie zu empfangen, und stark genug, sie weiterzugeben. Die Reinheit des Stroms der Offenbarung bleibt ungetrübt, während seines ganzen Laufs von der Quelle, die sein Ursprung ist, bis hin zu dem See, in den er fließt; mit anderen Worten, der Koran existiert in geschriebener Form genau so, wie er aus der göttlichen Gegenwart hervorkam.

Genauso wie die katholische Kirche auf der urewigen Reinheit der Jungfrau Maria besteht, da durch sie das Wort, das bei Gott war, dieser Welt gegeben wurde, besteht der Islam darauf, daß Muhammad »des Lebens und Schreibens unkundig« war, das heißt unbefleckt durch profanes Wissen, durch die Argumente der Philosophen, durch Götzendienst oder sonstige weltliche Einflüsse. Dies ist ein Gebiet ständiger Mißverständnisse zwischen den beiden Religionen gewesen. Die Christen vergleichen Muhammad mit Jesus, immer zum Nachteil des ersteren, da man findet, daß er Jesus in vielem so unähnlich ist, und sie vergleichen auch den Koran mit der Bibel; aber, wie Schuon und andere hervorgehoben haben, wäre der einzige legitime Vergleich einerseits der zwischen dem Propheten und Maria und andererseits der zwischen dem Koran und Jesus. Für die Christen ist das Wort Fleisch geworden, während es für die Muslime seine irdische Gestalt in der Form eines Buches annahm, und das Rezitieren des Korans im Ritualgebet erfüllt die gleiche Funktion wie die Eucharistie im Christentum; ebenso hat Maria Jesus geboren, ohne ihm auch nur den geringsten Flecken irdischer Sünde mitzugeben, und Muhammad wirkte als Kanal für das Wort, ohne ihm auch nur den geringsten Flecken bloß menschlicher Weisheit zu geben.

Nicht als »Erlöser«, geschweige denn als göttliche Inkarnation lieben die Muslime Muhammad und formen ihr Leben nach seinem Vorbild, und doch steht diese Liebe im Mittelpunkt des geistigen Lebens des Islam und verleiht einer sonst strengen und nüchternen Religion etwas, das zugleich leidenschaftlich und sanft ist. Er wird geliebt wegen seines Mutes und seiner Zärtlichkeit, nicht nur als Krieger und Herr über Menschen, sondern auch als vollkommener Ehemann, vollkommener Vater und vollkommener Freund; und der demütigste Mann, die elendeste Frau werden, wenn sie an ihn denken, davon träumen, einen solchen Freund zu haben. Die ihm am nächsten standen, sind nicht als seine »Jünger«, sondern als seine »Gefährten« bekannt; fast vierzehn Jahrhunderte nach seinem Tod ist es noch immer diese Gemeinschaft, die dem Muslim Trost in der Einsamkeit und Mut in den Widrigkeiten des Schicksals gibt; und diese Welt wäre ein kalter, ungastlicher Ort ohne ihn.

»Niemand«, schrieb Constance Padwick, eine Christin, vom Netz dieser Liebe umfangen, »kann die Macht des Islam als Religion begreifen, der nicht die in seinem tiefsten Wesen liegende Liebe zu dieser Gestalt begreift. Hier kann sich das menschliche Gefühl, das in gewisser Hinsicht durch die Nüchternheit der von der Theologie entwickelten Doktrin Gottes unterdrückt wurde, voll entfalten – als warmes menschliches Gefühl, das der Landmann mit dem Mystiker teilen kann. Die Liebe zu dieser Gestalt ist vielleicht die am stärksten bindende Kraft in einer Religion, die über so starke bindende Kräfte verfügt.«*

Jahrhundert um Jahrhundert wurden Gedichte zum Lobpreis des Propheten ersonnen, Gedichte, die ebensogut an der Wiege wie am Totenbett oder bei den Zusammenkünften der Gläubigen gesungen werden können, Gedichte, die eine Hingabe zum Ausdruck bringen, die solche, die nur eine Seite des Islam kennen, oft in Erstaunen versetzt. Manchmal lassen sie ein tiefes Heimweh nach jenem goldenen Zeitalter erkennen, in dem jeder fromme Muslim gern gelebt hätte, nicht nur wegen der gütigen, edlen Gemeinschaft, sondern auch, weil es rückblickend als eine Zeit gesehen wird, zu der alles noch so war

---

* Constance Padwick, *Muslim Devotions*, S. 145. Vgl. Annemarie Schimmel, *Und Muhammad ist sein Prophet*, Köln 1981 (Diederichs)

wie es sein sollte – und wie es seither niemals wieder gewesen ist. Nicht die kleinste Einzelheit im Leben des Propheten, so trivial sie auch in weltlicher Hinsicht erscheinen mag, wird des Lobpreises für unwürdig befunden, und alles, womit er in Kontakt kam, ist sozusagen durch seine Berührung geheiligt. Es gibt ein kleines marokkanisches Gedicht, das etwas von diesem Staunen übermittelt. »Sie schlafen in der Nacht des Grabes, jene Frauen, deren leuchtende Hände Muhammads Umhang woben. Wo – schon so lange bleichend – sind die Knochen der Schafe, die ihre Wolle für Muhammads Umhang gaben? Zu welchen Sternen stiegen die Wassertropfen als Dunst auf, als die Wolle dieser Schafe zum Trocknen in der Sonne lag? Sie war so schmiegsam wie Rauch. Wenn Muhammad (Segen und Frieden sei auf ihm) den Umhang in der leichten Brise wehen ließ, hätte man ihn für eine wogende Wolke im Wind halten können. Er war durchsichtig wie Luft. Und jene, die seinen Saum küßten, trinken nun von den Strömen, die im Paradies singen, und Allah lächelt auf sie durch alle Ewigkeit.«* Sie sind schon lange nicht mehr, diese Frauen und diese Schafe und selbst dieser Umhang – und die Welt ist ärmer geworden.

Muhammad zu lieben ist eines, aber ihn nachzuahmen – zu versuchen, so »wie« er zu sein – ist etwas anderes. Er war der letzte Gesandte und der letzte Prophet; wie sollten wir also erwarten, nachahmen zu können, was schon an sich einmalig und unwiederholbar ist? Zu allererst müssen seine Tugenden nachgeahmt werden, und sie sind durch göttliche Vorsehung in der außergewöhnlichen Vielfalt menschlicher Erfahrungen exemplifiziert, die er während seiner zweiundsechzig Lebensjahre machte. Er war ein Waisenkind, und doch erfuhr er die Wärme elterliche Liebe durch die hingebungsvolle Fürsorge seines Großvaters für ihn; er war viele Jahre lang der treue Ehemann *einer* Ehefrau und, nach ihrem Tod, der zärtliche und rücksichtsvolle Ehemann vieler Ehefrauen; er war der

---

* *Maroc: Terre et Ciel*, Lausanne 1954 (La Guide du Livre)

Vater von Kindern, die ihm die größte Freude bereiteten, die diese Welt zu bieten hat, und er sah sie alle bis auf eines sterben; in seiner Jugend war er Schafhirte und Kaufmann gewesen, und er wurde zum Herrscher, zum Staatsmann, zum Heerführer und Gesetzgeber; er liebte seine Geburtsstadt und wurde aus ihr ins Exil vertrieben, um schließlich im Triumph heimzukehren, und er setzte ein Beispiel der Milde und Nachsicht, das nicht seinesgleichen in der menschlichen Geschichte hat.

Nicht nur wissen wir fast alles, was er tat, wir wissen ganz genau, wie er es tat.

Nun aber zu seiner Funktion als der Gesandte Gottes. Der Mann, der wahrhaft das ist, was er sein sollte, wird im Koran als *khalīfatu 'Llāh fil'l-arḍ* beschrieben, der Statthalter oder Vertreter Gottes auf Erden; er ist kein *rasūl*, da er die göttliche Botschaft nicht unmittelbar vom Himmel empfängt; doch er empfängt sie trotzdem – vermittelt durch Muhammad – und es wird von ihm verlangt, sie mit der gleichen Genauigkeit und vergleichbarer Reinheit der Intentionen weiterzugeben, wobei persönliche Meinungen oder Gefühle keine Rolle spielen dürfen. In diesem Sinn führt der fromme Muslim – in einem geringeren Maß – die Aufgabe aus, die der Prophet im universalen Maßstab erfüllte.

Es gibt jedoch einen von Muhammads »Titeln der Lobpreisung«, den jeder Gläubige mit ihm teilt, den Titel *'abd*. Muhammad war der vollkommene »Sklave«. Der Gläubige muß nach dieser Vollkommenheit streben. Ebenso wie der Gesandte seine Funktion nicht hätte erfüllen können, wäre er nicht der »Sklave Gottes« gewesen, so kann der Statthalter nur in dem Maß erfolgreich und seiner Berufung treu sein, wie sein »Sklaventum« tief und rein ist.

Mit der Aussage über den Status des Menschen als Statthalter betreten wir ein gefährliches Gebiet. Die Menschen brauchen nur sehr wenig Ermutigung, um sich selbst Größe zuzuschreiben. Ihnen zu sagen, sie verträten Gott auf Erden, könnte als Einladung zum Größenwahn erscheinen. Das moderne Zeitalter, sentimental und idealistisch trotz seines oberflächlichen Zynismus, ist von der menschlichen Fähigkeit zur Bösartigkeit noch tiefer schockiert als frühere Zeitalter. Diese Bösartigkeit ist jedoch tatsächlich der Maßstab für die Größe unserer Berufung (kein Tier ist böse), und gleich einem tiefen Schatten legt sie Zeugnis ab von einem großen Licht. Die abscheulichen Übel von Arroganz und Unterdrückung sind Menschen zu verdanken, die die Roben der »Statthalterschaft« angelegt hatten, ohne sich erst als »Sklaven« zu unterwerfen (und sich selbst als »Sklaven« zu wissen). Nur der Mensch ist fähig, Ungeheuerlichkeiten dieses Ausmaßes zu begehen, denn nur der Mensch steht – oder ist befähigt zu stehen – über den Gezeiten von Zeit und Bedingtheit. Man könnte sogar sagen, wenn es keine Statthalterschaft gäbe, gäbe es auch keine Hölle, denn dann würde niemand die Hölle verdienen. Bestraft werden wir für den Verrat an unserer Berufung – und somit den Selbstverrat –; und weil wir unter unserem Niveau leben, laufen wir auch Gefahr, niedergetrampelt zu werden.

Die Botschaft, die in ihrer Integrität von dem Statthalter weitergegeben werden soll, so wie es der Gesandte getan hat, hat viele Facetten, die den mannigfaltigen menschlichen Persönlichkeiten angepaßt sind, an die sie sich richtet; es gibt jedoch einen goldenen Faden, der durch das ganze Muster der Offenbarung läuft und es zusammenhält; das ist der Faden der Barmherzigkeit. Ohne das Verbindungsglied, das uns durch die zweite *Shahādah* gegeben ist, und durch die Botschaft – den Koran –, auf die sie sich bezieht, wäre diese Welt gleich einem erfrorenen Planeten, zu weit von der Sonne entfernt, um ihre lebenspendende Wärme zu empfangen; und deshalb ist dieses Verbindungsglied selbst ein Aspekt der Barmherzigkeit. »Und wir entsandten dich nur als eine Barmherzigkeit für die Welt« (Sura 21,107). Einer von Muhammads Titeln ist »Schlüssel zur Barmherzigkeit«, und Barmherzigkeit ist die Eigenschaft, die den Weg zu Gott beherrscht. ʿĀʾisha fragte den Propheten: »Kommt man nur durch die Barmherzigkeit Allahs ins Paradies?«. Er wiederholte dreimal: »Niemand kommt ins Paradies außer durch die Barmherzigkeit Allahs!«. »Selbst du nicht, Gesandter Allahs?«, fragte sie. »Selbst ich nicht, wenn mich Allah nicht in Seine Barmherzigkeit einschließt.«

Er sagte zu seinen Gefährten: »Als Allah die Schöpfung vollendete, schrieb er folgendes, das bei Ihm über Seinem Thron ist: ›Meine Barmherzigkeit geht Meinem Zorn voraus‹«, und dieses *ḥadīth* ist entscheidend für die Muslime; es stellt kategorisch fest, daß alle die »Namen« und Attribute, mit denen der Koran verschiedene Aspekte der göttlichen Natur im Verhältnis zu den Menschen aufzeigt, dieser obersten und wesentlichen Eigenschaft untergeordnet sind.

Ein Wüstenaraber, der sah, wie der Prophet seinen Enkel al-Hasan küßte, sagte verächtlich: »Was, du küßt Kinder? Wir tun das nie!«, worauf der Prophet antwortete: »Ich kann dir nicht helfen, denn Allah hat deinem Herzen die Barmherzigkeit entzogen.« Im Koran sagt Gott, in der ersten Person sprechend: »Meine Barmherzigkeit umfaßt alle Dinge« (Sura 7,156), und diese Barmherzigkeit überträgt sich auf alle, die aufnahmefähig sind: »Siehe, diejenigen, die da glauben und Gutes tun, denen wird der Erbarmer Liebe *(wuddan)* erweisen (Sura 19,96); und: »Wer gibt die Hoffnung auf seines Herrn Barmherzigkeit auf, wenn nicht die Irrenden?« (Sura 15,56).[*]

Nach den beiden *Shahādahs* ist die Formel, die am häufigsten über die Lippen der Muslime kommt, das *Bismillāh:* »Im Namen Allahs, des Erbarmers *(ar-Raḥmān)*, des Barmherzigen *(ar-Raḥīm)*«, und mit dieser Formel beginnt (mit einer Ausnahme) jedes Kapitel des Koran. Die Welt selbst, so sagen uns einige Autoritäten, wurde durch »den Odem (oder das Ausat-

---

[*] Einem sowohl von Bukhārī als auch Muslim aufgezeichneten *ḥadīth* zufolge wurden einige Gefangene vor den Propheten gebracht, darunter auch eine Frau, aus deren Brüsten Milch lief. Sie rannte hin und her, und als sie ihr Kind gefunden hatte, nahm sie es sofort an die Brust. Der Prophet sagte zu seinen Gefährten: »Glaubt ihr, daß diese Frau ihr Kind ins Feuer werfen würde?«. Als sie antworteten, sie würde das nicht tun, sagte er: »Gott ist zu seinen Dienern barmherziger als diese Frau zu ihrem Kind.«

men) von *ar-Raḥmān*« geschaffen. Nach dieser Ansicht ist es eben durch die Ihm ganz eigene, sich ausdehnende und verströmende Kraft der Barmherzigkeit, ihren Impuls, sich selbst zu geben und ihr Licht und ihre Wärme zu verschenken, dazu gekommen, daß die Schöpfung und alles, was uns äußerlich und getrennt erscheint, ins Sein tritt; und während Gott als solcher keine Bedürfnisse hat – da Er vollkommen in sich Selbst ruht –, könnte man doch, wenn auch nur als rhetorisches Bild, sagen, daß Er ein Bedürfnis hat, Sich mitzuteilen, weil Seine innerste Natur eben diese verströmende Barmherzigkeit ist, dieser Reichtum, der geradezu danach ruft, sich in Phänomenen, zahlreicher als der Sand aller Ozeane, zu entfalten. Weil das *Bismillāh* über die Schöpfung an sich ausgesprochen wurde, spricht es der Muslim aus, ehe er irgend etwas unternimmt, wodurch dieses sein Werk geheiligt und wieder an seine Echte Ursache gebunden wird – ohne die es so leer und sinnlos wäre wie konvulsive Zuckungen eines Leichnams.

Die Sufis, die durch diese Barmherzigkeit verzückt geblendet wurden, haben sie manchmal als nicht nur prinzipiell, sondern auch in einem sehr direkten und praktischen Sinn allumfassend gesehen. Von dem Perser Abu'l-Hasan Kharaqānī (gestorben 1033) wird überliefert, daß er eines Nachts, als er betete, eine Stimme vom Himmel hörte: »O Abu'l-Hasan! Möchtest du, daß Ich den Menschen sage, was Ich von deinem inneren Zustand weiß, damit sie dich zu Tode steinigen können?« – »O Herre Gott«, antwortete er, »Willst Du, daß ich den Menschen sage, was ich von Deiner Barmherzigkeit weiß und was ich von Deiner Gnade erkenne, so daß keiner von ihnen sich jemals wieder im Gebet vor Dir niederwerfen wird?«* »Wahre dein Geheimnis«, sagte die Stimme, »und ich will Meins bewah-

---

* Nach einem von Bukhārī und Muslim überlieferten *ḥadīth* sagte der Prophet einmal, der Gläubige habe ein Recht darauf, von Gott zu erwarten, daß Er keinen bestrafe, der frei von der Sünde ist, Ihm andere »Gottheiten« beizugesellen. Ein Mann fragte: »Soll ich dem Volk diese gute Nachricht geben?« »Nein«, sagte der Prophet, »sag es ihnen nicht, denn sonst könnten sie allein auf dies vertrauen.«

ren.«* Die häufiger vertretene Ansicht ist jedoch, daß Barmherzigkeit nur dann antwortet, wenn Reue sie darum bittet, und daß die Reuelosen – »bedeckt« wie sie sind, mit von Rost verschlossenen Herzen – von Barmherzigkeit nicht durchdrungen werden können.

Im Arabischen haben die drei Konsonanten RḤM, aus denen das Wort *raḥmah* (Barmherzigkeit) und seine Ableitungen *ar-Raḥmān* (der Erbarmer) und *ar-Raḥīm* (der Barmherzige) geformt werden, die Grund-Bedeutung von »Schoß«, was deutlich auf den mütterlichen Charakter der Barmherzigkeit hinweist, welche die hilflose menschliche Kreatur in ihrer sanften Umarmung nährt und beschützt. In einer dem Arabischen verwandten Sprache, dem Syrischen, hat diese gleiche Wurzel die Bedeutung von »Liebe«.

Man sagt, daß *ar-Raḥmān* wie der blaue Himmel sei, heiter und voller Licht, der Himmel, der seinen Bogen über uns und über alle Dinge spannt, während *ar-Raḥīm* wie ein warmer Strahl sei, der aus diesem Himmel kommt, einzelne Menschenleben wie Ereignisse berührt und die Erde belebt. Dem Koran nach »offenbarte der Erbarmer den Koran, erschuf den Menschen und gab ihm die Sprache«, und man könnte sagen, daß, wenn Gott, der Eine *(al-Aḥad)*, nicht auch *ar-Raḥmān* wäre, es keine Schöpfung gäbe, keine äußere Manifestation, sondern nur die auf ewig Sich-Selbst genügende Innerlichkeit der göttlichen Essenz; und wäre Er nicht auch *ar-Raḥīm*, so würde die gesamte Schöpfung zu Eis werden. In der Tat: ein Mann oder eine Frau, die keine Barmherzigkeit, kein Erbarmen kennt, ist jemand, dessen Herz erfroren ist und nur durch Feuer wieder aufgetaut werden kann.

Wenn *ar-Raḥān* einfach nur das ist, was da ist – ein Himmel voller Licht –, dann könnte dieser Begriff auch als »Freude« übersetzt werden; und Freude breitet sich schon ihrem Wesen nach aus und vermittelt sich anderen; in diesem Fall steht *ar-Raḥīm* für diesen Akt der Vermittlung. Das kann auf alle

---

* R.A. Nicholson, *Mystics of Islam*, S. 136 (Routledge & Kegan Paul)

menschlichen Kommunikationsakte angewendet werden – den der Kunst eingeschlossen –; daher auch die Aussage des Koran über »Sprache« als einer »Schöpfung des Erbarmers«. Zwischen menschlichen Wesen, die in dieser Welt durch solche Barrieren getrennt sind – jedes kleine Ego in seiner eigenen Schale –, ist Kommunikation die Barmherzigkeit, die vereinigt, das Instrument der Liebe, wie es auch heilige Kunst ist, und als solche ist sie ein Vorgeschmack des Paradieses. Wir sprechen, und wenn wir verstanden werden, ist eine Mauer von Eis geschmolzen, und dann fließen von dort Ströme gleich denen, welche die Gärten des Paradieses bewässern.

Doch Kommunikation zwischen dem Unendlichen und dem Endlichen, dem Absoluten und dem nur Bedingten scheint logisch unmöglich und ist deshalb im wahrsten Sinne des Wortes ein Wunder, und deswegen wird der Koran auch das höchste Wunder des Islam genannt. Über unvorstellbare Fernen hinweg spricht Gott zu den Menschen und wird gehört, und was nicht in Worten beschrieben werden kann (so wie wir einen Baum oder ein Haus beschreiben), wird trotzdem beschrieben, freilich nicht so, daß wir nur bei der oberflächlichen Bedeutung innehalten wie Tiere, die nur sehen, was sichtbar ist, sondern daß es zum Köder wird, um uns aus diesem Universum der Worte in ein Universum der Bedeutungen zu ziehen. Es gibt eine muslimische Anrufung des Höchsten, die etwas von diesem Wunder vermittelt: »O Herr, Du, der beschrieben wird, obgleich keine Beschreibung Dein wahres Wesen erreicht; Du, der uns durch die Schleier des Mysteriums fern, doch niemals verloren ist; Du, Sehender, der niemals gesehen wird; Du, der gesucht und gefunden wird; weder die Himmel noch die Erde noch der Raum zwischen ihnen sind auch nur einen Lidschlag lang ohne Dich; Du bist das Licht aller Lichter, der Herr der Herren, alles umfassend. Preis und Lob sei Ihm, dem nichts gleicht; dem Allhörenden, dem Allsehenden.«

II

Werden und Wesen des Glaubens

4. Die Welt des Buches

Es muß Boden gerodet werden, ehe wir hoffen können, dem Koran nahezukommen – dorniger Boden! –, und daß man die Dornbüsche nicht sofort sieht, macht es noch schwieriger, sich auf ihm zurechtzufinden. In jeder religiösen Tradition und in jeder uralten Legende sind heilige Dinge und heilige Orte streng bewacht, und man kann sich ihnen nur durch harte Mühe und Reinigung nähern. Der Koran ist keine Ausnahme.

Das abendländische Mißverstehen des Islam beginnt genau hier, an der Quelle der Religion. Der Nicht-Muslim, der – warum auch immer – etwas über den Islam lernen möchte, wird ermutigt, eine »Übersetzung« des Koran zur Hand zu nehmen, von denen es, wie man sagt, in englischer Sprache allein dreißig gibt. Man hat ihm gesagt – und das zu Recht –, daß dieses Buch die Grundlage des Glaubens ist, und daß er in ihm alles finden wird, was er über den Muslim wissen muß, seine Glaubensvorstellungen, seine Motivation, seine politischen Bestrebungen und seine kulturellen Bedingtheiten. Der Leser mag sich mit den besten Absichten ans Werk machen, um Weisheit zu suchen, wie er diesen Begriff versteht, und in dem Bewußtsein, daß ein Buch, das so vielen Menschen so viel bedeutet, nicht ganz ohne Interesse sein kann. Was herauskommt, ist jedoch nur allzu oft Verwirrung und Enttäuschung. Es gibt nichts in diesem Buch, das dem abendländischen Gefühl für Ordnung entspricht; im Gegenteil, der Leser findet nur eine Welt von Wörtern vor, die völlig unzusammenhängend und widersprüchlich scheint und zu der er keinen Schlüssel hat. Wieder einmal sind wir an den Abgrund des Unverständnisses geraten, der zwei Religionen trennt, zwei Mentalitäten, zwei Kulturen. Einerseits kann der einfache Muslim nicht verstehen, wieso jemand, der den Koran liest, nicht sofort zum Islam bekehrt wird; andererseits hat der Nicht-Muslim das Gefühl, daß, wenn es dies ist, was die Muslime als heilige Schrift ansehen, sie in der Tat schlichten Gemüts sein müssen.

Da viele von denen, die sich daran machen, den Koran in Übersetzung zu lesen, es aufgeben, ehe sie noch bis zur Hälfte des Buches durchgedrungen sind, verstärkt die Anordnung der *Sūrahs,* der »Kapitel«, diesen negativen Eindruck. Die Offenbarung des Textes erstreckte sich über einen Zeitraum von zweiundzwanzig oder dreiundzwanzig Jahren. Die früheren und »poetischeren« Offenbarungen stehen am Ende des Buches, wohingegen die späteren, die sich mit den, wie man meint, »weltlichen« Angelegenheiten befassen, am Anfang stehen. Die ersteren entsprechen mehr dem, was der Abendländer erwartet, da sie »prophetisch« in Charakter und Sprache sind, und sich mit dem Ende der Welt, der letztendlichen Bestimmung des Menschen und so weiter, befassen, während in den letzteren das Element »Botschaft« das Element »Prophezeiung« überschattet. So stellt das Buch ein Spiegelbild des Prozesses der Offenbarung oder der »Hinabsendung« dar. Der Grund dafür mag sein, daß der Mensch, wenn er sich der Offenbarung öffnet und dem Weg des »Hinaufsteigens« folgt, zu dem er berufen ist, vom Gebiet des Praktischen ausgeht und zunächst wissen muß, wie er sich in diesem weltlichen Leben zu verhalten hat, ehe er seinen Fuß auf den Pfad setzt, der ihn über diese Welt hinausführt.

Es gibt jedoch eine noch schwerer zu überwindende Barriere, vor der die Leser einer »Übersetzung« des Koran stehen: die Sprachbarriere. Die Kraft und Wirksamkeit der geoffenbarten Botschaft liegt nicht nur in der wörtlichen Bedeutung der verwendeten Worte, sondern auch in der Struktur, in der diese Bedeutung inkorporiert ist. Es ist nicht nur der Inhalt, sondern auch das – wie es in einer Übersetzung geschieht – Gefäß, das die Offenbarung als solche ausmacht, und beide können nicht ohne Verarmung voneinander getrennt werden.

Der Koran bezeichnet sich ausdrücklich als eine »arabische Schrift«, und die Botschaft ist entsprechend der komplizierten Struktur der gewählten Sprache geformt, einer Struktur, die grundlegend verschieden von der jeder europäischen Sprache ist. Selbst wenn man kein Arabisch versteht – was bei der überwiegenden Mehrheit der Muslime der Fall ist – ist es wesentlich zu wissen, wie Bedeutung und Sprache, Inhalt und Form im Text des Koran miteinander vermählt sind.

Jedes arabische Wort kann auf eine Wortwurzel zurückgeführt werden, die aus drei Konsonanten besteht, von der bis zu zwölf verschiedene Verbformen, zusammen mit einer Anzahl von Substantiven und Adjektiven, abgeleitet werden. Dies nennt man die dreibuchstabige Wurzel, und die Worte werden aus ihr geformt durch die Einschiebung langer oder kurzer Vokale und durch die Zufügung von Suffixen und Präfixen. Die Wurzel als solche ist »tot« – nicht auszusprechen – bis sie zum Leben erweckt wird durch die Vokale, und es hängt von deren Plazierung ab, wie sich die Grundbedeutung nach verschiedenen Richtungen hin entwickelt. Die Wurzel ist manchmal als der »Körper« beschrieben worden, während die Vokalisierung die »Seele« ist; oder, anders ausgedrückt: aus der Wurzel wächst ein großer Baum. »Im Arabischen«, sagt Titus Burckhardt, »ist der ›Baum‹ der Verbformen der Ableitungen von gewissen Wurzeln so gut wie unerschöpflich; er kann stets neue Blätter hervorbringen, neue Ausdrücke, um bisher schlummernde Variationen der Grundidee – Aktion – zum Ausdruck zu bringen. Das erklärt, wieso diese Beduinensprache zum sprachlichen Vehikel einer ganzen, intellektuell sehr reichen und differenzierten Kultur werden konnte.«[*]

Eine gewisse Doppelsinnigkeit wohnt der Sprache an sich inne, da sie lebt und eine Brücke zwischen lebenden und denkenden Wesen bildet. Der Gegensatz zur nüchternen Präzision der Mathematik ist nicht begriffliche Verschwommenheit, sondern ein Reichtum miteinander verknüpfter Bedeutungen, manchmal ineinander übergehend und sich stets gegenseitig bereichernd, die sich um eine einzige Grundidee (oder, auf Arabisch, um eine einfache Aktion) ballen – in diesem Fall um die dreibuchstabige Wurzel. Solche Variationen über ein einziges Thema können Worte hervorbringen, die, oberflächlich

[*] Titus Burckhardt, *Art of Islam, Language and Meaning*, S. 43 (World of Islam Festival Publishing)

betrachtet, unzusammenhängend erscheinen mögen. Das Wissen darum, wie sie mit ihrer Wurzel verwandt sind, macht den Zusammenhang deutlich, so daß dadurch die ganze »Großfamilie« von Wörtern beleuchtet wird.

Dies kann anhand eines Wortes illustriert werden, von dem bereits die Rede war, nämlich *fiṭrah* (Ur-Natur, menschliche Norm). Die Wurzel FṬR gibt uns zuerst das Verb *faṭara,* was bedeutet »er spaltete«, »er brach entzwei«, »er brachte hervor« oder »er erschuf«. Die Verbindung zwischen »spalten« und »erschaffen« ist interessant, besonders wenn wir an das Element der Kontinuität denken, das für den Islam so charakteristisch ist. Alte Traditionen aus vielen verschiedenen Kulturen beschreiben den ersten Schritt bei der Schöpfung als das »Entzweibrechen« von Himmel und Erde. Gott wird im Koran der *faṭir as-samāwāti wa'l-arḍ,* Schöpfer (oder »Verursacher«) der Himmel und der Erde genannt. Aus der gleichen Wurzel kommt das *ʿĪd ul-fiṭr,* das Fest am Ende des heiligen Fastenmonats Ramadan, und *ifṭār* bedeutet »Fastenbrechen«, »Frühstück«, was im Englischen »breakfast« noch klarer zum Ausdruck kommt. Weitere Ableitungen sind *faṭr,* eine »Spalte« oder ein »Riß«, *fiṭrī,* »natürlich« oder »instinktiv«, und *faṭīrah,* »ungesäuertes Brot oder Gebäck«, frisch und lebensspendend.

Es ist, als käme jedes einzelne Wort aus einem Schoß hervor, der eine mögliche Vielfalt von Bedeutungen enthält, die alle auf subtile Weise miteinander verwandt sind, oder als ob eine Saite angeschlagen würde und dadurch viele andere im Hintergrund vibrierten; und gerade durch solche Querverbindungen kommt *tawḥīd* – die »Einheit«, die das Grundprinzip des Islam ist – inmitten unbegrenzter Vielfalt zum Ausdruck. Wortassoziationen – Echos und Widerklänge in Ohr und Gemüt – ermöglichen uns einen flüchtigen Blick in unvermutete Tiefen und erweitern unsere Erkenntnis des Miteinanderverbundenseins aller Dinge. Wie Muhammad sagt, gibt es keinen Vers im Koran, der nicht sowohl einen inneren als auch einen äußeren Aspekt hat, zusammen mit einer Anzahl verschiedener Bedeutungen; und jede Definition kann zu einer Quelle der Erleuchtung werden. Mit anderen Worten, das Buch ist voller »Türen«, die aus dem Gefängnis dieser Welt ins »Offene« führen. Die islamische Kunst bezeugt dies. Als Martin Lings über die »Palmetten« schrieb, die man oft an den Rändern illuminierter Koranausgaben findet, deutete er diese dahingehend, »daß das Lesen oder Rezitieren des Koran der eigentliche Ausgangspunkt grenzenloser Schwingung ist, einer Welle, die sich schließlich am Ufer der Ewigkeit bricht; und es ist vor allem *jenes* Ufer, auf das der Rand hindeutet, zu dem die gesamte Bewegung der Malerei – sei es als Palmetten, Finiale, Krenellierungen oder das Gleiten der Arabesken – gerichtet ist.*

Es liegt in der Natur einer primordialen Sprache wie dem Arabischen, daß ein einziges Wort alle nur möglichen Formen oder Modi einer Idee in sich beschließt, vom Konkreten bis zum Symbolischen, ja sogar bis zum Übernatürlichen. Die Barrieren, die der abendländische Mensch zwischen dem Geistigen und dem Weltlichen errichtet, werden gewissermaßen durch die Sprache selbst durchstoßen. Menschen, die nur ans Englische oder andere Mischsprachen gewöhnt sind, in denen ein Substantiv ein Ding, isoliert von allen anderen, bezeichnet, müssen ihre Vorstellungskraft anstrengen, wenn sie in die Welt des Koran eindringen wollen. Nicht nur waren für die Menschen früherer Zeiten alle Naturobjekte von Bedeutung durchdrungen, nein auch die Sprache selbst spiegelte diesen Reichtum wider, und es heißt, daß die arabische Sprache des 7. Jahrhunderts der Form nach noch älter war als das Hebräische, das Moses fast zweitausend Jahre früher sprach;** sie ist durchtränkt mit Qualitäten, die außerhalb alles dessen liegen, auf das wir uns berufen könnten, und außerhalb unserer eingrenzenden Definitionen; und es ist mehr als alles andere gerade dies, was diese Sprache zum angemessenen Vehikel für die Offenbarung der Einheit in Vielfalt machte.

* Martin Lings, *The Quranic Art of Calligraphy and Illumination*, S. 74 (World of Islam Festival Trust Publishing Co. Ltd).
** Martin Lings, *Ancient Beliefs and Modern Superstitions*, S. 14, London 1964

Daraus folgert, daß eine »Übersetzung«, so vorzüglich sie an sich und so nützlich sie als Hilfe zum Verständnis auch sein mag, nicht der Koran ist und es auch nicht sein kann; und sie wird auch nicht wie er behandelt. Kein Muslim wird eine arabische Koranausgabe unter andere Bücher oder unter irgendeinen Gegenstand auf dem Tisch oder dem Schreibtisch legen; sie muß immer den höchsten Platz einnehmen. Mit einer Übersetzung können wir umgehen wie es uns gefällt, und das wäre noch immer so, selbst wenn die Übersetzung die Prinzipien der koranischen Botschaft mit tadelloser Genauigkeit wiedergäbe.

Die Unterscheidung zwischen Offenbarung und Inspiration – selbst Inspiration, die ihren Ursprung im Göttlichen hat – ist im Islam von fundamentaler Bedeutung, und das kann ein weiterer Anlaß zur Verwirrung für den Abendländer sein, dem man gesagt hat, der Koran sei die »Bibel« des Muslim. Das Alte Testament enthält Materialien, die man einer Anzahl verschiedener Autoren zuschreiben kann, und die sich über sehr lange Zeiträume hinweg erstrecken; manchmal waren sie direkt inspiriert, manchmal auch nur indirekt. Das Neue Testament kann dagegen eher mit den »Traditionen« des Propheten, mit seinen Handlungen und Aussprüchen verglichen werden als mit dem Koran selbst. Die Bibel ist ein vielfarbenes Gewand. Der Koran ist ein einziges Gewebe, dem nichts hinzugefügt und von dem nichts fortgenommen werden kann.

Aus muslimischer Sicht überschreitet »Offenbarung« die menschliche Intelligenz und die Begrenzungen dieser Intelligenz, während »Inspiration« die Intelligenz erleuchtet, ihre Begrenzungen jedoch nicht abschafft; ein inspiriertes Werk hat immer noch einen menschlichen Autor. Die orthodoxe Ansicht im Islam ist, daß der Koran »ungeschaffen« ist, obgleich – als das Buch, das wir in unseren Händen halten – seine Ausdrucksweise notwendigerweise durch menschliche Bedingtheiten bestimmt wird. Der himmlische Koran, die Fülle der Weisheit, die bei Gott ist und in Ewigkeit bei Ihm bleiben wird, enthält Absichten, die in unserer irdischen Erfahrung durch eine

Vielzahl geschaffener Tatsachen ausgedrückt werden können – als sei eine himmlische Substanz, die sich selbst nicht ausdrükken kann, in eine Sprache und in Gedankenformen kristallisiert worden, die durch ihre prädestinierte Umwelt bestimmt waren. Es besteht jedoch ein unermeßliches Mißverhältnis zwischen der Wahrheit als solcher und den beschränkten Möglichkeiten der menschlichen Sprache und der menschlichen Mentalität, mit denen sie zusammenhängt. Selbst unter den allereinfachsten Umständen fällt es uns als Menschengeschöpfen schwer, unsere tiefsten Gefühle auch nur einigermaßen genau durch Sprache auszudrücken oder anderen Menschen die ganz genauen Umrisse von Ideen zu übermitteln, die uns ganz klar erscheinen – und das, obgleich diese Sprache ein Instrument ist, das unseren Bedürfnissen angepaßt wurde. Wieviel schwerer ist es dann für Gott, den ganzen Reichtum der Bedeutung, den Er den Menschen zu übermitteln wünscht, in deren Sprache auszudrücken! Sie wird zersplittert, biegt sich, ächzt und reißt unter dieser Last; und immer wieder finden wir im Koran nicht zu Ende geführte Sätze oder Auslassungen von Worten, die nötig wären, um den Sinn einer Stelle zu vervollständigen, (Worte, die gewöhnlich in eckigen Klammern von den Übersetzern zugefügt werden), Schluchten, über die unser Verständnis einen Sprung ins Dunkel machen muß. »Es ist«, sagt Frithjof Schuon, »als sei das armselige geronnene Ding, das die Sprache sterblicher Menschen ist, unter dem gewaltigen Druck des himmlichen Wortes in tausend Fragmente zerbrochen oder als ob Gott, um tausend Wahrheiten auszudrücken, nur ein Dutzend Worte zu Seiner Verfügung gehabt hätte und somit gezwungen war, sich bedeutungsschwerer Auslassungen, Abkürzungen und symbolischer Synthesen zu bedienen«.[*]
»Und wenn alle Bäume auf Erden Federn würden, und wüchse das Meer hernach zu sieben Meeren (von Tinte), Allahs Worte würden nicht erschöpft« (Sura 31,26). Wenn der Koran mehr als nur einen Fingerhut voll von der Botschaft enthalten will,

---

[*] Frithjof Schuon, *Understanding Islam*, S. 44–45 (George Allen & Unwin)

muß er sich auf Bilder, Symbole und Parabeln verlassen, welche Fenster zu einer weiten Bedeutungslandschaft öffnen, die jedoch unvermeidlicherweise fehlinterpretiert werden können. Die Frauen des Propheten fragten ihn einmal, welche von ihnen zuerst sterben würde. »Die mit dem längsten Arm«, sagte er. Sie machten sich ganz ernsthaft daran, gegenseitig ihre Arme abzumessen; und erst viel später begriffen sie, daß er diejenige gemeint hatte, die ihren Arm am weitesten zu Handlungen der Nächstenliebe ausgestreckt hatte. Es hat immer Muslime gegeben, die, ebenso wie die Ehefrauen des Propheten, Sprachbilder wörtlich nahmen, und andere, die überzeugt waren, daß die innere Bedeutung des Textes uns erst am Jüngsten Tag offenbart wird, wenn die Geheimnisse der Herzen zusammen mit den Geheimnissen des Buches offengelegt werden; wieder andere sahen die wörtliche Bedeutung als einen Schleier, der die Majestät des Inhalts verhüllt und vor profanen Augen schützt. Dispute über dieses Thema führen zu nichts und haben deshalb auch keine Bedeutung. Jeder Mensch muß seinen eigenen Weg je nach seiner Natur gehen.

Wie immer man sie auch verstehen mag – oberflächlich oder in die Tiefe gehend –, eine Schrift wie der Koran bietet ein Rettungsseil für Menschen jeder Art, für die Dummen wie für die Intelligenten, und begrenzte Interpretationen verringern nicht seine Wirksamkeit, vorausgesetzt, sie befriedigen die Bedürfnisse einzelner Seelen. Kein Buch eines menschlichen Autors kann »für jedermann« sein. Gerade dies ist jedoch die Funktion einer offenbarten Schrift; und aus diesem Grund kann sie nicht so gelesen werden, wie Werke menschlichen Ursprungs. Sonne und Mond sind für jedermann da – auch der Regen –, aber sie wirken sich auf jeden Einzelmenschen verschieden aus, und letztlich bringen sie einigen Leben und anderen Tod. Es könnte gesagt werden, daß der Koran »so wie« diese Naturphänomene ist, aber es wäre exakter zu sagen, daß diese »so wie« der Koran sind (sie haben ein und denselben »Autor«), und sie sind sozusagen wie in die Buchseiten eingefügte Illustrationen.

Es ist ein Glaubensartikel im Islam, daß der Koran »unnachahmbar« ist; so sehr ein Mensch sich auch anstrengen mag, er kann keinen Paragraphen schreiben, der einem Vers in dem geoffenbarten Buch vergleichbar wäre. Dies hat nur wenig mit dem literarischen Wert des Textes zu tun; tatsächlich könnte ein vollkommenes literarisches Werk niemals »heilig« sein, gerade weil seine Sprache so völlig mit dem Inhalt übereinstimmt. Keine Verbindung von Worten, so vorzüglich sie auch sein möge, könnte je einem offenbarten Text Genüge tun. Es ist die Wirksamkeit der Worte – ihre verwandelnde und rettende Kraft –, die unnachahmbar ist, da kein menschliches Wesen einem anderen ein Rettungsseil zuwerfen kann, das aus Strängen seiner eigenen Person und seiner eigenen Gedanken geknüpft ist. Der Koran, der in einem Regal neben anderen Büchern steht, hat eine von ihnen völlig verschiedene Funktion und existiert in einer anderen Dimension. Er rührt einen des Lesens und Schreibens unkundigen Schafhirten zu Tränen, wenn man ihn ihm rezitiert, und er hat die Leben von Millionen einfacher Menschen im Verlauf von fast vierzehn Jahrhunderten geformt; er war Nahrung für einige der größten Geister, die in der menschlichen Geschichte verzeichnet sind; er hat blasierte Intellektuelle zum Nachdenken gebracht und Heilige aus ihnen gemacht; und er war die Quelle der subtilsten Philosophie und einer Kunst, die seine tiefste Bedeutung im Visuellen zum Ausdruck bringt; er hat die wandernden Stämme der Menschheit zu Gemeinschaften und Zivilisationen zusammengefügt, in denen selbst der oberflächlichste Beobachter seinen Stempel erkennt. Der Muslim, ganz gleich welcher Rasse und nationalen Identität, ist anders als alle anderen, da der Koran auf ihn eingewirkt und ihn geformt hat.

Andere Bücher sind passiv und der Leser ergreift die Initiative, die Offenbarung ist jedoch ein Akt, ein Befehl aus den Höhen – vergleichbar einem Blitz, der nicht der Laune irgend eines Menschen gehorcht. Als solcher wirkt er auf die ein, die für ihn empfänglich sind, erinnert sie an ihre wahre Funktion als Statthalter Gottes auf Erden und gibt ihnen den Gebrauch von

Gaben und Talenten wieder, die verkümmert waren – wie nicht gebrauchte Muskeln. Er zeigt ihnen, nicht zuletzt durch das Beispiel des Propheten, wofür sie nach der göttlichen Absicht bestimmt waren. Dies aber heißt, daß die Offenbarung, soweit dies in unserem Zustand nach dem Fall möglich ist, uns wieder in den Zustand der *fiṭrah* zurückversetzt. Sie gibt der Intelligenz ihre verlorengegangene Fähigkeit zurück, übernatürliche Wahrheiten zu erkennen und zu begreifen, sie gibt dem Willen seine verlorengegangene Fähigkeit zurück, die sich bekriegenden Gruppierungen in der Seele zu befehligen, und sie gibt dem Gefühl seine verlorengegangene Fähigkeit zurück, Gott zu lieben und alles zu lieben, das uns an Ihn erinnert.

Es könnte niemals gesagt werden, der Koran sei nicht dafür da, um zu informieren; tatsächlich stellt das Buch selbst fest, daß dies eine seiner Funktionen ist; er ist jedoch sehr viel mehr als nur eine Quelle der Information. Er übt seine Wirkung nicht nur auf den Verstand aus, sondern auf die Substanz des Gläubigen als solche, auch wenn er dies nur in seinem ganz vollständigen Charakter, das heißt als Arabischer Koran, tun kann. Für den Hörer hat der Ton – und für den Leser die Schrift – eine tiefgreifende verwandelnde Wirkung. Ein Modernist würde zweifellos suggerieren, daß diese Wirkung auf das »Unterbewußtsein« ausgeübt wird. Das heißt aber, Ideen und Theorien einzuführen, die hier nicht am Platz sind; man könnte jedoch sagen, daß es hier eine Einwirkung auf Bereiche der Persönlichkeit gibt, die normalerweise dem bewußten Denken verborgen sind und sich der Kontrolle entziehen. Noch einmal, wenn wir auf die menschliche »Substanz« hinweisen, meinen wir damit nicht nur die Gesamtsumme unserer Fähigkeiten und Talente, sondern auch das Substrat, das in diesen Fähigkeiten zum Ausdruck kommt. Da der Koran das göttliche Wort ist (in dem wir selbst unseren Ursprung haben), kann er jeden Spalt unseres Wesens ausfüllen und in gewissem Sinn den Schutt, der vorher diesen Raum ausgefüllt hatte, durch etwas ersetzen, das himmlischen Ursprungs ist.

Der Prophet hat gesagt: »Ein Gläubiger, der den Koran rezitiert, ist wie eine Zitrusfrucht, deren Duft süß ist und die süß schmeckt...«, und er hat auch gesagt, daß, »wer ihn auswendig lernt und damit schlafen geht, wie ein Sack voller Moschus ist«. Als er seinen Gefährten sagte, daß »Herzen rostig werden wie Eisen, wenn Wasser daran kommt«, und sie ihn fragten, wie man diesen Rost entfernen könne, antwortete er: »Indem man häufig des Todes gedenkt und häufig den Koran rezitiert.«[*]

Der Koran, sagt Frithjof Schuon, ist wie eine Welt der Vielfältigkeit, die unmittelbar zu der ihr zugrundeliegenden Einheit führt. »Die Seele, die an den ständigen Fluß der Phänomene gewöhnt ist, unterwirft sich ohne jeden Widerstand diesem Fluß; sie lebt mit und in den Phänomenen und wird durch diese geteilt und zerstreut... Die geoffenbarte [göttliche] Rede akzeptiert diesen Hang der Seele, während sie gleichzeitig aufgrund der himmlischen Natur ihres Inhalts und der Sprache diese Bewegung in ihr Gegenteil umkehrt, so daß die Fische der Seele ohne Mißtrauen und im gewohnten Rhythmus in das göttliche Netz schwimmen... Der Koran ist wie ein Bild alles dessen, was Menschen denken und fühlen können; und eben dadurch bringt Gott die menschliche Unruhe zur Ruhe und flößt dem Gläubigen Stille, Heiterkeit und Frieden ein.«[**]

Der gläubige Muslim lebt daher gleichzeitig in zwei Welten: die erste ist die der gewöhnlichen Erfahrung und des Zeitgeschehens, die zweite, in die er eintritt, wenn er als neugeborenes Kind die Worte der *Shahādah* hört, die man ihm ins Ohr

---

[*] Nach Ibn Mas'ud (einem Gefährten des Propheten), wird jeder, der den Koran auswendig gelernt hat und ihn liebevoll in seinem Herzen bewahrt, »seine Nächte liebgewinnen, wenn die Menschen schlafen, seine Tage, wenn die Menschen sich ausleben, seinen Kummer, wenn sich die Menschen freuen, sein Weinen, wenn die Menschen lachen, sein Schweigen, wenn die Menschen plappern, und seine Demut, wenn die Menschen hochfahrend sind«. Mit anderen Worten, jeder Augenblick seines Lebens wird ihm kostbar sein, und er sollte deshalb »sanft«, niemals schroff oder streitsüchtig sein und »auch nicht einer, der auf dem Markte lärmt oder schnell ärgerlich wird«.

[**] Frithjof Schuon, *Understanding Islam*, S. 50 (George Allen and Unwin).

flüstert, ist die Welt des Buches. Als Kind lernt er Abschnitte des Koran auswendig, er rezitiert ihn in seinen Gebeten, wenn er alt genug ist zu beten, und, wenn er Glück hat, lauscht er auf seinem Totenbett auf seine Rezitation. Gleichzeitig wird die Welt der gewöhnlichen Erfahrung durch koranische Formeln belebt, die ständig in der Alltagssprache vorkommen.

Der westliche Mensch, ob Christ oder Agnostiker, sagt »Gott sei Dank«, »Geh mit Gott« oder sogar »So Gott will«; diese Worte sind jedoch meistens ihrer Bedeutung entleert. Es gibt viele dekadente Muslime, die koranische Sätze ebenso gedankenlos benutzen; es besteht jedoch nur wenig Zweifel daran, daß die große Mehrheit von ihnen, wenn sie *al-ḥamdu li'Llāh* («Lob sei Gott«) sagen, genau wissen, was sie sagen, und es auch ernst meinen. Dieser Satz beendet und heiligt jede Tat, genauso wie *Bismillāh* (»Im Namen Allahs, des Erbarmers, des Barmherzigen«) jede Tat beginnt. *Allāhu akbar,* das wie eine Paraphrase der ersten *Shahādah* ist, weist nicht nur darauf hin, daß »Gott am größten« ist, sondern auch darauf, daß Er unvergleichlich viel größer ist als irgendeine vorstellbare Größe. Unter allen nur möglichen Umständen erinnert es uns an die Bedeutungslosigkeit des Menschlichen vor dem Göttlichen, die Schwäche der mächtigsten menschlichen Macht vor der Allmacht und die Kleinheit alles dessen, was nicht Gott ist. Es kann auch die Ehrfurcht ausdrücken, die der fromme Mensch fühlt, wenn er auf die Wunder der Schöpfung schaut; und ohne ein Gefühl der Ehrfurcht gibt es keine Frömmigkeit. Mit den Worten *in shā'a Allāh*, »so Gott will«, erkennt der Muslim seine völlige Abhängigkeit vom göttlichen Willen an und gesteht ein, daß er keine festen Pläne machen oder sich unwiderruflich zu etwas verpflichten kann, da er nicht der Herr seines eigenen Schicksals ist. Wir mögen zwar eine Absicht oder eine Hoffnung äußern, es können jedoch keine gültigen Vorhersagen über zukünftige Ereignisse gemacht werden, die noch im Schoß des Unsichtbaren verborgen sind und von denen nur Gott weiß. Diese und andere solche Sätze, die jedes Gespräch markieren, sind wie kleine an die Transzendenz erinnernde Fähnchen, die man auf einer Wandkarte einsteckt, entlang dem Weg, den wir zwischen Geburt und Tod gehen, und die einer sonst flachen Oberfläche eine zusätzliche Dimension zufügen.

Der Gläubige ist gehalten, sich dem Koran nicht »in Eile« zu nähern, ebenso wie man ihm sagt, nicht zu den Gemeinschaftsgebeten zu rennen, selbst wenn er sich verspätet hat, denn es heißt, daß Langsamkeit und Bedachtsamkeit von Gott kommen, wohingegen Eile satanischen Ursprungs ist. In der *al-Furqān* genannten *Sūrah* schließt die Definition eines wahren Muslim diejenigen ein, die »wenn sie mit den Zeichen ihres Herrn ermahnt werden, nicht dabei niederfallen wie taub und blind« (Sura 25,73), diejenigen, die nach den Worten des Kommentators Zamakhsharī »ihnen mit weitgeöffneten Ohren zuhören und mit sehenden Augen in sie schauen«. Der Koran hält denen, die sich ihm nahen, einen Spiegel vor, und wenn sie aus falschen Gründen oder in falschem Geist zu ihm kommen, werden sie nichts darin sehen. Wenn sie von Natur aus oberflächlich sind, werden sie nur Oberflächlichkeiten darin finden; wenn sie tief veranlagt sind, dementsprechend Tiefes. Wenn sie mit Arroganz zu ihm kommen, werden sie einige Verse als Rechtfertigung ihrer Arroganz interpretieren – es ist schon wahr, daß »der Teufel die Schrift zitieren kann« – und wenn sie eine sofortige persönliche Belohnung suchen, werden bittere Früchte ihr Lohn sein.

Jalāluddīn Rūmī (gestorben 1273) verglich das Buch mit einer Braut, die ihren Schleier nicht vor einem groben und zudringlichen Liebhaber heben will; und am allerzudringlichsten sind diejenigen, die seine Tiefen ohne Anstrengung ausloten wollen, ohne Geduld und Demut. Es ist nicht nur eine Redensart, zu sagen, daß diejenigen, die den Koran gewinnen möchten, ihn wirklich umwerben müssen, und der Analphabet, der einen Koranvers als »Talisman« um den Hals trägt, und das Buch, das er nicht lesen kann, liebevoll küßt, mag der Wahrheit näher sein als der oberflächliche Leser.

Es wird uns davon berichtet, wie Adam und Eva aus dem

Paradies vertrieben worden waren: »Es empfing Adam von seinem Herrn Worte [der Offenbarung], und er kehrte sich wieder zu ihm; denn siehe, Er ist der Vergeber, der Barmherzige. Wir sprachen: ›Hinfort mit euch von dort allesamt! Und wenn zu euch von Mir eine Leitung kommt, wer denn Meiner Leitung folgt, über die soll keine Furcht kommen, und sie sollen nicht traurig sein‹« (Sura 2,35–36).

Die Vorbedingung dafür, daß wir diese Leitung empfangen oder zumindest daraus Gewinn ziehen, ist das Wissen um unsere Bedürftigkeit, das Wissen um die Tatsache, daß wir nicht hoffen können, unseren Weg durch die Landschaft unseres Lebens mittels rein menschlicher Fähigkeiten zu finden. Für den Muslim – wie für den Christen früherer Zeiten – ist es entscheidend, daß Vernunft und Logik mit Materialien arbeiten, die zuerst einmal vom Schöpfer bereitgestellt worden sind. Dies zu sagen, heißt die Trivialität »modernen« Denkens, Philosophierens und Theoretisierens bloßstellen, die versuchen, in einem Vakuum zu operieren und sich dabei nur mit den Fakten der physischen Umwelt befassen – falls es wirklich Fakten sind. Vernunft ist nicht eine Quelle des Wissens, sondern ein Instrument, um mit dem Wissen umzugehen. Sie enthält nicht in sich selbst irgendeine Substanz, deren sie sich bedienen könnte (ohne Descartes' »cogito ergo sum« nähertreten zu wollen), sondern arbeitet mit Material, das von anderswo geliefert wird – durch Offenbarung, intellektuelle Intuition oder die Sinne. Damit wir sagen können: »*Dies* ist wahr, deshalb muß *das* daraus folgern«, muß »*dies*« erst einmal bereitgestellt werden. Darauf zu bestehen, daß die Vernunft sich nur dann selbst treu ist, wenn sie mit den beobachteten Phänomenen dieser Welt arbeitet, heißt, ihre Funktion in unentschuldbarer Weise einzuschränken.

Die Antithese Offenbarung – Vernunft, so häufig diskutiert, ist sicherlich falsch. Vernunft wird nicht etwas anderes, einfach weil sie dazu benutzt wird, mit Informationen zu arbeiten, die auf übernatürliche Weise und nicht durch die physischen Sinne bereitgestellt wurden; es ist noch immer dieselbe Fähigkeit, und ihre Funktion bleibt unverändert. Ein Messer ist dafür gemacht, Substanzen zu zerschneiden. Wenn keine Substanz zum Schneiden bereitgestellt wird, wird das Messer nicht benutzt und ist unbenutzbar. Und was gemeinhin als »Rationalismus« beschrieben wird, hat nur wenig mit der Vernunft als solcher zu tun; er weist auf nicht mehr als die – in sich selbst irrationale – Annahme hin, daß nur die Sinnesobjekte »real« sind und daß diese allein die geeigneten Objekte rationaler Betrachtung sind.

Was hier, im Kontext des Rationalismus, wirklich zur Debatte steht, ist eine tiefverwurzelte Überzeugung, daß nur die physischen Sinne sichere und unbestreitbare Informationen liefern, eine Überzeugung, die sich hartnäckig in der Volksmeinung hält, obgleich die Wissenschaft in diesem Jahrhundert den Begriff »feste Materie«, so wie man ihn gewöhnlich versteht, tatsächlich abgeschafft hat. Diese Geisteshaltung hat mit dem zu tun, was René Guénon als die »Verfestigung« der Welt beschrieb – und mit der Art und Weise, wie diese Welt in den letzten Tagen unseres Zeitzyklus erfahren wird.* Vielleicht ist der erste Schritt zum Glauben in unserem Zeitalter ein gründlicher Skeptizismus, der seine ätzende Säure über falsche Sicherheiten gießt und das Bewußtsein bringt, daß wir gleich Schwimmern in einem Ozean sind, inmitten von Wellen, die ihre Form von einem Augenblick zum anderen ändern und unseren Fingern keinen Halt bieten, wenn sie sie ergreifen wollen. Erst wenn wir wirklich »auf See« sind, lernen wir, zwischen dem zu unterscheiden, was überdauert, und dem, was vergänglich ist.

Früher oder später im Verlauf unserer Betrachtung des Islam, nicht nur so wie er an sich ist – einmalig und in sich geschlossen –, sondern auch in seiner Beziehung zu anderen Religionen, wird es notwendig, eine Frage zu stellen, auf die es keine einfache Antwort gibt. »Wer« offenbarte den Koran? Mit

---

* René Guénon, *The Reign of Quantity and the Signs of the Times,* London (Luzac & Co.)

anderen Worten: glauben die Muslime an einen »persönlichen« Gott, so wie die Christen diesen Begriff verstehen? Zu sagen, daß die Antwort davon abhängt, was wir unter »persönlich« verstehen, ist zwar richtig, bringt uns aber nicht sehr weit. Der Offenbarer des Koran – Allāh – ist schließlich undefinierbar in den Kategorien menschlichen Denkens, ganz zu schweigen von der Sprache. Definitionen beziehen sich auf geschaffene Dinge, und Er ist der Schöpfer. Was Seine Hände erschaffen haben – und selbst der Gebrauch des Wortes »Hände« demonstriert sofort, daß jedes Gespräch über Gott nur figurativ ist – kann Ihn nicht erfassen. Die »schönsten Namen«, die auf Ihn im Koran angewandt werden, deuten auf Aspekte seiner Natur hin, sagen uns jedoch nicht, was Er an Sich Selbst ist. »Nicht erreichen ihn die Blicke, er aber erreicht die Blicke; und er ist der Scharfsinnige, der Kundige« (Sura 6,103).
Ein Aspekt des Koran, den Nicht-Muslime als besonders verwirrend empfinden, ist der Gebrauch der Pronomen. Der Offenbarer spricht als »Ich«, »Wir« und »Er«, und diese Pronomen sind oft nebeneinandergestellt: »...Er ist ein einiger Gott; darum verehret nur *Mich*« (Sura 16,53). Genau gesagt, lassen sich solche Pronomina nur auf endliche Geschöpfe anwenden. Gerade dann, wenn wir – aus unserem ängstlichen Bestreben heraus, »Ihn« auf ein handliches Konzept zu reduzieren – bereit sind, uns auf eine präzise Definition des Göttlichen festzulegen, entschlüpft »Er« uns. Und danach erlaubt Er uns trotzdem wieder, uns Ihm durch Begriffsbestimmungen zu nähern. Nach einem *ḥadīth qudsī*, einem der Aussprüche des Propheten, in denen Gott durch ihn hindurch sprach, heißt es: »Ich bin so wie mein Diener denkt, daß Ich bin, und Ich bin bei ihm, wenn er meiner gedenkt.« Der andalusische Mystiker Ibn ʿArabī hat mit einem Wagemut, der die (islamische) Orthodoxie seitdem zutiefst schockiert hat, gesagt, daß das, was der gewöhnliche Gläubige anbetet, ein Bild ist, das er sich selbst gemacht – oder »projiziert« – hat und daß Gott in Seiner Barmherzigkeit es zuläßt, in diesem Bilde gegenwärtig zu sein. So sehr diese Idee auch vielen Muslimen zuwider sein mag,

bewahrt sie doch das, was man die göttliche »Anonymität« nennen könnte und macht gleichzeitig Gott der Anbetung zugänglich. Für den westlichen Ungläubigen, dem man eingeredet hat, daß Begriffe des Göttlichen (einschließlich »Gott« als solchem) nur »Projektionen« des menschlichen Geistes seien, mag dies sogar einleuchtend sein.

Im Islam kann man nicht sagen, daß Gott »nicht eine Person« ist, denn dies würde suggerieren, daß Er auf irgendeine Art weniger als dies wäre. Die Sprache gibt uns kein Mittel, zu beschreiben, was sowohl persönlich als auch unendlich viel mehr als persönlich ist; und dies ist der Grund, weshalb der Anthropomorphismus manchmal eine »Anspielung« oder ein »Hinweis« (ishārah) genannt wird; es besteht eine subtile, aber sehr wichtige Unterscheidung zwischen einer »Anspielung« einerseits und einer Definition andererseits. Dasselbe könnte von vielen Koranstellen gesagt werden, die Gott als »sehend« und »hörend« beschreiben. Unsere menschlichen Fähigkeiten von Sehen und Hören sind Hinweise, seien sie auch noch so entfernt, auf etwas, das der göttlichen Natur innewohnt; und doch sind sie nicht mehr als blasse Widerspiegelungen dessen, was allein in Gott ganz vollkommen da ist. Er »sieht« alles – sogar, wie man uns erzählt, eine Ameise unter einem Stein in dunkler Nacht – während wir nur das sehen, was vor unseren Augen mit ihrem sehr begrenzten Gesichtsfeld liegt. Er »hört« das Rascheln jedes Blattes und die geheimen Gedanken Seiner Geschöpfe; wir hören nur Töne, die entweder sehr laut sind oder sehr nahe bei uns. *Wir* haben die Nutznießung dieser Fähigkeiten nur, weil *Er* sie hat; wir haben sie jedoch in einer so begrenzten Form, daß man eigentlich nur aus Höflichkeit sagen kann, daß wir hören und sehen. Vom selben Gesichtspunkt aus betrachtet könnte man sagen, daß Gott im allerhöchsten Sinn eine Person ist, während unsere persönliche Identität am Rande der Auflösung zittert und es nur das göttliche Entgegenkommen ist, das uns erlaubt, »Ich« zu sagen.

Im Christentum ist, wie es der Muslim sieht, Gott in einem solchen Maß personalisiert, sogar »humanisiert« worden, daß dies zum beherrschenden Element der Religion wurde. Tiefgründige Ideen – und das Konzept der göttlichen Person ist gewiß tiefgründig – werden schließlich so vereinfacht, ja fast vergröbert, daß der christliche Personalismus zu einer der Hauptursachen des Unglaubens und Agnostizismus im modernen Zeitalter geworden ist. Für viele Menschen im Westen hatte das »Gott liebt mich« die Bedeutung angenommen, daß eine Person, »so wie du und ich« – nur mächtiger – die sich irgendwo an einem unvorstellbaren Ort befindet, uns so liebt wie Menschen lieben; von da aus ist es nur ein sehr kleiner Schritt bis zu der Frage, wie eine solche Person es zulassen kann, daß wir so leiden müssen, und weshalb er, wenn er allmächtig ist, nicht eine vollkommene Welt ohne Schmerzen geschaffen hat. Natürlich gibt es keine Antworten auf solche Fragen auf der Ebene, auf der sie gestellt werden.

Der Muslim neigt, wenn er allzu sehr vereinfacht, dazu, sich Gott als einen mächtigen König vorzustellen, der aus völlig unerfindlichen Gründen das tut, was ihm beliebt, und dem wir keine Fragen stellen dürfen. Diese Vorstellung mag auch nicht zutreffender sein als die von einem liebenden und nachsichtigen Vater; rein praktisch gesehen scheint sie jedoch den Glauben wirksamer zu schützen als das zeitgenössische christliche Konzept. Tatsache bleibt jedoch, daß alle die Bilder, die wir uns machen – so sehr sie auch den menschlichen Bedürfnissen entgegenkommen mögen –, unzureichend und deshalb durch die Argumente der Skeptiker verwundbar sind.

Nachdem wir gefragt haben, »wer« der Offenbarer ist, können wir jetzt fragen, wem die Offenbarung gegeben wurde. »Hätten Wir diesen Koran auf einen Berg herabgesandt, du hättest ihn sich erniedrigen und aus Furcht vor Allah sich spalten sehen. Diese Gleichnisse stellen Wir für die Menschen auf, auf daß sie nachdenklich werden« (Sura 59,21).

Er kam jedoch zu einem Menschen hinab, und dieser ward nicht gespalten, denn er war das prädestinierte Aufnahmegefäß für dieses Wissen. Inspiration kommt verdünnt oder enthärtet zu den Menschen; aber Offenbarung ist nackte Macht – ein

Ein-Brechen der Wirklichkeit in die Welt der Erscheinungen. Nichts unterscheidet den Menschen klarer vom Rest der Schöpfung als die Tatsache, daß er allein unter allen geschaffenen Dingen fähig ist, diesem Schock zu widerstehen und die göttliche Botschaft in sich aufzunehmen, ohne zermalmt zu werden.

Und doch ist dies nur ein Aspekt der Last, die das menschliche Geschöpf trägt – der Last, die ihn erst wirklich zum Menschen macht – und er trägt sie, nicht aufgrund einer willkürlichen göttlichen Verfügung, sondern als etwas in Freiheit Akzeptiertes. »Siehe, Wir boten den Himmeln und der Erde und den Bergen das Unterpfand *(amānah)* an, doch weigerten sie sich, es zu tragen, und schreckten davor zurück. Der Mensch lud es jedoch auf sich ...« (Sura 33,72). Die Berge verkörpern Festigkeit und Stabilität und sind diesen Qualitäten treu, in denen sie geschaffen wurden; die Erde mit all ihrer Vielfalt gehorcht den natürlichen Gesetzen, denen sie unterworfen ist; und die Himmel, sei es als Himmelsraum oder als das Reich der Engelskräfte, gehorchen dem göttlichen Willen und weichen nicht von ihm ab. Es gibt viele verschiedene Meinungen über die genaue Natur dieses »Unterpfands«; im allgemeinen stellt es jedoch jene Qualitäten dar, die den Menschen vom Rest der Schöpfung unterscheiden: reflektierendes Bewußtsein, ein verhältnismäßig freier Wille, die Fähigkeit, zwischen Gut und Böse zu wählen und eine Erkenntnisfähigkeit, der keine Grenzen gesetzt sind. Das höchste Unterpfand wurde dem Geschöpf mit offenen Augen gegeben, fähig zu wählen und aus eben diesem Grund auch des Verrats fähig. Als solches Geschöpf empfängt er die Offenbarung, und als solchem wird ihm das Gesetz seines Daseins gezeigt, nicht wie es die Tiere empfangen (durch unwiderstehlichen Instinkt), sondern als Lenkung und Leitung, die er in Freiheit akzeptieren oder zurückweisen kann.

Wenn er dieses Vertrauen, das »Unterpfand«, das ihm gegeben wurde, verrät, hat er sein Wort gebrochen. Der Koran spricht von dem, was als »der Tag *Alast*« bekannt ist. »Und als dein

Herr aus den Lenden der Kinder Adams ihre Nachkommenschaft zog und wider sich selber zu Zeugen nahm (und sprach): ›Bin ich nicht euer Herr?‹ *(Alastu bi rabbikum)* sprachen sie: ›Jawohl, wir bezeugen es.‹« (Sura 7,171); und die Stelle endet mit der Erklärung: »Damit sie nicht am Tage der Auferstehung sprächen: ›Siehe wir waren dessen achtlos‹, oder sprächen: ›Siehe unsere Väter gaben Allah Gefährten zuvor, und wir sind ihre Nachkommenschaft.‹« Mit anderen Worten, wir haben uns aufgrund der uns eigenen Natur – weil wir sind, was wir sind – verpflichtet und gebunden, noch ehe unser bewußtes Leben begann.

Ein großer Teil des Koran ist der Geschichte – oder einer Reihe von Geschichten – vom Konflikt zwischen Glauben und Unglauben gewidmet oder vom Konflikt zwischen denen, die dieser Verpflichtung treu geblieben sind und denen, die sie verraten haben. Einerseits folgen wir dem unaufhörlichen Kampf Muhammads gegen die Heiden von Mekka, andererseits werden uns Geschichten von früheren Propheten, sowohl jüdischen wie arabischen, erzählt, die ihren Völkern die Gabe der Offenbarung brachten und zurückgestoßen und verfolgt wurden. Das große Drama der Selbstoffenbarung Gottes vor den Semiten wird aufgerollt; und im Vergleich damit könnte man sagen, alle weltliche Geschichte habe kaum mehr als das Herumhuschen von Mäusen in einer Vorratskammer aufgezeichnet.

Es ist als Kuriosität vermerkt worden, daß einer der frühesten muslimischen Historiker den größten Teil seiner Weltgeschichte Yūsuf (dem biblischen Josef) widmete, während er den Aufstieg und Fall des Römischen Reiches auf zwei oder drei Seiten abhandelte. Daß man derartige Prioritäten setzt, ist völlig verständlich, denn die wirkliche Geschichte der Menschheit hat nur wenig zu tun mit Schlagzeilen der Presse oder mit den Ereignissen, die solche Schlagzeilen provoziert hätten. Es gibt historische Abläufe, Geschichte, die unbeobachtet bleibt, ja kaum aufgezeichnet wird, aber letzten Endes sehr viel bedeutsamer ist als die Abfolge alltäglicher Ereignisse, die schnell wie Asche in alle Winde zerstreut werden. Wer kümmert sich jetzt noch darum, ob einmal dieser oder jener große König vor langer Zeit gelebt hat und gestorben ist? Dahingegen ist die Geschichte der Propheten zeitlos und wird auch im Koran so dargestellt, mit einer Indifferenz chronologischen Zeitabläufen gegenüber, die viele westliche Orientalisten verwirrt hat.

Sie sind auch beunruhigt worden durch den scheinbaren Widerspruch zwischen der Behauptung, Muhammad sei »des Lesens und Schreibens unkundig« gewesen, und der Einbeziehung von Geschichten und »Legenden« – manchmal biblischen Ursprungs –, die zum kulturellen Erbe der Araber gehörten, in den Koran. Eine falsche Alternative wird aufgestellt: entweder erhielt er sein Wissen direkt von Gott oder nahm es aus dem Milieu auf, in dem er lebte. Der Koran stellt ausdrücklich fest: »Und nicht entsandten Wir einen Gesandten, es sei denn mit der Sprache seines Volkes, um ihnen (Unsere Offenbarung) deutlich zu machen« (Sura 14,4); und in diesem Fall kann der Begriff »Sprache« sehr weit ausgelegt werden und bedeutet sehr viel mehr als die bloße Ansammlung von Wörtern, die von den in Betracht kommenden Menschen benutzt werden; er schließt die Bilder und Gedankenformen – in der Tat die gesamte Kultur – ein, die ihnen geläufig waren, denn nur so kann die Botschaft klar verstanden werden. Die genannten biblischen Geschichten waren, zusammen mit gewissen traditionellen arabischen Materialien, wie z. B. den Geschichten von Hūd und Sālih, Teil des Milieus, dem die koranische Botschaft einverleibt wurde. Ebenso wie die Offenbarung sich in Worte kleidet, die allgemein in Gebrauch sind, und nicht eine unverständliche, zu diesem Zweck neu geprägte Sprache benutzt, so bedient sie sich auch erläuternder Geschichten aus dem Vorrat des allgemeinen Wissens. Es ist in jedem religiösen Kontext unumstößlich feststehend, daß Gott mit den Materialien arbeitet, die Ihm in einem gegebenen Milieu zur Verfügung stehen, Materialien, die ja ohnehin Seine eigenen Schöpfungen sind. Der Koran, so wie er in dieser Welt existiert – obwohl in seiner

Essenz »ungeschaffen« –, ist zusammengesetzt aus Elementen der Umwelt, in die er projiziert wurde, genauso wie sich der Geist, wenn er menschlich wird, mit dem physischen und psychischen Material der Welt bekleidet, in die er eingetreten ist. Die Göttliche Absicht jedoch ist, die Menschheit zu »retten« und zu »mahnen«, und nicht, uns mit historischer Information zu versehen. »Und alles, was Wir dir von den Geschichten der Gesandten erzählen, festigen wollen Wir dein Herz damit, und gekommen ist hierin zu dir die Wahrheit und eine Ermahnung und Warnung für die Gläubigen« (Sura 11,121). Mit anderen Worten, sie sollen die Muhammad gegebene Botschaft in ihrer Kontinuität bestätigen – indem sie zeigen, daß nichts in der Botschaft seltsam oder exotisch ist – und gleichzeitig die Verfolgung früherer Gesandter ins Gedächtnis rufen und auch daran erinnern, wie wenig gewillt die Menschen im Verlauf ihrer Geschichte waren, der Wahrheit ins Auge zu schauen und dem »Unterpfand« treu zu bleiben.

»Es kann nicht oft genug betont werden«, sagt Muhammad Asad, »daß ›Erzählung‹ als solche niemals die Absicht des Koran ist; wenn immer er über die Geschichten früherer Propheten berichtet, auf alte Legenden oder historische Ereignisse hinweist, die vor dem Kommen des Islam oder während der Lebenszeit des Propheten stattfanden, ist seine Absicht ausnahmslos eine moralische Lektion. Und da ein und dasselbe Ereignis oder sogar eine oder dieselbe Legende gewöhnlich viele Facetten haben, die ebenso viele moralische Implikationen offenbaren, kommt der Koran immer wieder auf die gleichen Geschichten zurück, jedoch jedesmal mit einer kleinen Verschiebung der Betonung auf diesen oder jenen Aspekt der Grundwahrheiten, die der koranischen Offenbarung als Ganzes zugrundeliegen.«[*] An anderer Stelle fügt er hinzu, daß die »vielseitige vielschichtige Wahrheit«, die hinter diesen Geschichten steht, stets einen Bezug »auf einige der verborgenen Tiefen und Konflikte in unserer eigenen menschlichen Psyche« hat.[**]

[*] Muhammad Asad, *The Message of the Quran*, S. 321
[**] *Ebd.* S. 576

Der Koran ist kein Philosophie-Buch, sondern er ist das Ursprungs-Buch der Philosophie; keine Abhandlung über Psychologie, sondern der Schlüssel zu einer Psychologie. Von einem völlig verschiedenen Gesichtspunkt aus schreibend, jedoch in völliger Übereinstimmung mit Asad, bemerkt Seyyed Hossein Nasr, daß die in historische Begriffe eingebettete Botschaft sich »an die menschliche Seele wendet«. »Der Heuchler *(munāfiq)*, der Menschen trennt und Unwahrheiten über die Religionen verbreitet, existiert auch in der Seele eines jeden Menschen, ebenso wie der Mensch, der vom rechten Weg abgeirrt ist oder der, der dem ‚Geraden Weg' folgt... All die Schauspieler auf der Bühne der heiligen Geschichte, wie sie im Koran erzählt wird, sind auch Symbole von Kräften, die in der Seele des Menschen vorhanden sind. Der Koran ist deshalb ein gewaltiger Kommentar zu der irdischen Existenz des Menschen.«[*]

Es kann wohl gefragt werden, welchen Bezug zu seinem eigenen Leben der Muslim des Mittelalters in den ständigen koranischen Hinweisen auf die *kāfirūn* – die »Ungläubigen« oder »Leugner« – gesehen haben mag, falls er nichts von dieser Psychologie wußte, denn er dürfte solche Geschöpfe kaum jemals getroffen haben, und falls er kein gelehrter Mann war, hätte er wohl vermuten können, sie seien bereits ausgestorben. Sogar in unserer Zeit hat kürzlich ein Reisender in Arabien festgestellt, daß einige Beduinen, mit denen er in einem abgelegenen Teil des Landes sprach, dachten, jedermann in der Welt sei Muslim; es war ihnen nie der Gedanke gekommen, es könne immer noch Christen geben, geschweige denn Ungläubige, die in irgendwelchen sonderbaren Winkeln des Globus überlebt hätten.

Der Muslim, der dem koranischen Befehl zu »denken« und »nachzudenken« folgt, weiß, daß er eine Vielfalt von *kāfirūn* in seiner eigenen Seele beherbergt und daß er mit ihnen Krieg führen muß, wenn er als ein Mann des Glaubens überleben

---

[*] S. H. Nasr, *Ideals and Realities of Islam,* S. 51 (George Allen & Unwin)

will. Der Christ spricht von »Zweifeln« und behandelt diese manchmal mit Respekt – verdienen nicht alle Meinungen Respekt? –, während der Muslim eher dazu neigt, sie als Einflüsterungen des Teufels zu identifizieren, der laut der letzten *Sūrah* des Koran die Angewohnheit hat, »in die Brüste der Menschen einzuflüstern«. ʿĀ'isha erzählt, wie der Prophet eines Nachts ihr Bett für eine Weile verließ und sie beunruhigt war. Als er zurückkehrte, fragte er, was sie habe und ob sie eifersüchtig sei. »Weshalb sollte jemand wie ich nicht eifersüchtig sein, wenn es um jemanden wie dich geht?« fragte sie. »Dein Teufel ist zu dir gekommen!« sagte er. »Gesandter Gottes, habe ich einen Teufel?« Er sagte ihr, daß sie einen habe, und so fragte sie ihn, ob auch er einen habe. »Ja«, sagte er, »aber Allah hat mir gegen ihn geholfen...«

Das rührt etwas an, das der Abendländer mit seinem christlichen Hintergrund seltsam und irgendwie unpassend in den Traditionen des Propheten findet. Wenn er etwas ähnliches im Korantext findet, ist er entweder erstaunt oder schockiert. Er fragt, wie es möglich sei, zu glauben, daß der Schöpfer Himmels und der Erden – in einer Offenbarung, die dazu bestimmt war, einen großen Teil der Menschheit zu verändern – Sich damit befassen könne, die Ehefrauen des Propheten über ihre Pflichten zu unterrichten, Muhammads Abendgäste davor zu warnen, nicht allzu lange zu bleiben, oder eine junge Frau von ungerechtfertigten Verdächtigungen zu befreien. Gerade das letzte dieser Beispiele, die »Affäre« um ʿĀ'ishas Halskette, hat die meisten spöttischen Kommentare auf sich gezogen.

Den traditionellen Berichten über das Geschehnis zufolge, befand sich der Prophet im sechsten Jahr nach der Auswanderung mit seinen Truppen auf dem Rückweg von einem Feldzug nach Medina; während des letzten Abschnitts ihrer Reise legten sie in der Wüste eine kurze Pause ein. ʿĀ'isha verließ ihre Sänfte, um ihr Bedürfnis zu verrichten. Als sie zum Lagerplatz zurückgekommen war, bemerkte sie, daß sie ihre Halskette aus jemenitischen Achaten verloren hatte, und ging zurück, um sie zu suchen. Inzwischen war es Zeit geworden, das Lager aufzuheben, und die Männer, die ihre Sänfte auf ein Kamel hoben, wußten nicht, daß sie nicht mehr darin war. Das Heer setzte seinen Weg fort und ließ 'Ā'isha zurück. Als sie sich allein und verlassen fand, setzte sie sich in den Sand und schlief ein, und hier entdeckte sie ein junger Mann, der zur Nachhut gehörte. Er hob sie auf sein Kamel und eilte weiter, bis er den Hauptteil des Heeres erreicht hatte.

Man zerriß sich die Mäuler, wie es nicht anders sein konnte, und diejenigen, die 'Ā'isha ihren oder, wahrscheinlicher noch, ihres Vaters Einfluß auf den Propheten übelnahmen, waren schnell bei der Hand mit Verdächtigungen. Feindseligkeiten und Rivalitäten, bis dahin unausgesprochen, kamen ans Licht, und der Prophet selbst wurde mit den widersprüchlichsten Ratschlägen bestürmt. Sein Schwiegersohn 'Ali bemerkte, daß viele Ehemänner von derartigen Kümmernissen heimgesucht würden, daß es aber schließlich ja jede Menge anderer Frauen auf Erden gäbe – eine Bemerkung, die 'Ā'isha ihm niemals vergab, was weitreichende historische Folgen haben sollte. Sie selbst blieb, von gelegentlichen Weinkrämpfen abgesehen, trotzig. Als Muhammad zu ihr kam, traurig und zutiefst verstört, sagte sie zu ihm: »Ich weiß, was sie über mich reden. Du scheinst es zu glauben. Ich bin wie Jakob, als er sagte: ›Geduld ist am besten, und es ist Allah, dessen Hilfe wir suchen‹.«

Ein Monat verging, ein Monat, während dessen der Prophet keine weiteren Offenbarungen erhielt. Danach wurde 'Ā'ishas Geduld belohnt, nicht durch einen Traum – was das höchste war, auf das sie zu hoffen gewagt hatte –, sondern durch die Verse, die in der »Das Licht« genannten *Sūrah* enthalten sind, einer Offenbarung, die sie entlastete und ihre Verleumder verdammte, denen gesagt wurde: »Und warum, als ihr es hörtet, sprachet ihr nicht ›Es kommt uns nicht zu, hierüber zu reden?‹ Preis dir! Dies ist eine gewaltige Verleumdung« (Sura 24,15). Dem folgten gesetzgebende Verse, die sich mit Beschuldigungen wegen Ehebruchs befaßten und die noch immer Gültigkeit haben.

Eine Angelegenheit, die als Lappalie hätte erscheinen können – und unter anderen Umständen noch immer als solche erscheinen könnte –, erwies sich als »etwas ungemein Großes im Angesicht Gottes«. 'Ā'isha hätte die riesigen Dimensionen der Bühne, auf die sie gestellt wurde, um ihre Rolle zu spielen, nicht verstehen können; doch fand alles, was auf dieser Bühne geschah, in einem so blendenden Licht statt – und hatte so ungeheure Folgen –, daß wir es nicht für seltsam halten sollten, daß es Gott gefiel, in diese Angelegenheit einzugreifen; rückblickend, wenn man weiß, was diese Episode für die Entwicklung des Islam bedeutete, ist es nicht schwer, sich darüber klarzuwerden, daß das Verlieren einer Halskette durch eine fünfzehnjährige junge Frau, die eine irdische Wüste durchreiste, von größerer Bedeutung sein könnte als galaktische Katastrophen oder der Tod von Sternen.

Unter den Komödien der Mißverständnisse, die zwischen Menschen verschiedener Kulturen vorkommen können, ist keine frustrierender als die Situation, wenn zwei Menschen das Gleiche mit fast den gleichen Worten sagen, und doch mit dem, was sie sagen, ganz verschiedene Dinge meinen. Der Abendländer, der zum Nachthimmel aufblickt und über den astronomischen Raum nachdenkt, wird manchmal erschauernd bekennen, wie unbedeutend er sich inmitten solcher Entfernungen fühlt. Der Muslim gibt seine Bedeutungslosigkeit vor Gott bereitwillig zu – *Lā ilāha illā 'Llāh!* –, doch er fühlt sich niemals allein in einem fremden Universum. Der Muslim wird auch sagen, daß die natürliche Welt für den Menschen geschaffen wurde; der Abendländer stimmt dem begeistert zu und fährt fort, die Erde mit seinen Bulldozern aufzureißen.

Der Muslim fühlt sich nicht wie ein Zwerg angesichts der ungeheuren Größe der Natur, da er weiß, daß er der Statthalter Gottes ist, der aufrecht inmitten dieser Unermeßlichkeit steht. Wir, wenn auch klein an Statur, sehen die Sterne; sie sehen uns nicht. Wir haben sie in unserem Bewußtsein und messen sie entsprechend unserem Wissen; sie kennen uns nicht. Wir kennen ihren Lauf. Das Unermeßliche kann sich nicht selbst kennen; nur im menschlichen Bewußtsein kann ein solches Konzept existieren. In diesem Sinn ist der Mensch das Auge Gottes und daher das Maß aller Dinge, und diese, weit davon entfernt, fremd (und deshalb bedrohlich) zu sein, haben ihre Existenz darin, daß wir uns ihrer bewußt sind, und sind deshalb wie Ausweitungen unseres Seins.

Was der Muslim damit meint, wenn er sagt, die Welt sei für den Menschen gemacht, ist, daß sie wie ein riesengroßes Bilderbuch ist, durch das Gott mit Seinem Statthalter – dem Beobachter des Universums – in Verbindung ist, und nur mit ihm allein. Er hat keine Neigung, dieses Bilderbuch zu zerreißen wie ein unartiges Kind.

Der Koran und die großen Naturphänomene sind Zwillings-Manifestationen des göttlichen Aktes der Selbst-Offenbarung. Für den Islam ist die natürliche Welt in ihrer Gesamtheit ein riesiges Gewebe, in das die »Zeichen« des Schöpfers eingewoben sind. Es ist bedeutsam, daß das Wort »Zeichen« oder »Symbole«, *ayāt*, das gleiche Wort ist, mit dem man die »Verse« des Koran bezeichnet. Erde und Himmel, Berge und Sterne, Meere und Wälder und die Geschöpfe, die in ihnen sind, sind gewissermaßen »Verse« eines heiligen Buches. »Siehe, Allah schämt sich nicht, ein Gleichnis mit einer Mücke zu machen oder mit etwas darüber« (Sura 2,26). Die Schöpfung ist eines, und Er, der den Koran erschuf, ist Er, der alle sichtbaren Phänomene der Natur erschuf. Beide sind eine Mitteilung Gottes an den Menschen.

»Und in eurer Schöpfung und in den Tieren, die Er verstreut hat, sind Zeichen für Leute, die festen Glauben haben. Und in dem Wechsel von Nacht und Tag und in der Versorgung, die Allah vom Himmel hinabsendet, durch die Er die Erde nach ihrem Tode erweckt, und in dem Wechsel der Winde sind Zeichen für Leute, die's begreifen« (Sura 45, 3–4). Und: »Siehe, in der Schöpfung der Himmel und der Erde, und in dem Wechsel der Nacht und des Tages, und in den Schiffen, welche das Meer durcheilen mit dem, was den Menschen nützt, und was Allah vom Himmel niedersendet an Wasser ... und in dem Wechsel der Winde und der Wolken, die fronen müssen dem Himmel und der Erde, wahrlich, darinnen sind Zeichen für ein Volk von Verstand« (Sura 2,159). Denn »Er ist's, der die Erde ausbreitete und festgegründete (Berge) und Flüsse in sie setzte; und von allen Früchten schuf er auf ihr zwei Arten. Er lässet die Nacht den Tag bedecken. Siehe, hierin sind wahrlich Zeichen für nachdenkende Leute.« (Sura 13,3).

Ob wir über große Entfernungen hinwegblicken oder in uns selbst schauen, die Botschaft ist die gleiche: »Zeigen werden Wir ihnen Unsere Zeichen in den Horizonten und in ihnen selber, bis es ihnen deutlich ward, daß Er die Wahrheit ist. Genügt es denn nicht, daß dein Herr Zeuge aller Dinge ist?« (Sura 41,53).

Die Betrachtung der Welt als ein »Buch«[*] ist einem aus der abendländischen Dichtung vertraut, aber dieses Bild ist meistens figürlich, wenn nicht sogar phantastisch oder sentimental. Für den Muslim ist es eine Tatsache, so sicher wie die Tatsache, daß ein Mensch zwei Augen und eine Nase hat. Ob wir diese Zeichen lesen können oder nicht, ihre Gegenwart überall um uns ist etwas Konkretes, wie Schrift auf einer Buchseite. Man könnte es noch anders ausdrücken, indem man sagt, für den Islam gibt es nichts, das nicht eine Bedeutung hat, und diese Bedeutungen sind nicht isolierte Wörter auf der Buchseite, sondern sie sind zusammenhängend und miteinander verbunden. Nebenbei gesagt, gründet die alte Wissenschaft der Astrologie nicht auf der unwahrscheinlichen Annahme, daß die Sterne und Planeten menschliche Leben »beeinflussen«, sondern auf dem Glauben, daß wir und sie Teil eines einzigen Musters sind und eine Beziehung besteht zwischen den verschiedenen Elementen, aus denen sich das Muster zusammensetzt.

Dies führt unmittelbar zu dem Schlüsselbegriff *taWHiD*, der manchmal als »Monotheismus« übersetzt wird und gelegentlich als alternative Bezeichnung für die Religion des Islam

---

[*] »Dieses universale und öffentliche Manuskript«, wie es Sir Thomas Browne nannte.

behandelt wird. Die Wurzel WHD hat die Bedeutung sowohl von Einheit als auch dem Akt der Vereinigung. *Waḥada* bedeutet »er war einmalig«; wenn das »ḥ« verdoppelt wird, bedeutet das Verb »er vereinigte« oder »er machte zu einem«, und *waḥīd* ist »eins«; *waḥdānīyah* ist »Einsamkeit«, ein *muwaḥḥid* ist ein »Monotheist«, und ein *mutawaḥḥid* ist ein »Einzelgänger«. Da das Grundthema des Islam die Einheit Gottes und die Einheit Seiner Schöpfung ist, leuchtet es ein, daß die Begriffe, die aus dieser Wurzel abgeleitet wurden, das innerste Herz der Religion darstellen.

Das Prinzip des *tawḥīd* wird durch die Einheit der Substanz des Universums demonstriert, von den entferntesten Galaxien bis zu unseren eigenen Körpern und allem, was wir anfassen, wie auch durch die physikalischen Gesetze, die diese regieren. Was auch immer über die innere Struktur der »Materie« erkannt oder vermutet werden mag, ihre Natur ist letzten Endes ein Geheimnis, das nur dem das Unsichtbare und das Sichtbare »Wissenden« bekannt ist. Was man klar sehen kann, ist, daß die gesamte natürliche Welt ein einziges Gewebe aus unzählbaren Fäden ist, und daß das Leben aller Geschöpfe in ihm direkt oder indirekt von dem Licht der Sonne und dem Ausgießen von Wasser abhängt, genau so wie alles von einem Augenblick zum anderen von dem göttlichen Licht und dem Ausgießen der lebendig machenden Gnade abhängt. Das Sein ist eines, und alles, das ein Sein hat, hat teil an dieser Einheit. Man kann das Sein keinesfalls in getrennte und völlig abgeschlossene Fächer scheiden, denn ein solches Fach würde sofort ins Nichts zurückfallen. Der moderne Mensch hat den Weg zum Tod eingeschlagen, weil er in seinem Studium und in seiner Behandlung der natürlichen Welt gehandelt hat, als gäbe es solche Trennungen.

In allen lebenden Dingen, wie auch in der Substanz der Gesteine und des Bodens, sehen wir die Entfaltung chemischer Zyklen, die vom Zusammenwirken zwischen der Sonnenwärme, der Atmosphäre und den Ozeanen abhängen; bei allen spielt das Wasser eine entscheidende Rolle, und eben diese

Substanz wird am häufigsten im Koran erwähnt. »Allah erschuf alle Kreatur aus Wasser... Allah schafft, was er will, siehe, Allah hat Macht über alle Dinge« (Sura 24,44). Wasser wird als das lebenspendende Symbol des Segens, der Barmherzigkeit, der Fruchtbarkeit und der Reinheit gezeigt und ist im Zyklus seiner Bewegungen – aufsteigend, um Wolken zu bilden, und herabkommend als Regen – der höchste Mittler zwischen dem, was oben, und dem, was unten ist.* Anas, der dem Propheten nahestehende Gefährte, berichtet: »Ein Regenschauer fiel, als wir mit dem Gesandten Allahs zusammen waren, und er legte sein Gewand ab, bis etwas von dem Regen auf ihn fiel. Wir fragten ihn, weshalb er dies tue, und er antwortete: ›Weil er erst vor so kurzer Zeit bei seinem Herrn war.‹«

Die Verwandlungen des Wassers – der einzigen Substanz, die wir in ihrem natürlichen Zustand in den drei Formen fest, flüssig und gasförmig vorfinden – stellen schon an sich eine »Botschaft« dar. Wir denken an es als etwas Kühles, und doch ist es einmalig in seiner Fähigkeit, Hitze zu bewahren; die sanfte Oberfläche eines Sees ist ein verbreitetes Symbol für Frieden und Ruhe, und doch wird Wasser in peitschenden Regen, stürmische Meere und überflutende Ströme verwandelt. Im Fernen Osten ist es das Symbol der Demut, und doch ist es nicht träge, und ohne es wäre die Chemie des Lebens unmöglich. Für den Muslim ist es der große reinigende Wirkstoff, der selbst die tiefsitzendsten Sünden hinwegwäscht, und es ist von Gott dazu erwählt worden, eng mit unseren Gebeten verbunden zu sein durch die Waschung, die diesen vorangeht. »Sehen denn nicht die Ungläubigen, daß die Himmel und die Erde eine feste Masse bildeten und Wir sie dann spalteten und aus dem Wasser alles Lebendige machten? Glauben sie denn nicht?« (Sura 21,31).

---

* Für diese und andere Beobachtungen in diesem Kapitel, die sich auf den Zusammenhang zwischen den Phänomenen der natürlichen Welt und der koranischen Offenbarung beziehen, ist der Autor einem bisher unveröffentlichten Werk von Mr. J. Peter Hobson verpflichtet.

Wenn der Begriff »Wissenschaft« überhaupt irgendeine präzise Bedeutung hat – das heißt, sich auf das Wissen vom Wirklichen bezieht –, dann ist es die Wissenschaft des *tawḥīd*. Man könnte sagen, und dies aus gutem Grund, daß es dem *kāfir* niemals erlaubt sein sollte, sich den Naturwissenschaften zu nähern oder sich mit ihnen zu befassen. Er besitzt nicht den Schlüssel zu ihnen und muß deshalb zwangsläufig in die Irre gehen und andere irreführen. Er trennt, wo er vereinigen sollte, und sein bruchstückhafter Verstand befaßt sich nur mit Bruchstücken; es ist deshalb kein Wunder, daß er das Atom spaltet, mit verheerenden Folgen. Diejenigen, die nichts vom Prinzip wissen, sind nicht befähigt und unbefugt, seine Manifestationen zu studieren. »Und gehe nicht dem nach, wovon du kein Wissen hast; siehe, Gehör, Gesicht und Herz, alles wird dafür zur Rechenschaft gezogen« (Sura 17,38).

Obwohl Zeichen in allem gefunden werden können, das zu uns kommt, als ob ein Fluß vor unserer Tür diese Botschaften auf seiner Oberfläche trüge, spricht der Koran (wie andere heilige Bücher) in Begriffen empirischer Erfahrung, da er die Zeitalter überdauern soll und sich nicht an die »wissenschaftlichen« Theorien einer bestimmten Zeit binden kann. Seine Bilder sind die Phänomene der Natur, wie sie uns in unserer Erfahrung erscheinen – das Aufgehen und Untergehen der Sonne, der gewölbte Himmel über uns und die Berge, die wie Gewichte auf die Erde gesetzt sind. Wissenschaftliche Beobachtungen ändern sich je nach der vorgefaßten Meinung des Beobachters und den Instrumenten, die er zur Verfügung hat; und die Spekulationen, die mit Scheuklappen versehene menschliche Meinungen aufgrund dieser Beobachtungen konstruieren, ändern sich nicht weniger schnell. Die menschliche Erfahrung des sichtbaren Universums ändert sich jedoch nicht. Die Sonne »geht auf« für mich heute wie sie für den Menschen von vor zehntausend Jahren »aufgegangen« ist.

Symbolismus wohnt auch den Ereignissen und Mustern unserer Erfahrung inne, er ist aber weniger leicht auf der Unterseite der Dinge zu finden – dem Mechanismus, durch den sie zustandekommen. Eine Uhr ist eine Uhr. Die Zeiger, die sich auf dem Zifferblatt bewegen, geben uns etwas bekannt. Der Mechanismus des Uhrwerks sagt uns nicht die Zeit.

Um sich voll und ganz dieser Flut von Botschaften bewußt zu sein, bedarf es einer Nähe zur natürlichen Welt, die in unserer Zeit ungewöhnlich ist, und der Mensch, der vollkommen gleichgültig ist der Natur gegenüber, ist demjenigen sehr ähnlich, der taub für den Koran ist; nicht nur ist er von der Welt um ihn herum getrennt, sondern ist auch unvermeidlich in sich gespalten. Der französische Schriftsteller Jacques Ellul, dessen Buch *La Technique* zu den profundesten und verständnisvollsten Kritiken der modernen Welt gehört, die in diesem Jahrhundert veröffentlicht worden sind, hat bemerkt (wie auch viele andere), daß das Heilige immer eine auf die Natur bezogene Erfahrung war, auf die Phänomene von Geburt, Tod, Fortpflanzung, Mondzyklen und so weiter. »Der Mensch, der dieses Milieu verläßt, ist noch immer durchdrungen von den Gefühlen und Bildkräften, die aus dem Heiligen kommen: diese werden jedoch nicht mehr durch Erfahrung belebt und verjüngt. Der Stadtmensch ist von der natürlichen Umwelt getrennt, und die Folge davon ist, daß heilige Bedeutungen keine Berührungspunkte mehr mit der Erfahrung haben. Sie trocknen schnell aus, da sie keinen Nährboden in der neuen Erfahrung des Menschen mit der künstlichen Welt städtischer Technik mehr haben. Das Künstliche, das Systematisierte und das Rationale scheinen unfähig zu sein, Erfahrungen gleicher Art hervorzubringen...«[*]

Er fügt hinzu, daß in »Verbindung mit dem Wald, dem Mond, den Ozeanen, der Wüste, dem Sturm, der Sonne, dem Regen, dem Baum.... das Heilige geordnet wurde«; und an anderer Stelle bezeichnet er das Heilige (in seiner Beziehung zum Menschen) als »die Garantie, daß er nicht in einen sich menschlicher Logik entziehenden Raum und eine grenzenlose Zeit hinausgestoßen wird«. Das Neue an unserer Ära, sagt er, »ist,

---

[*] Jaques Ellul, *The New Demons*, S. 62 (Mowbray)

daß die tiefsten Erfahrungen des Menschen nicht mehr mit der Natur zusammenhängen...Der Mensch, der von einem technischen Milieu umgeben ist und mitten darinsteckt, hat das dringende Bedürfnis, eine Orientierung zu finden, einen Sinn und einen Ursprung zu entdecken, eine Authentizität in dieser inauthentischen Welt.«*

Was dabei herauskommt, stellt er fest, ist »eine Sakralisierung, eine Heiligung der Gesellschaft«, wie auch die der »Meister der Entheiligung in unserem modernen Zeitalter (Marx, Nietzsche, Freud)«, und politische Manifeste nehmen den Platz der heiligen Schriften ein. Dann beginnt Blut zu fließen, und die erschlagenen Körper stapeln sich, und ein neuer Götzendienst, tödlicher als der alte, verlangt nach Menschenopfern. Um davor bewahrt zu werden, in diese Falle zu geraten, braucht der Muslim den Koran, aber er braucht auch seine Ergänzung, die Offenbarung, die in den Naturphänomenen geschrieben steht; ohne diese ist vieles im Koran nicht verständlich.

Die heiligen Riten des Islam, insbesondere die fünf täglichen Gebete und der Fastenmonat, sind sehr viel enger mit den Naturzyklen verbunden als mit mechanischer Zeit. Die Gebetszeiten werden bestimmt durch die erste Morgendämmerung, den Sonnenaufgang, den Stand der Sonne in ihrem Zenith, die Mitte zwischen Zenith und Untergang, Sonnenuntergang und das Ende des Tages. Und obgleich uns der Kalender sagt, wann der Fastenmonat Ramadan beginnt und endet, wird es für wesentlich erachtet, daß die Daten nach dem tatsächlichen Sichten des Neumondes festgelegt werden, so daß die gelebte Erfahrung den Vorrang vor allen wissenschaftlichen Berechnungen hat. Ein Computer kann nicht nur die Minute, sondern die exakte Sekunde festlegen, zu der dann der neue Mond an einem bestimmten Ort sichtbar werden wird; das bedeutet nichts im Vergleich zu dem tatsächlichen Sehen dieser schmalen leuchtenden Mondsichel am Horizont. Durch das eigensinnige Festhalten am Prinzip des »Sichtens« demonstrie-

* *Ebd.* S. 65–67

ren die Muslime – nicht zuletzt jene, die im Westen leben – ihr Bewußtsein davon, daß die »Zeichen« Gottes eher in unserer Naturerfahrung als in unseren Gedankenprozessen gefunden werden können.

Die natürliche Welt wurde oben mit einem »Bilderbuch« verglichen; jetzt muß hinzugefügt werden, daß dies ein mit Leben und Tätigkeit gefülltes Buch ist und daß diese Bilder uns aus jeder Seite entgegenspringen. Ihre Tätigkeit ist die Lobpreisung, und ihr Leben wird genährt und erhalten durch die göttliche Barmherzigkeit. »Sahst du nicht, daß es Allah ist – es preisen Ihn alle in den Himmeln und auf Erden und die Vögel, ihre Schwingen breitend. Jedes kennt sein Gebet und seine Lobpreisung, und Allah weiß, was sie tun« (Sura 24,41). Und wieder: »Es preisen Ihn die sieben Himmel und die Erde und wer darinnen. Und kein Ding ist, das Ihn nicht lobpreist. Doch versteht ihr nicht ihre Lobpreisung. Siehe, Er ist milde und verzeihend « (Sura 17,46). Und: »Siehst du nicht, daß alles, was in den Himmeln und auf Erden ist, sich vor Allah niederwirft, die Sonne, der Mond, die Sterne, die Berge, die Bäume und die Tiere und viele Menschen...?« (Sura 22,18).

Einem *hadīth* zufolge erzählte Muhammad seinem Volk, daß es einmal einen Propheten gab, der von einer Ameise gebissen wurde und deshalb befahl, daß ein ganzer Ameisenbau verbrannt werden sollte. Gott tadelte ihn: »Weil dich eine Ameise gebissen hat, hast du eine Gemeinschaft zerstört, die Mich lobpries.« Allen Geschöpfen und allen Phänomenen ist ihr Lauf vorgeschrieben, und sie werden zur Erfüllung ihres Schicksals (ihrem Platz im universalen Muster) geleitet: »Und es lehrte dein Herr die Biene: ›Suche dir in den Bergen Wohnungen und in den Bäumen und in dem, was sie [die Menschen] erbauen. Alsdann speise von jeglicher Frucht und ziehe die gebahnten Wege deines Herrn‹...« (Sura 16,70–71).

Der Lobpreis, der aus der ganzen Schöpfung hinaufsteigt, reflektiert wie in ungezählten Spiegeln die Barmherzigkeit, die vom Himmel hinabsteigt und die alles ins Sein gebracht hat. Die Schönheit der Natur und die Nahrung, die alle lebendigen

Geschöpfe erhält, sind, zusammen mit dem Regen, der die trockene Erde belebt, die am häufigsten zitierten Beispiele für das Wirken dieser Barmherzigkeit. »Und die Erde, Er hat sie hingestellt für die Geschöpfe; in ihr sind Früchte und Palmen mit Blütenscheiden. Und das Korn voll Halme und der Lebensunterhalt. Und welche der Wohltaten eures Herrn wollt ihr beide wohl leugnen?« (Sura 55,9–12). Und wieder: »So schaue der Mensch nach seiner Speise! Siehe, Wir gossen das Wasser in Güssen aus, alsdann spalteten Wir die gefurchte Erde und ließen Korn in ihr sprießen und Reben und Klee und Ölbäume und Palmen und dichtbepflanzte Gartengehege und Früchte und Gras – eine Versorgung für euch und euer Vieh« (Sura 80,24–32).

Auch hier ist das Prinzip des *tawḥīd* nur dünn verhüllt durch Vielfältigkeit, denn alle Geschöpfe werden durch Nahrung erhalten, die zwischen ihnen in einem riesigen Gewebe gegenseitiger Abhängigkeit ausgetauscht wird, in dem sowohl Wettbewerb als auch Zusammenarbeit eine Rolle spielen; denn der Tod eines Wesens bedeutet das Leben eines anderen, die Gabe des einen die Erhaltung eines anderen oder vieler anderer. Dieses fragile Gewebe gegenseitiger Abhängigkeit, in dem alle Geschöpfe existieren, vor der tödlichen Strahlung nur durch die dünne Decke der Atmosphäre geschützt, befindet sich in einer unsicheren Zwischenzone zwischen dem für uns unfaßbaren Ausmaß des Kosmos und den undurchdringlichen Tiefen der Erde mit ihrem feurigen Inneren. Sowohl über als auch innerhalb dieser physischen Gebiete des Unbekannten ist das größere »Unbekannte« *(al-ghayb)*, jenseits des Firmaments und unterhalb der tiefsten Schichten unseres Daseins.

Innerhalb dieser engen Zwischenzone müssen wir – verwundbar wie wir sind – behutsam mit der Erde umgehen und sie mit dem gleichen Respekt behandeln, den wir dem Buch Allahs entgegenbringen, denn obgleich »Er ist's, der die Erde gefügig für euch gemacht hat« und obgleich wir die Freiheit haben, »ihre Räume zu durchwandeln und von Seiner Versorgung zu essen«, steht doch geschrieben: »Seid ihr sicher, daß der, welcher im Himmel ist, nicht die Erde euch verschlingen lassen kann? Und siehe, sie bebt« (Sura 67,15–16).

Wieder und wieder erinnert uns der Koran an die Zerbrechlichkeit alles dessen, das existiert. Die Vegetation, die unter dem Segen des Regens zum Leben erspriesst, ist schnell gemäht und wird »wie Stroh«. Selbst die Berge – Bilder der Stabilität – sind gefährdet: »Und die Berge, die du für fest hältst, wirst du wie Wolken dahingehen sehen...« (Sura 27,90). Der Wechsel von Leben und Tod, wie der von Tag und Nacht, ist wie ein Schattenspiel, in dem nichts unter dem Mond dauert, diesem unerbittlichen Zeitmesser, der nach dem Vollmond wieder abnimmt, »bis er dem alten dürren Palmstiel gleicht« (Sura 36,39). Und doch hat die Vergänglichkeit aller Dinge – nichts bleibt, nichts ist vom Tod ausgenommen – einen positiven Aspekt, denn es ist gerade diese Zerbrechlichkeit, welche die dünne Trennwand der Existenz durchsichtig macht für das, was dahinter liegt; wenn sie fest wäre, wäre sie undurchsichtig. Selbst auf dem einfachsten menschlichen Niveau würde kein Mensch an Gott denken, wenn er nicht wüßte, daß er sterben muß.

Jenseits der Vielfalt aller geschaffenen Phänomene und der scheinbaren Endlosigkeit von Raum und Zeit steht Allah, der Eine, nach dessen Namensnennung der fromme Muslim hinzufügt: »Gepriesen sei Er, der keinen Teilhaber hat«, verschleiert, wie manchmal gesagt wird, durch siebzigtausend Schleier des Lichtes und der Finsternis; denn würde Er sich so zeigen wie Er ist, vor der Welt Seine Majestät entschleiernd, so würde sich alles sofort auflösen, so wie diese Erde, brächte man sie näher an die Sonne. Eine kleine Weile sind wir also frei, in einer Art Zwielicht zu wandern, sogar mit einer Illusion von Sicherheit, gehorsam dem geoffenbarten Gesetz, oder auch ungehorsam, je nachdem, der Wahrheit gegenüber blind und taub, wenn wir dies wünschen. Auf diese Art stellen wir uns bloß, identifizieren uns, zeigen offen, wer und was wir sind; und sehr bald ist unsere »kleine Weile« vorüber, und wir kommen vors Gericht. Einer der zusätzlichen Namen, die man dem Koran manchmal gibt, ist *al-Furqān*, abgeleitet aus einer Wortwurzel, die bedeutet »er trennte«, und gewöhnlich übersetzt als »Das Unterscheidungsmerkmal« oder »Das Kriterium«. Dies identifiziert das Buch als ein »Schwert der Unterscheidung«, das mit einem Schlag die Verwirrung menschlicher Erfahrung durchschneidet, um zwischen wahr und falsch, wie auch zwischen gut und böse zu unterscheiden. In einer chaotischen Umwelt verbringen die Menschen ihr Leben in einer Art »Grauzone«, in der alle Unterscheidungen und Unterschiede verwischt sind. Der Koran spricht immer wieder die Warnung aus, daß das Kommen eines Gesandten mit einer Offenbarung vom Himmel wie ein Vorgeschmack des Jüngsten Gerichts sei, wonach es keine Entschuldigung mehr geben kann, daß man im Zustand der Ungewißheit verharrt. Die Offenbarung wirft über die ganze Szene ein leuchtendes Licht, in dem alles so gesehen werden kann wie es ist, und in dem alles seinen angemessenen Platz erhält.

»Es sei kein Zwang im Glauben. Klar ist nunmehr unterschieden das Recht vom Irrtum; und wer den Tāghūt [die Götzen] verleugnet, der hält sich an der stärksten Handhabe...« (Sura 2,257).

Es wird uns gesagt, daß »... dein Herr die Städte nicht in ihrer Sünde vertilgt, während ihre Bewohner in Sorglosigkeit sind« (Sura 6,131), aber »... jedes Volk hat seinen Gesandten. Und als ihr Gesandter kam, ward zwischen ihnen in Gerechtigkeit entschieden und sie litten nicht Unrecht« (Sura 10,48).

So neutral ein Einzelmensch auch erscheinen mag, solange er in einem undifferenzierten Milieu lebt, und so obskur seine Grundtendenzen auch sein mögen, während er in diesem Milieu ist, so werden diese Tendenzen doch aktualisiert, wenn sie mit dem Licht der Offenbarung in Verbindung kommen. Ebenso wie die Helle des physikalischen Lichts alle potentiellen Kontraste erkennbar macht, verleiht geistiges Licht jedem Ding seinen primären positiven oder negativen Wert. Der Gesandte sagt in der Tat: »Ich bin gesandt worden, um euch zu warnen. Wählt jetzt und lebt für immer mit den Folgen eurer

Wahl«; und das ist ohne Zweifel der Grund dafür, daß es heißt, wenn die Tore des Paradieses geöffnet werden, öffnen sich auch die Tore der Hölle. Mit einem volkstümlichen amerikanischen Ausspruch werden wir aufgefordert: »Die Wahrheit zu hören, ehe sie dich beißt«.

Eines der Grundthemen des Koran ist die Flucht des Menschen vor der Wirklichkeit. Wenn die grundlegende Prämisse besteht, daß Gott *ist* und daß Sein Sein alle Existenz sowohl übersteigt als auch umfaßt, dann ist Unglaube eben eine solche Flucht. Männer und Frauen haben im Lauf der Jahrhunderte jede sich bietende Gelegenheit genutzt, der totalen Realität aus dem Weg zu gehen und in kleinen Winkeln privater Finsternis Zuflucht zu suchen. Selbst auf der einfachsten alltäglichen Ebene weichen wir ständig dem Gedanken an den Tod aus; wir fliehen vor unserer inneren Einsamkeit, die doch von keinem noch so intensiven geselligen Umgang völlig überwunden werden kann; und wir weigern uns, unsere menschlichen Grenzen und unsere Sünden einzugestehen. Das ist nicht nur die dem gefallenen Menschen innewohnende Tendenz, Gott zu »vergessen«; hinzu kommt noch ein üppiges Wuchern von Vergeßlichkeit auf allen Gebieten.

Das Schwert des Koran zerschneidet auch die Träume, die Männer und Frauen in ihrem Netz gefangen halten, selbst dann, wenn äußerliche Umstände sie – wie eine Dusche eiskalten Wassers – dazu bewegen könnten, ihre Augen für die Wirklichkeit aufzutun; Träume, die letzte Zuflucht derer, die der Realität entfliehen möchten, hängen uns selbst dann noch immer an, wenn alle anderen Versuchungen die Seele nicht mehr im Griff haben. Mit den Worten des christlichen Autors Gustave Thibon: »Nicht gegen den Schlaf, sondern gegen den Traum müssen wir uns wappnen. Jemand, der träumt, ist schwerer zu wecken als jemand, der schläft...Schlaf ist die Abwesenheit Gottes, aber der Traum ist Sein Phantombild; und Gott ist doppelt abwesend im Traum, erstens, weil Sein Platz leer ist, und zweitens, weil er von etwas eingenommen wird, das nicht Er ist. Der Tag des Herrn wird weniger wie ein

Dieb in der Nacht kommen für jene, die schlafen, als für jene, die träumen.«*

Darüber hinaus gibt es im Koran eine Reihe von Stellen, die etwas offenlegen, was man als typisch moderne Illusion ansehen könnte, nämlich den Glauben, daß wir uns gewissermaßen leise davonstehlen könnten, unbemerkt, solange wir keine Aufmerksamkeit auf uns ziehen und – unserer Meinung nach – ein anständiges und harmloses Leben führen. Es ist das Hinwegreißen aller solcher Illusionen von Sicherheit, das sowohl das Jüngste Gericht als auch seinen Vorgeschmack im Koran charakterisiert; und dies ist der Hintergrund, auf dem das Leben als eine kurze, aber ungemein kostbare Gelegenheit gesehen wird, die eine Ein-für-allemal-Wahl anbietet.

Daher auch das Gefühl der Dringlichkeit, das den gesamten Koran durchzieht und den Gedanken an »Zeitvertreib« zu einer schweren Beleidigung des gesunden Menschenverstands macht; denn die wenige Zeit, die wir haben, zu vergeuden, erscheint dem Muslim als wahnwitzige Verschwendungssucht. Das gewöhnliche Ersuchen derer, die im Koran als »die Verlierer« *(al-khāsirūn)* beschrieben werden, die Verdammung zu erwarten haben, ist, wieder ins menschliche Leben zurückgeschickt zu werden, sei es auch nur für eine kurze Weile; und man begreift, daß selbst ein einziger Tag, an dem sie ihre Zeit gut verwenden könnten, für sie ein Schatz wäre, größer als alles, was sie sich im Leben gewünscht hatten. »Drum warne die Menschen vor dem Tag, an dem sie die Strafe ereilt und sprechen werden die Sünder: ›Unser Herr, verzieh mit uns noch um eine kurze Frist – Antworten wollen wir dann Deinem Ruf und folgen den Gesandten‹« (Sura 14,44–46).

Sowohl der Koran als auch die Hadīthe betonen die Hilflosigkeit derer, die gestorben sind und nun durch die Zeit der Prüfung oder Befragung gehen, welche ihren Höhepunkt im Gericht hat; und gerade im Gegensatz dazu wird es als höchstes Privileg der Lebenden angesehen, sich frei bewegen und noch

---

* Gustave Thibon, *L'Échelle de Jacob*, S. 108, Paris (Lardanchet)

Chancen nutzen zu können. Diese Freiheit ist eine himmlische Barmherzigkeit und ein Aspekt des »Unterpfands«, das dem Menschen anvertraut wurde, denn: »Und wenn Wir es gewollt, Wir hätten sie auf ihrem Platze verwandeln können, so daß sie weder nach vorn oder hinten hätten gehen können« (Sura 36,67). So wie der Querschnittgelähmte sich an die Tage, da er noch einen Fuß vor den anderen setzen konnte, als einer Zeit nicht voll gewürdigten Glücks erinnert, so schauen die Toten auf ihre frühere Beweglichkeit zurück; und deshalb sagt man oft im Islam, daß »nur die Toten den Wert des Lebens kennen«. Und wenn das Urteil einmal gesprochen ist, haben Bedauern und Reue keine Funktion mehr. »Nun ist es gleich für uns, ob wir mißmutig oder standhaft ertragen; uns ist kein Entrinnen« (Sura 14,25). Dieser Aspekt ist dem Christen bereits geläufig, der im Lukasevangelium von dem Tag liest, »Wenn sie anfangen werden zu sagen zu den Bergen: Fallet über uns! und zu den Hügeln: Decket uns!« (Luk. 23,30), und in der Offenbarung des Johannes: »Und in jenen Tagen werden die Menschen den Tod suchen und nicht finden, und der Tod wird vor ihnen fliehen« (Off. 9,6–7).

Nachdem alle Warnungen ausgesprochen, alle Regeln festgelegt, alle Geschichten erzählt und alle Bilder geprägt sind, wendet sich der Koran dem Augenblick zu; »wenn die Sonne zusammengefaltet wird, und wenn die Sterne herabfallen, und wenn die Berge sich rühren ... und wenn die Meere anschwellen ... und wenn die Seiten aufgerollt werden, und wenn der Himmel weggezogen wird, und wenn der Höllenpfuhl entflammt wird, und wenn das Paradies nahegebracht wird – dann wird jede Seele wissen, was sie getan hat« (Sura 81,1–14). Wenn dieser Augenblick kommt, »werden die Menschen gleich verstreuten Motten sein und die Berge gleich zerflockter Wolle« (Sura 101,4–5), und alles, was verborgen war, tief vergraben in der geduldigen Erde, vom Anfang der Zeiten an bis zum Ende der Zeiten, wird offenbar werden, »wenn die Erde erbebt in ihrem Beben und die Erde herausgibt ihre Lasten ... An jenem Tag wird sie ihre Geschichten erzählen, weil der Herr sie inspiriert« (Sura 99,1–5). Dies ist der Einbruch des Realen, der Wirklichkeit, und die Zerstörung des Traumgewebes, in dem wir lebten: »Dies ist der gewisse Tag. Drum, wer da will, der nehme Einkehr zu seinem Herrn. Siehe, wir warnen euch vor naher Strafe – jenem Tag, an dem der Mensch schauen wird, was seine Hände vorausgeschickt, und der Ungläubige sprechen wird: ›O daß ich doch Staub wäre!‹« (Sura 78,39–41).

Dieser Augenblick, obwohl chronologisch am Ende der Zeiten, überschattet die Gegenwart fast so, als sei er bereits in Sicht, weil das Wirkliche notwendigerweise das, was weniger wirklich ist, überschattet und das Zeitlose immer in einem gewissen Sinn hier und jetzt ist; darüber hinaus ist jeder einzelne Tod – für das betroffene Individuum – eine Präfiguration des Endes aller Dinge unter der Sonne.

»Sogar die Gläubigen selbst«, sagt Frithjof Schuon, »sind zum größten Teil zu gleichgültig, um konkret zu fühlen, daß Gott nicht nur ›oben‹, im ›Himmel‹ ist, sondern auch uns ›Voraus‹ am Ende der Welt, oder einfach am Ende unseres eigenen Lebens; daß wir von einer unerbittlichen Kraft durchs Leben gezogen werden und daß am Ende des Weges Gott uns erwartet; die Welt wird eines Tages überschwemmt und aufgesogen werden von einem unvorstellbaren Einbruch des Übernatürlichen – unvorstellbar, weil er alle menschliche Erfahrung und alle bekannten Maßstäbe überschreitet. Der Mensch hat keine Möglichkeit, sich auf etwas aus seiner Vergangenheit zu beziehen, das ein solches Ereignis vorstellbar machen könnte, ebensowenig wie eine Eintagsfliege sich weitläufig über den Wechsel der Jahreszeiten auslassen kann; der Sonnenaufgang kann niemals zu den gewohnheitsmäßigen Sinneswahrnehmungen eines Geschöpfes gehören, das um Mitternacht geboren ist und dessen Leben nur einen Tag dauert ... Und *so* wird Gott kommen. Dann wird nichts anderes sein als dieses eine Kommen, diese eine Gegenwart, und durch sie wird die Welt der Erfahrungen zertrümmert werden.«*

---

* Frithjof Schuon, *Light on the Ancient Worlds,* S. 49, (Perennial Books)

Jeder von uns ist in seinem kleinen Winkel ein Mitspieler in einem – sowohl kosmischen als auch metakosmischen – Drama, neben dem die größten irdischen Erschütterungen wie Gewitter und Wirbelsturm, Erdbeben und Vulkanausbrüche wenig mehr als der Kulissenwechsel im Theater sind. Aber das beherrschende Thema, das den Koran von Anfang bis Ende durchläuft, ist die Barmherzigkeit Gottes, in dessen Händen selbst ein solches Drama nur ein Geringes ist, und es wird uns versichert, daß diejenigen, die den ihnen angebotenen »festen Halt« ergriffen haben, sich vor nichts zu fürchten brauchen.

Am Ende der Reise steht der Gruß: »O du beruhigte Seele, kehre zurück zu deinem Herrn zufrieden, befriedigt« (Sura 89,27–28); »... geschrieben hat Er in ihre Herzen den Glauben und Er stärkt sie mit Seinem Geiste. Und Er führt sie ein in Gärten, durcheilt von Bächen [der Gnade], ewig darinnen zu verweilen. Allah hat Wohlgefallen an ihnen und sie haben Wohlgefallen an Ihm« (Sura 58,22).

5. Der Gesandte Gottes

Die Begegnung mit der Geschichte des Lebens Muhammads verlangt, genau wie die Begegnung mit dem Koran, eine Verschiebung der Perspektive sowohl beim Christen und beim säkularisierten Menschen, als auch bei all denen (die zeitgenössischen Muslime eingeschlossen), deren Geist durch eine »moderne« Bildung geformt worden ist.

Der Christ muß, wenn er den Islam verstehen möchte, der Versuchung widerstehen, Muhammad mit Jesus zu vergleichen; denn diese beiden hatten völlig verschiedene Rollen im Gesamtplan der Dinge; der säkularisierte Mensch ist eingeladen – sei es auch nur hypothetisch – den Duft des Heiligen und den eines menschlichen Lebens zu erspüren, das ganz und gar von einer göttlichen Absicht determiniert war. Der zeitgenössische Verstand sucht nach Ursachen, um Phänomene zu »erklären« und, nachdem er entdeckt hat, *wie* dieses oder jenes zustande kam, vergißt er zu fragen, *weshalb* es zustande kam. Für den traditionellen Muslim andererseits sind eine Person, ein Ding oder ein Ereignis das, was sie sind, weil Gott die entsprechende – noch nicht manifestierte, noch nicht zum Ausdruck gebrachte – in Seiner Schatzkammer verborgene Möglichkeit anblickte – und sie damit ins Licht der Existenz brachte: »Sein Befehl ist nur, wenn Er ein Ding will, daß Er zu ihm spricht: ›Sei!‹ und es ist« (Sura 36,82). Was wir als eine kausale Sequenz von Ereignissen sehen, wird so als ein Muster gesehen, das bereits vollständig im Geiste Gottes existierte. Kausale Faktoren können für jedes Ereignis entdeckt werden, da sie innerhalb des Netzwerks von Beziehungen existieren, die das gesamte Muster darstellen; und der menschliche Verstand funktioniert im Kontext der Kausalität wie ein Blinder, der seinen Weg von einem Gegenstand zum nächsten ertastet, die kausalen Faktoren erklären jedoch nicht, weshalb ein solches Ereignis notwendig war.

Moderne Biographen Muhammads sagen in der Tat, daß, weil diese oder jene zufälligen Ereignisse ihm in seinem Leben begegneten, er der Mann war, der er war, handelte, wie er handelte, und sagte, was er sagte. Diese Art, die Dinge anzugehen, ist dem traditionellen Muslim unverständlich, für den dieser Mann das war, was er sein mußte, tat, was er tun mußte, und sagte, was er sagen mußte, ganz in Übereinstimmung mit der göttlichen Absicht. »Und nicht erschufen Wir den Himmel und die Erde und was zwischen ihnen ist, umsonst. Solches ist das Wähnen der Ungläubigen« (Sura 38,26). Einige Orientalisten – im besonderen v. Grunebaum – sprechen von Muhammads »Glück«, als ob die Welt so sehr der Richtung ermangelte und so leer wäre, daß eine Religion sich auf gutes Glück verlassen müßte, um sich Geltung zu verschaffen; oder als ob Gott, nachdem Er beschlossen hatte, einen großen Teil der

Menschheit mittels einer göttlichen Offenbarung zu verwandeln, sich wieder abgewandt und alles dem blinden Zufall überlassen hätte.

Daraus folgt, daß, vom muslimischen Standpunkt aus betrachtet, die Welt, in die Muhammad geboren wurde – Arabien im 7. Jahrhundert der christlichen Ära –, eine Welt war, von der göttlichen Vorsehung entworfen, um ihn zu empfangen und sowohl der Botschaft des Koran als auch der Botschaft, die in seiner Lebensgeschichte enthalten ist, genau die Form und Färbung zu geben, die sie haben. Der Edelstein war seiner Fassung angepaßt, wie die Fassung dem Stein; und anzunehmen, daß es anders hätte sein können als es war, hieße ein Konzept des »Zufalls« einzuführen, für das in diesem Zusammenhang kein Platz ist.

Arabien war zu jener Zeit in drei Zonen geteilt. Der Norden lebte im Schatten zweier großer Reiche, dem christlichen Byzanz (das den Arabern als »Rom« bekannt war) und dem zoroastrischen Persien; Reichen, die in ständigem Konflikt miteinander lagen und beide so gleich an Macht waren, daß keines von ihnen einen entscheidenden Sieg über das andere erringen konnte. Diese Großmächte besetzten die Bühne, während in den Schatten – in den Kulissen – die Araber der Nordregion sich bald mit dem einen, bald mit dem anderen verbündeten, je nachdem, wo ihr Vorteil lag.

Im Süden lebten die Völker von Ma'in, Saba, Kataban und Hadramaut, der Geschichte nicht fremd, denn dies war das Land von Weihrauch und Myrrhe und »allen Wohlgerüchen Arabiens«, das glückliche Land, das die Römer *Arabia Felix* nannten. Unglücklicherweise war der Süden ein erstrebenswerter Besitz.

Die erfolgreiche Bekehrung des äthiopischen Herrschers, des Negus, zum Christentum hatte sein Land in ein Bündnis mit Byzanz geführt, und mit byzantinischer Billigung überquerten die Äthiopier im frühen 6. Jahrhundert die Meerenge und nahmen dieses fruchtbare Territorium in Besitz, womit bewiesen wurde – wie schon so oft zuvor und danach –, daß

Glücklichsein nicht immer Glück bringt.* Noch ehe sie von einem rücksichtslosen Eroberer ruiniert wurden, hatten die Südaraber jedoch die Wüsten Zentral-Arabiens dem Handel geöffnet, indem sie eine gewisse Organisation in das Leben der Beduinen (die ihnen als Führer für ihre Karawanen dienten) eingeführt und Handelsniederlassungen in den Oasen errichtet hatten.

War das Symbol dieser seßhaften Menschen der Weihrauch-Baum, so war die Dattelpalme das der trockenen Zone; auf der einen Seite der Luxus der Parfüms, auf der anderen die notwendige Nahrung. Niemand hätte das Hedschas – wo, wie ein südarabischer Dichter sagte, »kein Vogel singt und kein Gras wächst« – als erstrebenswerten Besitz betrachten können. Es gab nichts in dieser Region, das Räuber hätte anziehen können. Die Unterwerfung eines Menschen unter einen anderen oder eines Volkes unter ein anderes war durch alle Zeitalter hindurch die gewöhnliche und formende menschliche Erfahrung gewesen, aber die Stämme des Hedschas hatten niemals Eroberung oder Unterdrückung gekannt, waren niemals genötigt, »Herr« zu irgendjemand zu sagen. Darin dürften sie fast einmalig gewesen sein; als einzig mögliche Vergleiche könnten die Mongolen der sibirischen Steppen und die Indianer Nordamerikas vor dem Kommen des weißen Mannes herangezogen werden.

---

* »So nahmen mehr als tausend Jahre einer entwickelten Zivilisation ein Ende. Selbst die Ansiedlungen wurden verlassen, und die Menschen zogen sich entweder in eine primitive Nomadenexistenz zurück oder gingen in die Berge, wo sie kleine Terrassenkulturen an den Hängen anlegten...Die Macht und Herrlichkeit von Ma'in, Kataban, Ausan und Hadramaut, und vor allem aber von Saba und Himjar verblaßte im kollektiven Gedächtnis. Die Weihrauch-Straße wurde vergessen..., selbst die himjaritischen Inschriften wurden nach hundet Jahren schon nicht mehr verstanden. Der Weihrauch-Baum wurde zu einer Seltenheit, da es keine organisierte Kultivierung mehr gab. Die Bewässerungssysteme verfielen, und die Felder wurden wieder zu Wüstensand.« Michael Jenner, *Yemen Rediscovered*, 1983 (Longman). Die frühen Muslime hatten so in allernächster Nähe ein eindrucksvolles Beispiel von der Auflösung einer Zivilisation vor Augen.

Die Armut war ihr Schutz, aber man darf zweifeln, ob sie sich arm fühlten. Um sich arm zu fühlen, muß man die Reichen beneiden, und sie beneideten niemand. Ihr Reichtum bestand in ihrer Freiheit, ihrer Ehre, ihrer edlen Abstammung und ihrer unvergleichlichen Sprache, dem geschmeidigen Instrument der einzigen Kunst, die sie kannten, der Kunst der Poesie. Alles, was wir jetzt »Kultur« nennen würden, konzentrierte sich in diesem einen Medium, das kein schweres Gepäck verlangte, das sie bei ihren Wanderungen behindert hätte. Die Sprache war etwas, das sie formen und modellieren konnten, um Mut und Freiheit zu verherrlichen, den Freund zu preisen und den Feind zu verspotten, die Tapferkeit der Männer des Stammes und die Schönheit seiner Frauen in Gedichten zu rühmen, die am Lagerfeuer oder in der Weite der Wüste unter der gewaltigen Himmelskuppel gesungen wurden und die Zeugnis ablegten von der Größe dieses kleinen menschlichen Geschöpfs, das immerfort durch die dürren weiten Räume der Erde wandert.
Für den Beduinen war das Wort ebenso kraftvoll wie das Schwert. Wenn feindliche Stämme sich zu einer Schlacht trafen, war es üblich, daß jede Seite ihren besten Dichter aufstellte, der den Mut und die edle Herkunft seines Volkes rühmte und Verachtung auf den unwürdigen Feind häufte. Es heißt, es sei vorgekommen, daß eines Dichters Zunge so beredt, seine Worte so überzeugend waren, daß der gegnerische Stamm sich davonschlich, besiegt, ehe auch nur ein Schlag ausgetauscht worden war.*
Solche Schlachten, bei denen der Kampf zwischen zwei rivalisierenden Kämpen als eines der Hauptmerkmale galt, waren eher Sport als Kriegsführung, so wie wir den Begriff jetzt verstehen; es waren stürmische Angelegenheiten mit viel

---

* Vielleicht können wir selbst heute noch eine Spur davon entdecken, wenn ein arabischer Führer eine überaus heftige Rede hält, voll Blut und Donner, und dann zurückkehrt, überzeugt, daß er einen Krieg gewonnen und seine Feinde zerschmettert hat. Er ist ehrlich verdutzt, wenn eben diese Feinde sich weigern, sich hinzulegen und tot zu spielen. Hat er sie denn nicht mit seiner Zunge buchstäblich in Stücke gerissen?

Angabe und Zurschaustellung, doch nur wenigen Verlusten. Sie dienten einem rein ökonomischen Zweck, indem die Beute verteilt wurde; und hätte der Sieger seinen Vorteil zu sehr ausgespielt, wäre dies gegen den Ehrenkodex gegangen. Wenn die eine oder die andere Seite ihre Niederlage zugegeben hatte, wurden die Toten auf beiden Seiten gezählt, und die Sieger zahlten Blutgeld – eigentlich Reparationen – an die Besiegten, so daß die relative Stärke der Stämme in gesundem Gleichgewicht gehalten wurde. Der Gegensatz zwischen dieser Praxis und den Praktiken der zivilisierten Kriegsführung ist höchst auffallend.

Ob im Kampf oder bei Wüstenwanderungen – das Überleben hing ab von den Qualitäten von Mut und Durchhaltekraft, von Loyalität gegenüber dem Stamm und einem wahren Kult der Vortrefflichkeit, die auch die Verpflichtung mit sich brachten, die Schwachen zu schützen, besonders die Frauen – als Gebärerinnen und Ernährerinnen des Lebens – und die Kinder, in deren zartem Dasein die Zukunft des Stammes lag. Der Held vor-islamischer arabischer Poesie war stets der Beduinen-»Ritter«, aufrecht, sich selbst treu, in einer Welt, die sozusagen nur aus Sonne, Himmel, Sand und Felsen bestand, stolz selbst in der Armut, Freude suchend in Selbstbeherrschung, Sicherheit und die zweischneidigen Freuden des Reichtums verachtend, und bereit, dem Tod ins Auge zu sehen, ohne mit der Wimper zu zucken. Unter solchen Menschen findet man weder den Bodensatz noch den Abschaum der Menschheit, was bedeutet, daß die Prinzipien, nach denen sie lebten und starben, jene waren, welche die westliche Tradition mit Aristokratie im wahren Sinne des Wortes verbindet.

Dies sind aber nicht die Prinzipien, die das Leben der Stadtmenschen beherrschen, und im 6. Jahrhundert der christlichen Ära hatten die Araber des Hedschas die Freuden und Versuchungen des Stadtlebens entdeckt. Die uralte Ka'ba war seit langem der Mittelpunkt dieser kleinen Welt gewesen, und die Zelte der Nomaden wurden um sie herum aufgeschlagen; aber gegen Ende des vorhergegangenen Jahrhunderts hatte ein gewisser Qusayy, das Oberhaupt des mächtigen Stammes der Quraysh, eine feste Siedlung errichtet. Dies war die Stadt Mekka (oder »Bakka«, abgeleitet von einem sabäischen Wort, das »Heiligtum« bedeutet). Die Zeitumstände hatten ihre Entwicklung zu einem Haupthandelszentrum begünstigt. Die Kriege zwischen Persien und Byzanz hatten zur Schließung der nördlicheren Handelsrouten zwischen Ost und West geführt, während der Einfluß und der Reichtum Südarabiens durch die Äthiopier zerstört worden war. Darüber hinaus wurde das Prestige der Stadt noch durch ihre Rolle als Pilgerzentrum erhöht, ebenso wie das der Quraysh, die als Hüter der Ka'ba sich des Besten in beiden Welten erfreuten. Die Verbindung von Adel – stammten sie denn nicht durch Ismael von Abraham ab? – mit Reichtum und geistiger Autorität gab ihnen Grund zu glauben, daß ihre Pracht und Herrlichkeit im Vergleich zu der aller anderen Menschen auf Erden dem Glanz der Sonne gegenüber dem Flimmern der Sterne vergleichbar sei.

Die Handelsstraßen führten in verschiedene Richtungen aus der Stadt. Wohlhabende Kaufleute schickten ihre privaten Karawanen das ganze Jahr hindurch aus; es gab jedoch auch zwei große jährliche Karawanen, im Sommer nach dem Jemen und im Winter nach Syrien, an denen die gesamte Bevölkerung beteiligt war. Ein hochentwickeltes Kreditsystem ermöglichte es selbst den ärmsten Bürgern, auf Treu und Glauben zu kaufen; und gewaltige Heere von zwei- oder dreitausend Kamelen, die Gold, Silber, Leder und anderes kostbares Gut trugen und die von bis zu dreihundert Männern geschützt wurden, brachten allen Beteiligten Gewinne. Die Stadt war niemals ruhig. Die Kamele zogen eines nach dem anderen unter dem Geläut ihrer Halsglocken durch die engen Gassen, durch eine Menschenmenge, unter der es Christen, Juden und Afrikaner, Zauberer, Taschenspieler und Prostituierte gab; die großen Kaufleute wandelten in voller Pracht daher, angetan mit Gewändern aus Seide, mit Ambra im Haar und parfümierten Bärten, und die Geldwechsler schrien ihre Wechselkurse für die persische und die byzantinische Währung aus. Die Beduinen, so oft betrogen, wenn sie dorthin kamen, um ihre armseligen Waren zu verkaufen, sagten, der Name Quraysh sei von einem Wort abgeleitet, das »Hai« bedeutet.

Jedes geistige Zentrum ist ein Symbol für das Herz, den Mittelpunkt des menschlichen Seins, aber Mekka war dies in mehr als nur einer Dimension, da die Handelsrouten gleich Venen und Arterien waren, die den umliegenden Gebieten Nahrung zuführten und Reichtum trugen, der am Ende das Herz verstopft. Die Korruption hatte auf zwei Ebenen eingesetzt. Zunächst einmal war die Ka'ba nicht mehr der Tempel des Einen Gottes. Die Araber hatten sich, wie andere zuvor und danach, auf die absteigende Ebene begeben, die vom Monotheismus zum Götzendienst führt. Sie hatten nicht alles Bewußtsein von Allah verloren, sahen Ihn aber als einen Hochgott, zu fern und zu unpersönlich, um sich mit ihm in ihrem täglichen Leben zu befassen. Praktische Hilfe war von niedrigeren Göttern und von unsichtbaren Geistern, den *Dschinnen,* zu erwarten. Etwa dreihundertsechzig Götterbilder umgaben die Ka'ba, ein Wald falscher Gottheiten, jeglichem Geschmack der Pilger zu Diensten, die Jahr für Jahr kamen, um anzubeten, wen immer sie wollten, und die den Quraysh weiteren Gewinn brachten. Das Herz war mit Schutt übersät.

Für die spartanischen Tugenden der Wüstenaraber war ebenfalls in einer so reichen Stadt kein Platz. Die Verbindung zwischen Götzendienst und Weltlichkeit ist klar, und die Oligarchie von Stammesältesten, von erfolgreichen Kaufleuten und hervorragenden Rednern (die Macht des Wortes wurde noch immer respektiert), welche die Angelegenheiten Mekkas lenkten, den Handel beherrschten und Streitigkeiten schlichteten, hatte einen Geschmack am guten Leben gefunden, den ihre Vorväter verächtlich gefunden hätten. Trunkenheit und Glücksspiele waren weit verbreitet, und die Mekkaner schlossen Wetten ab über Wechselkurse, Warenpreise, die Ankunft oder den Verlust von Karawanen und über Kriegsbeute. Ehre war zu falschem Stolz degeneriert, und die Verpflichtung, die Schwachen zu schützen, wurde, obwohl sie noch in den großen

Familien galt, nicht auf die »Ausländer« angewandt, die in die Stadt geströmt waren, aber keinen Platz in einer Gesellschaft fanden, die noch immer im wesentlichen eine Stammesstruktur hatte.

Eine solche Stadt war notwendigerweise verletzbar, eine verlockende Beute, und im Jahr 570 der christlichen Ära rüstete Abraha, der äthiopische Vizekönig des Jemen, eine große Expedition gegen Mekka aus. Er hatte in Sana'a eine großartige Kathedrale gebaut, und die Quraysh, die diese als ein mit der Ka'ba rivalisierendes Pilgerzentrum betrachteten, hatten einen ihrer Leute dorthin geschickt, um sie durch Verunreinigung zu entweihen. Abraha brauchte keinen weiteren Vorwand mehr. Mit dem Schwur, die Ka'ba dem Boden gleichzumachen, machte er sich mit einem großen Heer auf den Weg und stellte an seine Spitze einen Elefanten, ein Tier, das man in diesen Gegenden noch niemals zuvor gesehen hatte; und es gab keinen ernsthaften Widerstand gegen sein Vorrücken. Er war nur noch einen Steinwurf weit von Mekka entfernt – und die Quraysh hatten die Stadt bereits evakuiert –, als der Elefant anhielt und sich weigerte weiterzugehen. Einige sagen, daß der arabische Führer, der das Heer begleitet und inzwischen die Kommandos gelernt hatte, auf die das Tier hörte, etwas in sein Ohr flüsterte; aber was auch immer der Grund sei, der Elefant traf seine Entscheidung, und das Heer blieb wie festgewurzelt stehen. Und dann geschah ein Wunder, das im Koran aufgezeichnet ist, obgleich seine wahre Natur im Verborgenen bleibt: »Sahst du nicht, wie dein Herr mit den Elefantengefährten verfuhr? Führte Er nicht ihre List irre und schickte über sie Vögel in Scharen...?« (Sura 105). Abraha zog mit einem völlig in Unordnung geratenen Heer ab, und die Ka'ba blieb unberührt, wie sie es seit Anbeginn der Zeiten gewesen war.

In diesem Jahr, bekannt als das »Jahr des Elefanten«, wurde Muhammad geboren, wahrscheinlich – soweit man es feststellen kann – am 20. August. Sein Vater, 'Abdullah, war ein Ur-Ur-Enkel von Qusayy, dem Gründer der Stadt, und gehörte dem haschemitischen Zweig der Quraysh an; seine Mutter,

Āmina, stammte von Qusayys Bruder, Zuhrah, ab. Als Abdullah mit einer Karawane aus Syrien und Palästina zurückkehrte, unterbrach er die Reise, um Verwandte in Yathrib, einer Oase nördlich von Mekka, zu besuchen, wurde dort krank und starb einige Monate vor der Geburt seines Sohnes.

Es war Brauch bei den Quraysh, ihre Söhne in die Wüste zu schicken, damit sie dort von einer Amme gestillt würden und ihre frühe Kindheit bei einem Beduinenstamm verbrachten. Neben gesundheitlichen Erwägungen stellte dies auch eine Rückkehr zu ihren Wurzeln dar, zu der Möglichkeit, die Freiheit des Nomaden zu erleben und im aufnahmefähigsten Alter zu lernen, was es bedeutet, Herr über einen weiten Raum zu sein, sich mit den Herden zu bewegen und die Wirkung der verschiedenen Jahreszeiten zu spüren. So wurde das Band mit der Wüste in jeder Generation erneuert, und die Bündnisse, die dadurch zwischen Beduinen und Städtern gebildet wurden, waren für beide Teile nützlich. Ein vaterloser Junge jedoch war ein unattraktives Anlageobjekt. Muhammad wurde von Halīma, der Frau eines Schafhirten vom Stamm der Banu Sa'd, nur deshalb aufgenommen, weil sie zu den Ärmsten gehörte, die in diesem Jahr auf der Suche nach Säuglingen, nach Milchkindern, waren und kein anderes Kind finden konnte. Er verbrachte vier oder fünf Jahre bei dieser Beduinenfamilie und hütete die Schafe, sobald er alt genug war zu laufen; er lernte sich in der Wüste zu bewegen und brachte, wie überlieferte Geschichten berichten, seinen Pflegeeltern viel Glück.

Mit sechs Jahren, kurz nachdem er wieder zu seiner Mutter zurückgekehrt war, nahm diese ihn zu einem Besuch in Yathrib mit, wo sein Vater gestorben war; sie erkrankte selbst an einem der Fieber, die in der Oase grassierten, und starb auf der Rückreise. Die Kinderliebe der Araber und die Struktur der Großfamilie garantierten die Sicherheit eines Waisenkindes, und Muhammad kam nun unter die Vormundschaft seines Großvaters, 'Abdul-Muttalib, des Stammesoberhaupts der Haschemiten. Der alte Mann (er stand im achtzigsten Lebensjahr) empfand, obwohl er selbst viele eigene Kinder hatte –

einschließlich eines Sohnes, Hamzah, der mit Muhammad gleichaltrig war –, eine besondere Zuneigung zu seinem kleinen Enkel und behielt den Jungen bei sich, wenn er, wie es seine Gewohnheit war, sich abends auf einem eigens für ihn im Schatten der Ka'ba ausgelegten Teppich ausruhte. Hier konnten die beiden alle Welt vorbeigehen sehen, der eine zu alt, der andere zu jung, um am Gespräch der wichtigen Männer der Quraysh teilzunehmen, die in der Kühle des Abends spazierten und die Angelegenheiten der Stadt besprachen.

Als der Junge acht Jahre alt war, starb 'Abdul-Muttalib, und Muhammad wurde das Mündel des neuen haschemitischen Stammesoberhaupts, seines Onkels Abū Tālib, der ihn, sobald er alt genug war, auf eine Karawanenreise nach Syrien mitnahm, damit er »das Handwerk erlerne«. Während der Entwicklungsjahre von Kindheit und früher Jugend hatte er zweimal den Verlust nahestehender Menschen erfahren, die Freuden und Härten des Wüstenlebens kennengelernt, war in enger Verbindung mit dem Heiligtum der Ka'ba gewesen, in die »zivilisierte« Welt gereist und hatte, der Legende nach, eine schicksalhafte Begegnung mit einem christlichen Mönch, der in ihm einen Auserwählten Gottes erkannte. Er war inmitten des Doppelaspekts des Lebens aufgewachsen. Der Tod hatte die, die er am meisten liebte, hinweggerafft, und doch war er von Liebe und Zuneigung umgeben gewesen; tief hatte sich in seinem Herzen das intensive Wissen um die menschliche Gebrechlichkeit eingeprägt, aber auch um das einzige, das diese Gebrechlichkeit erträglich macht, nämlich menschliche Zuneigung.

Als er zwanzig Jahre alt war, bot man ihm an, die Aufsicht über die Waren eines Kaufmanns zu übernehmen, der selbst nicht in der Lage war, zu reisen, und der Erfolg des Unternehmens führte zu weiteren ähnlichen Aufträgen. Die mittellose Waise begann, sich einen guten Ruf zu erwerben.

Zu den großen Vermögen Mekkas gehörte das der zweimal verwitweten Khadīja. Beeindruckt durch das, was sie über Muhammad gehört hatte, der jetzt allgemein als *al-Amīn*, »der

Vertrauenswürdige«, bekannt war, nahm sie ihn in ihre Dienste, um ihre Waren nach Syrien zu bringen. Nachdem er die Aufgabe erfüllt hatte, war sie noch mehr beeindruckt von seiner Tüchtigkeit, aber auch von seinem Aussehen und persönlichen Charme und schickte eine Freundin zu ihm, um ihn zu fragen, weshalb er nicht geheiratet habe. Er erklärte, daß er noch nicht die Mittel dazu habe.

»Angenommen«, fragte die Vermittlerin, »man trüge dir die Hand einer edlen Dame an, die sowohl reich als auch schön ist?«

Er fragte, wen sie meine, und sie antwortete, es sei seine Dienstherrin Khadīja.

»Wie könnte ich eine solche Partie machen?«

»Überlaß das nur mir«, entgegnete sie.

»Ich für mein Teil«, sagte er, »bin gewillt.«

Zu diesem Zeitpunkt war Muhammad fünfundzwanzig und Khadīja vierzig Jahre alt, aber noch immer eine bemerkenswert gut aussehende Frau. Es war unvermeidlich, daß ihre Familie gegen eine solche Verbindung war, man brachte jedoch ihren Vater dazu, seine Zustimmung zu geben, während Abu Tālib mit einer Großzügigkeit, die er sich kaum leisten konnte, einen Brautpreis von zwanzig Kamelen zahlte und auf der Verlobungsfeier eine Lobrede über die Tugenden seines Neffen hielt, die ein Wunder an arabischer Eloquenz war. Khadīja schenkte ihrem Mann einen jungen Sklaven, Zayd, der von Muhammad freigelassen wurde; als seine Verwandten kamen, um ihn auszulösen, zog er es jedoch vor, bei der Familie zu bleiben. Der Haushalt wurde noch vergrößert durch die Adoption von ʿAlī, einem der Söhne Abu Talībs, und Khadīja gebar Muhammad sechs Kinder, unter denen zumindest ein Junge war, al-Qāsim, der vor seinem zweiten Geburtstag starb. Ein Muster von Persönlichkeiten, das erst viele Jahre später klar erkennbar werden sollte, begann sich zu formen; ein Muster, das der Finger der Geschichte nur unsicher und beunruhigt abtastet.

Im Jahr 605 beschloß der regierende Rat der Quraysh, die *malā*, daß die Kaʿba wieder aufgebaut werden solle. Obgleich

dieser Tempel Abrahams seinem Wesen nach zeitlos ist, wurde seine irdische Form – da sie vergänglich ist – mehrere Male wieder neu aufgebaut. In jenem Jahr hatte ein byzantinisches Schiff an der Küste Schiffbruch erlitten, und somit war bestes Holz für den Zweck vorhanden; es gab auch einen christlichen Zimmermann in Mekka, der in der Lage war, das Gerüst aufzustellen. Die Hauptbauarbeiten wurden unter den Sippen aufgeteilt; als das jedoch getan war, gab es Uneinigkeit darüber, wem die Ehre zuteil werden sollte, den heiligen Schwarzen Stein in seine Nische zu setzen. Man entschied, daß der erste Mann, der den Platz durch ein bestimmtes Tor betreten würde, gebeten werden sollte, als Schiedsrichter zu fungieren, und dieser Mann war Muhammad. Er sagte den Leuten, sie sollten einen großen Umhang bringen, legte den Stein darauf und forderte die Vertreter jedes Stammes auf, ihn in die richtige Position zu heben; er selbst befestigte den Stein in der Nische. Er war inzwischen ein wohlhabender und angesehener Mann geworden, in der Gemeinschaft respektiert und wegen seiner Großzügigkeit und seines gesunden Menschenverstands bewundert. Seine Zukunft schien gesichert. Im Verlauf der Zeit, nachdem er die Wohlhabenheit seiner Sippe wieder hergestellt haben würde, durfte er wohl zu einem der einflußreicheren Stadtältesten werden und sein Leben vielleicht beschließen, wie sein Großvater, der im Schatten der Ka'ba ruhte und sich an lange, nach weltlichen Maßstäben wohl verbrachte Jahre erinnerte. Sein Geist war jedoch unruhig und wurde immer unruhiger, je mehr er sich der Mitte seines Lebens näherte.
Ein Bedürfnis nach Einsamkeit ergriff ihn und trieb ihn aus der geschäftigen Stadt hinaus in die felsigen Hügel und Einöden, von denen Mekka umgeben ist. Dort überkamen ihn gewisse Vorahnungen und Visionen, manchmal furchterregend und manchmal »wie das Aufdämmern des Tages«. Wenig nur ist bekannt über die wahre Natur dieser Erfahrungen; die Berichte, die uns davon überkommen sind, lassen jedoch ahnen, daß eine große Kraft – ein Licht, eine Herrlichkeit – immer näher kam, und, wie ein Vogel, der seine Flügel gegen

eine Fensterscheibe schlägt, suchte sie ihn durch das dünne Häutchen zu erreichen, das uns in unserer kleinen Erfahrungswelt isoliert. Eine solche Annäherung muß ihren Widerhall in der Natur finden, die vor der Macht unsichtbarer Dimensionen erzittert. Es wird uns berichtet, daß die Welt der Steine und Felsen und unfruchtbaren Täler Muhammad wie belebt erschienen sei; er hörte seltsame Stimmen rufen, und er bedeckte sich mit seinem Umhang, Tod oder Wahnsinn in der Umschlingung einer dunklen Macht fürchtend. Es schien, als ob die Dämonen, die sich in solchen Wüsteneien zusammenrotten und die Ohren des Reisenden umsummen, ihn sogar noch bis zu der Höhle verfolgten, in der er auf dem Berg Hira Zuflucht suchte.

Familie und Freunde beobachteten seine Verwandlung mit zunehmender Besorgnis, er konnte ihnen jedoch nichts erklären; auf keine Art und Weise hätte er verstehen können, daß während dieser einsamen Nachtwachen voller Schrecken und Erwartung seine innerste Natur gewissermaßen umgeschmiedet, ihre Aufnahmefähigkeit bloßgelegt wurde. In der Sonnenglut des Tages und während der klaren Wüstennächte, wenn die Sterne so scharf erscheinen, als könnten sie die Netzhaut des Auges durchdringen, wurde die innerste Substanz seines Selbst durchsättigt mit den »Zeichen« in den Himmeln, so daß er einer Offenbarung, die diesen »Zeichen« bereits innewohnte, als vollkommenes Instrument würde dienen können. Sie würde kommen, wenn er ganz dafür bereitet war.

Sie kam in einer Nacht gegen Ende des heiligen Monats Ramadan, die wir als *Laylatu'l-Qadr*, die »Nacht der Macht«, kennen. Man sagt, daß in dieser Nacht die Natur in Schlaf versinkt: »Die Ströme hören auf zu fließen, die Winde ruhen still, und die bösen Geister vergessen, über die Wunder der Erde zu wachen. In der *al-Qadr*-Nacht kann man das Gras wachsen und die Bäume sprechen hören ... der Sand der Wüste liegt in tiefem Schlummer. Jene, die die *al-Qadr*-Nacht erfahren, werden zu Heiligen oder Weisen, denn in dieser Nacht kann der Mensch durch die Finger Gottes sehen.«* Da niemand genau wissen kann, welche Nacht dies ist, wird dem Gläubigen nahegelegt, sich vorzubereiten, die Tore seiner Erkenntnisfähigkeit zu öffnen, seinen Blick zu schärfen und sein Gehör einzustimmen, um zu empfangen, was kommt, wenn es kommt.

Muhammad lag im Schlaf in der Höhle auf dem Berg Hira. Er wurde geweckt durch den Engel der Offenbarung, den gleichen, der zu Maria, der Mutter Jesu, gekommen war, Gabriel (den die Araber Jibrā'il nennen). Er war in Licht gekleidet und zog ihn in eine enge Umarmung. Ein einziges Wort des Befehls brach hervor: »*Iqra'*« – »Rezitiere!«. Er sagte: »Ich kann nicht rezitieren!«; der Befehl wurde jedoch wiederholt. »Was soll ich rezitieren?« fragte er. Er wurde von einer überwältigenden Kraft ergriffen und zu Boden geworfen, und nun kam die erste »Rezitation« des Koran über ihn: »Lies [rezitiere]! Im Namen deines Herrn, der erschuf, erschuf den Menschen aus geronnenem Blut. Lies [rezitiere], denn dein Herr ist allgütig, der durch die Feder** gelehrt, gelehrt den Menschen, was er nicht gewußt.« (Sura 96, 1–5)

Die Geschichte dieser ersten Offenbarung ist so oft erzählt worden wie irgendeine Geschichte in der Welt; um aber eine persönliche leise Ahnung davon zu haben, wie es war, müssen

---

* Essad Bey, *Mohammed*, London 1938 (Cobden-Sanderson)

** Es heißt, daß das erste aller geschaffenen Dinge die »wohlverwahrte Tafel« war, auf der alles eingetragen ist, was durch die Zeiten hindurch sein wird. Dann erschuf Allah aus einem einzigen Juwel eine mächtige Feder, »deren Spitze gespalten ist und aus der Licht fließt, wie Tinte aus den Federn dieser Welt fließt. Dann erging an die Feder ein Befehl ›Schreibe!‹, woraufhin die Feder zitterte und sich vor Schrecken über diesen Aufruf schüttelte, so daß ein Beben in ihrem *tasbīḥ* (Lobpreisung) entstand wie das Grollen des Donners. Dann trug sie auf die Tafel alles ein, was Allah ihr einzutragen befahl, alles, was bis zum Tag der Auferstehung sein wird« (aus den *Qiṣaṣ al-Anbiyā* von al-Kisā'ī). Der phallische Symbolismus der Feder ist wohlbekannt; dies ist jedoch nur ein Aspekt ihrer Rolle als das höchste Instrument der Schöpfung. Die unausgesprochene Verbindung zwischen »Wissen« und »Schöpfung« als solche ist im islamischen Kontext besonders bedeutsam.

wir einen imaginären Sprung durch die Trennwand unternehmen, die uns in unserer gewöhnlichen Alltagserfahrung einschlossen hält. Es gibt keinen einfachen Weg, diesen Akt der Befreiung herbeizuführen, da jedes Individuum verschieden ist und seine Natur nur durch einen jedem besonders eigenen Schlüssel erschlossen werden kann. Diejenigen, die in Kontakt mit den mächtigsten Manifestationen der natürlichen Welt gekommen sind – großen Stürmen auf See, Wirbelstürmen, Vulkanausbrüchen –, könnten in ihrer Erfahrung einen Hinweis darauf finden, was es bedeutet, einer Kraft aus einer anderen Seins-Dimension zu begegnen; die Menschen unserer Zeit jedoch finden es schwierig, sich das Zerschmettertwerden der gewohnten Persönlichkeit vorzustellen, das in der Gegenwart des *mysterium tremendum,* der Gegenwart des Sublimen, geschieht. Ohne Zweifel ist das dafür angemessene Wort »Ehrfurcht«, aber dieses Wort ist im modernen Sprachgebrauch so entwertet worden, daß es nicht mehr ausreicht, es sei denn, wir können es von seinen trivialen Assoziationen reinigen. Selbst in unserer heutigen Zeit begegnet man jedoch gelegentlich einem frommen Mann, dem das selten gewährte Privileg zuteil ward, den Grabbau des Propheten in Medina zu betreten, und der durch Verwunderung und Ehrfurcht so verwandelt ist, daß seine Erfahrung nur als »Entsetzen« im vollsten und majestätischsten Sinn des Wortes beschrieben werden kann. Wenn die menschliche Substanz so erschüttert wird an einem Ort, wo der Leib dieses Mannes vor langer Zeit begraben wurde, kann man daraus erahnen, was dieser Mann empfand, als der Engel sich ihm näherte.

Gleichzeitig – da vergangene Ereignisse im Licht ihrer Folgen gesehen werden – müssen wir immer daran denken, daß diese Begegnung eines Arabers mit einem Wesen von jenseits der Trennwand vor vierzehn Jahrhunderten ein Ereignis von ungeheurer Tragweite war, das ganze Völker über die Erde hinweg bewegen und das Leben Hunderter von Millionen von Männern und Frauen beeinflussen sollte, das zum Aufbau großer Städte und großer Zivilisationen führen und den Zusammenprall mächtiger Armeen bewirken sollte, und aus dem Staub viel Schönheit und Herrlichkeit erstehen ließ; es sollte auch Menschen ohne Zahl zu den Toren des Paradieses und, noch darüber hinaus, zur Seligen Schau (Visio beatifica) führen. Das Wort »*Iqra'*«, das in den Tälern des Hedschas widerhallte, zerbrach die Form, in die die bekannte Welt gegossen war; und dieser Mann, allein inmitten der Felsen, nahm auf seine Schultern und in sein Herz eine Last, welche die Berge zermalmt hätte, wäre sie auf diese hinabgekommen.

Muhammad war vierzig Jahre alt, und er war in der Welt gereift. Man könnte sagen, daß die Wirkung dieser ungeheuren Begegnung seine innerste Substanz schmelzen ließ. Die Person, die er gewesen war, war gleichsam eine vom Licht versengte und verbrannte Haut; und der Mann, der aus dem Gebirge herabkam und zwischen Khadījas Brüsten Zuflucht suchte, war nicht derselbe Mann, der aufgestiegen war.

Jetzt aber war er wie ein Verfolgter. Als er den Hang hinabstieg, hörte er eine laute Stimme rufen: »Muhammad, du bist der Gesandte Allahs, und ich bin Jibrā'il«. Er schaute nach oben, und der Engel füllte den Horizont aus. In welche Richtung er auch seinen Kopf wandte – die Erscheinung war noch immer da, eine unentrinnbare Gegenwart. Er eilte nach Hause und rief Khadīja zu: »Bedecke mich! Bedecke mich!«. Sie legte ihn hin und bedeckte ihn mit einem Umhang, und sobald er wieder etwas zu sich gekommen war, erzählte er ihr, was geschehen war. Sie nahm ihn in die Arme, umfing ihn und gab ihm dadurch gewissermaßen wieder die Verbindung mit dem Irdischen, die einen Mann nach einer solchen Begegnung vor dem Wahnsinn bewahrt. Sie gab ihm alle menschliche Beruhigung, und glaubte an die Wahrheit seiner Vision. Nachdem sie ihn wieder zur Ruhe gebracht hatte und er in einen tiefen Schlaf gesunken war, suchte sie sofort ihren Vetter Waraqa auf, einen der *ḥunafā'* (das waren Einzelgänger, die Götzendienst ablehnten und Kenntnis von dem Einen Gott entweder in der Tradition Abrahams oder im Christentum suchten).

Nachdem er ihren Bericht über die Erfahrung ihres Mannes angehört hatte, sagte Waraqa zu ihr: »Bei dem, in dessen Händen die Seele Waraqas liegt, wenn das, was du mir sagst, wahr ist, dann ist zu Muhammad der große *Nāmūs* gekommen, eben der, der zu Moses gekommen ist. Wahrhaftig, Muhammad ist der Prophet dieses Volkes. Beruhige deinen Mann und mache dich frei von deiner eigenen Furcht!«

Es kamen noch einige weitere Offenbarungen zu Muhammad – man weiß nicht ganz genau, welche oder wieviele – und dann schwiegen die Himmel einige Wochen, vielleicht sogar viele Monate lang. Dunkelheit legte sich auf seinen Geist. So schreckenerregend die große Vision auch gewesen sein mochte, die Abwesenheit des Engels war noch beunruhigender, denn nun war er mit seiner menschlichen Schwäche allein gelassen. Es war, als hätte sich ein Riß in der Panzerung aufgetan, die diese Welt umschließt, so daß er Dinge gesehen und gehört hatte, die das gewöhnliche Leben der Menschen unerträglich eng und stickig erscheinen ließen; jetzt hatte die Öffnung sich wieder geschlossen. Nachdem er aus dieser Welt herausgeholt und seinem eigenen Volk entfremdet worden war, sah er sich jetzt verlassen in einer Art Niemandsland zwischen Himmel und Erde. Er hatte Khadīja gefragt: »Wer wird mir glauben?«, und sie hatte geantwortet: »Ich glaube dir!«. Aber das war Liebe, die da sprach. Wie könnte er von anderen Glauben erwarten, wenn er selbst Zweifel über die Natur seiner Vision hatte?

Die Furcht vor dem Wahnsinn, die ihn seit einiger Zeit begleitete, wurde nun akut. Er hatte solche Menschen oft genug gesehen: Irre, die über das »Unsichtbare« phantasierten, Fremdlinge in der Gemeinschaft und Ziel von Verachtung und Spott für die vernünftigen, harten Männer der Stadt. Er selbst war immer ein praktischer Geschäftsmann gewesen, und er gehörte einer Rasse an, die dazu neigt, die Dinge nüchtern zu betrachten und geistiger Extravaganz mit Mißtrauen zu begegnen (ein Träumer würde nicht lange in der Wüste überleben). Als er alleine in den Hügeln umherstreifte und auf eine Erleichterung seiner Qual hoffte, kam er an einen steilen Abgrund,

und sein Fuß trat einen Stein los, der in die Tiefe stürzte. Ein Impuls überkam ihn, dem Stein zu folgen. »Ich wollte«, sagte er sehr viel später, »dauernde Ruhe finden und meine Seele von ihrem Schmerz befreien.« Es heißt, daß er gerade dabei war, sich von der Klippe zu stürzen, als die Stimme des Engels eingriff und sagte: »Muhammad, du bist der wahre Prophet Allahs!« Er kehrte nach Hause zurück, und bald danach kam ihm eine neue Offenbarung: die *Sūrah*, die *aḍ-Ḍuḥā*, »Das Morgenlicht«, genannt wird.

«Beim lichten Tag und der Nacht, wann sie dunkelt, dein Herr hat dich nicht verlassen und nicht gehaßt! Und wahrlich, das Jenseits ist besser für dich als das Diesseits, und wahrlich geben wird dir dein Herr, und du wirst zufrieden sein. Fand Er dich nicht als Waise und nahm dich auf? Und fand dich irrend und leitete dich? Und fand dich arm und machte dich reich? Drum, was die Waise anlangt, unterdrücke sie nicht, und was den Bettler anlangt, verstoß ihn nicht, und was deines Herrn Gnade anlangt, verkünde sie« (Sura 93).

Seit diesem Zeitpunkt dauerten die Offenbarungen während seines ganzen Lebens an, von seinen Gefährten auswendig gelernt und niedergeschrieben auf Stücke von Schafshaut oder was sonst zur Hand war. »Manchmal«, sagte er, »überkommen sie mich wie das Hallen einer Glocke, und das ist die schmerzhafteste Art; das Läuten läßt nach, wenn ich mir ihrer Botschaft bewußt werde. Und manchmal nimmt der Engel die Gestalt eines Mannes an und spricht zu mir, und ich verstehe, was er sagt.« Khadīja glaubte als erste an ihn. Die Frage, wer der zweite war, ist eine Streitfrage zwischen den sunnitischen und schiitischen Anhängern des Islam. Die ersteren sagen, es sei der Kaufmann Abū Bakr gewesen, ein enger Freund Muhammads, ein ruhiger, empfindsamer Mann aus einfachen Verhältnissen, der als Vermittler sehr geachtet war. Viele Jahre später sagte der Prophet von ihm: »Ich habe niemals jemanden zum Islam gerufen, der nicht zuerst von Zweifeln, Fragen und Widersprüchen erfüllt war, außer Abū Bakr.« Die Schiiten glauben, daß es ʿAli gewesen sei, der zu diesem Zeitpunkt ungefähr zehn Jahre alt gewesen sein dürfte; bestimmt folgte diesem das andere Mitglied des Haushalts, Zayd, schnell nach. Wahrscheinlich gab es während der ersten zwei oder drei Jahre nicht mehr als zwanzig »Konvertiten«; und als Muhammad die Ältesten seiner Sippe zu einem großen Essen einlud und ihnen die Botschaft verkündete, endete diese Zusammenkunft mit einem Desaster. Einer seiner Onkel, Abū Lahab, äußerte sich in aller Öffentlichkeit beleidigend und wurde schnell zum unerbittlichsten Feind der neuen Religion.

Die Situation änderte sich, als der Befehl an ihn erging, öffentlich zu predigen und den Götzendienst zu verurteilen. Zuerst hatten die Stammesältesten der Quraysh diese seltsame kleine Gruppe ignorieren und Muhammad als einen traurigen Fall von Selbsttäuschung betrachten können; jetzt wurde ihnen allmählich klar, daß seine Predigten, die Anhänger unter den Armen und Besitzlosen anzogen (und deshalb als subversiv angesehen werden konnten), eine Bedrohung sowohl der Religion als auch des Wohlstands von Mekka darstellten. Offener Konflikt hätte jedoch ihren Interessen geschadet; ihre Macht beruhte auf ihrer Einigkeit, und da das Beispiel von Yathrib – das durch Parteienstreit zerrissen war – eine ernste Warnung vor dem war, was in ihrer eigenen Stadt passieren könnte, mußten sie abwarten. Darüber hinaus war auch die Sippe Hāshim, was immer sie privat von ihrem schwarzen Schaf halten mochte, durch Stammesbrauch dazu verpflichtet, ihn gegen Angriffe zu verteidigen. Zunächst einmal beschränkten sie sich auf Spott, was vielleicht die wirksamste Waffe des gewöhnlichen Menschen gegen den Einbruch der Wahrheit ist, da man sich dabei nicht so sehr wie bei Gewaltanwendung engagieren muß. Sein früherer Vormund, Abū Tālib, flehte ihn an, langsam vorzugehen und das Boot nicht zum Kentern zu bringen. »O mein Onkel«, sagte er, »selbst wenn sie die Sonne zu meiner Rechten und den Mond zu meiner Linken gegen mich stellen, werde ich mein Ziel nicht aufgeben, bis Allah mir Erfolg gibt oder bis ich sterbe.« Abū Tālib antwortete seufzend: »O Sohn meines Bruders, ich werde dich nicht im Stich lassen.«

Die Spannungen in der Stadt nahmen allmählich Monat für Monat zu, je mehr sich Muhammads geistiger Einfluß verbreitete, wodurch die Hegemonie der Ältesten der Quraysh unterminiert und Zwietracht in ihre Familien getragen wurde; dieser Einfluß wurde für das Establishment noch gefährlicher, als der Inhalt der aufeinanderfolgenden Offenbarungen so ausgedehnt wurde, daß er auch eine Verurteilung der Gefühllosigkeit der mekkanischen Plutokratie, ihrer Gier nach »immer mehr und mehr« und ihres Geizes einschloß. Die Opposition wurde nun von einem gewissen Abū Jahl angeführt, zusammen mit Abū Lahab und dem Schwager des letzteren, einem jüngeren Mann, Abū Sufyān, der schlauer und begabter als die beiden anderen war. Als Muhammads Jugendfreund Ḥamzah, der bis dahin neutral geblieben war, eines Tages von der Jagd zurückkam, war er so verärgert über das, was man ihm von den seinem Freund angetanen Beleidigungen erzählt hatte, daß er Abū Jahl aufsuchte, ihm mit seinem Bogen auf den Kopf schlug und auf der Stelle seine Bekehrung zum Islam bekanntgab.

Noch bedeutsamer war die Bekehrung eines der furchtbarsten jungen Männer der Stadt, 'Umar ibn al-Khattāb. Wütend über den zunehmenden Erfolg der neuen Religion – die so sehr im Gegensatz zu allem stand, das zu glauben er erzogen worden war –, schwor er, Muhammad ohne Rücksicht auf die Folgen zu töten. Man sagte ihm, ehe er das tue, solle er sich um seine eigene Familie kümmern, denn seine Schwester und ihr Mann waren Muslime geworden. Er stürzte in ihr Haus und fand sie beim Lesen der »Tā-Ḥā« genannten *Sūrah*, und als seine Schwester zugab, sie seien tatsächlich bekehrt, versetzte er ihr einen heftigen Schlag. Da er sich aber darüber nicht wenig schämte, bat er, sehen zu dürfen, was sie lasen. Sie gab ihm den Text, und als er diese Verse des Koran las, wurde seine ganze Natur so plötzlich und so vollständig transformiert, daß dieses Ereignis manchmal mit der Bekehrung von Paulus auf dem Weg nach Damaskus verglichen wurde. Er ging sofort zu Muhammad und nahm den Islam an.

Männer wie diese waren zu bedeutend in der gesellschaftlichen

Hierarchie, um angegriffen zu werden; die meisten der neuen Muslime waren jedoch entweder arm oder Sklaven. Die Armen wurden geschlagen und die Sklaven gefoltert, um sie zur Verleugnung ihres Glaubens zu bringen, und Muhammad konnte nur wenig zu ihrem Schutz beitragen.

Ein schwarzer Sklave namens Bilāl wurde unter der glühenden Sonne mit einem schweren Stein auf der Brust nackt angepflockt und dem Tod durch Verdursten überlassen. In seiner Qual schrie er mehrmals *Aḥad!, Aḥad!* (»Einer! Einer! Gott ist Einer!«). In diesem Zustand, kurz vor dem Tod, wurde er von Abū Bakr aufgefunden und für eine unerhört hohe Summe freigekauft. In Muhammads Haus pflegte man ihn wieder gesund, und er wurde zu einem der engsten und geliebtesten Gefährten. Als sich sehr viel später die Frage erhob, wie die Gläubigen zum Gebet gerufen werden sollten, schlug ʿUmar die menschliche Stimme als das beste aller Instrumente vor, und Bilāl wurde der erste *muʾezzin* des Islam: ein großer, dünner, schwarzer Mann mit einer prächtigen Stimme und – so heißt es – dem Gesicht einer Krähe unter einem Gestrüpp grauer Haare; ein Mann, aus dem die Sonne während seiner Folter alles herausgebrannt hatte außer der Liebe zu dem Einen und dem Gesandten des Einen.

Die Verfolgung wurde so schlimm, daß Muhammad den Schutzlosesten unter den neuen Muslimen empfahl, zumindest zeitweilig nach Äthiopien auszuwandern, wo sie von dem christlichen Negus, »einem aufrechten König«, gut aufgenommen würden. Etwa achtzig Neubekehrte flohen im Jahr 614 nach dort, und unter ihnen auch der künftige Kalif ʿUthmān ibn ʿAffān. Er hatte seit langer Zeit Muhammads Tochter Ruqayya geliebt, die vorher mit ihrem Vetter, einem von Abū Lahabs Söhnen, verheiratet gewesen war. Der cholerische »Vater der Flamme« (wie er seines roten Gesichts wegen genannt wurde) hatte seinen Sohn gezwungen, sich von ihr zu scheiden, und sobald sie frei war, trat ʿUthmān zum Islam über und heiratete sie.

Dieses scheinbare Bündnis mit einer fremden Macht machte die

Mekkaner noch wütender, und sie schickten Gesandte zum Negus, um die Auslieferung der Muslime zu fordern. Es fand eine große Debatte bei Hofe statt, und die Muslime trugen den Sieg davon, indem sie zunächst nachwiesen, daß sie denselben Gott wie die Christen anbeteten, und dann eine der Koranstellen über die Jungfrau Maria rezitierten, worauf der Negus weinte und sagte: »Wahrlich, dies ist aus der gleichen Quelle gekommen wie das, was Jesus brachte...«

Zutiefst enttäuscht, setzte die mekkanische Oligarchie unter Führung von Abū Jahl nun ein formelles Dokument auf, das einen Bann oder Boykott gegen die gesamte Sippe Hāshim aussprach; es durften solange keine Handelsbeziehungen mit ihnen unterhalten werden, bis sie Muhammad für vogelfrei erklärten; niemand durfte eine Frau der Hāshim heiraten oder seine Tochter einem Mann aus dieser Sippe geben. Der Bann dauerte zwei Jahre, erwies sich jedoch, wie auch Sanktionen in späteren Zeiten, als unwirksam. Die Struktur der Quraysh war zu festgefügt, insbesondere durch Heiraten zwischen den Sippen, als daß ein derartiger Ausschluß durchführbar gewesen wäre. Auf jeden Fall war er schlecht für den Handel. Das Dokument, das den Bann proklamierte, wurde, wie es heißt, von Insekten aufgefressen, bis nur noch die Worte blieben: »In deinem Namen, o Allah« – ein Zeichen für die, die bereit waren es zu verstehen.

Das Jahr 620 der christlichen Ära jedoch ist in der Geschichte als »Das Jahr der Trauer« bekannt. Abū Tālib, nun über achtzig Jahre alt, starb. Von da an konnte sich Muhammad nicht mehr mit Sicherheit auf den Schutz seiner Sippe verlassen. Nun kreisten seine Feinde ihn ein, vorsichtig, aber mit zunehmender Entschlossenheit, überzeugt, daß, wenn sie ihn zerstören könnten, nichts mehr von der Religion des Islam zu hören sein würde. Dann starb Khadīja. Die beiden Säulen, auf denen seine persönliche und emotionale Sicherheit geruht hatte, waren nicht mehr, und die Welt war ein kälterer Ort als zuvor. Wenn es jemals Zeit für ein Wunder war – ein göttliches Eingreifen, um die koranischen Offenbarungen zu ergänzen –, dann war es jetzt. Gegen Ende dieses Jahres geschah das Wunder.

Die Verse des Koran, die sich darauf beziehen, um es ganz bescheiden auszudrücken, sind kurz und bündig; zunächst: »Preis dem [Allah], der mit Seinem Diener des Nachts reiste von der heiligen Moschee zur fernsten Moschee, deren Umgebung Wir gesegnet haben, um ihm Unsere Zeichen zu zeigen. Siehe, er ist der Hörende, der Schauende« (Sura 17,1). Danach: »Da den Lotusbaum bedeckte, was da bedeckte, nicht wich der Blick ab und ging darüber hinaus; wahrlich, er sah von den Zeichen seines Herrn die größten« (Sura 53, 16–18).

Diese Verse beziehen sich auf zwei aufeinanderfolgende Ereignisse: den *Isrā* (»die Nachtreise«) und den *Mi'rāj* (»die Himmelsreise«). Beide sind ausgemalt durch die authentischen Aussprüche des Propheten, weiter ausgeführt von den Traditionen und ausgeschmückt in Legenden. Die religiöse Phantasie hat sich des verfügbaren Materials angenommen, es verarbeitet und eine umfangreiche Literatur hervorgebracht, so daß es oft schwierig ist, die genaue Grenzlinie zwischen Tatsache und Phantasie festzulegen; vielleicht ist das jedoch gar nicht so wichtig, da der Schöpfer aller Fakten auch der Schöpfer jener Produkte der inspirierten Vorstellungskraft ist, welche die dem Tatsächlichen zugrundeliegende Bedeutung offenbaren.

Gabriel, der Engel der Verkündigung, kam zu Muhammad, als dieser in einem Raum nahe bei der Ka'ba schlief, und berührte ihn mit seinem Fuß; der Schläfer erwachte, legte sich jedoch wieder hin, da er nichts sah. »Er kam zum zweiten Mal, zum dritten Mal, und dann nahm er mich beim Arm, und ich stand auf und stand neben ihm, und er führte mich zum Tor der Moschee, und dort stand ein weißes Tier, [es erschien wie] etwas zwischen einem Maultier und einem Esel mit Flügeln auf beiden Seiten, mit denen es seine Beine bewegte, und jeder Schritt, den es tat, war so weit, wie sein Auge reichte.«*

Er bestieg dieses seltsame Tier, dessen Name Burāq war (was

---

*   Aus dem Leben des Propheten von Ibn Ishāq

»Blitz« bedeutet), und wurde mit unvorstellbarer Geschwindigkeit über die Berge und die Wüsten getragen, mit einem kurzen Halt am Berg Sinai, wo Moses die Gesetzestafeln empfangen hatte, und an der Geburtsstätte Jesu in Bethlehem, bevor sie in Jerusalem aufsetzten, der Stadt, die schon den beiden anderen monotheistischen Religionen heilig war und seitdem auch dem Islam heilig ist. Die Fäden, die so weit getrennt erscheinen mögen, wurden miteinander verknüpft, und in Jerusalem war Muhammad der Vorbeter einer Heerschar von Propheten – mit Abraham, Moses und Jesus an ihrer Spitze – beim Gebet an den Einen Gott.

Hier, wo einst der Tempel Salomos stand und wo eines Tages der Felsendom gebaut werden sollte, wurde eine große Leiter vor ihn gestellt – »von einer Schönheit, wie ich sie nie zuvor gesehen hatte«. Diese, so heißt es, ist die Leiter, deren Erscheinen die Toten sich sehnlichst wünschen, denn sie führt zu allem, was die Menschheit jemals ersehnen könnte und weiter hinaus, jenseits aller Wünsche, zu den Gebieten von »Licht über Licht«. Geleitet von dem Engel, stieg er durch die himmlischen Sphären, wo er wieder die Propheten traf, mit denen er in Jerusalem gebetet hatte. Dort waren sie ihm in ihrer menschlichen Gestalt erschienen, aber jetzt sah er sie in ihrer himmlischen Wirklichkeit – verklärt – so wie auch sie ihn nun sahen. Über die Gärten, die jede Himmelssphäre zieren, sollte er später sagen: »Ein Bruchteil des Paradieses von der Größe eines Bogens ist schöner als alles unter der Sonne... und wenn eine der Frauen des Volkes des Paradieses dem Volk der Erde erschiene, so würde sie den Raum zwischen den Himmeln und hier unten mit Licht und Duft erfüllen.«

In jedem Himmel traf er den Engel der Engel, der diesem vorstand und von denen jeder eine Heerschar von Tausenden befehligte, deren jede wiederum viele Tausende unter Befehl hatte. Berichte über den *Mi'rāj* und die Kommentare dazu sind erfüllt von Bildern von erstaunlichem Reichtum und überbordender Fülle; ein Aspekt wird auf den anderen gehäuft, und Zahlen werden mit immer größeren Faktoren multipliziert. Es sind Bilder, die blenden und verwirren; denn wenn wir nicht manchmal geblendet und verwirrt würden, könnten wir meinen, daß wir auf irdische Art etwas begriffen haben, was auf diese Art nie begriffen werden kann. Die gleiche Technik, durch die es teilweise möglich ist, das Unbeschreibliche zu beschreiben und sich das Unvorstellbare vorzustellen, wird auch von den frühen christlichen Kirchenvätern angewandt, wenn sie über die Cherubim und Seraphim und andere Engelhierarchien schreiben.

Hier ein Beispiel, wie Gabriel mit muslimischen Augen gesehen wird: »Er hat sechstausend Flügel, und zwischen jedem Flügelpaar liegt die Strecke einer Reise von fünfhundert Jahren, und er hat ein Federkleid, das ihm von Kopf bis Fuß reicht und die Farbe von Safran hat, und jede Feder sieht aus wie Sonnenlicht. Er stürzt sich jeden Tag sechshundertsechzigmal in den Ozean des Lichts. Wenn er daraus hervorsteigt, fallen Tropfen von Licht von ihm, und Allah erschafft aus diesen Tropfen Engel nach dem Bilde Jibrā'ils, die Allah lobpreisen bis zum Tag der Auferstehung.«

Aber selbst ein Geschöpf wie dies in all seiner Herrlichkeit ist noch immer ein Sklave Gottes, kaum mehr als ein Staubkorn im Glanz der göttlichen Majestät; und nachdem er Muhammad bis zu dem Lotosbaum der Äußersten Grenze geleitet hatte, konnte er nicht weitergehen. Dies ist die Grenze der Schöpfung, sowohl der natürlichen als auch der übernatürlichen, der menschlichen und der der Engel, und hier breitete Gabriel seine Schwingen aus und sagte: »O Muhammad, nähere dich, so weit du kannst, und wirf dich nieder.« Allein, über Zeit und Raum, ja und sogar über die Engelssphären erhoben, ging Muhammad weiter und beugte sich nieder vor dem Thron Gottes. Mit dem Auge seines Herzens schaute er seinen Herrn, und mit der Stimme seines Geistes sprach er mit Ihm, während in den Tiefen darunter die Heerscharen der Engel riefen: »Wir bezeugen, daß der Höchste Einer und Lebendig ist und daß es keinen Gott außer Ihm gibt, und wir bezeugen, daß Muhammad Sein Sklave und Sein Gesandter ist.«

Als er in seiner irdischen Identität gefragt wurde: »Hast du deinen Herrn gesehen?«, antwortete er: »Ich sah Licht.«

Hier versagen alle Erläuterungen oder Erklärungen, und es mag sein, daß sich der Bericht gerade aus diesem Grund nun praktischen Angelegenheiten zuwendet. Es wurde Muhammad befohlen, daß er und seine Gemeinde jeden Tag fünfzigmal beten sollten; die Zahl wurde dann zunächst auf vierzig, dann auf dreißig und schließlich auf fünf herabgesetzt. Diese Erleichterung der Bürde wurde von dem Versprechen begleitet, daß jeder, der diese fünf Gebete täglich spricht und aufrichtig an ihre Wirksamkeit glaubt, den Lohn erhält, den er für fünfzig erhalten hätte. Die Verbindung zwischen diesen Anweisungen und der Vision Gottes ist nicht schwer zu finden. Im Zusammenhang mit einer derartigen Vision muß es einleuchtend sein, daß ein ununterbrochener Zustand des Gebetes der einzig vernünftige ist, in dem sich Mann oder Frau befinden können; vernünftig, das heißt, bezogen auf die Realität, wie sie nun durch direkte Erfahrung bekannt ist. Im Hinblick auf die menschlichen Schwächen und auf die Tatsache, daß wir nur selten, wenn überhaupt, unsere geistigen Fähigkeiten – ja noch nicht einmal unsere vernunfthaften Fähigkeiten – in vollem Maß nutzen, sind fünf tägliche Gebete so viel wie von uns erwartet werden kann; freilich nicht etwa, daß dies die Absurdität des zwischen diesen Gebeten verbrachten Lebens mindere, es sei denn, wir bewahrten inmitten weltlicher Aktivitäten ein Wissen um die durch das Gebet hergestellte Verbindung und ein wenig von ihrem Duft.

Nachdem Muhammad vom höchsten Platze herabgestiegen war, wurde er wieder von Gabriel erwartet, der ihm die grenzenlosen Alleen des Paradieses und die engen und erstickenden Gänge der Hölle zeigte. Entzücken und Elend, Schönheit und Häßlichkeit, Harmonie und Aufruhr, das Offene und das Geschlossene. Was schon zuvor im Hinblick auf die absolute Unvergleichbarkeit zwischen menschlicher Sprache einerseits und himmlischen – oder höllischen – Realitäten andererseits gesagt wurde, trifft hier ganz besonders zu; aber da alle

Dinge miteinander verbunden sind, muß es ein Verbindungsglied geben und in unserer menschlichen Erfahrung zu entdecken sein, vorausgesetzt, wir erweitern unser Bewußtsein über die lokalen Ursachen einer solchen Erfahrung und suchen ihr tiefstes Wesen. Wirkliche Freude – die Freude des Paradieses – kann bis zu einem gewissen Ausmaß durch Bilder irdischer Freude gekostet werden; und die äußerste Qual kann durch Schmerzen und Pein erahnt werden, die wir hier empfinden.

Muhammad hat einmal gesagt: »Das Paradies ist euch näher als der Riemen eurer Sandale, und das gleiche gilt auch für die Hölle«; man könnte sogar sagen, daß dies eine logische Folgerung der koranischen Feststellung ist, daß Gott dem Menschen näher ist als seine Halsschlagader (Sura 50,16). Das ganze Mysterium der menschlichen Existenz dreht sich darum, daß Gott – und alles, was außerhalb unserer Sphäre liegt – dem Menschen so äußerst nahe ist, während der Mensch, zumindest in seiner Alltagserfahrung so sehr weit von Gott und von anderen Dimensionen der Wirklichkeit entfernt ist. Eine Bildersprache, wie sie in den Traditionen benutzt wird, wenn sie von der Vision des Propheten von Himmel und Hölle berichten,* dient, so übertrieben, ja phantastisch sie auch manchmal erscheinen mag, als Brücke über diesen Abgrund, jedoch nur, wenn sie als Schlüssel zum intuitiven Verständnis, nicht aber streng wörtlich genommen wird.

Es gibt jedoch eine Frage, über die in der islamischen Welt von jenem Tag an bis heute heftig debattiert wird. Reiste der Prophet nur im Geist zum Himmel oder auch mit dem Körper?

---

* Ein spanischer Priester, M. Asín Palacios, hat fünfundzwanzig Jahre lang versucht herauszufinden, wie weit der florentinische Dichter Dante diesen islamischen Quellen für die Bildersprache der *Göttlichen Komödie* verpflichtet ist. Siehe: Miguel Asín Palacios, *Islam and the Divine Comedy*, übersetzt von Harold Sutherland 1926 (Frank Cass & Co.).
[Enrico Cerulli, *Il Libro della Scala*, Vatikanstadt 1949, hat diese Einflüsse noch deutlicher gemacht.
Für eine bildliche Darstellung der Himmelsreise des Propheten, s. Marie-Rose Séguy, *Die wunderbare Reise Muhammads*. München 1979 (Prestel)].

Was beide Seiten bei ihren Argumenten zu vergessen scheinen, ist, daß die Welt, die wir durch unsere Sinne erfahren, nicht ein Klumpen träger Materie ist, von anderen Dimensionen isoliert; sie vergessen, daß das, was wir hier sehen, gewissermaßen in das Unsichtbare eingetaucht ist und in jedem Atom von ihm durchdrungen wird. Der Körper kommt, der Körper geht, sich wandelnd, so wie die Wolken ihre Form wechseln, um schließlich verklärt aufzuerstehen; und der Muslim weiß, daß Gott das, was Er erschaffen hat, auch – wenn Er es will – wieder erschaffen kann, hier, dort und überall, jetzt oder zu irgendeinem Zeitpunkt in der Zukunft. Stieg der Prophet im Körper oder im Geist zum Himmel auf? *Er* stieg auf. War seine Erfahrung »subjektiv« oder »objektiv«? Sie war *wirklich*; und darauf allein kommt es an.

Seine Gefährten warfen diese Frage auf, als der Reisende zu Zeit und Raum zurückkehrte und ihnen wieder am irdischen Tage begegnete, denn sie waren nüchterne Männer, die sich mit praktischen Dingen beschäftigten. Nur ganz wenigen engen Vertrauten wurde die ganze Geschichte erzählt, aber selbst für sie war der Gedanke, er hätte in einem Augen-Blick von Mekka nach Jerusalem und wieder zurück reisen können, schwer annehmbar. Es ist eines, im Prinzip zu wissen, daß Gott, der die Naturgesetze erschaffen hat, sich auch über sie hinwegsetzen kann, wenn Er das wünscht; etwas ganz anderes aber, zu akzeptieren, daß dies tatsächlich geschehen ist. Einige der Zweifler fragten Abū Bakr um Rat. »Hat euch der Gesandte Gottes selbst dies gesagt?«, fragte er sie. »Ja«, sagten sie. »Dann ist es wahr.« Von diesem Tag an war Abū Bakr als *aṣ-Ṣiddīq*, »der Wahrhafte« oder der »Bezeuger der Wahrheit«, bekannt.

Nicht zum ersten – aber auch nicht zum letzten – Mal wurden die Menschen geprüft. Sie blieben standhaft. Schon sehr bald sollten sie mit dem Propheten in die Stadt auswandern, in welcher der Islam zu einer Weltreligion werden sollte. Sie waren der Kern, und von ihrem Glauben hing alles ab.

6. Die Stadt des Propheten

Besonders ärgerte es die Quraysh, daß Muhammad während der jährlichen Pilgersaison zu den Pilgern zu gehen und ihnen seine Botschaft zu predigen pflegte. Man konnte sich leicht vorstellen, was er diesen »Ausländern« über ihre Götter sagen würde, diesen Pilgern, die gekommen waren, um an den Altären zu beten, und – außerdem – noch Geld im Gepäck hatten. Auch gefiel es ihnen nicht, daß ein interner Streit landauf, landab auf der ganzen Arabischen Halbinsel ruchbar würde. Die Quraysh waren nämlich ungeheuer stolz auf ihre Stadt und deren Ruf.

Es war wahrscheinlich im Jahr der Trauer, als Muhammad seine ersten Konvertiten unter den Pilgern von Yathrib gewann. Diese Stadt, etwa 430 Kilometer nördlich von Mekka, erfreute sich ihrer schönen Lage in einer lieblichen Oase, bis heute berühmt für ihre ausgezeichneten Datteln; in jeder anderen Hinsicht war sie jedoch nicht vom Glück begünstigt. Sie scheint ursprünglich eine jüdische Siedlung gewesen zu sein (obgleich diese Juden wahrscheinlich zum Judentum übergetretene Araber waren), aber irgendwann in der Vergangenheit waren zwei Stämme aus dem Jemen, Khazraj und Aws, dort hingekommen, hatten Gefallen gefunden an dem, was sie fanden, und waren geblieben. Die Oase war Schauplatz eines fast endlosen Parteienzanks gewesen. Juden bekämpften Juden, und Araber bekämpften Araber; Araber verbündeten sich mit den Juden und bekämpften andere Araber, die sich mit wieder einer anderen jüdischen Gemeinschaft verbündet hatten. Während Mekka sich wirtschaftlicher Blüte erfreute, lebte Yathrib im Elend. Was benötigt wurde – wie jeder vernünftige Mensch einsehen konnte –, war ein Führer, der fähig war, die Leute zu vereinigen, doch kein aus der einen oder anderen Partei gewählter Führer wäre annehmbar für alle gewesen. Es sprach vieles dafür, einen Außenseiter zu suchen, der diese Rolle ausfüllen konnte, und möglicherweise haben einige Pilger, tief beeindruckt von Muhammads Persönlichkeit und Charakterstärke, begonnen, untereinander eine höchst aufregende Möglichkeit zu diskutieren. Da dieser Mann in seiner eigenen Stadt in Schwierigkeiten war, sollten sie ihn nicht einladen, nach Yathrib auszuwandern? Abgesehen von allen anderen Erwägungen, würde dies eine wohl berechnete Beleidigung der Quraysh sein, deren Arroganz ihnen sehr auf die Nerven gegangen sein dürfte und deren Reichtum nur Neid erwecken konnte.

Im Sommer des Jahres 621 trafen sich etwa ein Dutzend Männer aus Yathrib, die sowohl die Khazraj als auch die Aws vertraten, heimlich mit Muhammad in 'Aqaba im Tal Mina am Rande von Mekka, und leisteten ihm in ihrem eigenen Namen und dem ihrer Frauen den Treueid, wobei sie gelobten, Gott kein andres Geschöpf als Teilhaber beizugesellen, nicht zu stehlen oder Ehebruch zu begehen oder ihre Kinder zu töten, auch nicht in bitterster Armut; und sie verpflichteten sich, diesem Mann in allen gerechten Dingen zu gehorchen. Dies ist als das Erste Gelöbnis von 'Aqaba bekannt oder als das Gelöbnis der Frauen, nicht, weil eine Frau dabeigewesen wäre, sondern weil es keine Bestimmungen für den Fall des Kampfes enthielt. Als sie nach Yathrib zurückkehrten, nahmen sie einen Gefährten des Propheten, Mus'ab, mit sich, einen Mann, der wegen seines diplomatischen Geschicks bekannt war, und der nicht nur Neubekehrte in den Anfangsgründen der Religion unterweisen sollte, sondern auch noch befugt war, mit den Stammesoberhäuptern in der Oase Verhandlungen zu führen.

Im Juni des folgenden Jahres, sobald die Pilgerfahrt beendet war, stahlen sich zweiundsiebzig Männer und drei Frauen heimlich in das Tal Mina und warteten gemeinsam auf den Felsen von 'Aqaba.* Um Mitternacht kam eine kleine Gruppe

* Wenn man in Betracht zieht, wie nebelhaft verschwommen die Umrisse der europäischen Geschichte im 7. Jahrhundert erscheinen, ist es bemerkenswert, wie detailliert die Berichte von Ereignissen im Leben des Propheten sind, besonders von diesem Zeitpunkt an. Ibn Kathir hat sogar den Namen jedes einzelnen der in 'Aqaba anwesenden Pilger aufgeschrieben.

weißgekleideter Gestalten aus der Dunkelheit auf sie zu, Muhammad und einige seiner Gefährten, zusammen mit seinem Onkel al-'Abbās (auch einer der zahlreichen Nachkommen von 'Abdul-Muttalib), der zwar selbst kein Muslim, aber als offizieller Vertreter der Sippe Hāshim anwesend war. Die Verhandlungen wurden mit einer Rede von al-'Abbās eröffnet, und, wie von einem Ältesten der Quraysh zu erwarten, sprach er beredt und mit Autorität. Er wies bescheiden, aber deutlich auf seine eigene Rolle hin, nämlich die, seinen Neffen vor dessen vielen Feinden zu schützen, und fuhr in einem Tonfall fort, der ein wenig an einen viktorianischen Vater erinnern könnte, wenn er einen Bewerber um die Hand seiner Tochter empfängt. »Er«, sagte er (und das bezog sich auf Muhammad), »hat sich entschlossen, sich euch zuzuwenden und sich euch anzuschließen. Wenn ihr euch sicher seid, daß ihr das einhalten könnt, was ihr ihm versprecht, und daß ihr ihn gegen alle, die gegen ihn sind, beschützen werdet, soll euer die Bürde sein, die ihr auf euch genommen habt. Wenn ihr jedoch meint, daß ihr ihn im Stich lassen und betrügen könntet, nachdem er zu euch gegangen ist, dann verlaßt ihn jetzt.«

Danach legte ein Sprecher des Volkes von Yathrib das Treuegelöbnis ab, aber ein Mann der Aws unterbrach ihn und sagte: »O Gesandter Allahs, es bestehen Bindungen zwischen uns und anderen Menschen« – er meinte damit die Juden – »und wir sind gewillt, diese abzubrechen. Aber könnte es nicht sein, daß, wenn wir dies tun und wenn danach Allah dir Sieg verleihen sollte, du dann zu deinem Volk zurückkehren und uns verlassen wirst?« Muhammad lächelte und sagte: »Ich bin euer, und ihr seid mein. Gegen wen ihr Krieg führt, gegen den werde auch ich Krieg führen. Mit wem auch immer ihr Frieden schließen werdet, mit dem werde auch ich Frieden schließen.« Ehe die Angelegenheit zum Abschluß kam, erinnerte ein Mann aus dem Stamm der Khazraj seine Gefährten nochmals an das, was al-'Abbās gesagt hatte, und fügte hinzu: »Wenn ihr glaubt, daß ihr ihn, falls ihr etwas von eurem Besitz verliert oder einige eurer Edlen erschlagen werden sollten, im Stich lassen könntet, dann laßt ihn jetzt im Stich ... Wenn ihr aber glaubt, daß ihr euer Gelöbnis einhalten könnt, dann nehmt ihn jetzt, denn darin liegt – bei Allah! – das Beste dieser Welt und der nächsten.«

Danach legten diese Leute, einer nach dem anderen, ihr Gelöbnis ab und verpflichteten sich damit, den Propheten ebenso zu verteidigen wie sie ihre eigenen Frauen und Kinder verteidigen würden.

Dies ist bekannt als das Gelöbnis des Krieges, weil es den Schutz der Person des Propheten mit einschloß, nötigenfalls auch durch Waffengewalt; es gibt jedoch immer noch Zweifel darüber, wann die koranischen Verse, die den heiligen Krieg zur Verteidigung der Religion erlauben, offenbart worden sind. Diese Verse sind von entscheidender Bedeutung in der Geschichte des Islam: »Gewähr ist denen gegeben, die bekämpft wurden, dieweil ihnen Gewalt angetan ward; und siehe, wahrlich, Allah hat Macht, ihnen beizustehen: Jene, die schuldlos aus ihren Wohnungen vertrieben wurden, nur weil sie sprechen: ›Unser Herr ist Allah‹. Und wofern nicht Allah den einen Menschen durch die andern wehrte, wahrlich, so wären Klöster, Kirchen, Bethäuser und Moscheen, in denen Allahs Name (so) häufig genannt wird, zerstört ...« (Sura 22, 40–41). Gemäß einem der frühesten Biographen des Propheten, Ibn Isḥāq, kam diese Offenbarung vor dem Zweiten Gelöbnis von ‘Aqaba, während alle anderen Autoritäten sie kurz nach der Auswanderung nach Yathrib datieren.

Wie dem auch sei, ein Wendepunkt war für Muhammad, für die Muslime und für die Welt gekommen. Es war die Bestimmung Muhammads – und ein Aspekt seiner prophetischen Funktion –, daß er die Alternativen aufzeigen sollte, die den Verfolgten und Unterdrückten offenstehen; auf der einen Seite Geduld, Nachsicht und »die andere Wange hinhalten«, auf der anderen Seite das, was die Christen »gerechten Krieg« nennen, ohne den – mit den Worten einer späteren koranischen Offenbarung – »die Erde wahrlich verdorben« wäre (Sura 2,251). Fast dreizehn Jahre lang hatten er und sein Volk unter Verfolgung, Drohungen und Beleidigungen gelitten, ohne eine Hand zur Selbstverteidigung zu erheben. Sie hatten bewiesen, daß dies menschenmöglich war. Jetzt aber änderten sich die Umstände und verlangten eine ganz andere Antwort, wenn die Religion des Islam in der Welt überleben sollte. Frieden hat seine Zeiten, aber Krieg auch, und der Muslim vergißt niemals, daß jeder Mensch für den Krieg geboren ist, in der einen oder anderen Form, auf der einen oder anderen Ebene, wenn nicht der physischen, so der geistigen. Alle, die versuchen, diese Tatsache zu ignorieren, werden früher oder später versklavt.

In Zweier- oder Dreiergruppen stahlen sich die Muslime aus Mekka davon und machten sich auf den Weg nach Yathrib. Die *Hijra* hatte begonnen. Das Wort ist völlig falsch als »Flucht« übersetzt worden, aber auch, durchaus annehmbar, als »Auswanderung«; die genaue Bedeutung ist jedoch eher der Abbruch aller früheren Beziehungen, um neue eingehen zu können; ein Bruch mit der Vergangenheit, ein neuer Anfang. Häuser, einst voll von Menschen und Lebensgeräuschen, standen nun leer und schweigend da. Alles in dieser wohlhabenden und einigen Stadt hatte sich innerhalb von zehn Jahren verwandelt, so wie das auch in der menschlichen Persönlichkeit geschieht, wenn der geistige Blitz einschlägt.

Für die Quraysh war jetzt die Grenze des Erträglichen überschritten. Feinde innerhalb der Stadt waren schlimm genug, aber jetzt bauten eben diese Feinde auch noch ein rivalisierendes Zentrum im Norden auf. Bisher gezügelt durch Prinzipien, die sie von ihren Beduinen-Ahnen geerbt hatten, sowie aus Furcht, eine lästige Blutfehde zu entfachen, entschieden die Führer jetzt, daß Muhammad sterben müsse. Abū Jahl hatte einen einfachen Plan. Man solle junge Männer aus den verschiedenen Sippen auswählen, von denen jeder Muhammad einen tödlichen Streich versetzen würde, so daß sein Blut über sie alle käme. So könnten die Hāshim keine Vergeltung von all den anderen Sippen fordern.

Inzwischen hatte der Prophet mit einigen wenigen engen Vertrauten den göttlichen Befehl abgewartet, sich den anderen

Muslimen in Yathrib anzuschließen. Er fühlte sich nicht befugt auszuwandern, ehe ihm dieser Befehl gegeben wurde, aber schon mehrere Wochen lang hatte Abū Bakr zwei schnelle Kamelstuten für die Reise vorbereitet und sie mit Blättern des Akazien-Gummi-Baums, Gummi-arabicum-Blättern, gefüttert, um ihre Ausdauer und Widerstandskraft zu stärken. Endlich kam der Befehl. Die Mörder hatten bereits sein Haus umstellt, als Muhammad es ungesehen verließ. Sie konnten nicht in das Haus eindringen, denn das hätte bedeutet, die Privatsphäre der Frauen zu verletzen (niemand könnte sagen, die jungen Männer der Quraysh seien keine Gentlemen gewesen), aber einer von ihnen spähte durch ein Fenster und sah eine Gestalt auf der Schlafmatte des Propheten zusammengerollt liegen. Da sie nicht wußten, daß es in Wirklichkeit ʿAlī war, der dort lag, um sie irrezuführen, beschlossen sie, bis zum Morgen zu warten.

Um mögliche Verfolger irrezuführen, wandten sich Muhammad und Abū Bakr nach Süden, wobei ein freundlicher Schafhirt seine Schafe über ihre Spuren führte, und sie fanden Zuflucht in einer Höhle auf dem Berg Thawr auf dem Weg nach dem Jemen. Hier suchte sie Abū Bakrs Sohn ʿAbdullāh auf und brachte die Nachricht, daß die Quraysh eine Belohnung von hundert Kamelen für ihre Ergreifung ausgesetzt hatten. Seine Tochter Asmāʾ brachte ihnen inzwischen Verpflegung und war von da an als »Sie-mit-den-zwei-Gürteln« bekannt, da sie, als die Flüchtlinge ein Seil brauchten, ihren Gürtel in zwei Teile schnitt und ihnen eins davon gab. Inzwischen hatten die Verfolger, da sie im Norden keine Spur der Flüchtlinge fanden, ihre Suche weiter ausgedehnt, und eines Abends hörte man fremde Stimmen nahe der Öffnung der Höhle. Fünf oder sechs Männer hatten sich dort versammelt und berieten, ob man das Innere der Höhle durchsuchen sollte. Abū Bakr fürchtete, daß das Ende gekommen sei, aber Muhammad fragte ihn: »Weshalb denkst du an zwei, wenn Allah als Dritter dabei ist?« Nach einer kleinen Weile verloren sich die Stimmen in der Ferne, und nachdem Muhammad

sicher herauskommen konnte, sah er, weshalb sie nicht weiter-
gesucht hatten. Ein zuvor nicht vorhandener Strauch war
innerhalb von Stunden emporgewachsen und verdeckte teilweise den Eingang zur Höhle; eine Spinne hatte ihr Netz
zwischen dieser Pflanze und der Felsenwand gewoben, und ein
Taubenpärchen hatte nahe dabei sein Nest gebaut. Die Natur,
in Einklang mit dem Geist, hatte den Gesandten Gottes
beschützt. »Diese drei Dinge«, sagt Dermenghem, »sind die
einzigen Wunder, die in der authentischen muslimischen
Geschichte verzeichnet sind: das Netz einer Spinne, die Liebe
einer Taube, das Hervorsprießen einer Blume – drei Wunder,
die täglich auf Gottes Erde vollbracht werden.«[*]

Die besonders vorbereiteten Kamele wurden ihnen nun
gebracht, dann ritten sie um Mekka herum gen Westen, stießen
auf den Weg nach Yathrib und erblickten die Oase nach zwölf
Tagen. Sie rasteten in einem Dorf in den Außenbezirken, wo
sich ʻAlī, der die Reise zu Fuß gemacht hatte, ihnen nun
anschloß. Die *Hijra* war vollendet. Es war der 24. September
622 nach christlicher Zeitrechnung, und die islamische Ära –
der muslimische Kalender – beginnt am ersten Tag des arabischen Jahrs, in dem dieses Ereignis stattfand, am 16. Juli. Und
von diesem Tag an hatte Yathrib einen neuen Namen, einen
Namen der Glorie: *Madīnat an-Nabī*, die Stadt des Propheten;
kurz Medina.

In festliche Gewänder gekleidet, zog Muhammad in die Stadt
ein, begleitet von siebzig Reitern, deren einer einen grünen
Turban, an einer Lanzenspitze befestigt, vor ihm hertrug. Der
verfolgte Seher war nun ein Herrscher mit der Autorität, dem
menschlichen Chaos ein offenbartes Muster von Harmonie und
Ordnung aufzuerlegen. Aber schon als er die Grenze über-
schritt, sah er sich vor ein unmittelbar dringendes politisches
Problem gestellt. Wo sollte er anhalten? Auf dem Gebiet
welcher Gruppe? Die Leute griffen, einer nach dem andern, in
die Zügel seines Kamels Qaswa. »Laßt sie ihren Weg alleine

[*] Emile Dermenghem, *Life of Mahomet*, S. 149

gehen«, sagte er, »denn sie steht unter dem Befehl Allahs.«
Nachdem sie eine gewisse Entfernung zurückgelegt hatte und
sich anscheinend niederlassen wollte (wobei die Aufregung
immer mehr zunahm), dann wieder vorwärtsgetrottet war, sich
Zeit genommen und ihre Bestimmung erfüllt hatte, hielt Qaswa
endlich an und sank zu Boden mit allem Stöhnen und Murren,
dessen ein edles, sich seiner Wichtigkeit bewußtes Kamel fähig
ist. Hier wurde nach angemessener Zeit die erste Moschee des
Islam erbaut, zusammen mit dem Haus des Propheten und den
Gemächern seiner Frauen.

Mekka hatte sein berühmtes Heiligtum, aber Medina hatte nun
einen lebenden Propheten, und das war noch mehr wert.
Die Menschen in der Oase erzielten Einmütigkeit nicht über
Nacht, aber die Umrisse einer geordneten Gesellschaft entstanden mit erstaunlicher Geschwindigkeit. Muhammad entwarf
eine Satzung, welche die gegenseitigen Pflichten zwischen seinem Volk und den Juden von Medina festlegte und in der man
sich einigte, daß alle den gleichen Status haben und im Fall
eines Angriffs wie ein Mann kämpfen würden. Diejenigen
unter den arabischen Einwohnern, die etwas gegen die Neuan-
kömmlinge hatten, hielten zunächst einmal Ruhe. Der mäch-
tigste Mann der Khazraj, Ibn Ubayy, nahm den Islam pro
forma an, obwohl er später sein wahres Gesicht als Anführer
der »Heuchler«, der *munāfiqūn*, zeigen sollte. Alles fand seinen rechten Platz, und die Strudel, die zuvor in entgegenge-
setzte Richtungen gewirbelt waren, formten sich nun zu einem
Muster um den Propheten. Durch reine Charakterstärke, verbunden mit außerordentlichem diplomatischen Geschick,
begann er, die Parteien miteinander auszusöhnen.
Um die »Auswanderer« *(muhājirūn)* mit den ortsansässigen
Muslimen, den »Helfern« *(anşār)*, zu vereinigen, gründete er
ein System persönlicher Verwandtschaften: jeder »Helfer«
nahm einen »Auswanderer« als Bruder an, der unter allen
Umständen als Bruder behandelt werden mußte und in der
Erbfolge noch vor den Mitgliedern der natürlichen Familie

stand. Von wenigen Ausnahmen abgesehen – im besonderen 'Uthmān ibn 'Affān, der sein Vermögen der Gemeinschaft zur Verfügung stellte –, hatten die »Auswanderer« alles verloren, was sie besaßen, und waren völlig von ihren neuen Brüdern abhängig. Angesichts des Stammesbewußtseins der Araber ist man versucht, es als »Wunder« zu beschreiben, daß diese Situation anscheinend keinerlei Verärgerung unter denjenigen auslöste, die so plötzlich genötigt waren, völlig Fremde in ihre Familien aufzunehmen. Selten ist die Macht des religiösen Glaubens, die Menschen zu verändern, klarer demonstriert worden.

Die mekkanischen Muslime hatten jedoch ihre alten Fertigkeiten nicht vergessen. Man erzählt von einem »Auswanderer«, der, als sein neuer Bruder zu ihm sagte: »O Ärmster der Armen, wie kann ich dir helfen? Mein Haus und mein Vermögen stehen dir zur Verfügung!«, antwortete: »O gütigster aller gütigen Freunde, zeige mir nur den Weg zum Stadtmarkt. Alles andere findet sich dann von selbst.« Dieser Mann, so sagt man, begann, Butter und Käse zu verkaufen, war bald reich genug, den Brautpreis für ein Mädchen der Stadt zu bezahlen, und nach einiger Zeit war er dann sogar in der Lage, eine Karawane von siebenhundert Kamelen auszurüsten. Von einem anderen sagte Muhammad: »Er könnte mit Sand-Handel ein Vermögen machen.«

Solche Unternehmungslust wurde ermutigt; es gab jedoch auch solche besinnlicheren Temperaments, die weder die Fertigkeiten noch die Neigung hatten, ihren Lebensunterhalt zu verdienen, und diese – als solle bewiesen werden, daß der Muslim kein »Aktivist« sein muß – erhielten einen Ehrenplatz in der Gemeinschaft. Man fand im überdachten Teil der neuen Moschee Raum zum Schlafen für sie, und sie wurden als »die Leute der Bank« bekannt. Sie wurden mit Nahrung von des Propheten eigenem Tisch versorgt, wenn man dort etwas übrig hatte, und mit gerösteter Gerste aus dem Gemeindevorrat; der Berühmteste unter ihnen war Abū Hurayra (was »Vater der kleinen Katze« bedeutet), der Muhammad überallhin folgte –

genau so wie seine kleine Katze ihm folgte – und dessen erstaunlichem Gedächtnis wir eine große Anzahl überlieferter Hadīthe verdanken. Vielleicht könnte man ihn als den ersten jener ansehen, von denen Muhammad sagen sollte: »Die Tinte der Gelehrten ist wertvoller als das Blut der Märtyrer.«

Muhammad selbst hatte nicht den Wunsch, weniger spartanisch als seine Leute zu leben. Seine Hauptmahlzeit war gewöhnlich eine Schale gekochter Gerstenschleim, genannt *sawīq*, mit Datteln und Milch; seine einzige andere Mahlzeit am Tag bestand aus Datteln und Wasser; er hungerte jedoch häufig und hatte sich angewöhnt, einen flachen Stein vor seinen Magen zu binden, um die Hungerbeschwerden zu lindern. Es war nur zu gut bekannt, daß »er nichts abschlagen konnte«. Eines Tages schenkte ihm eine Frau einen Umhang – etwas, das er dringend benötigte –, aber noch am gleichen Abend bat ihn jemand um diesen, um ein Leichentuch daraus zu machen, und sofort gab er ihn her. Diejenigen, die ein wenig übrig hatten, brachten ihm Nahrung, aber er schien sie nie lange genug behalten zu können, um sie auch nur zu versuchen. Es gab immer jemanden, der noch bedürftiger war. Mit nachlassender Körperkraft – er war jetzt zweiundfünfzig Jahre alt – kämpfte er, eine auf Religion gegründete Nation aus dem mannigfaltigen Menschen-Sortiment zu schaffen, das Gott ihm als Rohmaterial gegeben hatte.

Es war jedoch klar, daß die Auswanderer, deren Besitz in Mekka konfisziert worden war, nicht unbegrenzt die verarmten Gäste der *anṣār* bleiben konnten, die auch nur gerade das Allernötigste besaßen. Wenn es so weiterginge, brauchten die Quraysh nur abzuwarten, bis der Islam Hungers sterben würde. Die arabische Tradition, die durch Unglück verarmten Stämmen erlaubte, über andere, glücklichere herzufallen – ohne die die Wüstenaraber nicht durch Jahrhunderte überlebt hätten –, bot (zusammen mit der Offenbarung über das Recht derer die »schuldlos aus ihren Wohnstätten vertrieben wurden«, zu den Waffen zu greifen) die einzige Lösung. Die ersten Überfälle auf mekkanische Karawanen hatten jedoch nur wenig

Erfolg. Dann wurde beschlossen, die große jährliche Karawane aus Syrien anzugreifen, die unter dem persönlichen Befehl von Abū Sufyān stand. Späher berichteten, daß sie an den Brunnen von Badr rasten würde, und die Muslime bereiteten sich nun auf Krieg vor.

Nachrichten über solche Vorbereitungen erreichten Abū Sufyān auf seiner Reise nach Süden, und er selbst führte einen Spähtrupp nach Badr an, wo man im Kameldung nahe bei den Brunnen Kerne von Medinadatteln identifizierte. Er las die Zeichen richtig und schickte eine dringende Nachricht nach Mekka, man solle ein Heer gegen die Muslime aussenden; bald danach lenkte er seine Karawane – deren Wert, wie gesagt wird, sich auf ungefähr drei Millionen Dollar in moderner Währung belief – auf einen anderen Weg längs der Küste um.

Ein mekkanisches Heer von etwa tausend Mann marschierte nach Norden, während die »Auswanderer« und die »Helfer«, alles in allem 305 Mann, sich, so gut sie konnten, auf den Weg nach Badr machten; sie hatten nur siebzig Kamele und drei Pferde für alle, und so wechselten sich die Männer beim Reiten ab oder ritten zu mehreren auf einem Tier. Sie waren bereits auf dem Weg, als die Nachricht von Abū Sufyāns geändertem Plan eintraf. Der Prophet rief sofort einen Rat zusammen. Sollten sie die Karawane verfolgen oder sich dem Heer entgegenstellen? Es bestand kein wirklicher Zweifel, wie die Entscheidung ausfallen würde. Sie gingen auf das zu, was in der Geschichte als *yaum al-furqān* bekannt ist, den Tag der Unterscheidung, der Unterscheidung zwischen Licht und Dunkelheit, zwischen Gut und Böse, Richtig und Falsch.

Die Schlacht wurde am 17. Ramadan im zweiten Jahr der Hijra, am Freitag, den 17. März 624, ausgetragen. Sie begann auf die übliche Art mit Einzelkämpfen zwischen gegnerischen Kämpen, drei von jeder Seite, und bei diesen trugen 'Alī, Ḥamzah und ein dritter Muslim den Sieg davon. Darauf folgte ein allgemeiner Kampf, bei dem sich die Mekkaner keinesfalls begeistert zeigten, wohingegen die Muslime – mager und hungrig – die Gelegenheit genossen, sich für das ihnen angetane

Unrecht zu rächen. Muhammad hatte eine Taktik entwickelt, die in der arabischen Kriegsführung nicht geläufig war: er hielt seine Leute in strikter Disziplin dicht beieinander und ließ die Gegner sich in wiederholten Angriffen erschöpfen. Als die Zeit reif war, gab er das Signal zum Vorrücken, indem er eine Handvoll Sand aufhob und ihn den Feinden entgegenwarf. Während sie vorpreschten, hörten einige Muslime über dem Schlachtgetöse das Rauschen von Engelsflügeln, und von da an zweifelte niemand mehr daran, daß an diesem Tag unsichtbare Heerscharen näher zur Erde gekommen waren als je zuvor. Das große Heer der Quraysh wurde in die Flucht geschlagen und überließ das Feld den Muslimen, die jetzt in der Stunde ihres Triumphes still waren, vielleicht überwältigt vom Ausmaß ihres Sieges. Bei dieser, einer der wirklich entscheidenden Schlachten der menschlichen Geschichte, beliefen sich die Gesamtverluste auf etwa siebzig bis achtzig Tote.

»Wie könnt ihr wissen«, fragte der Prophet seine Gefährten eine Weile später, »ob Allah nicht auf die Männer von Badr geblickt hat und zu ihnen sagte: Tut, was ihr wollt, denn Ich habe euch vergeben!« Solange sie lebten, waren diese Männer am höchsten geehrt unter den Muslimen, und keiner von ihnen wurde mehr wegen seiner Tapferkeit geachtet als ʿAlī, dem man nun Fāṭima, die Tochter des Propheten, zur Ehe gab.

Mekka taumelte unter dem Schock. Abū Jahl war in Badr gefallen, und Abū Lahab – »der Vater der Flamme« – starb bald darauf; die einen sagten, aus Ärger, als ihn diese Nachricht erreichte; andere, aus Scham, weil ihm eine Frau auf den Kopf schlug, nachdem er einen Sklaven ausgepeitscht hatte. Wie dem auch sei, hierdurch wurde eine koranische Prophezeiung erfüllt: »Verderben über die Hände Abū Lahabs und Verderben über ihn. Nicht soll ihm nützen sein Gut und sein Gewinn. Brennen wird er im Feuer, dem lohenden ...« (Sura 111). Damit war jetzt Abū Sufyān die führende Persönlichkeit der Stadt, und er wußte besser als jeder andere, daß man die Sache nicht auf sich beruhen lassen konnte. Erfolg bringt Erfolg hervor, und die Beduinenstämme – immer schnell dabei, das

Gleichgewicht der Macht richtig einzuschätzen – waren zunehmend geneigt, sich mit den Muslimen zu verbünden. Abū Sufyān schwor einen gewaltigen Eid, seinen Bart nicht mehr zu parfümieren, bevor Rache für Badr genommen worden sei.

Al-'Abbās, der noch immer als Vermittler fungierte, sandte dem Propheten Nachricht, daß sich ein mekkanisches Heer von 3 000 Mann mit 700 Schwerbewaffneten und einem Reitertrupp von 200 Mann darauf vorbereitete, unter Abū Sufyāns Befehl nach Medina zu marschieren; darüber hinaus planten sie auch noch, ihre Frauen mitzubringen. Das war eine ernste Angelegenheit. Der arabische Krieger war sich wohl bewußt, daß es viele Gelegenheiten gibt, wo Besonnenheit der bessere Teil der Tapferkeit ist, oder – wie ein Sprichwort aus Jamaika sagt – »Abwesenheit des Körpers besser als Geistesgegenwart« ist. Waren jedoch Frauen zugegen, so war er gehalten, seine Prahlereien wahrzumachen, so sehr er sich auch irren mochte, wenn er annahm, daß Frauen den Prahlereien der Männer glauben. Abū Sufyān nahm seine Frau, Hind, mit sich, eine der berüchtigtsten Frauen der Geschichte, die, während sich das Heer zur Schlacht rüstete, die anderen Frauen in einem Gesang anführte, der den Kriegern nach tapferem Kampf die Umarmung ihrer Frauen versprach, sollten sie aber flüchten, so mußten sie erwarten, aus dem Ehebett geworfen zu werden.

Die Mekkaner lagerten auf einem Stück bebautem Land unterhalb des Berges Uhud, der Medina im Norden überragt. Der Prophet hielt einen Kriegsrat ab; er selbst neigte dazu, in der Stadt zu bleiben und eine Belagerung in Kauf zu nehmen; er unterwarf sich jedoch der Meinung der Mehrheit, die dafür war, zur Schlacht auszurücken. »Gesandter Allahs«, sagte einer seiner Berater, »wir haben eines von zwei guten Dingen vor uns: entweder wird Allah uns den Sieg über sie geben, und das ist's, was wir wünschen; oder Allah wird uns Märtyrertum gewähren. Mir ist es gleich, was es sein wird, denn wahrlich, in beiden liegt Gutes.«

Die Mekkaner hatten nun ihre Ausgangsstellungen für die Schlacht bezogen; Abū Sufyān befehligte die Mitte und Khālid ibn al-Walīd die Kavallerie auf dem rechten Flügel. Rückblikkend wird dabei ein seltsames Muster offenbar, denn dieser Mann und andere unter den heidnischen Anführern sollten im Verlauf der Zeit zu den großartigsten Kämpfern für den Islam, zu Welteroberern werden. Das Muster erscheint weniger seltsam, wenn wir an den Symbolismus dieser Religionskriege denken, der in dem unter Schichten von Korruption verborgenen Adel der Quraysh wurzelt. Innerlich und als geistige Konflikte gesehen, repräsentieren sie die edlen Impulse der Seele, positiv in ihrem Wesen, jedoch fehlgeleitet und auf Rechtsetzung wartend. In der heiligen Geschichte – und diese Ereignisse wären nur Trivialitäten, wären sie nicht Teil der heiligen Geschichte – verschmelzen Tatsachen und Vision, und was im Staube der Schlacht geschieht, ist nur ein äußerliches Zeichen und ein »Erinnern« an die inneren Dramen, die das Menschenwesen auf seiner Reise zu Gott durchwandern muß. Im Islam ist eine Mauer zwischen das Reich der Barmherzigkeit und das Reich des Zorns gesetzt – obgleich selbst diese Mauer von einer Öffnung durchbohrt wird –; es gibt aber keine hermetisch abgeschlossenen Abteilungen, wie sie der westliche Verstand begrifflich so bequem findet. Was auf einer Ebene – der irdischen, psychischen oder geistigen – geschieht, kann gewissermaßen immer in eine andere Tonart, eine andere Dimension transponiert werden. Nichts geschieht nur auf einer Ebene isoliert; was *hier* geschieht, geschieht auch *dort* und vice versa. Hinter dem Schattentanz der heiligen Geschichte stehen reale Gestalten, die sich in einem universellen Kampf befinden. Und nun stellten sich die Muslime dem Kampf, siebenhundert Mann stark – eine noch stärkere zahlenmäßige Unterlegenheit als in Badr – und griffen den Feind im Namen Allahs an, sich nur wenig darum sorgend, ob sie überleben oder sterben würden. Die mekkanische Schlachtlinie brach unter dem Aufprall zusammen, und in dem darauffolgenden Chaos der Einzelkämpfe wurde der Weg zu ihrem Lager geöffnet. Muhammad hatte fünfzig ausgewählte Bogenschützen auf höhergelegenem Land zu seiner Linken aufgestellt, die strikten Befehl hatten, ihren Standort unter keinen Umständen zu verlassen. Als sie zu sehen meinten, die Schlacht sei beendet und die Feinde bereits auf der Flucht, und fürchteten, bei der Verteilung der Beute ausgelassen zu werden, stürzten sie den Hügel in gedankenloser Eile hinab. Khālid, der seine Kavallerie in Reserve gehalten und genau auf eine solche Gelegenheit gewartet hatte, nahm den Hügel sofort ein und griff die Muslime von hinten an.

Viele wurden an diesem Tag vom Schlachtfeld in das Paradies versetzt; Muhammad sagte von einem: »Wahrlich, er durcheilt die Gärten des Paradieses so wie ein Schwimmer das Wasser« – denn man sagt uns, daß das Märtyrertum alle Sünden abwäscht und daß dann die Seele den Körper so rein verläßt wie am Tag ihrer Erschaffung. Selbst-Transzendenz, ein »Über-sich-selbst-Hinausgehen«, ist der universale Schlüssel zum geistigen Leben, und ein solches Opfer ist die denkbar klarste Bestätigung der Selbst-Transzendenz; was im Körperlichen oder von der psychischen Substanz getan worden sein mochte, ist auf dem Schlachtfeld zugrundegegangen, und was weiterlebt, ist von allen Belastungen befreit. »Das Paradies«, sagt Muhammad, »liegt unter dem Schatten der Schwerter«, aber da der Islam immer darauf achtet, das Gleichgewicht zwischen Härte und Barmherzigkeit zu bewahren, sagt er auch: »Das Paradies liegt zu Füßen der Mütter.«

Einige seiner engsten Gefährten umringten den Propheten am Fuß des Berges Uhud. Die Kampfesflut brauste auf sie zu, und mehrere Angriffe kleinerer feindlicher Gruppen wurden zurückgeschlagen. Ein Schwertstreich, der nur teilweise von einem seiner Gefährten abgewehrt werden konnte, betäubte den Propheten und trieb zwei seiner Helmringe in seine Wange. Shammās von der Sippe Makhzūm stellte sich als lebender Schild vor seinen Körper, und als er niedergemäht wurde, nahm ein anderer seine Stelle ein, und dann noch ein anderer. Sobald sich die Kämpfe auf anderes Gebiet verlagerten, zog einer der Gefährten die Metallringe mit seinen Zähnen heraus, wobei er zwei von ihnen verlor, so daß sein Mund heftig blutete. »Ihn, dessen Blut mein Blut berührte«, sagte Muhammad, »ihn kann das Feuer nicht erreichen.«

Unter den Leuten erhob sich ein Schrei, der Prophet sei getötet worden. Einige verloren den Mut, aber andere kämpften immer noch heftiger, da sie keinen Sinn mehr im Leben sahen. »Was willst du nun noch mit dem Leben anfangen?«, fragte einer der Männer einen anderen. »Steh auf und stirb, so wie er gestorben ist!« war die Antwort. Die Mekkaner glaubten, sie hätten ihr Ziel erreicht, sie hatten ohnehin keine Neigung, den Kampf gegen Männer fortzusetzen, die bereit schienen, den Tod willkommen zu heißen, ja, ihn sogar zu suchen. Das Feld gehörte ihnen, und nun gingen die Frauen der Quraysh zwischen den Leichen hin und her, beklagten die Gefallenen unter ihren eigenen Leuten und verstümmelten die toten Muslime. Ḥamzah, der Jugendfreund des Propheten, war unter den letzteren, und die abscheuliche Hind – Abū Sufyāns Frau –, die einen besonderen Groll gegen Ḥamzah hegte und eine Belohnung für den Mann ausgesetzt hatte, der ihn tötete, versuchte seine Leber zu essen, die man ihm aus dem noch warmen Körper herausgerissen hatte.

Obgleich Abū Sufyān nun wußte, daß der Prophet noch am Leben war, zog er seine Streitkräfte zurück und schrie, als er am Fuß des Berges Uhud vorbeizog, zu den höher am Abhang versammelten Muslimen hinauf: »Kriegsglück wechselt. Dies ist ein Tag für einen Tag.« Da er wußte, daß er alles andere als einen vollkommenen Sieg errungen hatte, forderte er sie heraus, sich ihm im kommenden Jahr wieder bei den Brunnen von Badr zu stellen. Aber der Tag war noch nicht zu Ende. Obgleich geschwächt durch seine Wunde und den Blutverlust, führte Muhammad seine Leute bei der Verfolgung der Sieger an und kampierte mehrere Tage in einem nahe bei Mekka gelegenen Dorf; dort wurde den erschöpften Männern befohlen, Brennholz zu sammeln, und Nacht für Nacht wurden mehr als fünfhundert Leuchtfeuer als Geste der Herausforderung angezündet (die Mekkaner befürchteten, daß ganz Medina dorthin gekommen sein müsse, um sofort einen Gegenschlag zu unternehmen). Der Prophet kannte die Psyche seiner Landsleute, und auf diese Weise befreite er seine Anhänger von dem bitteren Geschmack der Niederlage, während er gleichzeitig das Triumphgefühl seiner Feinde untergrub.

In Medina selbst erhoben nun die Gegner des Islam ihre Stimmen, wie sie es zuvor nicht gewagt hatten, und die »Heuchler« jubelten. Falls Badr ein Beweis für die Mission des Propheten gewesen war, so war Uhud ganz gewiß der Gegenbeweis. Die Beduinen machten Schwierigkeiten, und Muhammad zog bei erstickender Hitze mit seinen Männern in Gewaltmärschen ins Najd, wobei sie ihre Füße mit Lappen umwickeln mußten, damit sie nicht vom sengenden Sand verbrannt würden. Keiner kehrte um. »Sie huldigten ihm«, sagt Dermenghem, »während ihnen der Tod drohte, so verklärt waren sie durch den Glauben ihres Führers, der sich glühend bereitete, in diesem kleinen verlassenen Winkel der Welt, zwischen zwei lächerlichen Scharmützeln, zwei erschöpfenden Märschen und zwei Überfällen das Gesicht der Welt zu verändern.«*

Es ist fast unmöglich, das Ausmaß der Aktivität des Propheten in diesem Zeitraum zu begreifen. Während der zehn Jahre, die er in Medina verbrachte, bereitete er vierundsiebzig Feldzüge vor, von denen er vierundzwanzig persönlich anführte, Feldzüge, die schließlich ganz Arabien in seine Hand brachten. Und doch war dies nur ein Aspekt seines Lebens – ein kleinerer Aspekt, wie man meinen könnte, wenn man die *ḥadīth*-Literatur liest. Wichtiger war seine Funktion als Lehrer, und während er alle, die zu ihm kamen, beriet, bei allen Streitigkeiten als Richter wirkte, fand er – ständig von der überwältigenden Erfahrung immer wiederkehrender Offenbarungen unterbrochen – noch immer Zeit für seine Familie und seine Freunde.**

---

* Dermenghem, *Life of Mahomet*, S. 235
** In der Bevölkerung von Medina gab es einen besonders häßlichen kleinen Mann namens Zāhir. Der Prophet mochte ihn gern; er legte auf dem Markt einmal seine Arme um ihn und rief: »Wer will diesen Sklaven von mir kaufen?« – »O weh«, sagte Zāhir, »ihr werdet sehen, daß ich nichts wert bin, das schwöre ich bei Allah«. – »Aber in den Augen Allahs bist du keineswegs wertlos«, sagte der Prophet.

Er lehrte sein Volk, daß es das erstrebenswerte Ideal sei, sich stets der geistigen Realitäten inmitten ihres alltäglichen Lebens und ihrer normalen Unternehmungen bewußt zu sein. »Bei Ihm, in dessen Hand meine Seele ist«, sagte er, »wenn ihr ständig und immerfort so bliebet, wie ihr in meiner Gegenwart seid oder zu den Zeiten eures Gedenkens *(dhikr)* an Allah, dann kämen die Engel, um euch bei der Hand zu nehmen, wenn ihr im Bett liegt oder eures Weges geht...«

Für einfache Menschen hatte er einfache Antworten, die nichtsdestoweniger völlig ausreichend waren. Einem Mann, der fragte, was die wesentlichsten Dinge im Islam seien, sagte er: »Sage, ich glaube an Allah, und halte dich dann auf dem geraden Wege.« Ein anderer fragte, was das Wesentliche für ein frommes Leben sei. »Sage über niemanden etwas Böses!« war die Antwort. Über die Natur des Bösen befragt, antwortete der Prophet: »Fragt mich nicht über das Böse, sondern fragt mich über das Gute«; und als man ihn fragte, welche Taten Gott am wohlgefälligsten seien, sagte er: »Das Gebet zur bestimmten Stunde...Güte gegen Vater und Mutter...und heiliger Kampf auf dem Pfade Gottes.« Ein Mann fragte, wie er seine verstorbene Mutter ehren könnte, und erhielt den Rat: »Durch Wasser; grabe einen Brunnen in ihrem Namen und gib den Durstigen Wasser.« Zu anderen sagte er: »Ihr werdet nicht eher ins Paradies kommen, bis ihr glaubt, und ihr werdet nicht eher glauben, bis ihr einander liebt...«; und einen Mann warnte er: »Halte nicht irgendeinen Akt der Freundlichkeit für unbedeutend« und fügte hinzu: »selbst den nicht, deinem Muslim-Bruder mit freundlichem Gesicht zu begegnen!« Er sagte auch: »Wenn jemand eine der Sorgen dieser Welt von einem Gläubigen fortnimmt, wird Allah eine der Sorgen des Tages der Auferstehung von ihm hinwegnehmen...«.

Für bestimmte ganz vertraute Gefährten war seine Lehre von tieferer und von weiterreichender Art, aber er enthüllte nicht leichtfertig die Mysterien vor denen, die noch nicht bereit waren, sie zu empfangen. »Ich habe in meinem Gedächtnis«, sagte Abū Hurayra, »zwei große Gefäße von Gelehrsamkeit vom Gesandten Allahs bewahrt, von denen ich euch eines geöffnet habe; würde ich jedoch das andere öffnen, würde mir die Kehle durchgeschnitten werden.« Darin folgte der »Vater der kleinen Katze« dem vom Propheten gegebenen Beispiel geistiger Diskretion.

Der Haushalt – die heilige Familie, auf welche die Muslime heute und jeden Tag Segen herabrufen – war langsam angewachsen. Nach einem ihm von einem Engel gebrachten visionären Traum, in dem er Abū Bakrs Tochter 'Ā'isha gesehen hatte (die zu diesem Zeitpunkt noch ein Kind war), wurde er noch in Mekka mit ihr verlobt, und er heiratete sie in Medina, als sie erwachsen wurde. Er hatte bereits nach Khadījas Tod die Witwe Saudā geheiratet und bald danach 'Umars schöne Tochter Ḥafṣa (die auch verwitwet war). Die Witwe eines der nach Äthiopien Ausgewanderten, Umm Salmā, die bereits Abū Bakr wie auch 'Umar abgewiesen hatte, willigte ein, sich dem Harem anzuschließen, warnte ihn aber, daß sie zur Eifersucht neige (»Ich werde zu Allah beten, daß Er sie aus deinem Herzen nimmt«, sagte er). Wie die anderen erhielt sie ihre Brautgabe, bestehend aus einer kleinen Summe Geld, einem Sack Gerste, einer Handmühle, einem Kochtopf und einer Schlafmatte aus Palmfasern. Später kamen Zaynab bint Jash, die frühere Frau Zayds und schönste Frau ihres Stammes, dazu, und noch andere im Lauf der Zeit.

Die Abendländer finden in der Regel Polygamie, ganz besonders in diesem speziellen Fall, entweder schockierend oder etwas komisch. Das ist ihre Angelegenheit und könnte dem Muslim gleichgültig sein, es sei denn, daß er sich in einem Augenblick der Schwäche oder Dummheit dazu verpflichtet fühlt, den Propheten zu rechtfertigen, und zwar nach den Kriterien einer anderen religiösen Regelung und einer anderen Kultur. Es gibt Stärken und Tugenden in polygamer Ehe ebenso wie in monogamer und es war Muhammads Schicksal, beide in Vollkommenheit zu demonstrieren; es gibt jedoch noch einen Aspekt dabei, der nicht übergangen werden darf. Die Tatsache, daß die göttliche Offenbarung – der Koran selbst

– Muhammad bei gewissen mit seinen Ehen zusammenhängenden Schwierigkeiten zu Hilfe kam, ist von einigen Orientalisten dazu benutzt worden, Zweifel an der Authentizität der Offenbarung als solcher anzumelden (angenommen, sie waren überhaupt bereit, die Möglichkeit ihrer Authentizität zu erwägen). Wie hätte Gott Selbst eingreifen können, um Muhammads Wunsch zu befriedigen, Zaynab zu heiraten? Hier entdeckt man sofort eine Voreingenommenheit, die ihre Wurzeln in der christlichen Doktrin der Erbsünde hat und in der christlichen Tendenz, einen absoluten Gegensatz zwischen dem Geistigen und dem Natürlichen zu sehen. Das mag im Kontext des Christentums angebracht sein; es hat jedoch nichts mit dem Islam, der Religion des *tawḥīd,* zu tun. Der Muslim sieht keinen notwendigen Widerspruch zwischen den Wünschen des Himmels und den Bedürfnissen der Erde; im Gegenteil, er findet, daß sie gut aufeinander abgestimmt sind. Die Bedürfnisse des Propheten als Mann waren vom Himmel gewollt, und ihre Befriedigung war deshalb in Einklang mit einer bestimmten Ur-Harmonie, die, allem äußeren Anschein zum Trotz, niemals unwiderruflich verletzt wird. Es dürfte kaum notwendig sein, hinzuzufügen, daß etwas, das für ein Wesen auf dem Gipfel der Menschheit gilt, nicht immer auf geringere Sterbliche anwendbar ist.

Nachdem wir nun gesagt haben, daß nichts an der Polygamie »komisch« ist, muß man auch zugeben, daß es in jeder Familie Komödien gibt, und Muhammads Haushalt war da keine Ausnahme. In Einklang mit dem koranischen Gebot behandelte er seine Ehefrauen gleich in allem, was materielle Dinge und Gerechtigkeit anging; er teilte seine Nächte gerecht unter ihnen auf und zog Lose, um zu entscheiden, welche von ihnen ihn auf seinen Feldzügen begleiten sollte; aber, wie er selbst sagte, die Neigungen eines Mannes liegen außerhalb seiner Kontrolle, und seine Vorliebe für ʿĀʾisha war allgemein bekannt. Eifersüchteleien konnten nicht ausbleiben, doch er neigte dazu, sie leicht zu nehmen. Einmal betrat er einen Raum, in dem seine Ehefrauen und andere Mitglieder der Familie zusammensaßen, und hatte eine Onyx-Halskette in der Hand, die man ihm gerade geschenkt hatte. Er hielt sie hoch und sagte: »Die werde ich der geben, die ich am liebsten von allen habe!« Er ließ etwas Zeit vergehen, während der sie miteinander flüsterten, gewiß, daß er sie »der Tochter Abū Bakrs« schenken würde. Als er sie lange genug in Ungewißheit gehalten hatte, rief er seine kleine Enkeltochter zu sich und legte ihr die Kette um den Hals.

»Wenn die Offenbarung zu mir kommt, während ich unter der Bettdecke einer Frau liege«, sagte er einmal, »dann nur, wenn ich bei 'Ā'isha bin.« Sie selbst, wie bereits bemerkt, war auch nicht ganz frei von Eifersucht. Er fragte sie einmal, halb im Scherz, ob sie nicht gern vor ihm sterben würde, so daß er sie begraben und bei ihrem Begräbnis beten könne. »Das würde mir schon ganz gut gefallen«, sagte sie, »wenn ich nicht daran denken müßte, daß du dich nach der Rückkehr von meiner Beerdigung mit einer anderen Frau trösten würdest.« Seine Gefährten waren oft erstaunt über die Freiheit der Rede in seinem Haushalt. 'Umar hatte einmal bei Gelegenheit seiner Frau vorgeworfen, daß sie es wagte, ihm zu widersprechen. »Du erstaunst mich!« sagte sie: »Du willst, daß ich dir nicht ein Wort entgegne, aber deine Tochter hat keine Hemmungen, dem Gesandten Allahs zu widersprechen.« – »Dafür wird sie ihre gerechte Strafe erhalten«, sagte 'Umar und eilte zu Hafsas Gemach. »Bei Allah, ja«, sagte sie, »wir widersprechen ihm!« Völlig verdutzt konnte 'Umar nur knurren: »Ich warne dich vor der Strafe Allahs und dem Zorn Seines Propheten.«*

---

* Selbst die engsten Gefährten scheinen ihre Schwierigkeiten gehabt zu haben, sich der Freiheit und Zwanglosigkeit des Haushalts des Propheten anzupassen. Als Abū Bakr eines Tages ins Haus kam, hörte er, wie seine Tochter 'Ā'isha dem Propheten mit erhobener Stimme widersprach. Beim Eintritt packte er sie und sagte: »Laß dich niemals wieder von mir dabei erwischen, daß du deine Stimme gegen den Gesandten Allahs erhebst!« Muhammad verhinderte, daß er sie schlug, und er verließ das Haus, kopfschüttelnd über ein solches Benehmen. Als er am nächsten Tag zurückkam, fand er Mann und Frau in völliger Freundschaft. »Wollt ihr mich in euren Frieden mit aufnehmen, so wie ihr mich in euren Krieg gebracht habt?« fragte er. »Das haben wir bereits getan«, sagte Muhammad, »das haben wir tatsächlich getan!«

Die straffe und zugleich zarte Ausgewogenheit zwischen der Herrlichkeit von Muhammads Prophetentum, seiner Nähe zu Gott und seinen visionären Gaben, den herkulischen Taten, die er auf sich nahm und in der Welt vollbrachte, und der Wärme und Lebhaftigkeit seines Haushalts liegen im Zentrum der muslimischen Lebensauffassung; wenn man das versteht, versteht man den Islam.

Probleme in Mekka hinderten Abū Sufyān daran, das Treffen bei den Brunnen von Badr im Jahr nach der Schlacht von Uhud einzuhalten; er war jedoch nicht untätig. Inzwischen mußte er begriffen haben, daß das alte Spiel »Wie du mir, so ich dir« nicht länger mehr gespielt werden konnte. Entweder mußten die Muslime vernichtet werden oder das Spiel war für immer verloren. Mit großem diplomatischem Geschick machte er sich daran, ein Bündnis von Beduinenstämmen zustandezubringen, von denen einige zweifellos den Muslimen feindlich gesinnt, andere nur beutegierig waren. Gleichzeitig erkundete er in aller Stille unter den Juden in Medina die Möglichkeiten für ein Bündnis. Im fünften Jahr der Hijra (Anfang des Jahres 627) machte er sich mit zehntausend Mann, dem größten Heer, das man jemals im Hedschas gesehen hatte, auf den Weg. Medina konnte ihm höchstens mit dreitausend Mann entgegentreten.

Der Prophet leitete einen Kriegsrat, und diesmal schlug niemand vor, dem Feind entgegenzuziehen. Die einzige Frage war, wie die Stadt am besten verteidigt werden konnte. Da schlug Salmān der Perser, ein früherer Sklave, der zu einem der vertrautesten Gefährten geworden war, vor, einen tiefen Graben auszuheben, der die durch Lavafelder und befestigte Gebäude gebildeten Verteidigungsstützpunkte miteinander verband. So etwas hatte man in arabischer Kriegsführung noch nie gehört; der Prophet erkannte jedoch sofort die Vorzüge dieses Plans, und man begann unverzüglich mit der Arbeit; er selbst trug das beim Ausgraben gewonnene Geröll auf seinem bloßen Rücken davon. Trotz der nahenden Gefahr scheinen die Grabenden in festlicher Stimmung gewesen zu sein; sie sangen und scherzten miteinander.

Die Arbeit war kaum beendet, als das Heer der Verbündeten am Horizont auftauchte. Der Prophet holte alle verfügbaren Männer zu dem Graben und ließ die Stadt selbst unter dem Befehl eines blinden Gefährten. Der Feind wurde mit einem Hagel von Pfeilen empfangen, als er auf das unerwartete Hindernis stieß. Sie konnten den Graben nicht überschreiten und blieben drei oder vier Wochen lang in ihren Stellungen, wobei sie Pfeile und Beleidigungen mit den Verteidigern austauschten. Das Wetter wurde unfreundlich, mit eisigen Winden und gewaltigen Regengüssen; und das war zuviel für die Beduinen-Verbündeten. Sie waren in Erwartung einer leichten Beute gekommen und sahen keinen Vorteil darin, bei abscheulichem Wetter neben einem schlammigen Graben zu hocken und ihre Tiere an Futtermangel sterben zu sehen. Sie machten sich leise davon, ohne sich auch nur von Abū Sufyān verabschiedet zu haben. Dieser war jedoch mit etwas beschäftigt, das wie ein erfolgversprechenderer Plan aussah. Der jüdische Stamm der Banū Qurayzah hatte ausgeprägtes Interesse daran gezeigt, die Stadt von innen her zu verraten, und dies war seine einzige Hoffnung auf einen Sieg. Die Verhandlungen zogen sich jedoch in die Länge, und das Heer löste sich auf, während er wartete. Er zog sich zurück. Das Spiel war vorbei, und er hatte verloren.

In den Augen der Araber gibt es nichts Schlimmeres als Vertrauensbruch und den Bruch eines feierlichen Gelöbnisses. Jetzt war es an der Zeit, mit den Banū Qurayzah abzurechnen, und man befahl ihnen, einen Schiedsrichter zu wählen, der über ihre Strafe entscheiden würde. Sie wählten das Oberhaupt eines Stammes, mit dem sie lange verbündet gewesen waren, Saʻid ibn Muʻādh von Aws, der im Sterben lag durch Wunden, die er bei Uhud empfangen hatte, und der gestützt werden mußte, um sein Urteil zu verkünden. Ohne Zögern verurteilte er die Männer des Stammes zum Tod, und das Urteil wurde vollstreckt.

Es ist schwer zu sagen, ob es ein Ereignis im Leben des Propheten gibt, das einen Abendländer tiefer schockiert als dieses; es mag ihm gelingen, vieles andere zu akzeptieren, das seinen eigenen Traditionen widerspricht, hier aber stößt er an die Grenze des Verständnisses. Vielleicht sagt uns dies mehr über die Widersprüche, die der zeitgenössischen abendländischen Sensibilität innewohnen, als über den Islam. Wir leben in einem Jahrhundert, in dem es mehr Blutvergießen gegeben hat als in all den vorangegangenen Jahrhunderten aufgezeichneter Geschichte zusammen, und wir finden es akzeptabel, jede Menge von Menschen zu töten, Frauen und Kinder eingeschlossen, vorausgesetzt, dies geschieht aus der Entfernung und niemals auf der Basis Mann gegen Mann. Und doch schrecken diese gleichen Schlächter von Unschuldigen vor der Hinrichtung eines Verräters zurück, der die gesamte Struktur ihrer Gesellschaft untergräbt, oder der eines Verbrechers, dessen Verbrechen so scheußlich sind, daß sein Weiterleben eine Beleidigung für die Menschheit wäre. Man darf sich wohl darüber Gedanken machen, wie unser Verhalten und unsere »Prinzipien« einem Araber des 7. Jahrhunderts erschienen wären.

Jedenfalls waren die Taten der Härte Akte des Propheten (ohne welche die Religion des Islam kaum hätte überleben können) in der Substanz nicht verschieden von der Härte der hebräischen Propheten oder der Führer der Christenheit zur Zeit ihrer Größe. Wie Schuon bemerkt hat: wenn die Abendländer Muhammad dies vorwerfen, »gehen sie entweder von der Annahme aus, daß die Opfer notwendigerweise unschuldig waren, oder aber von dem Irrtum, daß niemand so schuldig ist, daß er solche Behandlung verdiente. Die Erwiderung der Muslime darauf ist, daß diese Behandlung proportional dem Grad moralischer und physischer Schuld entsprach, was nicht zu widerlegen ist, wenn man erst einmal zugibt, daß die Schuld real war...«*

Mekka war nun so geschwächt, daß der Prophet infolge eines

---

* Frithjof Schuon, *Islam and the Perennial Philosophy*, 1976, S. 28 (World of Islam Festival Publishing Co.)

visionären Traums, in dem er die Ka'ba betrat, beschloß, die »Kleine Pilgerfahrt« zu unternehmen. Er machte sich mit etwa tausend seiner Leute auf den Weg, sein Kamel Qaswa reitend, das den Standort der ersten Moschee ausgewählt hatte. Sie rasteten an einem Ort, genannt Hudaybiyyah. Nachdem sie sich ausgeruht hatten, weigerte sich Qaswa, auch nur einen Schritt weiterzugehen, und so blieben sie dort, während Abgesandte mit den Führern der Quraysh verhandelten. Während sie warteten, empfing der Prophet eine Offenbarung, die ihn anwies, einen Treueid von seinem Volk zu verlangen. Sie kamen einer nach dem anderen zu ihm, als er unter einem Akazienbaum saß, dessen Frühlingsknospen am Aufbrechen waren; und einer nach dem andern schwor ihm den Treueid. Von diesem Eid sagt der Koran: »Siehe, diejenigen, welche dir den Treueid leisten, leisten nur Allah den Treueid; die Hand Allahs ist über ihren Händen. Wer daher eidbrüchig wird, wird nur eidbrüchig wider sich selber; wer aber seinen Bund mit Allah hält, dem wird er gewaltigen Lohn geben« (Sura 48,10). Wie so oft im Islam, fallen Geistiges und Praktisches in einem einzigen Akt zusammen. Diese gleichen Worte werden noch bis zum heutigen Tage benutzt, wenn ein in eine Sufi-Bruderschaft Eingeweihter die Hand seines Geistigen Meisters ergreift und ihm den Treueid leistet. Es ist nichts Geringes, »die Hand Gottes« so nah und so zwingend über einer menschlichen Hand zu spüren. Gleichzeitig sicherte das Gelöbnis von Hudaybiyyah, daß die Muslime ihrer schwersten Prüfung standhalten und das akzeptieren würden, was – besonders für einen Araber – das Unannehmbarste ist, nämlich einen weitblickenden Kompromiß, bei dem augenblicklicher Vorteil zugunsten zukünftigen Gewinns geopfert wird.

Ein Abkommen wurde mit den Vertretern der Quraysh aufgesetzt, und zum Entsetzen seiner Gefährten erlaubte der Prophet ihnen, aus der Überschrift die Worte »Im Namen Allahs, des Erbarmers, des Barmherzigen« zu streichen. Er erklärte sich bereit, sich bei dieser Gelegenheit zurückzuziehen, unter der Bedingung, daß im folgenden Jahr die Quraysh Mekka

evakuieren und den Muslimen erlauben würden, die Kleine
Pilgerfahrt durchzuführen. Man einigte sich auch darauf, daß
alle Flüchtlinge, die von Mekka nach Medina kamen, ausgeliefert würden. Zu diesem Zeitpunkt muß das als großes Entgegenkommen erschienen sein; wie es sich aber ergab, mußten die
Mekkaner selbst bald darauf um seine Aufhebung bitten, da das
einzige, was dabei herauskam, war, daß Männer, die sonst
friedlich ihren Weg nach Medina gefunden hätten, nun nach
Westen an die Küste flohen und zu Freibeutern wurden, die die
Karawanen der Quraysh überfielen.

Nachdem er mit den Quraysh gleichberechtigt verhandeln
konnte, wußte Muhammad, daß dies der Wendepunkt war;
und wenn auch seine Leute die Notwendigkeit des Waffenstillstands nicht ganz einsahen, genügte es doch, daß sie seinem
Urteil völlig vertrauten. Lange danach, als ein mächtiges Reich
aus der in diesen Jahren des Kampfes gepflanzten Saat erwachsen war, erwies man denen, die den Treueid von Hudaybiyyah
geleistet hatten, eine Ehrerbietung, die nur von der übertroffen
wurde, die man den Überlebenden von Badr erwies.

Bald danach heiratete Muhammad Umm Ḥabība, eine Tochter
Abū Sufyāns (sie war seit einigen Jahren Muslimin) und stellte
damit wichtige Blutsbande mit »dem Feind« her, und etwa zu
dieser Zeit empfing er eine Offenbarung, die besagte: »Es mag
sein, daß Allah Liebe herstellt zwischen dir und denen, mit
denen du in Feindschaft lebst.« Der Waffenstillstand ermöglichte es ihm nun, sich des seit langem anstehenden Problems
von Khaybar anzunehmen, einer von dem Islam feindlich
gesinnten Juden besetzten Festung. Man versprach ihnen freien
Abzug, wenn sie die Festung unter Hinterlassung ihres Besitzes verließen. Sie wiesen sofort darauf hin, daß niemand besser
als sie selbst geeignet wäre, diesen Besitz für die Muslime zu
verwalten; sie blieben, wo sie waren, und zahlten lediglich
einen Pachtzins an Medina. Eine ihrer Frauen briet ein Lamm
und vergiftete die Schulter, von der man wußte, daß sie
Muhammads Lieblingsstück vom Braten war; sobald er einen
Mundvoll davon gekostet hatte, spie er es aus (einen kleinen

Teil des Giftes könnte er jedoch in sich aufgenommen haben), woraufhin die Giftmischerin erklärte, sie habe nur seine Behauptung prüfen wollen, ein Prophet zu sein. Eine schöne Frau aus Khaybar namens Ṣafiyyah bekehrte sich zum Islam und heiratete den Propheten während der ersten Marschpause auf dem Rückmarsch nach Hause.

Im folgenden Jahr zogen sich die Quraysh in die Hügel zurück, wie sie sich im Abkommen verpflichtet hatten, und etwa zweitausend Muslime vollzogen die Riten der Kleinen Pilgerfahrt. Bilāl, der frühere Sklave, der wegen seines Glaubens gefoltert worden war, rief vom Dach der Kaʿba zum Gebet, so daß seine volltönende Stimme das Tal erfüllte. Ein weiterer großer Schritt in Richtung auf die große Versöhnung, den »Tag der Barmherzigkeit« hin war unternommen worden, und sogar während die Quraysh inmitten der Felsen auf die Erlaubnis warteten, wieder in ihre Stadt zurückkehren zu dürfen, gingen weitere Beduinenstämme zu den Muslimen über; der Prozeß wurde nun von seiner eigenen Triebkraft weitergeführt.

Bald darauf wurde ein von Muhammad zu dem Gouverneur von Basra geschickter Sendbote von einem nördlichen, mit den Byzantinern verbündeten Stamm getötet, und Zayd – der frühere Sklave, der Muhammads Haushalt zur Zeit seiner Heirat mit Khadīja beigetreten war – machte sich als Befehlshaber einer großen Streitmacht auf den Weg, um der Lage Herr zu werden. Er wurde während eines Scharmützels getötet, und die Schlacht wurde von Khālid ibn al-Walīd (der vor kurzem zum Islam übergetreten war) gewonnen, wobei ihm neun Säbel in der Hand zerbrachen, ehe der Feind zurückgeschlagen wurde. Zayds Tod war ein schwerer persönlicher Schlag für Muhammad, und er schämte sich nicht zu weinen, als die kleine Tochter des Gefallenen ihm auf der Straße begegnete und sich in seine Arme warf. »Was tust du da, o Gesandter Allahs?« fragte ein Vorbeigehender (ziemlich unnötigerweise). »Ich vergieße Tränen der Freundschaft über den Verlust eines Freundes«, sagte er.

Eine unbeabsichtigte Übertretung des Waffenstillstands, als ein

Muslim bei einer Rauferei getötet wurde, versetzte Mekka fast in Panik. Abū Sufyān wurde sofort nach Medina geschickt, um zu retten, was noch zu retten war. Nachdem es ihm mißlungen war, Abū Bakr oder 'Umar dazu zu bewegen, ein gutes Wort für ihn beim Propheten einzulegen, ging er zu seiner Tochter Umm Ḥabībah. Er war gerade dabei, sich auf einem Teppich niederzulassen, als sie diesen unter ihm wegzog; das große Stammesoberhaupt der Quraysh, der stolzeste Mann in Arabien, war nicht gut genug, dort zu sitzen, wo der Prophet gesessen hatte. Verzweifelt stattete er Fāṭimah einen Besuch ab, die ihren kleinen Sohn Ḥasan bei sich hatte. Er versuchte, Diplomatie mit Schmeichelei zu verbinden, und sagte zu ihr: »Du könntest diesen deinen Sohn anweisen, mir Schutz zu gewähren – auf diese Art wird er sich Ruhm unter den Arabern erwerben.« Fāṭimah, nie sehr gesprächig, antwortete einfach: »Er ist zu jung.« Die Berichte gehen darüber auseinander, ob er wirklich eine Audienz beim Propheten erhielt, aber es scheint klar zu sein, daß er nun vorhatte, Bedingungen für die Übergabe Mekkas auszuhandeln.

Gegen Ende des achten Jahres der Hijra (gegen Ende des Jahres 629) machten sich zehntausend Muslime unter dem persönlichen Befehl des Propheten auf den Weg nach Mekka und schlugen ihr Lager auf den Hügeln um die Stadt herum auf. Hier empfing er seinen Onkel, al-ʿAbbās, der beschlossen hatte, daß nun endlich der Augenblick gekommen war, den Islam anzunehmen. »Du bist der letzte der ›Auswanderer‹, so wie ich der letzte der Propheten bin«, sagte er mit einer Ironie, die diesem schlauen Mann wahrscheinlich entging. Der Schlußakt des großen Dramas war sicherlich nicht ohne Humor. Nachdem er Abū Sufyān davon überzeugt hatte, nur er könne ihn davor bewahren, daß ihm der Kopf abgeschlagen würde, brachte al-ʿAbbās den Führer Mekkas, hinter sich auf einem Maultier reitend, ins Lager. Die Mächte dieser Welt können, wenn sie schließlich zu Gott kommen, nicht immer ihre Würde wahren.

'Umar zog sein Schwert, als sie sich näherten, und erhielt

sofort den Befehl, es wieder in die Scheide zu stecken. Der Prophet sagte: »Ist es nicht an der Zeit, o Abū Sufyān, daß du dir darüber klar wirst, daß es keinen Gott außer Allah gibt?« – »Ich weiß es bereits«, antwortete er, »denn hätte es einen anderen gegeben, hätte er mir geholfen.« Er war bereit, die erste *Shahādah* auszusprechen, zögerte aber – wahrscheinlich um noch einen letzten Rest seiner Würde zu bewahren – bei der zweiten (die Muhammad als den Gesandten Allahs anerkennt) und bat um Erlaubnis, die Angelegenheit überschlafen zu dürfen. Am nächsten Morgen legte er das volle Glaubensbekenntnis ab. Es ist zu einfach, in diesem Zusammenhang von Unaufrichtigkeit zu sprechen, und einem guten Muslim ist es nicht erlaubt, dies zu tun, da er nicht die Geheimnisse der Herzen lesen kann; aber Abū Sufyān war ein Mann der Macht, der die Wahrheit nur erkennen konnte, wenn sie sich als Macht manifestierte. Er sagte leise zu einem Freund: »Ich habe nie zuvor eine Souveränität wie diese gesehen!« Als Mann, der zum Überleben bestimmt war, lebte er, nachdem er sein Augenlicht im Kampf unter dem Banner des Islam verloren hatte, bis zum Alter von zweiundneunzig Jahren, ein alter Mann, der gesehen hatte, wie sich die Welt verwandelte und der sich seine Nische in der Geschichte großer Ereignisse verdient hatte.

Seine Frau Hind unterwarf sich ebenfalls, aber als man ihr sagte, sie dürfe nicht stehlen, fragte sie ungläubig, ob das hieße, daß sie auch nicht ihren Mann bestehlen dürfe, der für seinen Geiz berüchtigt war. »Das«, sagte der Prophet mit einem Lächeln, »ist kein Stehlen.« Ihre rachsüchtige Natur scheint sich nach ihrer Bekehrung nicht geändert zu haben. Abū Sufyān schied sich von ihr, und als viele Jahre später beider Sohn, Muʿāwiyah, Kalif des Islam wurde, verbot sie ihm, jemals seinen Vater zu sehen oder ihm in irgendeiner Weise behilflich zu sein.

Die Befehlsgewalt des Propheten wurde nun ihrer größten Prüfung unterzogen, denn für die Muslime gab es viel zu rächen; fast wäre es zu Kampfhandlungen gekommen, als

Khālids Kavallerie angegriffen wurde; er behielt die Situation jedoch unter Kontrolle. Mit den Worten Dermenghems: »Die Morgendämmerung brachte einen neuen Tag, auf den die Menschheit sehr wohl hätte stolz sein können.« Muhammad ritt auf Qaswa ohne Widerstand in seine Geburtsstadt ein und verkündete sofort eine Generalamnestie. »Dies«, sagte er, »ist der Tag der Barmherzigkeit, der Tag, an dem Allah die Quraysh erhöhte.« Er war gekommen, nicht um zu zerstören, sondern um zurechtzusetzen, und ein edles Volk war wiedergeboren. Die historischen Konsequenzen dieses Akts der Milde waren unermeßlich. Während der folgenden Jahrhunderte konnte kein erobernder muslimischer General ein Territorium oder eine Stadt betreten, ohne zu wissen, daß er – wollte er nicht der Verdammung anheimfallen –, gehalten war, Barmherzigkeit zu üben und dem Beispiel zu folgen, das an jenem Tag gegeben worden war; und dies wiederum führte zu unzähligen Bekehrungen unter Leuten, die aus diesem Beispiel lernten nachsichtig zu sein.

Um die Versöhnung vollkommen zu machen, wurden die Quraysh während der folgenden Monate äußerst großzügig behandelt; Abū Sufyān erhielt – statt seinen Kopf zu verlieren – ein Geschenk von zweihundert Kamelen. Verständlicherweise begannen die *anṣār* dies übelzunehmen. »O Helfer«, sagte der Prophet zu ihnen, »seid ihr in euren Seelen erregt wegen der Dinge dieser Welt, durch die ich die Herzen der Menschen versöhnt habe, damit sie sich Allah unterwerfen, während ich euch eurem *islām* anvertraut habe? Seid ihr nicht ganz zufrieden, o Helfer, daß diese Menschen ihre Schafe und Kamele mit sich nehmen, während ihr den Gesandten Allahs mit euch in eure Wohnstätten nehmt?« Sie waren es zufrieden, aber schon spürt man eine Trennung – die im Verlauf der Zeit noch ausgeprägter werden sollte – zwischen den Menschen dieser Welt und den Menschen des Paradieses.

Die Zeit der Ruhe war jedoch noch nicht gekommen. Trotz seiner Kränklichkeit führte der Prophet im Hochsommer des folgenden Jahres ein Heer an die syrische Grenze. Das Durchqueren der Wüste war beschwerlich, und ein Sandsturm fegte über sie hinweg. Sie rasteten in dieser Nacht ohne Speise und Trank, hinter den Rücken ihrer Kamele Schutz vor dem Wind suchend; so erreichten sie die Oase von Tabūk, um schließlich, nachdem sie verschiedene Stämme bekehrt hatten, wieder nach Mekka zurückzukehren. Der Weg nach Tabūk war beschwerlich gewesen, und die Expedition verkürzte wahrscheinlich das Leben des Propheten, aber so war er nun einmal, und keine irdische Hitze und kein irdischer Sturm konnte jetzt dem etwas antun, dessen Bewußtsein von dem, was jenseits dieses Lebens liegt, geschärfter und konkreter war als alle hier erfahrenen sinnlichen Wahrnehmungen.

Das Ende kam jedoch näher, und im zehnten Jahr der Hijra machte er sich von Medina mit ungefähr neunzigtausend Muslimen aus allen Teilen Arabiens auf den Weg, um die Große Pilgerfahrt zu vollziehen, begleitet von seinen neun Ehefrauen, deren Sänften von bekränzten Kamelen getragen wurden. Diese triumphale Reise des alternden Mannes, der durch Jahre der Verfolgung und dann unaufhörlicher Kämpfe erschöpft war, ist von einer Art Dämmerungsglanz umgeben, so als habe ein großer Lichtring sich endlich geschlossen und umfinge die sterbliche Welt mit seinem stillen Leuchten.

Nachdem die Hauptriten vollzogen waren, erstieg der Prophet den Berg 'Arafā und predigte von seinem Kamel aus zu der Menschenmenge. Nach der Lobpreisung Gottes sagte er: »Hört mich an, o Leute, denn ich weiß nicht, ob ich euch noch einmal wieder an diesem Ort begegnen werde.« Er ermahnte sie, einander gut zu behandeln, und erinnerte sie an das, was erlaubt und was verboten war. Schließlich sagte er: »Ich habe unter euch das hinterlassen, das euch, wenn ihr euch fest daran haltet, vor jeglichem Irrtum bewahren wird, einen klaren Hinweis, das Buch Allahs und das Wort Seines Propheten. O Menschen, höret meine Worte und versteht sie!« Danach teilte er ihnen eine Offenbarung mit, die gerade über ihn gekommen war, die letzte Offenbarung des Koran: »Heute habe Ich euch vollendet euern Glauben und habe erfüllt an euch Meine

Gnade, und es ist Mein Wille, daß der Islam euer Glaube ist« (Sura 5,5). Er beschloß seine Predigt, indem er zweimal fragte: »O Leute, habe ich meine Sendung erfüllt?« Ein großer Schrei der Zustimmung erhob sich von den vielen Tausenden, die auf den unteren Abhängen und am Fuße des Berges versammelt waren. Als er den Berg hinabstieg, umfingen die letzten Strahlen der Sonne sein Haupt und seine Schultern; dann kam die Dunkelheit. Der Islam war begründet und würde zu einem großen Baum erwachsen, der noch weit größeren Menschenmengen unter seinen Zweigen Schutz bieten würde. Sein Werk war vollbracht, und er war bereit, vielleicht sogar begierig, seine Bürde niederzulegen und aus dieser Welt zu scheiden.

Er kehrte nach Medina zurück. Hatte er denn nicht versprochen, daß er die *anṣār* niemals im Stich lassen würde? Es gab noch immer etwas zu tun; aber eines Tages, gerade als das Heer sich unter dem Befehl von Usāmah, dem Sohn Zayds, auf den Weg nach Syrien machte, überfiel ihn eine schmerzhafte Krankheit, die, wie einige vermuten, auf eine Spätwirkung des Giftes zurückzuführen war, das er in Khaybar zu sich genommen hatte. Er kam, in eine Decke gehüllt, in die Moschee, und es gab einige, die die Zeichen des Todes auf seinem Gesicht erblickten. »Wenn sich irgendeiner unter euch befindet«, sagte er, »den ich zu Unrecht habe auspeitschen lassen, hier ist mein Rücken. Peitscht mich jetzt! Falls ich den Ruf irgendeines unter euch geschädigt haben sollte, kann er gleiches mit dem meinen tun. Für jeden, dem ich Schaden zugefügt habe, hier ist mein Geldbeutel...Es ist besser in dieser Welt zu erröten als im Jenseits.« Ein Mann behauptete, ihm stünden noch drei Dinare zu, und ihm wurde gezahlt.

Nachdem er zu der Ehefrau zurückgekehrt war, deren Tag es war – denn er nahm die Verteilung seiner Zeit peinlich genau – fragte er sie: »Wo bin ich morgen?« Sie sagte ihm, welche Frau er besuchen müsse. »Und am Tag danach?« Durch seine beharrlichen Fragen überrascht, begriff sie, daß er ungeduldig darauf wartete, mit ʿĀʾisha zusammen zu sein, und ging sofort hin, um mit den anderen zu reden. Sie kamen alle zusammen zu ihm und sagten: »O Gesandter Allahs, wir haben unsere uns zustehenden Tage mit dir unserer Schwester ‘Ā’isha gegeben«; und er nahm ihre Gabe an. ‘Ā’isha hatte Kopfschmerzen und stöhnte: »Oh, mein Kopf!« – »Nein«, sagte er mit einem letzten Anflug von Humor, »nein, ‘Ā’isha – *mein* Kopf!«

Einmal hatte er gesagt: »Was habe ich mit dieser Welt zu schaffen? Ich bin wie ein Reiter, die Welt wie ein Baum, unter dem er Schutz sucht. Dann geht er seines Weges und läßt ihn hinter sich.« Nun sagte er: »Es gibt einen unter den Sklaven Allahs, den man wählen läßt zwischen dieser Welt und der, die mit Ihm ist, und der Sklave hat jene erwählt, die mit Allah ist.« Am 12. Rabī‘u’l-awwal im elften Jahr der Hijra, nach dem christlichen Kalender der 8. Juni 632, betrat er die Moschee zum letzten Mal. Abū Bakr war der Vorbeter, und er gab ihm ein Zeichen fortzufahren. Er beobachtete die Leute mit leuchtendem Gesicht. »Niemals habe ich das Gesicht des Propheten schöner gesehen als zu dieser Stunde«, sagte sein Freund Anas. Nachdem er zu ‘Ā’ishas Gemach zurückgekehrt war, legte er seinen Kopf auf ihre Brust. Er hatte seine letzte Kraft verbraucht, und bald danach verlor er das Bewußtsein.

Sie glaubte, das sei das Ende, aber nach etwa einer Stunde öffnete er seine Augen, und sie hörte ihn murmeln: »Mit der höchsten Vereinigung im Paradies...«, oder vielleicht hatte er gesagt: »Mit den Gefährten...« Das waren seine letzten Worte. Sein Kopf wurde schwer auf der Brust der jungen Frau, und als sie sicher war, daß er dahingegangen war, legte sie ihn sanft nieder und erhob sich, um ihrer Trauer und der Trauer der anderen auf die übliche Art Ausdruck zu geben, indem sie die Stille des Todes mit Schreien durchbrach, die allen menschlichen Schmerz der Erde und dem Himmel und den vier Enden der Welt enthüllen.

Eine Frau, die weinend aus dem Gemach kam, sagte: »Nicht um ihn weine ich. Weiß ich denn nicht, daß er dorthin gegangen ist, wo es besser für ihn ist als in dieser Welt? Ich aber weine um die Nachrichten aus dem Himmel, die jetzt nicht mehr zu uns gelangen.«

7. Die Nachfolger

Man sagt, daß die Araber einem Mann, den sie lieben und bewundern, bis zu den Enden der Erde folgen würden; für einen geringeren Mann würden sie keinen Finger rühren, und ihr Interesse an abstrakten Ideen ist begrenzt. Die Geschichte der Araber ist deshalb eine Geschichte von Individuen – man könnte sie deswegen als eine »shakespearische« Geschichte beschreiben – mit hohen Gipfeln und tiefen Tälern. Das gleiche könnte von der inneren Geschichte des Islam gesagt werden, mit ihrem schwindelerregenden Auf und Ab, ihren großen »Erneuerern der Religion«, großen Heiligen, großen Gelehrten und großen »Kriegern auf dem Pfade Allahs«, aber auch ihren Scheinheiligen und Heuchlern.

Muhammad hatte die Religion des Islam gebracht, aber für zumindest einige seiner Leute *war* er der Islam. Nun war er tot, und sie waren wie vor den Kopf geschlagen. 'Umar, der zum ersten und einzigen Mal in seinem Leben den Kopf verlor, weigerte sich es zu glauben und bedrohte jeden, der von Tod zu sprechen wagte. Inzwischen ließ 'Ā'isha ihren Vater Abū Bakr rufen, der unter dem Eindruck nach Hause gegangen war, der Zustand des Propheten habe sich gebessert. Er eilte zu dem Gemach, küßte das stille Gesicht seines Freundes und ging dann nach draußen zu den Leuten. »Wenn es Muhammad ist, den ihr anbetet«, sagte er, »dann wißt, daß Muhammad tot ist. Wenn es Allah ist, den ihr anbetet, dann wißt, daß Allah lebt und nicht sterben kann.« Er zitierte ihnen einen Vers des Koran: »Und Muhammad ist nur ein Gesandter; schon vor ihm gingen Gesandte dahin. Und so, ob er stirbt oder fällt, werdet ihr umkehren auf euren Fersen?« (Sura 3,138).

Während Verwandte, einschließlich 'Alī, die Wache bei dem Toten hielten, traf sich eine Gruppe von Gefährten in einer überdachten Einfriedung in der Nähe, und es kam zu einer heftigen Debatte darüber, was getan werden solle. Eine Pause in der Diskussion nutzend, gelobte 'Umar nun Abū Bakr die Treue und ergriff seine Hand, wie es Brauch war, wenn ein

Pakt geschlossen wurde. Der starke Mann legte dem sanften Mann ein Treuegelöbnis ab, und die tiefe Freundschaft, die zwischen diesen beiden völlig verschiedenen Männern bestand, rettete die Lage. Die anderen Gefährten taten es ihm gleich, weil sie begriffen, daß sie nun in dieser grauen Welt, so gut sie konnten ohne ihren Führer und Halt weitergehen mußten. Abū Bakr, der den Propheten länger als alle anderen gekannt hatte und ihn sicherlich nicht weniger liebte, scheint der Einzige gewesen zu sein, der sofort verstand, daß es nicht der Mann war, auf den es ankam, sondern die Botschaft, so daß ʿAlī zu ihm sagte: »Du scheinst dir keinen großen Kummer über den Tod des Gesandten zu machen!«

Worüber er sich Sorgen machte, war die Bedrohung des Islam in diesem Augenblick. Es war der Moment für ein Wagnis, obgleich er von Natur aus kein Mann war, der Risiken einging. Er befahl Usāmah, im Einklang mit den vom Propheten vor dessen Tod gegebenen Instruktionen zur syrischen Grenze vorzurücken, und ließ dadurch die Stadt wehrlos werden gegen wahrscheinliche Aufstände der Stämme. »Und würde es von rasenden Wölfen in dieser Stadt wimmeln«, sagte er zu Usāmah, »und wäre ich ganz allein, das Heer sollte doch ausziehen!« Er begleitete sie barfuß ein Stück Weges, und Usāmah flehte ihn an, doch zu reiten. »Nein«, sagte er, »ich werde nicht reiten, ich werde gehen und meine Füße eine kleine Weile auf dem Wege Allahs beschmutzen.« Seine Instruktionen beim Abschied waren, keinen Verrat oder Betrug zu begehen; keine Frau, kein Kind und keinen alten Menschen zu töten; keine Dattelpalmen zu beschädigen und keinen Baum zu fällen, der Nahrung für Mensch oder Tier gab, keine Herdentiere zu schlachten, es sei denn für das notwendige Nahrungsminimum, und unter gar keinen Umständen Mönche zu belästigen.

Als sich die Nachricht vom Tod des Propheten auf der Halbinsel verbreitete, gaben viele Stämme den Islam wieder auf und weigerten sich, die Armensteuer weiter zu zahlen. Sie wurden in den »Abtrünnigkeitskriegen« zur Ordnung gerufen – obgleich »Kriege« eine etwas übertriebene Bezeichnung für eine Reihe von kleineren Scharmützeln zu sein scheint –, welche die Wüstenaraber bald lehrten, daß die Autorität noch immer in Medina residierte. Innerhalb eines Jahres war die Ordnung wieder hergestellt.

Aber Abū Bakrs Hauptsorge galt den Menschen in seiner Obhut. »Ich wünschte«, sagte er einmal, »ich wäre eine Palme, die Nahrung gibt und dann, wenn das vorbei ist, gefällt wird.« Am ersten Morgen seines Kalifats konnte er nur von 'Umar daran gehindert werden, selbst auf den Markt zum Einkaufen zu gehen. »Aber wie soll mein Haushalt essen?« fragte er. Macht bedeutete ihm nichts, es sei denn als Mittel, das Beispiel des Propheten weiterzuführen. Er selbst setzte ein Beispiel, dem man während der gesamten Geschichte des Islam folgte, wenn irgendeine Frage der Rechtsprechung aufkam. Zunächst suchte er Leitung und Lenkung im Koran. Wenn er dort keinen maßgebenden Text fand, pflegte er nach einer prophetischen Tradition zu suchen, die sich auf einen solchen Fall bezog, und ging, falls notwendig, in die Stadt, um andere Gefährten zu fragen, ob sie von einer einschlägigen Tradition wüßten; wenn er danach immer noch keine sichere Antwort hatte, pflegte er eine Ratsversammlung einzuberufen und bemühte sich um Konsens.

Die weltlichen Pflichten lasteten schwer auf ihm. Einige einfache Leute aus dem Jemen waren nach Medina gekommen, und als sie dem Vorbeter in der Moschee beim Rezitieren des Koran lauschten, vergossen sie Tränen. »So waren wir auch einmal«, sagte er, »aber unsere Herzen haben sich seitdem verhärtet.« Doch nicht sein Herz. Nachts pflegte er in die Stadt zu gehen, um die Notleidenden und Unterdrückten aufzusuchen, und er hörte sich mit unermüdlicher Geduld ihre Sorgen an. Einmal traf er in der Hütte einer armen blinden Witwe auf 'Umar, der unabhängig von ihm den gleichen Trostbesuch gemacht hatte. Die beiden großen Männer, Gestalter einer neuen Welt von Offenheit gegenüber dem Göttlichen und von menschlicher Ordnung, deren einer bald mit Welteroberung befaßt sein sollte, hockten nebeneinander in der Hütte der Witwe. Sie dachten, dies sei es, was Führerschaft im Islam bedeutet. Was sonst könnte es denn bedeuten?

Gleich der Palme wurde Abū Bakr bald gefällt. Nachdem er unvorsichtigerweise an einem kalten Morgen gebadet hatte, bekam er Fieber und erkrankte schwer. Die Leute wollten einen Arzt rufen; er aber wußte, daß seine Zeit gekommen war: »Er hat mich bereits besucht«, sagte er und meinte den Göttlichen Arzt. Auf seinem Totenbett erhielt er eine Botschaft von Khālid ibnu'l-Walīd, dem Befehlshaber an der persischen Grenze, in der dieser um Verstärkung bat. »Laßt euch nicht aufhalten«, sagte er zu 'Umar, »wenn ich – wie ich glaube – noch heute sterbe, wartet nicht bis zum Abend; wenn ich noch die Nacht erlebe, wartet nicht bis zum Morgen. Laßt die Trauer um mich euch nicht vom Dienst am Islam und den Angelegenheiten eures Herrn abhalten.«

Er starb bald danach, im August des Jahres 634, im Alter von dreiundsechzig Jahren, und 'Umar wurde als sein Nachfolger gewählt. Die Institution des Kalifats war jetzt für die Mehrheit der Muslime akzeptabel, da nur wenige daran zweifelten, daß die Gemeinschaft – wie ja jede Gemeinschaft – einen Führer haben muß, so wie ein Stamm ein Stammesoberhaupt braucht, auch wenn es noch viele, viele Jahre dauern sollte, bis die politischen Philosophen des Islam eine geeignete Führerschafts-Theorie ausgearbeitet hatten. Die prophetische Funktion hatte mit dem Tod des Propheten geendet; seine Nachfolger erbten nur die politische Funktion und die Pflicht, die im Koran und den wohlbezeugten Aussprüchen des Propheten niedergelegten Gesetze anzuwenden. Der Kalif hatte, damals wie auch später, drei Haupt-Funktionen. Erstens war er der Statthalter Muhammads als zeitliches Oberhaupt der *Ummah*, der Gemeinschaft, mit der Pflicht, »gerecht zwischen den Menschen zu richten«; zweitens war er der *Imām* der Gemeinschaft und der Hüter des Rechts, und drittens war er der Befehlshaber der Gläubigen *(Amīr al-Mu'minīn)*, verantwortlich für ihren Schutz vor jeglicher Gefahr, moralischer wie auch physischer. Da es keine Legislation geben konnte, die über dem geoffenbarten Gesetz stand, existierte der Regierungsapparat nur, um dieses Gesetz in der Gemeinschaft durchzusetzen und um Verteidigungsmaßnahmen gegen äußere Gefahren zu organisieren. Bei allem, was der Kalif tat, war er durch die Schūrā, »gegenseitige Konsultation«, die im Koran festgelegt ist, gebunden; nachdem er sich aber mit dem Volk beraten und Konsens unter ihnen gesucht hatte, lag die letzte Entscheidung und die letzte Verantwortung bei ihm.

'Umar hatte von Abū Bakr ein Land geerbt, in dem Frieden herrschte. Die Araber waren so geeint, wie sie es in den letzten Lebensjahren des Propheten waren. Ob er sofort die Ausbreitung des »Hauses des Islam« über die Halbinsel hinaus ins Auge faßte, ist unmöglich zu sagen; wahrscheinlich wäre er jedoch erstaunt gewesen, wenn er gewußt hätte, daß Historiker ihn »'Umar den Eroberer« nennen. Ebenso wie es den Muslimen in Medina praktisch unmöglich gewesen war, mit den heidnischen Mekkanern zusammen zu leben, war es nun dem Islam in Arabien unmöglich, mit den beiden großen Reichen, Persien und Byzanz, zu koexistieren. Außerdem befand sich die neue Gemeinschaft, noch so nahe an der Quelle der Offenbarung, inmitten einer dekadenten und ungeordneten Welt; der Islam ging durch sie ohne jeden Widerstand leicht hindurch, nicht so sehr, um zu bekehren (das kam erst später), sondern um Ordnung, Gleichgewicht und Gerechtigkeit auf Erden einzuführen. Laura Vaglieri sagt dazu: »Wenn eine isolierte Episode in der arabischen Geschichte, wie es der Islam vor dem Tod des Propheten war, in ein Ereignis von weltweiter Bedeutung umgewandelt und die Grundsteine für ein muslimisches Reich gelegt wurden, das Bürgerkriege, mangelnde Einheit und Angriffe von außen erschüttern, aber nicht zerstören konnten, dann muß das Hauptverdienst daran den politischen Gaben 'Umars zugeschrieben werden.«*

Er hatte eine besondere Gabe für Koordination und die Berichtigung von Fehlern, die allzu unbesonnene Befehlshaber began-

---

* *Cambridge History of Islam*, Band 1, S. 64

gen hatten, ferner beachtliche diplomatische Talente, die Disputen die Schärfe nahmen und den Ehrgeiz der weniger lenksamen Gefährten unter Kontrolle hielten. Obgleich er als »der Eroberer« bekannt ist, hat er einigen Anspruch darauf auch, als »der Friedensstifter« bezeichnet zu werden. Wenn wir an den wilden jungen Mann denken, der geschworen hatte, den Propheten zu ermorden, und dessen Bekehrung so plötzlich und so dramatisch gewesen war, wird es möglich zu ermessen, wie Muhammad diese rauhe Substanz zu Größe umgeformt hatte und etwas zur Blüte brachte, das bereits latent in ihm lag; 'Umars wesentliche Charakterzüge waren nicht vernichtet worden – Gott und Sein Gesandter »vernichten« nicht – sondern gereinigt, in die rechten Bahnen gelenkt und dann in eine Vortrefflichkeit integriert worden, die gleichermaßen geistig und menschlich war.

In geringerem Maß könnte das Gleiche von Khālid ibnu'l Walīd und 'Amr ibn al-'Ās gesagt werden, einst die großen Kämpfer des heidnischen Mekka, dann Krieger des Propheten und nun die Befehlshaber muslimischer Heere. Der Kampf um die Welt begann jedoch mit etwas, das wir heute »Guerilla-kriegsführung« nennen würden. Die Araber kamen aus der Wüste, um hier oder dort an den Grenzen einen schnellen Schlag zu führen; bis die schwerfälligen Armeen der großen Mächte sich aufgerafft hatten, waren die Araber bereits wieder in den riesigen Weiten verschwunden, wohin sie keine persische oder byzantinische Streitmacht verfolgen konnte. Ebenso tritt der muslimische Mystiker in die Welt mit »Der Leere« – einem unendlichen Raum – im Rücken.

Die verhängnisvolle Schwäche des byzantinischen Reiches in Syrien, Palästina und Ägypten lag auf religiösem Gebiet. Das griechisch-orthodoxe Regime in Byzanz betrachtete die meisten Christen in diesen Gebieten als Häretiker und behandelte sie entsprechend; weit davon entfernt, das Reich zu einigen, teilte das Christentum es. Als Khālid mit einer kleinen Streitmacht vor Damaskus erschien und die Stadt belagerte, war es der Bischof, ein monophysitischer Christ, der ihm heimlich

Sturmleitern zur Verfügung stellte. Eine Anzahl von Muslimen überstieg die Mauern bei Nacht und öffnete die Stadttore, worauf sich der byzantinische Gouverneur kampflos ergab. Es gab nicht Mord noch Plünderung (bis Anfang des vergangenen Jahrhunderts wurden Städte in Europa nach ihrer Einnahme automatisch geplündert), die Kathedrale wurde durch eine Trennwand in zwei Teile geteilt, so daß die Muslime auf der einen und die Christen auf der anderen Seite beten konnten. Khālid zog weiter nach Norden, erlitt jedoch eine vorübergehende Schlappe. Ehe er einen strategischen Rückzug antrat, gab er den Leuten in den Städten die Steuergelder zurück, die sie ihm für einen Schutz gezahlt hatten, den er nicht länger garantieren konnte; dann führte er seine Truppen durch einen Staubsturm in den Kampf gegen den Feind (der von dem Kaiser Heraklius selbst befehligt wurde) und rief: »Das Paradies liegt vor euch – der Teufel und die Hölle hinter euch!« Der Kaiser wurde in die Flucht geschlagen. Die tausendjährige griechisch-römische Herrschaft über Syrien war beendet.

In der Zwischenzeit war Khālids Mitgeneral, ʿAmr, in Palästina beschäftigt, und auch hier wurden die Tore weit geöffnet. Jerusalem ergab sich im Jahr 637. Der Patriarch bestand jedoch darauf, die Schlüssel nur ʿUmar persönlich zu übergeben, und da die Stadt so heilig war, kam der Kalif auch. Die christlichen Befehlshaber und die Bischöfe erwarteten ihn in ihren prächtigen Roben an den Stadttoren. In seinem geflickten Umhang nahm er, auf einem Esel sitzend, ihre Unterwerfung an und garantierte ihnen feierlich die Sicherheit von Leben, Wohnungen, Kirchen und Kruzifixen. Dann besuchte er die Basilika Konstantins, betete jedoch aus Höflichkeit auf den zum Portal führenden Stufen, damit die Christen nicht glauben sollten, er beabsichtige, die Kirche als Moschee zu übernehmen.[*]

---

[*] Im Gegensatz dazu erinnern uns sowohl christliche als auch muslimische Schriftsteller stets daran, daß, als die Kreuzfahrer Jerusalem im Jahre 1099 einnahmen, sie jeden Mann, jede Frau und jedes Kind, derer sie habhaft werden konnten, abschlachteten und – so heißt es – »bis an die Zügel ihrer Pferde im Blut ritten«.

Byzanz befand sich auf dem Rückzug, und die ungefähr fünf Millionen zählenden Einwohner Syriens und Palästinas, fast alles Christen, lebten nun in Frieden. Die Muslime zeigten kein Interesse daran, ihnen den Islam oder ein einheitliches rechtliches und politisches System aufzuzwingen; man überließ es den Christen und den Juden, sich selbst nach ihren eigenen Gesetzen zu regieren, und die Eroberer hielten sich als Hüter des Friedens in ihren Militärlagern zurück. Das stolze uralte Reich der Perser blieb jedoch unbezwingbar; zumindest schien es so. Eine Gruppe junger Muslime kam an den Hof und versuchte, den großen König, Yazdagird, zur Annahme des Islam zu überreden. Amüsiert über ihre Unverfrorenheit, schickte er sie zurück mit Geschenken von persischer Erde, die sie auf ihren Köpfen nach Hause tragen sollten – so viel und nicht mehr war er bereit, diesen Emporkömmlingen von seinem Territorium zu überlassen.

Die arabischen Überfälle an den Grenzen wurden jedoch langsam lästig. Es war unwahrscheinlich, daß sie mehr als eine Belästigung werden würden, da 'Umar, der sich stets davor fürchtete, den Bogen zu überspannen, dem Heer verboten hatte, das Zagros-Gebirge zu überschreiten und in das persische Herzland einzudringen; aber Yazdagird war jung und unbesonnen, wenn auch diese Unbesonnenheit nicht ganz ungerechtfertigt war. Es muß ihm absurd erschienen sein, daß eine Handvoll Araber den Versuch unternehmen könnte, die beiden Supermächte gleichzeitig anzugreifen. Er befahl seinem Oberbefehlshaber Rustam, den Euphrat zu überschreiten und diese »Wüstenratten« in die unfruchtbaren Öden zurückzutreiben, wohin sie gehörten.

Abgesandte gingen zwischen Rustam und dem muslimischen Befehlshaber Sa'd hin und her; eine Begegnung zweier verschiedener Welten, fast zweier verschiedener Planeten. Der Araber, gekleidet, als ob er seine Herden hütete, ritt sein Pferd so nahe er konnte dorthin, wo Rustam in voller Würde saß, umgeben von seinen mit Diademen und Staatsgewändern geschmückten Edlen, und schritt dann auf den persischen

General zu. Auf den schlanken Speer eines solchen Abgesandten deutend, fragte Rustam: »Was ist das für ein Spielzeug in deiner Hand?« – »Eine brennende Kohle«, sagte der Araber, »ist nicht deshalb kühler, weil sie klein ist!« Einem anderen gegenüber machte Rustam eine Bemerkung über die Schäbigkeit seiner Waffe. »Schäbige Scheide, scharfe Klinge!« war die Antwort.

Im Sommer 637 kam es zur Schlacht: sie dauerte drei Tage inmitten eines alles verhüllenden Sandsturms, und am dritten Tag fiel Rustam. Die Perser flohen in Panik und ließen den größten Teil Mesopotamiens – den heutigen Irak – in den Händen der Muslime. Die Kriegsbeute überstieg alles, was sich die Araber selbst in ihren kühnsten Träumen hätten vorstellen können. Einer der Soldaten wurde verspottet, als er seinen Anteil für tausend Dinar verkaufte, obgleich er sehr viel mehr wert war. »Ich habe nie gewußt«, sagte er, »daß es eine Zahl über zehn hundert gibt.« Doch dies war nichts im Vergleich zu den Schätzen Ktesiphons, der Hauptstadt des Reiches, die bald darauf fiel. Über alle Maßen erstaunt wanderten die Eroberer durch die Gärten und Pavillons des luxuriösesten Hofes auf Erden, nahmen Gefäße aus Gold und Silber in die Hand, prächtige mit Juwelen bestickte Gewänder, zusammen mit der Krone und den Gewändern des großen Königs selbst. Da gab es ein silbernes Kamel in Lebensgröße mit einem Reiter ganz aus Gold und ein goldenes Pferd mit Smaragdzähnen, den Hals mit Rubinen besetzt. Jedoch der größte Schatz von allem war der königliche Teppich, der einen Garten darstellte vor einem Hintergrund aus getriebenem Gold, mit Wegen aus Silber und Rasenflächen aus Smaragdbüscheln, mit Flüßchen aus Perlen, um ihn zu bewässern, und mit Bäumen, Blumen und Früchten aus Diamanten und anderen Edelsteinen.

'Umar war dafür, den Teppich ganz zu lassen, als Trophäe, aber 'Alī erinnerte ihn an die Vergänglichkeit aller irdischen Dinge, und so wurde er in Stücke geschnitten, und die Stücke wurden unter die Leute verteilt. Als 'Umar die Beute aus Persien besichtigte, weinte er. »Ich sehe«, sagte er, »daß die

Reichtümer, die Allah uns verliehen hat, zu einer Quelle von Weltlichkeit und Neid und am Ende zu einem Unglück für die Menschen werden.« Seine empfindliche Nase hatte gewissermaßen schon den Gestank der Korruption wahrgenommen, den ein Wind aus der Zukunft hertrug.

Gegen Ende des Jahres 639 erhielt 'Amr ibn al-'Ās, der nahe der Grenze zwischen Palästina und dem Sinai einen Halt eingelegt hatte, einen Brief des Kalifen. Da er von den Bedenken wußte, die 'Umar wegen einer weiteren Expedition ins Unbekannte hatte, führte er seine Mannen sofort über die Grenze, und erst danach öffnete er die versiegelten Befehle: »Falls du, wenn du diesen Brief liest, noch in Palästina bist, muß du das Unternehmen aufgeben; falls du aber bereits die Grenze nach Ägypten überschritten hast, kannst du weiterziehen.« Danach fragte 'Amr mit unschuldiger Miene seine Umgebung, ob er denn jetzt in Palästina oder in Ägypten sei.

Im folgenden Jahr schlug er das byzantinische Heer und überquerte im Jahr 641 den Nil; bald danach konnte er berichten: »Ich habe eine Stadt eingenommen, von deren Beschreibung ich Abstand nehme. Es mag genügen, wenn ich sage, daß ich darin viertausend Villen, viertausend Bäder, vierzigtausend Juden, die Kopfsteuer bezahlen müssen, und vierhundert Lustschlösser, die einem König anstehen, übernommen habe.« Dies war Alexandria, die größte Stadt ihrer Zeit, mit über einer Million Einwohner. Der Kalif hatte jedoch eine tiefe Abneigung gegenüber prahlerischen Generälen, die Siege ihrer eigenen Kriegskunst oder ihrem Wagemut zuschrieben: im Angesicht Gottes waren die Fertigkeiten eines Mannes ein Nichts, auch sein Wagemut. Anstelle von Glückwünschen erhielt 'Amr einen ärgerlichen Brief, der ihm vorwarf, reich geworden zu sein, und bald danach kam ein Sonder-Abgesandter an, um die Hälfte seines Besitzes zu beschlagnahmen. Er beklagte sich über das »üble Zeitalter«, in dem ein ehrenhafter Mann so schlecht behandelt werden konnte. »Gäbe es nicht dieses Zeitalter, das du so haßt«, antwortete der Abgesandte, »würdest du jetzt im Hof deines Hauses zu Füßen einer Ziege knien, deren

Fülle an Milch dich erfreuen oder deren Knappheit dich bestürzen würde.« Darauf gab es nun wirklich keine Antwort; aber einige Zeit später, als er Militärgouverneur von Ägypten war, jedoch ohne Kontrolle über die Finanzen der Provinz, murrte ʿAmr, er sei wie ein Mann, der die Hörner einer Kuh festhält, während ein anderer sich ihrer Milch erfreut.

Eben derselbe Abgesandte suchte Saʿd, den Eroberer des Iran, in seinem Hauptquartier in Kufa auf und übergab ihm einen Brief von ʿUmar: »Ich höre, daß du dir ein Herrenhaus gebaut und eine Tür zwischen dir und dem Volk aufgerichtet hast ... Laß das sein! Und errichte niemals eine Tür, um das Volk draußen zu lassen und es von seinen Rechten fernzuhalten, so daß sie warten müssen, bis du bereit bist, sie zu empfangen.« So groß war der Einfluß der frühen Kalifen auf die spätere Geschichte des Islam, daß noch bis zum heutigen Tag ein höherer Beamter in der arabischen Welt sich starker Kritik ausgesetzt sehen kann, würde er versuchen, die Leute von seinem Büro fernzuhalten und warten zu lassen, bis er »bereit ist, sie zu empfangen«. Khālid, über den ein Orientalist des 19. Jahrhunderts, Sir William Muir, schrieb, daß »sein Verhalten auf den Schlachtfeldern ... ihn unter die größten Generäle der Welt einstufen muß«*, wurde noch härter behandelt. Er wurde ehrenvoll, jedoch zwangsweise seines Postens enthoben und starb in Armut.

Was man bei ʿUmars Handhabung der Verwaltung während seines Kalifats spürt, ist ein verzweifelter Kampf, die Kräfte dieser Welt – Stolz, Macht und Reichtum – daran zu hindern, in die heilige Gemeinschaft einzudringen; und doch sickerten sie ein. Er mag durchaus gewußt haben, daß dies eine Schlacht war, die zu gewinnen er nicht hoffen konnte, trotzdem mußte sie gekämpft werden; und wenn die großen Männer dieser Zeit – militärische Begabungen ersten Ranges wie Khālid, ʿAmr und Saʿd – gedemütigt werden mußten, spielte das keine besondere

---

* Sir W. Muir, *Annals of the Early Caliphate,* London 1883, S. 21 (Smith, Elder & Co.)

Rolle und war auf alle Fälle gut für ihre Seelen. In seinem eigenen Leben legte sich 'Umar strengste Disziplin und Selbstverleugnung auf. »Mir steht nichts von den Gütern des Herrn zu«, sagte er, »außer einem Gewand für den Winter und einem für den Sommer, genug für die Pilgerfahrt und die Riten, und Nahrung für mich und meinen Haushalt so viel wie einem durchschnittlichen Menschen meines Volkes zusteht; darüber hinaus habe ich nicht mehr Rechte als irgendein anderer Muslim.«[*]

Tatsächlich hat er sich nicht einmal an die durchschnittliche Lebenshaltung gehalten, sondern war so genügsam in seinen Gewohnheiten, daß seine Tochter Hafsah ihn bat, sich mehr zu schonen, sei es auch nur um der Muslime willen. »Ich verstehe, was du meinst«, sagte er, »aber ich habe auf einem bestimmten Pfad zu zwei meiner Gefährten Lebewohl gesagt« – er meinte den Propheten und Abū Bakr – »und wenn ich von diesem Pfad abwiche, den ich mit ihnen gegangen bin, würde ich sie am Ende der Reise niemals wiederfinden.« So groß, daß er die Menschen hoch überragte, »als säße er zu Pferde«, grauhaarig und vorzeitig gealtert, ging er barfuß durch die Stadt, seinen geflickten Umhang um sich ziehend und niemals überzeugt davon, daß er seine Pflicht so tat wie er sollte. Er hatte geplant, ein Jahr lang unter den Muslimen umherzureisen, denn er wußte nicht, wie er sagte, welche Rechtsansprüche verkürzt worden waren, ehe er von ihnen erfuhr. »Bei Gott«, sagte er einmal, »ich weiß nicht, ob ich ein Kalif oder ein König bin; und wenn ich ein König bin, dann ist dies etwas Schreckliches.« Dies wurde im Zusammenhang mit der Notwendigkeit der Besteuerung gesagt, was darauf schließen läßt, daß er sich – wie nur wenige irdische Herrscher – der schweren moralischen Probleme bewußt war, die bei der Einziehung des Vermögens oder der Einkünfte des Volkes für Staatszwecke entstehen. Vornehme Kriegsgefangene erwarteten, wenn sie nach Medina

---

[*] Aus einer Anthologie von Originaltexten: *Muhammads People* von Eric Schroeder, Portland/Maine, USA, S. 167 (Bond Wheelright Co.)

gebracht wurden, Paläste zu sehen, Pracht und Pomp, so wie in Byzanz oder Ktesiphon. Auf dem staubigen Hauptplatz der kleinen, aus Lehmziegeln gebauten Stadt trafen sie statt dessen einen Kreis von Arabern, die auf dem Boden saßen, einer von ihnen – den die andern als ihresgleichen behandelten – war größer als die übrigen; es war nicht verwunderlich, daß sie einige Schwierigkeiten hatten, zu begreifen, daß dies der Herrscher eines sich Woche für Woche ausbreitenden Reiches war. Ein Verbündeter, ein Prinz der Ghassaniden, vorher mit Byzanz verbündet, dann aber, nachdem der Kaiser vom Schlachtfeld geflohen war, zum Islam übergetreten, traf prächtig gewandet mit einer Entourage von Vornehmen in Medina ein. Ein Beduine trat ihm versehentlich auf die Robe, so daß er stolperte, und er schlug den Mann ins Gesicht. Er wurde vor 'Umar gebracht, und der Beduine erhielt das Recht, den Schlag zurückzugeben. Der Prinz kehrte zum christlichen Glauben zurück, in dem ihm der seinem Rang gebührende Respekt erwiesen wurde.

Reichtümer flossen nun in die Schatzkammer, aber 'Umar hatte eine ausgesprochene Abneigung dagegen, Reichtümer einzuschließen; er bestand auf sofortiger Verteilung. Es wurde eine Liste von »Pensionären« erstellt, an deren Anfang 'Ā'isha stand, gefolgt von den anderen überlebenden »Müttern der Gläubigen«, danach kamen Verwandte des Propheten, Männer, die sich um den Islam verdient gemacht hatten (wie zum Beispiel die Überlebenden von Badr), Männer, die den Koran auswendig gelernt, und Soldaten, die tapfer in den Kriegen gekämpft hatten. Eine Verwaltung wurde aufgebaut, aber da die Araber wenig Erfahrung in solchen Dingen hatten, mußten angemessene Institutionen erst im Lauf der Zeit entwickelt werden. Trotz all seiner Mühen in Medina fand der Kalif jedoch noch Zeit zu reisen und ließ dabei keine Gelegenheit aus, zukünftigen Generationen von Muslimen ein Beispiel zu geben. Bei einer seiner Reisen, in einem Hungerjahr, traf er auf eine arme Frau, die mit ihren Kindern am Straßenrand saß neben einem Feuerchen, auf dem ein leerer Topf stand; er eilte zum nächsten Dorf, besorgte Brot und Fleisch und kehrte zurück, um ihr eine Mahlzeit zu kochen.

Er unternahm eine Reise durch Syrien, und ehe er die Provinz verließ, geschah etwas, das die Herzen der Gläubigen tief bewegte. Bilāl, der erste *mu'ezzin* des Islam, hatte sich dorthin zurückgezogen, weil er sich weigerte, nach dem Tod des Propheten je wieder öffentlich zum Gebet zu rufen. Die religiösen Führer kamen nun zu ihm und flehten ihn an, bei dieser ganz besonderen Gelegenheit zum Gebet zu rufen. Der alte Afrikaner gab nach, und als die bekannte Stimme, noch immer laut und klar, über den Menschenmengen erschallte, erinnerte sich das Volk so lebhaft an die leuchtende Zeit, als der Prophet nach Bilāls Ruf das Gebet zu leiten pflegte, daß alle zu Tränen gerührt wurden und 'Umar laut schluchzte.

'Umar war zehn Jahre lang Kalif gewesen, als im November 644 ein junger Mann, der sich bei der Festsetzung seines Lohns schlecht behandelt fühlte, ihm, als er aus der Moschee in Medina kam, drei Dolchstiche versetzte und sich dann selbst tötete. Da er wußte, daß er tödlich verwundet worden war, berief 'Umar einen Ausschuß von sechs Qurayshiten zusammen, um einen von ihnen zu seinem Nachfolger zu wählen. »Dem, der mir nachfolgen wird«, sagte er, »lege ich als meinen Wunsch nahe, er möge gütig zu dieser Stadt sein, die uns und dem Glauben eine Heimstatt gab, ihre Tugenden preisen und ihren Fehlern gegenüber nachsichtig sein. Auch bitte ich ihn, die arabischen Stämme gut zu behandeln, denn sie sind die Stärke des Islam ... O mein Herr, ich habe meinen Lebensweg beendet.« Sie trugen den Leichnam zu 'Ā'ishas Gemach, wo der Prophet und Abū Bakr begraben lagen. Der Sohn des Verstorbenen grüßte sie und sprach: »'Umar bittet um Erlaubnis, eintreten zu dürfen.« – »Bringt ihn herein«, sagte sie.

Ein gewaltsamer Tod erscheint dem zeitgenössischen westlichen Menschen schon in sich selbst als »unrecht« – einem Menschen, der es vorziehen würde, den letzten Tropfen (sei er auch noch so bitter) aus dem Kelch zu trinken und in einem Bett zu verrotten, die betäubte Seele in einem kranken Körper gefangen, statt sich dem Dolch oder dem blitzenden Schwert zu stellen und, mit dem letzten Atemzug Gottes gedenkend, zu fallen. 'Umar hätte dies nicht so gesehen. Bis zum Tode des Propheten – nach dem er seine Ansichten ändern mußte – hatte er es für verächtlich gehalten, eines »natürlichen Todes« zu sterben. Ein edles Leben, so nahm er an, sollte durch einen edlen Tod gekrönt werden, was praktisch Tod in der Schlacht oder bei der Verteidigung der Mannesehre hieß. Nun war sein Ende jedoch durch die Hände eines geistesverwirrten jungen Mannes zustandegekommen, der sich schlecht behandelt fühlte; aber auch dies mag für ihn annehmbar gewesen sein. Die Geistesverwirrten sind ebensosehr Instrumente Gottes wie die geistig Gesunden und müssen ihre Rolle im göttlichen Gesamtplan spielen. Alles hat seinen ihm bestimmten Platz – so glaubt der Muslim –, auch wenn der äußere Anschein dem zu widersprechen scheint, und jedes Menschen Schicksal und Bestimmung hängt ihm um den Hals wie ein Medaillon. 'Umar war seinen Weg zu Ende gegangen.

Der Ausschuß trat zusammen, um einen Kalifen zu wählen, und 'Alī gehörte ihm nicht an. Man kann nur Vermutungen anstellen, weshalb er ausgeschlossen wurde. Die schiitischen Muslime würden es der Bosheit und dem hintergründigen Einfluß Satans zuschreiben, und noch bis heute gibt es unter ihnen solche, die das Andenken 'Umars verfluchen. Tatsache bleibt, daß ein Mann große Qualitäten und edle Tugenden haben mag und doch durch Temperament und Berufung nicht zum Herrscher geeignet ist, und es könnte durchaus 'Umars Meinung gewesen sein, daß dies bei 'Alī der Fall war.

Die Wahl fiel auf 'Uthmān ibn 'Affān. Der war nun ein Mann von siebzig Jahren, noch immer bemerkenswert gut aussehend, seinem Temperament nach freundlich und umgänglich. Die Tochter des Propheten, Ruqayya, derentwegen er zunächst zum Islam übergetreten war, war inzwischen längst verstorben – noch vor ihrem Vater –, und es lag mehr als ein Vierteljahrhundert zurück, seit der Prophet zu einem Abgesandten, der später als erwartet von einem Besuch bei den in Äthiopien im

Exil lebenden Muslimen zurückkam, gesagt hatte: »Ich weiß, was dich aufgehalten hat. Du muß stehengeblieben sein, um die Schönheit 'Uthmāns und Ruqayyas zu bestaunen!« Er war einer der wenigen wohlhabenden Männer gewesen, die den Islam in den frühen Tagen annahmen, und der einzige, der seinen Reichtum nach der Auswanderung nach Medina behalten hatte; edel und fromm, besaß er viele Charaktereigenschaften eines traditionellen arabischen Aristokraten; es gab jedoch einige unter den Gefährten, die bald zu zweifeln begannen, ob er die Qualitäten besitze, die sein hohes Amt verlangte.

Das Reich vergrößerte sich auch weiterhin immer mehr, sei es durch eigene Triebkraft oder durch den Ehrgeiz hoher Beamter. Abū Sufyāns Sohn, Mu'āwiyah, jetzt Gouverneur von Syrien, wollte schon seit langem eine Expedition gegen Zypern ausrüsten (er beklagte sich humorvoll darüber, das Bellen zypriotischer Hunde lasse ihn nachts nicht schlafen), aber 'Umar hatte es verboten, nachdem ihn 'Amr vor den Gefahren des Meeres gewarnt hatte: »Vertraue ihm nur wenig, fürchte dich sehr vor ihm! Ein Mensch auf See ist wie ein Insekt, das auf einem Span treibt.« Jetzt liefen zum ersten Mal muslimische Schiffe gegen die byzantinische Flotte aus. Zypern ergab sich, und bald darauf die Insel Rhodos. Im Osten wurden Afghanistan, Turkestan und Khorasan erobert, und muslimische Soldaten gingen an den Küsten des Schwarzen Meeres entlang, während in Nordafrika der Vormarsch weiterging und die Berber-Stämme in die Gemeinschaft aufgenommen wurden.

In Medina stand jedoch nicht alles zum besten. Je älter 'Uthmān wurde, desto mehr zog er unwürdige Verwandte wertvollen Männern vor, und diese Verwandten gehörten meistens der Sippe der Omayyaden an – der Sippe Abū Sufyāns –, einschließlich einiger, die zu den erbittertsten Feinden des Propheten gezählt hatten. In Kufa wurde der Sohn des Mannes, der am Tage von Uhud den Propheten mit seinem Schild gedeckt hatte, als Gouverneur durch einen Trunkenbold ersetzt, den, nachdem er sich unmöglich gemacht hatte, wiederum ein unerfahrener Jüngling ablöste, der die Kontrolle über die Stadt verlor. 'Amr, der Eroberer Ägyptens, wurde abgesetzt und durch den Pflegebruder des Kalifen ersetzt; und so dauerte es nicht lange, bis die Omayyaden die Kontrolle über alle wichtigen Organe des Staates, einschließlich des Schatzamtes, ausübten. Es kam eine Zeit, da die alten Gefährten das Haus des Kalifen nicht mehr betreten wollten. 'Alī kam, um ihm Vorhaltungen zu machen, und sagte: »Der Weg liegt einfach und klar vor dir, doch deine Augen sind so verblendet, daß sie ihn nicht sehen können. Ist erst einmal Blut vergossen, dann wird es bis zum Jüngsten Tag nicht aufhören zu fließen; das Recht wird ausgelöscht werden, und Verrat wird wüten wie die tobenden Wellen des Meeres.«

Eigensinnig und keinen Vernunftgründen zugänglich antwortete 'Uthmān: »Ich für mein Teil habe getan, was ich konnte.« Das Problem war einfach und doch unlösbar. Es war Tradition, daß die arabischen Stämme immer den Rücktritt eines Stammesoberhaupts erzwangen, der seine Pflichten nicht zu ihrer Zufriedenheit erfüllte, aber die Absetzung eines Kalifen war etwas anderes, und niemand wußte, wie sie bewerkstelligt werden konnte, außer mit einer scharfen Klinge. Als Mu'ā- wiyah sah, wie die Sache sich entwickelte, flehte er 'Uthmān an, zu seiner eigenen Sicherheit nach Syrien zu kommen; da er ihn unbeweglich fand, sagte Mu'āwiyah zu den Gefährten: »Ich lasse diesen alten Mann in euren Händen. Sorgt für ihn!« Er wartete auf eine Antwort, erhielt jedoch keine. Bevor er nach Damaskus in sein Hauptquartier zurückkehrte, schlug er 'Uthmān vor, er wolle ihm einige seiner eigenen vertrauenswürdigen Truppen zu seinem Schutz schicken. »Nein!« sagte der Kalif, »ich werde niemals Gewalt gegenüber denen anwenden, die im Umkreis des Hauses des Propheten leben.«

Die Stämme fürchteten Tyrannei. Ihre Traditionen waren demokratisch – manche würden sagen anarchistisch –, und die Idee eines zentralisierten Staates war schon schwer genug zu akzeptieren, selbst mit einem Abū Bakr oder einem 'Umar an seiner Spitze; jetzt wurde sie immer noch unannehmbarer. Die Bevölkerung von Medina blieb in ihren Häusern und konnte nur beobachten, wie sich die Sturmwolken sozusagen in furchtbarer Unvermeidlichkeit zusammenballten. 'Uthmān mochte sich ihre Loyalität verscherzt haben; sie konnten es jedoch nicht über sich bringen, sich gegen ihn zu wenden, da sie ihn trotz all seiner Fehler als einen guten alten Mann kannten. Viele hofften, daß 'Alī die Führung übernehmen würde, er verharrte jedoch in unglücklicher, unentschlossener Neutralität. Ein in der zweideutigen Kunst der Politik und Verwandlungstechnik geübterer Mann als er hätte vielleicht die Macht übernommen, ohne den Kalifen tatsächlich abzusetzen, aber 'Alī war nicht der Mann dafür. 'Uthmān selbst wartete ruhig auf das, was kommen könnte. Er war nun zweiundachtzig Jahre alt und unfähig, die Lage in die Hand zu bekommen, selbst wenn er dies wirklich gewollt hätte. Die wenigen Freunde, die ihm geblieben waren, drängten ihn, entschlossene Schritte gegen seine Feinde zu unternehmen; er wollte jedoch keine Gewalt anwenden, um sich selbst zu retten.

Während Verschwörer im Irak eine Revolte planten, machte sich Muhammad ibn Abī Bakr (der Sohn des ersten Kalifen) von Ägypten aus mit fünfhundert Mann auf den Weg, unter dem Vorwand, an der Pilgerfahrt teilnehmen zu wollen. Als sie in Medina ankamen, verlangten sie 'Uthmāns Rücktritt. »Wie kann ich den Mantel abwerfen, den Allah auf meine Schultern gelegt hat?« fragte er. Sie steinigten ihn in der Moschee, und er wurde bewußtlos nach Hause getragen. Hier wurde er belagert, bis im Juni 656 einige der Rebellen einbrachen und in den Raum kamen, wo er an der Seite seiner Frau Naila den Koran las. Sie waren so beeindruckt von seiner Ruhe und seiner majestätischen Haltung, daß sie sich verwirrt zurückzogen. Er fuhr fort zu lesen. Dann stürmten die Anführer der Rebellen herein, ergriffen ihn beim Bart und töteten ihn, während seine Frau – bei dem Versuch, seinen Körper mit dem ihren zu schützen – die Finger einer Hand verlor. Blut durchtränkte die Seiten des Koran. Während der Körper noch warm war, stahl sich ein Mann in das Gemach, entwendete 'Uthmāns blutiges Hemd und machte sich damit auf den Weg nach Damaskus.

Die Bevölkerung von Medina ging zu ʿAlī, da sie in ihm die einzige Hoffnung für den Islam sah, und versuchte, ihm den Treueid zu leisten; er sagte jedoch: »Dies liegt nicht bei mir. Es liegt bei den Männern von Badr! Wen sie wählen, der soll Kalif sein.« Er war nicht der Mann, Macht willkommen zu heißen, schon gar nicht in diesem Augenblick einer bitteren Krise; und eine Weile lang widerstand er allem Drängen; er wurde jedoch schließlich davon überzeugt, daß die Kämpfe niemals enden würden, wenn er nicht seine Zustimmung gäbe. In der Zwischenzeit wurde in Damaskus ʿUthmāns blutgetränktes Hemd öffentlich ausgestellt, und es heißt, daß nicht weniger als sechzigtausend Menschen dort bei diesem Anblick weinten, die Mörder verfluchten und nach Rache schrieen.

Die Persönlichkeiten Abū Bakrs, ʿUmars und ʿUthmāns haben im Spiegel der Geschichte klare Umrisse: ʿAlī jedoch war ein vielschichtigerer Mann, und es ist um so schwieriger ihn zu beurteilen wegen der Leidenschaften, die sich noch immer an seinem Namen entzünden und die seit dreizehn Jahrhunderten den schiitischen Islam vom sunnitischen Islam trennen. In vieler Hinsicht war er der beispielhafte Muslim: ein Krieger, tapfer und ehrenhaft, gleichzeitig aber auch ein kontemplativer Mensch und – soweit es um die Menschen dieser Welt geht – ein »Außenseiter«. Man spürt, daß selbst zu seiner Zeit die Menschen sich nicht ganz wohl in seiner Nähe fühlten; er hatte etwas an sich, das ihnen abging, und deshalb fühlten sie sich unbehaglich. Wichtiger ist jedoch, daß ihm eine Eigenschaft fehlte, die auch »typisch« muslimisch ist (da sie sich aus dem Beispiel des Propheten ableitet): er war kein Mann, der ein gesundes Urteil für weltliche Angelegenheiten besaß, und sein Gefühl für den richtigen Augenblick – wann man vorgehen und wann man sich zurückziehen muß – war verhängnisvoll unterentwickelt.

Selbst im Haushalt des Propheten und unter denen, die ihm am nächsten standen, gab es von Anfang an eine Trennungslinie. Einerseits waren da Abū Bakr und ʿUmar, zusammen mit ihren Töchtern, ʿĀ'isha und Hafsah (sowohl enge Freundinnen als auch schwesterlich verbundene Ehefrauen des Propheten) im Haushalt: diese könnte man vielleicht als die Partei des gesunden Menschenverstandes bezeichnen; praktisch veranlagt – sogar mit einem Sinn für das Nützliche – und von peinlich genauer Gesetzestreue. Andererseits war da die Tochter des Propheten, Fāṭimah, eine etwas geheimnisvolle (und ohne jeden Zweifel heiligmäßige) Persönlichkeit, zurückhaltend, kaum jemals ihre Gefühle zeigend und duldsam; eine durch Lebenserfahrung betrübte Frau, die Gott und ihren Vater, den Gesandten Gottes, möglicherweise tiefer liebte als irgendjemand anders; und ihr zur Seite war ihr Ehemann, ʿAlī, der in Muhammads und Khadījas Haus aufgenommen worden war, weil sein Vater, Abū Ṭālib, zu viele Münder zu füttern hatte, und der die Transformation des Haushalts unter der Einwirkung der Offenbarung miterlebt hatte. Er war noch ein Knabe gewesen zur Zeit der schlimmsten Verfolgungen, und diese müssen ihre Spuren in ihm hinterlassen haben.

Es scheint nur wenig Zweifel zu geben, daß Fāṭimah auf ihre stille Art oft ʿĀʾishas Macht übelgenommen hatte – die Macht dieses jungen Mädchens, das den Platz ihrer verstorbenen Mutter in der Zuneigung des Propheten einnahm – und das mag ein Grund dafür gewesen sein, daß ʿAlī nichts tat, um ʿĀʾishas Ruf nach der »Affaire« der verlorenen Halskette zu verteidigen (und sich dadurch eine gefährliche Feindin machte). Seit diesen lang vergangenen Tagen ist er immer eine zentrale Figur in der sich entwickelnden Geschichte des Islam gewesen, hat hohe Ämter innegehabt und hatte viele Titel. Doch am liebsten war ihm noch immer der Spitzname, den der Prophet ihm gegeben hatte, als er ihn eines Tages auf dem staubigen Boden der Moschee ausgestreckt fand: »Abū Turāb«, was »Vater des Staubes« bedeutet. Dieser Name war merkwürdig passend, denn diese Welt erschien ihm als ein staubiger Ort, und er sagte einmal (in seinen späteren Jahren): »Die Welt ist ein Kadaver; wer einen Teil von ihr haben möchte, sollte sich an die Gesellschaft von Hunden gewöhnen.« Und da er nur wenig Geschmack an der Gesellschaft von Hunden fand, hielt er sich von der Macht fern, obwohl sie ihm aufgedrängt wurde. Er hatte das Kalifat als unwillkommene Pflicht übernommen; da er es jedoch tat, stieg er in die Schuhe eines ermordeten Mannes. »Er war noch immer eine lebendige Legende, jedoch eine Legende, die gegen einen Geist kämpfen mußte – den Geist 'Uthmāns, dessen blutiges Hemd in der Moschee zu Damaskus hing, mit den drei abgehackten Fingern seiner Frau darauf und darunter der blutdurchtränkten Seite des Koran. Da er sich weigerte, die Mörder zu bestrafen, oder nicht dazu in der Lage war, suchte ihn der Geist 'Uthmāns bis an sein Lebensende heim.«[*]

Dies war ein Problem, dem er sich nicht entziehen konnte, und doch handelte er nicht. Mu'āwiyah weigerte sich von seinem Machtzentrum in Damaskus aus, ihn als Kalifen anzuerkennen, solange nicht die Mörder bestraft worden waren; er sagte jedoch nur: »Laßt uns warten und der Herr wird uns leiten!« Er war nicht bereit, seine Führerschaft über die Gemeinschaft auf die Tötung selbst derer zu gründen, von denen man hätte annehmen können, daß sie den Tod verdienten, denn er war der Ansicht, daß keine wahre und echte muslimische Führerschaft auf einer solchen Grundlage beruhen könne. Er glaubte an Versöhnung und suchte Versöhnung, aber vielen erschien dies als Mitschuld am Verbrechen. Nun sechsundfünfzig Jahre alt, ein gedrungener, kahlköpfiger, mittelgroßer Mann mit einem Bart, so weiß wie Baumwolle, der ihm von einer Schulter zur anderen reichte, hatte er die Jahre des Kampfes hinter sich gebracht und sehnte sich nur noch nach Frieden.

In der Zwischenzeit plante Frau 'Ā'isha in Mekka eine Revolte. Dabei schlossen sich ihr zwei der ältesten Gefährten an, die beide Kandidaten für das Kalifat gewesen wären, hätte 'Alī es nicht angenommen: Talha und Zubayr. Ob sie es waren, die 'Ā'isha zu einer unbesonnenen Aktion verleiteten, oder ob – wie vermutet wurde – es ihr Charme war, der sie verzauberte,

---

[*] Robert Payne, *The Sword of Islam*, London 1959, S. 107 (Robert Hale Ltd.)

weiß nur Gott allein; aber das Ergebnis ihrer Zusammenkunft war, daß sie alle drei mit einer beträchtlichen Streitmacht zum Krieg gegen den Kalifen auszogen, wobei sie verkündeten, sie wollten Rache für 'Uthmāns Blut nehmen. Es war eine seltsame Reise. Sie kamen auf ihrem Weg an einen Ort, der das Tal von *Hawb* genannt wird, was »Tal des Verbrechens« bedeutet: 'Ā'ishas Kamel war ganz vorne. Ein Rudel von Hunden umringte sie und fing an zu bellen und 'Ā'isha schrie auf: »Bringt mich zurück! Jetzt erinnere ich mich ... Der Gesandte Allahs sagte einmal, als er mit seinen Frauen zusammensaß: ›Ich wünschte, ich wüßte, welche von euch es ist, die die Hunde von *Hawb* anbellen werden.‹ Mich! Ich bin die Frau von *Hawb*.« Die Hunde hatten Grund zum Bellen. Zum ersten Mal zogen Muslime aus, um ihre Mitmuslime zu bekriegen, angeführt von der Frau, die dem Propheten so lieb gewesen war. Ein einst leuchtender Himmel war dunkel geworden, Schönheit befleckt, und die Bande der Brüderlichkeit zerrissen. Sie trafen auf die Streitkräfte des Kalifen bei Basra, und Abgesandte gingen hin und her mit viel Gerede von Recht und Unrecht. Es ist kaum zweifelhaft, daß ein Konflikt hätte vermieden werden können; das hätte jedoch den Mördern 'Uthmāns nicht gepaßt, die sich darüber klar waren, daß der Friede nur mit 'Alīs Zustimmung zu ihrer Bestrafung erkauft werden könnte. Sie manipulierten die Situation so, daß jede Seite glaubte, hinterhältig von der anderen angegriffen worden zu sein, und die Schlacht begann. Es heißt, daß siebzig Männer am Zügel von 'Ā'ishas Kamel fielen – weshalb die Schlacht als »Kamelschlacht« bekannt ist –, und daß ihre Sänfte so mit Pfeilen gespickt war, daß sie einem in Wut geratenen Stachelschwein glich; sie selbst blieb jedoch unverwundet. Entsetzt über das Gemetzel ritt Zubayr zurück in Richtung Mekka, wurde aber gefangengenommen und getötet. Talha war verwundet worden und starb bald danach an seiner Wunde, und 'Ā'isha ergab sich. 'Alī besuchte sie in ihrem Zelt und beglückwünschte sie dazu, daß ihr nichts geschehen war, fügte aber vorwurfsvoll hinzu: »Der Herr möge dir vergeben für das, was geschehen ist.« Völlig ungebrochen antwortete sie mit ihrem gewohnten Widerspruchsgeist: »Und dir!«

Sie wurde unter der Obhut seiner Söhne Hasan und Husayn nach Hause geschickt; ehe sie jedoch abreiste, kamen ʿAlī und seine Mitstreiter herbei, um ihr, die trotz allem noch immer die Mutter der Gläubigen war, Respekt zu erweisen. Es war eine merkwürdige kleine Szene – fast könnte man meinen, sie sei für die Nachwelt gespielt worden. »Laßt uns keine unversöhnlichen Gedanken gegeneinander hegen«, sagte sie, »denn wahrhaftig, was ʿAlī und mich selbst angeht, so ist nichts zwischen uns geschehen« – sie bezog sich auf die »Affaire« der Halskette – »was nicht üblicherweise zwischen einer Ehefrau und der Familie ihres Mannes vorkommt, und er war wirklich einer der Besten unter denjenigen, die mich verdächtigten.« ʿAlī antwortete feierlich: »Sie spricht die Wahrheit!«, und so trennten sie sich, um sich niemals wiederzusehen.

Diese Angelegenheit war nun bereinigt, wenn auch teuer bezahlt; das Problem, das Muʿāwiyah darstellte, war jedoch ernster zu nehmen. Im Frühjahr 657 marschierte ʿAlī nach Norden und stellte sich der syrischen Armee auf der Ebene von Siffin, nahe dem Euphrat, zum Kampf. Die Streitkräfte waren fast gleich stark, und einige Tage vergingen mit Verhandlungen, wobei ʿAlī auf der Einheit des Kalifats bestand und Muʿāwiyah noch immer die Bestrafung der Mörder ʿUthmāns verlangte. Es kam zu Kampfhandlungen, und schon bald war es klar, daß ʿAlīs Leute im Vorteil waren; Muʿāwiyah hätte zwar die Niederlage eingestanden, aber ʿAmr – der nun in seinen Diensten stand – regte an, man solle den Soldaten befehlen, Koranseiten an ihre Speere zu binden. Dies geschah, und es erhob sich der Schrei: »Das Buch Allahs zwischen uns und euch!« ʿAlī hätte wohl ignoriert, was ganz deutlich nicht mehr als ein Trick war, um der Entscheidung über den Ausgang der Schlacht auszuweichen; er wurde jedoch überredet, einen Schiedsspruch anzunehmen, und verließ das Feld, der ganzen Sache müde, die man ihm aufgezwungen hatte. Die einzige Freude, die ihm in dieser traurigen Welt jetzt noch verblieb, war eine kleine Tochter, von der er sich kaum trennen mochte.

Andere jedoch waren leidenschaftlicher um das Ideal besorgt, das, wie sie noch immer hofften, doch weltlichen Belangen und einer lebensfähigen Sozialstruktur einverleibt werden könne; und so entstand aus der Schlacht von Siffin und aus dem dort vorgeschlagenen Schiedsspruch eine Bewegung im Islam, die eine ganz besondere Bedeutung hat, die Bewegung der Kharijiten, der »Andersdenkenden« oder der »Abweichler« (der Name ist von einer Wortwurzel abgeleitet, die bedeutet »herauskommen«). »Der Schiedsspruch gebührt nur Gott allein!« sagten sie, und dann: »Keine Regierung außer der Gottes!« Ihr Urteilsspruch über 'Alī wie auch Mu'āwiyah lief in der Tat darauf hinaus zu schreien: »Mögen euer beider Häuser heimgesucht werden!« Die Regierung, so sagten sie, solle in den Händen eines vom Volk gewählten Rates liegen, und dabei konnten sie sich auf die Unterstützung der Beduinen verlassen, da sie den Groll der Nomaden gegen einen Staat ausdrückten, der sich anmaßende Übergriffe erlaubt, aber auch auf die Verzweiflung vieler guter Muslime, die mitansehen mußten, wie sich ihre Führer gegenseitig an die Kehle sprangen. Gleichzeitig waren sie ein mächtiger Strom von Puritanismus, der seit ihrer Zeit wieder und wieder in der Geschichte des Islam an die Oberfläche gekommen ist. Einzelne Gläubige oder Gruppen von Gläubigen sind immer wieder aus der muslimischen Gesellschaft ihrer Zeit »herausgekommen«, haben sie anathematisiert und nach einer Rückkehr zu den »wahren Werten« des Islam gerufen, wie sie zur Zeit des Propheten in Medina praktiziert wurden; viele muslimische Reformatoren des 20. Jahrhunderts könnten zu Recht als Neo-Kharijiten bezeichnet werden, und obgleich die Bewegung als besondere Sekte ausstarb (mit Ausnahme einer kleinen Gruppe in Nordafrika, die sich mit diesem Namen nennt), ist ihr Geist noch immer auf dem Vormarsch.

'Alī war nun von Komplotten der einen oder anderen Art umgeben. Er fand das Leben bitter; es gibt jedoch keine

Beweise dafür anzunehmen, er sei mißtrauisch geworden, wie es jeder andere Mann es wohl geworden wäre; er erwartete nichts von dieser Welt und konnte deshalb auch nicht unter Enttäuschungen leiden. Als seine Feinde ihn in die Enge trieben, blieb er sich selbst treu, mild, nachsichtig und versöhnlich; einige haben ihm deswegen Vorwürfe gemacht, andere lieben ihn deshalb noch immer. Sogar Mu'āwiyah, der inzwischen stark genug gewesen sein muß, um ihn zu vernichten, scheint einen widerwilligen Respekt gegenüber einem Mann empfunden zu haben, den zu verstehen er niemals hoffen konnte. Er stimmte einem Waffenstillstand zu, der 'Alī freie Hand ließ, sich mit den Kharijiten auseinanderzusetzen. Dies tat er, wirksam, wenn auch unwillig. Nachdem diese einen Stützpunkt außerhalb Kufas errichtet hatten, waren sie nach Ktesiphon marschiert und hatten die Stadt mit viel Blutvergießen geplündert, da in ihrem Puritanismus kein Platz war für den Geist der Barmherzigkeit, der das Wesentliche des Islam ist. 'Alī stellte sie bei einem unbedeutenden kleinen Dorf namens Bagdad und vernichtete ihre Streitkräfte.

Frustriert in ihren Hoffnungen auf einen militärischen Sieg, aber auch in ihrer Erwartung, daß 'Alī und Mu'āwiyah in einem Kampf gegenseitiger Zerstörung aufeinanderprallen würden, planten die Kharijiten nun die Ermordung beider Männer. Ein Jüngling, der – was wie eine seltsame Ironie erscheint – 'Abdur-Rahmān (»Sklave des Barmherzigen«) hieß, war in ein kharijitisches Mädchen verliebt, deren Vater und Bruder in der Schlacht von Bagdad getötet worden waren, und versprach ihr den Kopf des Kalifen als Brautgabe, falls sie ihn heiraten würde. Er reiste nach Kufa im Monat Ramadan, dem heiligsten aller Monate, wenn die Menschheit und die Natur selbst unverletzlich sein sollten, und am 24. Januar 661 setzte er sich in die Moschee gegenüber der Tür, durch die der Kalif hereinkommen würde.

Als 'Alī seine Wohnung zum frühen Morgengebet verließ, wurde er durch das Schnattern von Gänsen aufgeschreckt. Ein Diener wollte sie wegscheuchen, er aber sagte: »Laß sie schreien – sie schreien zu meiner Beerdigung.« Als er die Moschee betrat, schlug ihm ʿAbdur-Rahmān mit einem vergifteten Schwert auf den Kopf. Tödlich verwundet und unter großen Schmerzen leidend, wurde er nach Hause getragen, wo er noch drei Tage lang in diesem Zustand weiterlitt. Bevor er starb, bat er seine Leute, den Mörder barmherzig zu behandeln (in dieser Hinsicht respektierten sie seine Wünsche nicht).

Auf den Meeren von Tränen, die um ihn in den Jahrhunderten seit seinem Tod vergossen worden sind, könnten viele stolze Schiffe schwimmen, und die Liebe, welche die Erinnerung an ihn hervorruft, muß durch alle Himmel emporgestiegen sein, selbst bis zum Throne Gottes.

So starb der Letzte der *Rāshidūn*, der »rechtgeleiteten« Kalifen des Islam, nur neunundzwanzig Jahre nach dem Tod des Propheten. Ihr Beispiel (oder für die Schīʿa allein das Beispiel ʿAlīs) war ein entscheidendes Element bei der Gestaltung der Religion, und ihre Schwierigkeiten und ihr Unglück haben ein Echo in der lebendigen Erfahrung der *Ummah*, dem Volk Muhammads, gefunden.

Die Tatsache, daß drei von ihnen durch die Hände ihrer Mit-Muslime starben, hat in den Islam ein Element der Trauer eingeführt, das noch immer seinen Schatten über die Freude wirft, die lichtem religiösen Glauben innewohnt. Manchmal hat diese Traurigkeit Ärger aufkommen lassen, der dann zu weiteren Tötungen führte und zu Gewalttätigkeiten gegen eine Welt, die solche Männer so grausam behandelt hat. Die letzte Wahrheit – die Wahrheit der *Shahādah* – läßt sich nicht nahtlos in irdische Dimensionen einfügen und findet deshalb Ausdruck in schmerzlichen Widersprüchen und in der Wechselwirkung von Gegensätzlichkeiten. Wenn Wahrheit das Wichtigste an der Religion ist – ohne die alle Glaubensrichtungen nur sentimentales Wunschdenken wären –, dann wird die Religion unvermeidlich auf das Marterbett der Widersprüchlichkeit gespannt, und nur der Ungläubige ist in seiner kleinen Zeit und an seinem kleinen Ort im Frieden mit dieser Welt.

8. Der Lauf der Welt

Mu'āwiyah wurde von dem zu seiner Ermordung ausgeschickten Kharijiten verwundet, erholte sich jedoch wieder von der Verletzung. Nun war dieser Omayyade, der Sohn Abū Sufyāns und Hinds, Kalif und es gab niemand, der sein Recht darauf in Frage stellte. Es ist seitdem oft genug angezweifelt worden, und noch bis zum heutigen Tage gibt es Muslime, die von ihm so sprechen wie Europäer über Adolf Hitler. Damit wird man ihm nicht ganz gerecht. Er war ohne Zweifel ein »großer Mann«, so wie der Begriff gemeinhin verstanden wird, und durchaus kein böser Mensch; tatsächlich war er – im Vergleich zu einigen von denen, die nach ihm kamen – ein bewundernswerter Herrscher, einer jener seltenen Menschen, die fast instinktmäßig die Macht mit höchster Geschicklichkeit handhaben und es gerade aus diesem Grunde nicht nötig haben, den Tyrannen zu spielen.

Doch nicht darum geht es. Der Sohn des Mannes, der einst als der gefährlichste Feind des Islam galt, war in die Schuhe des Propheten geschlüpft, soweit es sich um weltliche Herrschaft und Sorge um die *Ummah* handelte. Die ersten vier Kalifen werden als »rechtgeleitet« beschrieben, nicht, weil alle ihre Nachfolger notwendigerweise fehlgeleitet gewesen wären, sondern weil sie enge Gefährten des Propheten gewesen waren und, jeder auf seine Art, wie Verlängerungen seines Wesens; sie konnten stolpern, doch ihre Füße standen fest auf dem Pfad, auf den er sie gelenkt hatte. Mu'āwiyah war ein Mann dieser Welt. Einmal sagte er von sich: »Abū Bakr hat diese Welt weder gesucht noch suchte sie ihn – die Welt suchte 'Umar, obwohl er sie nicht suchte – was uns jedoch angeht, so stecken wir bis zum Gürtel in ihr.«

Hochgewachsen, gutaussehend und hellhäutig, besaß er in hohem Maß die Qualität, welche die Araber *ḥilm* nennen – Nachsicht gegenüber seinen Gegnern, eine Bereitschaft, Unverschämtheit mit leutseliger Gleichgültigkeit zu begegnen – und doch war er ein furchtbarer Mann, und die Leute scheinen gefühlt zu haben, daß seine umgängliche Art und sein Charme eher auf Berechnung als auf Herzensgüte beruhten. Es paßte ihm gut, seine Feinde durch Großzügigkeit zu entwaffnen, und zu jemandem, der diese Großzügigkeit kritisierte, bemerkte er, sie koste sehr viel weniger als Krieg. »Ich habe mein Schwert nicht benutzt, wenn meine Peitsche ausreichte«, sagte er, »oder meine Peitsche, wenn meine Zunge ausreichte. Bin ich auch nur noch durch ein einziges Haar mit meinem Volk verbunden, so werde ich es nicht reißen lassen. Wenn sie locker lassen, ziehe ich an; wenn sie anziehen, lasse ich locker.« Das sieht wie eine gute Beschreibung staatsmännischer Kunst aus. Zugänglichkeit war – und ist in gewissem Maß noch immer – Pflicht eines arabischen Herrschers, und er war durch und durch Araber. Wenn ein Bittsteller zu ihm kam, während er beim Essen saß, bat er den Mann, sich zu setzen und zuzugreifen, während ein Sekretär die Bittschrift vorlas; seine Gastmähler waren, was nicht erstaunlich sein dürfte, stets gut besucht.

In einer Hinsicht brach er jedoch mit der arabischen Tradition. Wenn er Staatsdiener auswählte, kümmerte er sich nicht um ihre Herkunft und Abstammung oder um ihre Religion (viele seiner höheren Beamten, vor allem die im höchst wichtigen Finanzministerium, waren Christen, die, wie es scheint, eine gute Nase für Geld hatten). Neue Männer wurden nach ihren Verdiensten ausgewählt, und der wohl prominenteste und tüchtigste von ihnen war Ziyād, Sohn-seines-Vaters. Ein Araber wird oft *ibn* So-und-so genannt; wie sollte man jedoch den Sohn einer mekkanischen Sklavin nennen, die ihre Gunst an so viele verteilt hatte, daß sie selbst nicht raten konnte, wer sein Vater war? Die Antwort war einfach, da jeder Mensch – außer Jesus – einen Vater hat.

Das Reich wurde gefestigt, und weiter ausgedehnt. Es war dieser selbe Ziyād, der als Vizekönig des Irak und Persiens ein Heer über den Oxus führte und Bukhara einnahm; hier wie in anderen Städten Mittelasiens erblühte eine hohe Kultur und gedieh solange, bis die moskowitischen Horden aus dem Westen einfielen und so vieles zerstörten, was heilig und schön war. Im Jahr 670 machte sich ein muslimischer General von seinem Stützpunkt Kairuan im heutigen Tunesien auf den Weg, stieß durch die Berge nach Marokko vor und erreichte den Atlantik; er ritt triumphierend in die Wellen und rief Gott zum Zeugen an, daß er den Islam bis zu den äußersten Enden der Welt getragen habe. Infolge militärischer Siege, des Friedens im Innern und einer tüchtigen Regierung könnte die achtundzwanzigjährige Regierungszeit Mu'āwiyahs als Rekordzeit fast uneingeschränkten Erfolgs angesehen werden. So aber haben es die Muslime, die den Vorteil des Rückblicks haben, nicht gesehen.

Als Instrument der Offenbarung hatte Muhammad der Menschheit nicht nur eine geistige Lehre gebracht – ein Mittel, sich Gott zu nähern –, sondern auch eine Sozialethik und in der Praxis ein soziales System, das viele der Elemente neutralisierte, die im allgemeinen für den Menschen als »Zoon politikon« als »natürlich«, erachtet werden. In Medina hatte er eine heilige Gemeinschaft geformt, eine Brüderschaft der Gläubigen, die zwar in der Welt war, jedoch nicht zu ihr gehörte. Die ersten vier Kalifen hatten versucht, so gut sie konnten, dieses Ideal hochzuhalten. Als die Omayyaden an die Macht kamen, setzte die Fäule ein – so erscheint es zumindest muslimischen Historikern –, und es begann ein Prozeß der Säkularisierung, der von jenem Zeitpunkt an bis heute niemals mehr völlig umgekehrt werden konnte. Mu'āwiyahs Errungenschaften wogen dabei so gut wie nichts, weil sie die Errungenschaften eines »Caesaren« waren – und tatsächlich ist er manchmal »der muslimische Caesar« genannt worden.

Selbst die Verlegung der Hauptstadt von Medina, der Stadt des Propheten, nach Damaskus, der Stadt weltlicher Größe, war bedeutsam. Die Frömmigkeit wanderte nicht von Medina nach Damaskus aus, und der Prozeß der Säkularisierung vertrieb die geistigen Kräfte aus der politischen Arena. Die letzten überlebenden Gefährten zogen sich aus dem öffentlichen Leben zurück, und ihre geistigen Erben wandten sich ihm nicht wieder zu; zum Ausgleich dafür durchdrang ihr Einfluß jedoch die Bewohner der Wüste, die Landbevölkerung und die menschenwimmelnden Städte; und dieser Einfluß, der gewissermaßen im Verborgenen wirkte, förderte das Wachstum des Glaubens und der Spiritualität, die den wahren Ruhm des Islam bilden.

Es liegt jedoch ein ganz besonderer Flecken auf dem Ruf der Omayyaden, der niemals ausradiert werden konnte und auch niemals ausradiert worden ist: die Tötung des Enkels des Propheten, Husayn.

'Alī hatte zwei Söhne von Fāṭima: Hasan und Husayn. Nachdem sein Vater gestorben war, erhob Hasan für kurze Zeit Anspruch auf das Kalifat, wurde jedoch ohne Mühe dazu bewegt, auf diesen Anspruch zu verzichten, wofür ihm Mu'āwiyah eine Leibrente aussetzte und ihm ein friedvolles Leben zusicherte. »Ich hätte kein Gemetzel veranstaltet«, sagte er, »bloß für ein Königreich!« Wie dem auch sei, er hatte andere Interessen. Selbst seine engsten Freunde konnten die Frauen nicht mehr zählen, die er heiratete und von denen er sich wieder schied; einige sagten, es seien neunzig gewesen, andere setzten eine noch weit höhere Zahl an; und 'Alī soll einen Mitstreiter gewarnt haben: »Verheirate niemals eine deiner Töchter mit meinem Sohn Hasan, er wird von ihr kosten und sie dann wegwerfen.« Und doch berichtet man uns, daß keine der Frauen, die er heiratete, umhin konnte, ihn zu lieben, so liebenswert war seine Natur. Hier diente, wie so oft im islamischen Kontext, eine natürliche Neigung einem geistigen Zweck, so schockierend dies auch solchen erscheinen mag, die in einer völlig anderen religiösen Perspektive aufgewachsen sind. Weil Hasans Samen so freigiebig verteilt wurde, fließt noch immer das Blut des Propheten in den Adern einer großen Menge von Muslimen, und in diesem physischen Erbe liegt sowohl Adel als auch Gnade.

Man nimmt an, daß der Vertrag, der geschlossen wurde, als Hasan auf seinen Anspruch verzichtete, eine Klausel enthielt, die besagte, daß nach Mu'āwiyahs Tod das Kalifat wieder an die Nachkommen 'Alīs zurückfallen sollte. Als er dann tatsäch-

lich starb (vergiftet, sagten einige, von einem Agenten Muʻā-
wiyahs; gewiß ein Fall von »Der Hund verdient seinen schlechten Namen«), bestimmte der Kalif seinen eigenen Sohn Yazīd
zu seinem Nachfolger, womit er die Erbnachfolge anstelle der
Wahlnachfolge einführte; auf seinem Totenbett warnte er
Yazīd – einen fröhlichen und dem Luxus zugetanen jungen
Mann, dessen Mutter Christin war –, daß das Volk des Irak
Husayn ermutigen würde, Anspruch auf das Kalifat zu erheben. »Besiege ihn in der Schlacht«, sagte er, »behandle ihn
dann aber mit Milde, denn das Blut des Gesandten Allahs fließt
in seinen Adern.«

Muʻāwiyah hatte recht. Sobald sie seine Todesnachricht erhalten hatten, schickten die Bürger Kufas eine Botschaft an
Husayn, in der sie ihn drängten, das Kalifat anzunehmen,
woraufhin er sich mit achtzehn Mitgliedern seines Haushalts
und etwa sechzig anderen auf den Weg nach dem Irak machte.
Der Gouverneur des Irak schickte ein großes Heer gegen ihn
aus, und die Leute von Kufa, eingeschüchtert und verängstigt,
überließen Husayn seinem Schicksal. »Das Herz von Kufa ist
mit dir«, berichtete ein Bote, »sein Schwert gegen dich.«

Auf der Ebene von Karbala, nahe am Euphrat, stellte er seine
kleine Schar in Schlachtordnung auf und fand sich einer viertausend Mann starken Truppe gegenüber. Der Gouverneur
verlangte bedingungslose Unterwerfung. Er und seine Leute
beschlossen zu sterben.

Er kämpfte, wie sein Vater gekämpft hatte als er jung war, ein
Mann mit dem Herzen eines Löwen, geblendet von einer
Vision, die gewöhnliche Sterbliche gerne teilen würden, tapfer
über jeden Normalbegriff von Tapferkeit. Schon zu Beginn der
Schlacht wurde sein zehn Jahre alter Neffe von einem Pfeil
getroffen und starb in seinen Armen. Nach kurzer Zeit fielen
zwei seiner Söhne, vier Halbbrüder, fünf Neffen und fünf
Vettern; tödlich verwundet, griff er die Feinde so rasend an,
daß sie beiderseits von ihm auseinanderstoben, bis er fiel.
Danach stießen sie ihm einen Speer in den Rücken und schnit-
ten ihm den Kopf ab.

Der Märtyrertod des geliebten Enkels des Propheten durch die Hand dieser Muslime hatte Auswirkungen, die noch immer die Welt erschüttern, gleich wie Wellen nach einem Erdbeben auf dem Meeresgrund immer weiter rollen; und wie Kains Mord an seinem Bruder Abel hat er sich tief in das Bewußtsein eines großen Teils der Menschheit eingebrannt. Europäer, die nur selten gefühlsmäßigen Anteil an ihrer eigenen vergangenen Geschichte nehmen, und Amerikaner, die nur wenig Geschichte haben, an der sie Anteil nehmen können, finden die Unmittelbarkeit – die Zeitlosigkeit – gewisser Ereignisse in der islamischen Geschichte, soweit sie die Muslime angehen, schwer verständlich. Zehntausende junger Menschen waren bereit zu sterben – und sind gestorben –, weil Husayn ein solches Ende fand; dadurch hofften sie, bewußt oder unbewußt, eine Menschheit, die durch seinen Tod befleckt worden war, zu erlösen.

Ein junger iranischer Soldat der achtziger Jahre unseres Jahrhunderts bezieht sich, wenn er von einem westlichen Zeitungs-Korrespondenten über seine Einstellung zum Tod auf dem Schlachtfeld befragt wird, sofort auf den Märtyrertod Husayns. »Es ist für Sie im Westen unmöglich«, sagt er, »dies zu verstehen. Wir suchen nicht den Tod, sondern wir betrachten den Tod als Reise von einer Form des Lebens zu einer anderen, und zum Märtyrer zu werden, während wir uns den Feinden Gottes entgegenstellen, bringt uns näher zu Gott. Es gibt zwei Stufen des Märtyrertums: wir nähern uns Gott, und wir beseitigen auch die Hindernisse, die zwischen Gott und Seinem Volk stehen... Märtyrer zu werden, ist keine passive Angelegenheit, wie irgendwo zu stehen und darauf zu warten, getötet zu werden. Es ist etwas Aktives. Imäm Husayn... tötete so viele seiner Feinde wie möglich, ehe er den Märtyrertod erlitt...«[*]

Bis zum heutigen Tag werden jährliche Gedächtnisfeiern anläßlich des Todes Husayns von schiitischen Muslimen in Iran,

[*] *The Times,* London 7. April 1982

Teilen des Irak, Indien und Pakistan gehalten – und nirgendwo mehr als in Karbala – mit einem Ausmaß an Trauer, das den westlichen Beobachter entsetzt und den sunnitischen Muslim (der darin etwas sieht, das im Gegensatz zum Geist nüchterner Resignation steht, die seiner Meinung nach charakteristisch für den Islam ist) zutiefst schockiert. Diese Trauer hat jedoch eine universale Bedeutung. Die Schiiten weinen und klagen nicht nur über den Tod dieses ritterlichen, dem Untergang geweihten Mannes, sondern auch über eine Welt, in der solche Dinge geschehen können, in der die Guten unterdrückt werden, während die Bösen gedeihen. Sie beklagen, daß diese grausame Welt so vieles zerstört, das schön, edel und kostbar ist. Sie trauern über den Triumph nackter Macht und die Beleidigung lichter Hoffnung.

Hier macht sich das Gefühl für Tragödie, das der christlichen Tradition so geläufig, dem sunnitischen Islam mit seinem ausgesprochen nüchternen Realismus jedoch im großen und ganzen fremd ist, im islamischen Kontext geltend. Es mag wohl sein, daß dieses und andere ähnliche Phänomena in der göttlichen »Ökonomie« notwendig sind; denn wenn eine Religion wirklich universal sein und jeder Art von menschlichem Temperament Obdach bieten soll, müssen auch andere Glaubensrichtungen – verschiedene Perspektiven – sich irgendwie in ihr widerspiegeln, obschon immer in Bildern, die nicht mit der grundlegenden Doktrin in Konflikt geraten.

Das Wort »Schia« bedeutet »Partei«, in diesem Fall die »Partei ʿAlīs« und seiner Nachkommen. Sunnitische Muslime – strikte Anhänger der *Sunnah* oder »Tradition« des Propheten, die neunzig Prozent der muslimischen *Ummah* ausmachen – sagen oft, die Schia habe ein christliches Element in den Islam eingeführt (eine Ansicht, die Christen verwirrt, weil sie den Imām Khomeini nicht gerade als eine Art von Pseudo-Christen ansehen); sie werfen der Schia vor, ʿAlī noch über den Propheten selbst zu stellen und ihn wie ein halb-göttliches Wesen zu behandeln. Das ist ein komplexes Problem, das nicht allzu sehr vereinfacht werden sollte. Alles, was uns hier angeht, sind die ausgeprägte Verschiedenheit des geistigen und emotionalen »Klimas« zwischen sunnitischem und schiitischem Islam und die aus dieser Verschiedenheit resultierenden politischen Konsequenzen.

Mit dem Kommen der Omayyaden wurden ein politisches System und eine imperiale Verwaltung in den Islam eingeführt, die sehr verschieden waren von dem, was der Prophet in Medina aufgebaut hatte. »Die Sunniten«, sagt Frithjof Schuon, »finden sich mit diesem Schicksal ab, während die Schiiten sich in ein bitteres Gedenken an verlorene Reinheit einhüllen, das sich mit der Erinnerung an das Drama von Karbala verbindet und, auf der Ebene des mystischen Lebens, mit der edlen Trauer, die durch das Wissen um unser irdisches Exil entsteht – ein Exil, das dann vor allem in seinem Aspekt von Ungerechtigkeit, Unterdrückung und Frustration im Hinblick auf einfache Tugend und göttliche Rechte gesehen wird.«[*] Die »göttlichen Rechte« sind die der Familie des Propheten und deshalb der Nachkommen ʿAlīs, während die Weigerung, zu akzeptieren, daß Ungerechtigkeit und Unterdrückung ein Teil des weltlichen Szenariums sind, die Schiiten vom Zeitpunkt des Todes Husayns bis zum heutigen Tag zu politischen Dissidenten gemacht hat.

Der verhängnisvolle Schritt, der zur Zerstörung einer Nation, einer Dynastie oder eines Individuums führt, braucht nicht absichtlich getan zu werden. Es gibt keinen Grund anzunehmen, daß Yazīd vorhatte, den Rat seines Vaters außer acht zu lassen und Husayn töten zu lassen. Es ist zweifelhaft, ob er überhaupt viele Gedanken auf die Sache verschwendete, da sein einziges Interesse offenbar der Jagd galt (er führte zum ersten Mal den Geparden bei der Jagd in Arabien ein). Trotz allem war das Schicksal der Omayyaden, obwohl sie sich noch weitere siebzig Jahre lang an der Macht hielten, wahrscheinlich vom Augenblick des Todes Husayns an besiegelt.

---

[*] Frithjof Schuon, *Islam and the Perennial Philosophy*, S. 95 (World of Islam Festival Publishing Co.).

Die Schiiten waren unermüdlich, und eine Verschwörung folgte der andern. Sie bearbeiteten fruchtbaren Boden. Die Perser waren erobert worden und hatten den Islam angenommen, fast als ob es dieses wäre, worauf sie seit Anbeginn der Zeiten gewartet hatten; sie liebten jedoch ihre arabischen Oberherren nicht und verspürten keine Neigung, ihr Überlegenheitsgefühl gegen diese »Wüstenratten« aufzugeben. Die Araber andererseits hatten noch immer das Gefühl, der Islam gehöre ihnen. Sie zeigten nur wenig Interesse daran, den Glauben in den eroberten Gebieten zu propagieren, und doch gab es viele Bekehrungen, was zum Problem wurde. Die Omayyaden fragten sich, wie ein »Ausländer« in die privilegierte Gemeinschaft des Islam integriert werden könne, und verfielen auf einen Plan, der ihnen sowohl logisch als auch praktisch vorgekommen sein muß. Der potentielle Konvertit mußte zunächst Ehrenaraber werden, indem er sich einem bestimmten Stamm als dessen »Klient« (*mawlā;* Pural *mawālī*) anschloß; dies gab ihm eine Identität, einen Platz im Gesamtgefüge, wonach er befugt war, Muslim zu werden. Als die Zahl der *mawālī* zunahm, fingen sie jedoch an, ihren Status als Bürger zweiter Klasse in der religiösen Gemeinschaft übelzunehmen, und zumindest einige von ihnen dürften das Gefühl gehabt haben, bessere Muslime als ihre Herren zu sein. Auch hier gab es für die Schia und andere Unzufriedene Boden zu beackern.

Die Omayyaden brachten, ehe sie ganz und gar zerstört wurden, drei überragende Herrscher hervor – keine schlechte Leistung in einem so kurzen Zeitraum. Zwei von ihnen waren fast napoleonische Gestalten; der dritte war ein Heiliger.

'Abdul-Malik, der 685 bis 705 regierte, wurde – wenngleich niemals in seiner Gegenwart – »Stein-Schweiß« genannt, weil er so geizig war. Er las gerade im Koran, als er die Nachricht von seiner Erhebung zum Kalifat erhielt. Er schloß das Buch und flüsterte, wie man uns berichtet: »Dies ist unser letztes Beisammensein!« Es wird auch gesagt, daß man ihn von diesem Tag an niemals mehr habe lächeln sehen. Er hatte auch wenig genug Grund dazu. Die muslimischen Länder befanden sich in Aufruhr, und das halbe Reich erkannte nun einen Gegen-Kalifen an, während sich die Byzantiner die Lage zunutze gemacht hatten, um einen Angriff zu unternehmen. Er trieb sie zurück, vernichtete den Gegen-Kalifen, schlug einen Aufstand in Syrien nieder und stellte die Ordnung in Nordafrika wieder her. In allem, was er tat, besonders aber in der Verbindung von Mut und Grausamkeit, die seine Regierungszeit charakterisierte, war er eher ein Mann seiner Zeit als einer, der in die zeitlose Tradition des Islam eingebettet war – eine Tradition, erhalten und genährt von stillen Männern, die an solchen Ereignissen nicht teilnahmen und deren Namen niemals in das Buch der Geschichte eingetragen wurden. Es gibt jedoch einen Namen, der wahrscheinlich niemals aus dieser Chronik gestrichen werden kann: den seines ersten Statthalters, Hajjaj.

Dieser Mann war ein ehemaliger Schulmeister aus Ta'if und stellt ein Phänomen dar, das gelegentlich im Christentum wie auch im Islam erscheint: jemand, der wie eine Geißel auf die Menschheit herniederfährt, eine »Inkarnation« des Zornes, vielleicht um uns daran zu erinnern, daß Religion, obwohl Liebe und Barmherzeigkeit ihre innere Struktur durchströmen, doch auch eine scharfe Schneide hat. Als der Kalif nach einem Freiwilligen suchte, um den Irak zu regieren, der wie üblich in Aufruhr war, erhob sich Hajjaj und sagte: »Dafür bin ich der richtige Mann!« – »Du bist die Hornisse dafür«, sagte der Kalif.

In Kufa, der Hauptstadt des Irak, murmelten die Leute: »Wenn sie einen noch Schlimmeren gefunden hätten, so hätten sie den geschickt.« Es war aber kein »Schlimmerer« zu finden, und Kufa wurde schnell überwältigt. Die Rede – man kann sie kaum eine Predigt nennen –, die Hajjaj in der Hauptmoschee der Stadt hielt, ist unzählige Male zitiert worden, denn kein Mann hat je blutrünstigere Drohungen mit soviel Beredsamkeit ausgestoßen wie Hajjaj; vielleicht liegt der Schlüssel zum Verständnis dieses seltsamen Charakters jedoch in den Worten, die er sprach, als er nach schwerer Krankheit von dem Lager wankte, das man für sein Totenbett gehalten hatte: »Allah hat keinem Seiner Geschöpfe Unsterblichkeit verliehen, außer einem, dem schändlichsten von ihnen, Satan. Ich sehe alles Lebendige sterben. Ich sehe, wie alles verdorrt, das Saft und Kraft hat. Jeder Mensch muß ins Grab gelegt werden. Die Erde wird sein Fleisch zernagen und seine Körpersäfte und sein Blut trinken. Und die beiden Dinge, die er am meisten geliebt hat, werden sich schnell trennen: seine geliebten Kinder und sein geliebtes Geld.«

Der Islam ist die Religion der Barmherzigkeit; er ist aber auch – und vor allem – die Religion der Wahrheit; und die Wahrheit ist erbarmungslos, da sie nicht anders sein kann als sie ist. Es ist unmöglich, daß schwarz weiß werde, um den Gram einer Menschenseele zu lindern. Nicht einmal Gott in all Seiner Alllmacht kann es belieben, Irrtum in Wahrheit zu verwandeln. Die Beziehung zwischen Wahrheit und Barmherzigkeit ist deshalb die komplexeste Beziehung auf dem ganzen Schöpfungsschauplatz und selbst jenseits dieses Schauplatzes, nämlich in den Prinzipien, die ihn regieren. Falls ein Gleichgewicht möglich ist, kann es nur von den Propheten, den Weisen und den Heiligen ausgewogen gehalten werden; alle übrigen gehen den einen Weg oder den anderen, zu dem einen Extrem oder zu dem anderen. In der Geschichte des Christentums wie auch in der des Islam hat es Menschen gegeben, für die nur die Wahrheit zählte, und die nicht sehen konnten, daß die Wahrheit selbst, wenn sie in irdische Formulierungen und Dogmen kristallisiert wird, relativ und deshalb einer höheren Weisheit oder dem Gesetz von Liebe und Barmherzigkeit untergeordnet werden kann. Die Inquisition verbrannte ihre Ketzer, und Hajjaj metzelte seine Rebellen nieder. Es hat jedoch auch Menschen gegeben – und sie scheinen in zeitgenössischen christlichen Kreisen vorzuherrschen –, die nur an Liebe und Barmherzigkeit denken und aus der Religion das Schwert der Unterscheidung verbannen möchten, das Wahrheit vom Irrtum trennt, bis dann schließlich die Wahrheit selbst kompromittiert und genau aus diesem Grund die Barmherzigkeit ausgehöhlt und kraftlos zu einer Sentimentalität wird, die keine Wurzeln mehr im innersten Herzen hat, wo die Wahrheit in Ewigkeit wohnt.

Die Stimme Hajjajs kann nicht völlig zum Schweigen gebracht werden; es wird nicht von uns verlangt, ihn und Menschen seiner Art zu mögen, sondern nur zuzugeben, daß sie ihren Platz im Gesamtplan der Dinge haben und daß sie uns an das erinnern, was wir lieber vergessen würden. Es ist jedoch ermutigend zu hören, daß selbst ein so furchtbarer Mann von einer guten Frau zum Schweigen gebracht werden konnte. Er diente auch noch unter 'Abdul-Maliks Sohn, Walīd, als Gouverneur von Kufa. Doch die Frau des neuen Kalifen verabscheute ihn. »Ich mag dich nicht allein mit dem Schlächter der Schöpfung sehen«, sagte sie zu ihrem Mann, und schließlich befahl sie Hajjaj zu sich. Es gibt keine Aufzeichnungen über das, was gesagt wurde; als er jedoch von der Audienz zurückkam, durchgeschüttelt und zurechtgestutzt, sagte er zu dem Kalifen: »Sie hat es mir gegeben, bei Gott, bis ich lieber unter der Erde gewesen wäre als auf ihr!«

Walīd hatte ein sanfteres Gemüt als sein Vater, der ihn noch auf dem Totenbett tadelte, weil er eine Träne vergoß: »Hör auf zu wimmern wie eine Sklavin!« Er war ein tüchtiger Verwalter, befaßte sich mit der Erziehung von Waisenkindern, bestellte Betreuer für die Behinderten sowie Blindenführer und setzte regelmäßige Pensionsgelder für die Gelehrten Medinas aus, die im religiösen Gesetz bewandert waren; er gründete Schulen und Hospitäler, baute Straßen und Kanäle und errichtete die ersten Anstalten für Geisteskranke; sein Hauptdenkmal ist jedoch die große Omayyaden-Moschee in Damaskus, eines der architektonischen Wunder der Welt. Dazu stand er an der Spitze der letzten gewaltigen Welle muslimischer Expansion. Ein arabisches Heer nahm Ferghana ein und erreichte die chinesische Grenze; ein anderes, von einem Schwiegersohn Hajjajs befehligt, eroberte den größten Teil des heutigen Pakistan. Im Westen überquerte ein gewisser Tāriq ibn Ziyād die Meerenge und nahm den Felsen in Besitz, der noch heute seinen Namen trägt, *Jabal Ṭāriq* – Gibraltar – und schlug dann ein Heer von fünfundzwanzigtausend Mann unter Roderich, dem westgotischen König von Spanien. »Das sind keine gewöhnlichen Eroberungen«, berichtete der Gouverneur von Nordafrika an Walīd; »sie sind wie das Zusammentreffen der Völker am Tage des Jüngsten Gerichts«, und tatsächlich standen sich nun die beiden großen »Nationen« des Islam und des westlichen Christentums in voller Konfrontation gegenüber. Innerhalb von drei Jahren hatten die Muslime die Pyrenäen überschritten. Im Jahr 725 nahmen sie Nîmes und 732 Bordeaux ein; und trotz ihrer Niederlage durch Karl Martell hielten sie sechs Jahre später noch immer Arles in Besitz.

Walīd lebte gerade noch lange genug, um die ersten spanischen Gefangenen bei Hofe zu empfangen. Sein Nachfolger war sein Bruder Sulayman, der nach kurzer Regierungszeit an der Pest starb und so den Weg für einen dritten Sohn ʿAbdul-Maliks freimachte, ʿUmar II. Kein Sohn könnte je einen größeren Gegensatz zu seinem Vater gebildet haben, und seine kurze Regierungszeit von zweieinhalb Jahren war wie ein Lichtstrahl in der sich zusammenbrauenden Finsternis.

ʿUmar II. war von Pietisten in Medina erzogen worden und hätte sich, wenn er die Wahl gehabt hätte, für ein Leben der Askese, der Kontemplation und guter Werke entschieden. »Bist du froh oder traurig, mich so zu sehen?« fragte er einen Freund bei seiner Thronbesteigung. »Froh für die Muslime, traurig für dich.« – »Ich habe Angst davor, verdammt zu werden«, sagte der Kalif, und sein Freund antwortete: »Alles wird gut sein, solange du dich weiterhin *fürchtest*. Wovor ich deinetwegen Angst habe, ist, daß du dich nicht mehr fürchten wirst.« Der Rat eines anderen Freundes legte kurz und bündig die Pflichten eines muslimischen Herrschers dar: »Du mußt in jedem alten Muslim deinen eigenen Vater sehen, in jedem jungen Muslim deinen Bruder, in jedem Kind dein eigenes Kind. Was deinen Vater angeht – erhebe dich und besuche ihn. Was deinen Bruder angeht – ehre ihn. Was dein Kind angeht – gib ihm Liebe.«

Er verzehrte sich bei dem Versuch, nach diesem Ratschlag zu leben. »Als ich ihn zuerst sah«, sagte ein Mann, »konnte man den Leibriemen seiner Hose nicht sehen, so fett war sein Bauch. Als ich ihn später als Kalifen sah, hätte ich mit bloßem Auge seine Rippen zählen können.« Er erwies sich als unerwartet guter Verwalter, führte vernünftige fiskalische Reformen ein und beseitigte manchen Mißbrauch; noch wichtiger war im Hinblick auf die zukünftige Gestaltung des Islam, daß er religiöse Gelehrte und Juristen mit einem Respekt behandelte, wie er ihnen vorher nicht zuteil geworden war, denn er erkannte, daß es letzten Endes ja diese Männer waren, in deren Hände der Prophet die Obhut für den Glauben und die Gläubigen gelegt hatte. Anders als seine Vorgänger ermutigte er Bekehrungen unter den eroberten Völkern und setzte, auch zum ersten Mal, Pensionen für die *mawālī* aus, die in den arabischen Heeren gekämpft hatten. Hätte er länger gelebt, so wäre es denkbar, daß die Geschichte des Islam einen anderen Verlauf genommen hätte, denn er hatte gezeigt, daß es möglich ist, zumindest in sehr seltenen Fällen, große Macht mit Tugend und Integrität zu verbinden.

Die letzten Jahre der Dynastie der Omayyaden wurden jedoch von Rebellion und Verschwörungen überschattet, weil die schiitische Partei immer mehr außer sich geriet und die *mawālī* ihren minderen Status zunehmend übelnahmen. Der Schlüssel zu einer erfolgreichen Revolution lag, so erschien es der Schia, bei dem mächtigen und ehrgeizigen abbassidischen Geschlecht, den Nachkommen von Muhammads Onkel al-'Abbās. Eine Konföderation wurde gebildet, die von der Masse des Volkes unterstützt wurde, die des – wie es ihnen vorkam – arabischen Paternalismus müde waren und es auch satt hatten, Steuern zu zahlen. In der Zwischenzeit belästigten die Kharijiten, die von einer von allen Sünden freien »theokratischen Demokratie« vollkommener Männer und Frauen träumten, auch weiterhin das Kalifat.

Diese ungleichen Gruppen, jetzt in der Opposition gegen die Omayyaden vereinigt, waren vom Geist der Gerechtigkeit angefeuert oder vom Geist der Selbstgerechtigkeit entzündet (wir können frei wählen, welcher Begriff als angemessener erscheint). Überall – selbst in Mekka und Medina – entdeckten sie Zeichen einer Rückkehr zu den Ausschweifungen vorislamischer Zeiten, nicht zuletzt in dem, was später als eine der großen kulturellen Errungenschaften der omayyadischen Periode gesehen werden sollte: einer inbrünstigen und tragischen Liebespoesie, die nach vielen Generationen und vielen Verwandlungen in christlichem Boden Wurzeln schlug und Früchte in der europäischen Romantik trug. Alle waren sich einig, daß ihre Herrscher den Islam »betrogen« hatten; sobald aber die Macht in den Händen der Verwandten des Propheten läge, würde eine bis zum Ende der Zeit währende neue Ära von Freiheit und Gerechtigkeit errichtet. Die Schia hatte ihren Kandidaten, einen gewissen Muhammad, der später als »die Reine Seele« bekannt wurde. Sie entdeckten zu spät, daß die Abbasiden andere Ideen hatten.

Trotz dieses Zusammenschlusses von Dissidenten wäre die Rebellion, die im Jahr 749 ausbrach, vielleicht nicht erfolgreicher als andere solcher Revolten gewesen – denn der omayyadische Kalif, Marwān II. (bekannt als »Wildesel«) war ein gewaltiger General –, hätte es nicht einen genialen Mann gegeben, einen früheren Sklaven persischer Abkunft namens Abū Muslim, der in jenem Jahr das schwarze Banner der Abbasiden in der Stadt Merv hißte. Der Gouverneur der Provinz schickte wiederholte Warnungen an Marwān, manchmal in Versen:

> Ich sehe Kohlen glühen unter der Asche, sie brauchen nur wenig, um lodernde Glut zu werden.
> Feuer entspringt aus dem Reiben von Stöckchen, und Krieg entspringt aus dem Wetzen von Zungen.
> Ich schrei im Entsetzen: wüßt ich doch, ob wach sind die Omayyaden oder schlafen sie?*

---

* Eric Schroeder, *Muhammads People*, S. 256, Portland/Maine, USA, (The Bond Wheelwright Co.)

Marwān war jedoch anderweitig beschäftigt; er bekämpfte die Kharijiten im Irak und die Rebellen in Syrien.

Bald war ganz Persien in Abū Muslims Hand, und er stieß zum Iran vor. Marwān hatte sein Feldlager neben dem Großen Zab aufgeschlagen, einem Nebenfluß des Tigris. Als er das Nahen der schwarzen Banner beobachtete, die von Reitern auf baktrischen Kamelen getragen wurden, beschrieb er sie als »Fetzen schwarzer Sturmwolken«; dann kam der Sturm auf ihn hernieder, sein Heer wurde vernichtet, und er selbst floh nach Ägypten, wo er bald danach ermordet wurde. Dreihundert Männer des omayyadischen Geschlechts starben an jenem Tag. Einer entkam. Er schwamm im Fluß mit seinem jüngeren Bruder, der nach einem Zuruf, der ihm Begnadigung versprach, zurückschwamm und sofort getötet wurde. Der Überlebende jedoch schwamm weiter, wie ein vom Wind getragenes Samenkorn.

Dies war 'Abdur-Rahmān, eine jener einzigartigen Gestalten, die uns fast mit dem Blutvergießen und der Unrast der menschlichen Geschichte versöhnen könnten. Nachdem er den Fluß durchschwommen hatte, machte er sich, von einem treuen Diener begleitet, auf den Weg über Palästina nach Nordafrika, um Zuflucht bei Berber-Verwandten seiner Mutter in Marokko zu suchen. Er brauchte fünf Jahre für die Reise und schleppte sich zu Fuß von einem Stammesterritorium zum nächsten, und er konnte sich auch nicht einmal mit der Gewißheit zum Schlafen legen, daß er die Nacht überleben oder aufwachen mit der Gewißheit, daß er den ganzen Tag noch leben würde. Er erreichte jedoch seinen Bestimmungsort und ging bald darauf nach Spanien, wo er 756 mit Unterstützung einer pro-omayyadischen Partei in Cordoba zum *Amīr* von Andalusien ausgerufen wurde. Während seiner langen Regierungszeit und unter der Herrschaft seiner Nachkommen in den folgenden drei Jahrhunderten blühte eine europäisch-islamische Zivilisation und trug Frucht in Künsten, Philosophie und Mystik, und das inmitten eines Lebensstils, der Frömmigkeit mit höchster Verfeinerung in einmaliger Weise verband. Das christliche Europa hat im sogenannten Dunklen Zeitalter dort Licht gefunden und seine Kerzen der Gelehrsamkeit an den großen Universitäten Andalusiens entzündet. So fremd auch die entferntere Welt des Islam den Abendländern erscheinen mag, das muslimische Spanien ist ein integraler Teil des europäischen Erbes.

Als gerechter Mann, der fest an die arabische Tradition der Stammesdemokratie glaubte, gab 'Abdur-Rahmān dem Volk Spaniens eine weise Verwaltung und einen neuen gerechten Gesetzeskodex; er baute Aquädukte, um reines Wasser in die Städte zu bringen, und führte die Pflanzen und Früchte Syriens in der iberischen Halbinsel ein. Die Abbasiden waren, obwohl sie im Osten gesiegt hatten, nicht in der Lage, über eine solche Entfernung hin einzugreifen. Al-Mansūr, der zweite abbasidische Kalif (der erste war nach einer blutigen Regierungszeit von nur vier Jahren gestorben), machte dem lebenden Omayyaden sogar ein Kompliment, indem er ihn als den »Falken der Quraysh« beschrieb, »der allein durch die Wüsten Asiens und Afrikas wanderte und der genug Herzensgröße hatte, seine Bestimmung jenseits der Meere in einem unbekannten Land zu suchen«.

Ohnehin war al-Mansūr mit dringenderen Problemen beschäftigt. Er hatte sich vorgenommen, das zu erreichen, was immer die eiligste Aufgabe für einen erfolgreichen Revolutionär ist: die Zerstörung der Architekten der Revolution. Abū Muslim – der den gesamten Feldzug mit so vollendetem Geschick geplant und durchgeführt hatte – wurde zu einem großen Fest eingeladen und, während er sich daran ergötzte, ermordet. Solche Männer sind gefährlich, wie Stalin in unserem eigenen Zeitalter sehr genau wußte. Während er den zerstückelten Körper betrachtete, zitierte al-Mansūr eine Zeile aus einem Gedicht: »Der Wanderer hat endlich doch seinen Stab weggeworfen!« Er wandte danach seine Aufmerksamkeit der Schia zu, deren Idealismus die motivierende Kraft für die Revolution gewesen war, der er sein Kalifat verdankte. Falls sie gedacht hatten, sie wären von den Omayyaden schlecht behandelt worden, müssen sie nun voll Nostalgie auf jene Zeit zurückgeblickt haben.

Die Omayyaden waren auf ihre Art Gentlemen gewesen; der abbasidische Kalif war von keinerlei Skrupeln gehindert, die einen Gentleman auszeichnen.

Für diejenigen, die Geschmack am Blutvergießen haben, ist es ein glücklicher Umstand, daß revolutionäre Idealisten niemals etwas dazulernen, so oft die Geschichte auch versuchen mag, ihnen eine Lektion zu erteilen; noch immer legen sie leuchtenden Auges ihr Haupt aufs Schafott oder halten ihr Genick einer Kugel hin, im 20. Jahrhundert wie im 8. Jahrhundert. Sie verstehen nie, daß Revolution, die schon an sich ein Akt der Zerstörung ist, notwendigerweise auch ihre Urheber zerstören muß.

Die »Lehren der Geschichte« mögen in vielen Fällen einer Interpretation bedürfen. In diesem Fall wurden sie mit einfachen Worten ausgedrückt und in Blut geschrieben. Ein Kind konnte sie lesen. Die abbasidische Revolution hätte eigentlich den primitiven Islam, den »wahren« Islam wiederherstellen sollen; mit großer Prachtentfaltung und vielen anerkennenswerten Errungenschaften tat sie genau das Gegenteil. Die Omayyaden, mit Ausnahme ʿUmars II., mögen keine guten Muslime gewesen sein, sie waren jedoch traditionelle arabische Herrscher mit demokratischer Gesinnung. Die neue Dynastie übernahm die Gewohnheiten und Praktiken des alten persischen Despotismus. Das arabische und islamische Prinzip der *Schūrā*, der »Konsultation«, erschien den Abbasiden als Verschwendung wertvoller Zeit; jetzt stand der Henker mit seiner Axt und seiner Ledermatte neben dem Kalifen, um mit unverschämten oder lästigen Bittstellern abzurechnen.

Die Omayyaden hatten eine Anzahl von syrischen *mawālī* in ihren Diensten, und als sich ihre Zeit dem Ende näherte, fingen die Unterschiede zwischen arabischen und nicht-arabischen Muslimen an, sich zu verwischen; unter den Abbasiden waren es jedoch die Perser, welche die Verwaltung kontrollierten, und ihre Ansichten waren sehr verschieden von denen der Syrer, die zum größten Teil Konvertiten vom Christentum waren. Die Perser, ebenso wie die Araber, erreichten ihre

Apotheose durch den Islam, und es war die Verbindung des persischen Genius mit dem arabischen Genius, beide auf ihre Art unvergleichlich – und doch so verschieden – die den Islam zu dem intellektuellen und ideenreichen Wunder machte, zu dem er schließlich wurde. Es war, als ob dieses große Volk während der vorangegangenen Jahrhunderte von Ruhm und Unheil geträumt hätte – auch wenn es in seinen Träumen mächtig war – und der Islam der Zauberstab gewesen wäre, der es erweckte; es war jedoch niemals eine glückliche oder leichte Verbindung, und in der politischen Sphäre gab es unüberbrückbare Gegensätzlichkeiten. Der Abgrund zwischen der langen Erfahrung der Perser mit einer Zentralregierung und der ebenso langen Erfahrung der Araber mit der Freiheit war zu breit, um durch Kompromisse überbrückt zu werden.

Als ob er die Veränderung des »Klimas« verdeutlichen wolle, beschloß al-Mansūr, sich eine neue Hauptstadt zu bauen, und wählte dazu wegen seiner strategischen Lage den Ort aus, wo das Dorf Bagdad stand. Die Arbeiten dauerten vier Jahre, und es waren fast hunderttausend Handwerker aus allen Ecken und Enden des Reiches daran beteiligt. Sie bauten eine große kreisrunde Stadt mit einer Doppelreihe von Mauern um sie und dem Palast des Herrschers in der Mitte (als ob die Mächte dieser Welt irgendeinen Anspruch auf Zentralität hätten). Von seiner Leibgarde umgeben, war der Kalif nun von seinem Volk isoliert; die Tage, als es eine Sünde war, eine Tür zu errichten, waren längst vergangen. Der Herrscher stellte sich nun so dar wie sich westliche Menschen einen »orientalischen Potentaten« vorstellen. Gleichzeitig (infolge der Verlegung der Hauptstadt von Damaskus nach Bagdad) richtete nun auch der Islam seine Blicke eher nach Osten als nach Westen, und die Mittelmeerregion – die alte römische Welt – wurde zum Randgebiet.

Die Abbasiden waren eine andere Menschenrasse, im genauesten Sinn des Wortes. Nach Ansicht der Araber wurde Adel ebensosehr von der Mutterseite wie vom Vater vererbt (so geschickte Tierzüchter kamen an dieser Erkenntnis wohl kaum vorbei); für das neue Regime war die Frau jedoch kaum mehr als eine Brutmaschine für einen edlen Samen; und von allen abbasidischen Kalifen während einer Zeitspanne von etwa fünfhundert Jahren waren nur drei von freigeborenen Müttern geboren. Alle übrigen waren die Söhne von Sklavinnen: Perserinnen, Europäerinnen, Berberfrauen, Abessinierinnen, Frauen slawischer, türkischer oder armenischer Herkunft, je nachdem. Es ist kein Wunder, daß ihnen arabische Traditionen nur wenig bedeuteten. Sie waren von einem Corps internationaler Beamter umgeben, das während der ersten dreiundfünfzig Jahre des abbasidischen Zeitalters von Mitgliedern der Familie Barmak angeführt wurde – den sogenannten Barmakiden – die von einem buddhistischen Priester abstammten, brillanten, ehrgeizigen Männern, die Macht wie gewiefte Schachspieler handhaben – bis sie mächtiger als der Kalif selbst zu werden drohten, woraufhin sie gefällt wurden.

Die abbasidische Dynastie brachte einige der größten uns bekannten Herrscher hervor, und einige der schlimmsten. Die Geschichte des Islam ist eine Geschichte des Zusammenstoßes von Gegensätzlichkeiten und des Kontrasts zwischen Glanz und spiritueller Armut, Arroganz und Demut, einer Blutrünstigkeit *à la Grand Guignol* und heroischen Tugenden. Es mag sein, daß diese Gegensätzlichkeiten in seltsamer Weise in dem einzigen Kalifen vereint waren, dessen Name dem Westen dank der Volkstümlichkeit der Geschichten von *Tausend und eine Nacht* bekannt ist: Hārūn al-Raschīd, der von 786 bis 809 regierte.

Er bestieg den Thron im Alter von dreiundzwanzig Jahren, durch das Ränkespiel der Barmakiden; ein eleganter, zivilisierter junger Mann, der so gut aussah, daß einige sagten, er wäre eigentlich besser als Frau geboren; und in der Tat verband er eine gewisse feminine Anmut mit der skrupellosen Liebe zur Macht, die er von seinen Vorfahren geerbt hatte. Es wird berichtet – und Gott weiß es am besten –, daß er inmitten eines Luxus, der die Kulissen für eine Hollywood-Extravaganza hätte abgeben können, jeden Tag hundert Gebetseinheiten betete und daß er jeden Tag großzügige Almosen unter den Armen verteilte; er fürchtete bestimmt seinen Schöpfer, selbst wenn er ihn trotzig herausforderte, und es ist nicht verwunderlich, daß seine Natur als »fiebrig« beschrieben wurde, so wie sie über den Abgrund zwischen Himmel und Hölle hinweg gespannt war. Er liebte alles, was selten und schön war, und doch erzählt man die Geschichte, daß, als er einmal mit seinem Bruder speiste und ihm eine Schüssel mit Fischragout angeboten wurde, man ihm auf seine Frage, weshalb die Stücke so klein seien, sagte, das Ragout bestünde nur aus Fischzungen; er fragte nach dem Preis, der sich auf über tausend Dirham belief, wonach er sich weigerte, von dieser Speise zu essen, und von seinem Bruder den Geldgegenwert verlangte, den er sofort als Almosen verteilte, um »diese heidnische Verrücktheit« zu sühnen. Danach ergriff er die unbezahlbare Schüssel selbst und befahl einem Diener, sie dem ersten Bettler zu schenken, den er auf der Straße treffe.[*]

Man sagt, daß Harūn zwei Menschen mehr als alle anderen liebte. Der erste war Ja'far der Barmakide, der Sohn seines *Wezirs* oder Premierministers; mit ihm ging er oft verkleidet in die Stadt, auf der Suche nach irgendwelchen Abenteuern. Der andere war seine Schwester 'Abbāsa. Eines Tages sagte er, wie erzählt wird, zu Ja'far: »Ich kann ebensowenig ohne dich auskommen wie ich ohne meine Schwester auskommen kann; wenn ich mit ihr zusammen bin, vermisse ich dich, und wenn ich mit dir zusammen bin, vermisse ich sie. Jetzt habe ich mir etwas ausgedacht, wodurch ich euer beider Liebe gleichzeitig genießen kann.« Er befahl ihnen zu heiraten, nahm ihnen beiden jedoch den feierlichen Eid ab, niemals die Ehe zu vollziehen. Von Ja'fars ehrgeiziger Mutter angestiftet, kroch 'Abbāsa jedoch eines Nachts, als er betrunken war, in sein Bett, wobei sie vorgab, eine Sklavin zu sein. Das Ergebnis war eine Schwangerschaft, die sie geheimhalten konnte, und das Baby wurde nach seiner Geburt zu Pflegeeltern nach Mekka

[*] Schroeder, *Muhammads People*, S. 298f.

geschickt. Schließlich entdeckte der Kalif, was geschehen war, und in einem unbeherrschbaren Wutanfall ließ er seine Schwester erdrosseln und befahl die Hinrichtung Ja'fars.

Man braucht nicht besonders darauf hinzuweisen, daß moderne Historiker dazu neigen, diese Geschichte als »Legende« abzutun und den Fall der Barmakiden politischen und wirtschaftlichen Faktoren zuzuschreiben; gewiß war die Familie zu mächtig für die Seelenruhe eines jeglichen Herrschers geworden. Und doch liegt ein Element der Wahrscheinlichkeit in der Geschichte. Hārūn war in der Lage, seine Phantasien so auszuleben wie nur wenige Männer auf Erden. Wer hätte sich nie danach gesehnt, daß diejenigen, die er liebt, sich auch gegenseitig lieben, und doch gefürchtet, daß gerade er von dieser Liebe ausgeschlossen werden könnte? Und wer hätte niemals in seinem Leben mörderische Impulse denen gegenüber verspürt, die ihm am nächsten sind? Wenn ein abbasidischer Kalif, sei es auch nur einen Augenblick lang, den Tod eines Mannes oder einer Frau wünschte, bedeutete das für diese den sofortigen Tod.

Was auch immer daran wahr sein mag, Hārūns letzte Jahre waren von Melancholie überschattet, vielleicht auch durch einen Anflug von Verfolgungswahn; und die Umstände seines Todes durch Magenkrebs müssen jedem, der für solche Dinge empfänglich ist, wie Alpträume auf der Seele lasten. Eines Tages ließ er nach seinem Arzt schicken und sagte ihm, er habe in der vergangenen Nacht von einem Mann geträumt, der auf seiner Handfläche ein wenig rote Erde hielt und zu ihm sagte: »Dies ist die Erde von dem Ort, wo du begraben liegst.« In seinem Traum hatte er gefragt, wo dieser Ort sei, und die Stimme antwortete: »Tus«. Der Arzt versicherte ihm natürlich, sein Traum sei die Folge einer Verdauungsstörung und verschrieb ein Abführmittel.

In Khorasan brach eine Revolte aus, und Harūn verließ Bagdad, um die Rebellen zu bestrafen. Er hatte die Außenbezirke der Stadt Tus erreicht, als er krank wurde. Eine nicht mit Namen versehene Probe seines Urins wurde zu einem Arzt in der Stadt gebracht, und die Antwort lautete: »Sagt dem Mann, dessen Wasser dies ist, er solle sein Testament machen – es gibt keine Heilung für ihn.« Danach befahl er einem Diener, ihm Erde aus der Umgegend zu bringen, und der Mann kehrte mit ein wenig Gartenerde in seiner offenen Hand zurück. Hārūn schrie: »Das ist die Hand! Das ist der Arm! Das ist die rote Erde!«, und eine Weile lang schluchzte er wie ein Kind; dann wählte er sein Leichentuch aus und rezitierte den Vers: »Mein Reichtum nützte mir nichts; meine Macht hat mich verlassen!«

Man hat gezögert, über Hārūn zu urteilen, denn nur wer sich selbst absoluter Macht erfreut (oder unter ihr gelitten) hat – einer Macht, verbunden mit großen Talenten und allem, was körperliche Schönheit und persönlicher Charme dem noch hinzufügen können; wer dazu noch von Gott mit titanischen Gelüsten ausgestattet ist, aber auch mit jenem Herzensfieber, das leidenschaftliche Liebe ist; wem auch Frömmigkeit und Großmut gegeben ist und Sehnsüchte, die die Seele zutiefst erschüttern und alle menschlichen Begrenzungen zur Zerreißprobe führen –, nur der könnte einen solchen Mann beurteilen oder die Schrecknisse und Versuchungen seines Schicksals verstehen. Männer solcher Art schweigen sich jedoch über ihr Urteil aus.

Darin, wie auch im Untergang der Barmakiden, entdeckt der Muslim viele Lehren über die Natur der Welt, und vieles, was ihn an die Sterblichkeit des Menschen gemahnt: »Die Welt fühlt sich sanft an; so auch die Natter, schnell an Gift.« Jemand sagte: »Eines Tages hatte ich im Schatzamt zu tun, und als mein Auge über eines der Hauptbücher glitt, das dort aufgeschlagen lag, bemerkte ich die Eintragung: Ein Ehrenkleid und Gouverneurs-Insignien (Ja'far ibn Yahya): 400000 Dinar. Es schien gar nicht so lange danach zu sein, als ich wieder im Amt war und auf der laufenden Seite folgende Eintragung fand: Naphta und Holzspäne zur Verbrennung des Körpers (Ja'far ibn Yahya): 10 Kirat.«* Einige Pfennige reichten Ja'far am Ende.

* Schroeder, *Muhammads People,* S. 336

Es gab manche in Bagdad, die sagten, dort sei das Leben zu Hārūns Zeit ein ständiges Fest gewesen. Die Macht und die Prachtentfaltung des Reiches hatten ihren Zenith erreicht, und Bagdad war der Magnet, der sowohl Schätze als auch Talent an sich zog. Im Hafen lagen Schiffe, beladen mit Pelzen und Elfenbein, feinem Porzellan und Seiden aus China, mit Juwelen und Duftstoffen; auf dem Landweg kamen Gold aus Khorasan, Marmor aus Syrien, Lapislazuli von jenseits des Oxus und Türkise aus Nischapur. Die prächtig eingerichteten Häuser der Reichen wurden während der heißen Sommermonate mit importiertem Eis gekühlt, und man sagt, die Stadt habe innerhalb ihrer Umfassungsmauern siebenundzwanzigtausend öffentliche Bäder gehabt; ihr erstes Hospital wurde von Hārūn erbaut, dem bald viele andere folgten, in denen Medizinstudenten ausgebildet und die Armen kostenlos behandelt wurden. Die Schulen und Hochschulen standen jedermann offen, und in den großen Akademien hatte man damit begonnen, die Bücher der griechischen Philosophie und Naturwissenschaft ins Arabische zu übersetzen. Der Gelehrte und der Dichter konnten gut leben, denn es mangelte nicht an Mäzenen, und Gelehrsamkeit wurde höher geachtet als Reichtum oder adlige Abstammung. Frauen diktierten die Mode und übten ihren Einfluß in Staatsgeschäften aus; die Schönheit vieler von ihnen war legendär. In einer solchen Umgebung konnten die Unkultivierten keine Rolle spielen; ihr Platz war in den Provinzen. Eine Sklavin oder Konkubine, die ihren Platz in dieser glänzenden Gesellschaft einnehmen wollte, mußte einige Zeit in einer Anstands-Schule verbringen, wo sie die arabischen Klassiker meisterte und lernte, Gedichte zu rezitieren und selbst zu improvisieren, ein Musikinstrument zu spielen und ihren Verstand am Schachbrett zu schärfen; in Brokat gekleidet und geschmackvoll mit Juwelen geschmückt, konnte sie dann auf die großen Damen jeder anderen Stadt als spießige Provinzlerinnen herabblicken. Und doch verblieb – was im Islam unausweichlich ist – inmitten all dieser Prachtentfaltung etwas vom arabischen Erbe. Man mag staunen, schreibt Sir John Glubb, »über die erstaunlich weite Verbreitung der Geistesart der alten arabischen Eroberer im gesamten Reich. Ihr Ehrenkodex, die Ritterlichkeit, ihre Liebe zur Poesie, die romantische Einstellung der sinnlichen Liebe gegenüber, ihre fürstliche Gastfreundschaft und Großmut hatte sich über das gesamte Reich von Spanien bis nach Indien und China ausgebreitet.«[*]

Es mag hinter den Mauern der großen Häuser Ausschweifungen gegeben haben; es gab jedoch auch Frömmigkeit und ein Gefühl der Verpflichtung gegenüber den Armen. Die Chronisten berichten von einem reichen Kaufmann, der jedes Frühjahr seine Öfen, seine wollenen Kleider und seine Wintermöbel verkaufte, um das Geld dem Armen zu spenden; im Herbst tat er das gleiche mit seinen Brokaten, seinen kostbaren Geweben, sommerlichem Fußbodenbelag sowie Wasserkühlern. Als ihn sein Haushofmeister warnte, er würde sich dadurch ruinieren, und ihm riet, diese Dinge für die nächste Saison aufzubewahren, sagte er: »Nein, das will ich nicht! Dies sind die Dinge, an denen Allah mir erlaubt hat, mich während des Sommers – oder des Winters – zu erfreuen, und Er hat mich sicher zu einer Zeit geführt, wo ich auch ohne sie auskommen kann. Es ist möglich, daß ich Allah erzürnt habe, indem ich sie erworben oder gebraucht habe, und ich möchte deshalb diese Sachen lieber verkaufen und das Geld diesem guten Zweck zuführen ...«

Bagdads Abstieg vom Zenith seiner Prachtentfaltung geschah allmählich (der Niedergang der Institution des Kalifats ging dagegen schneller), wenn auch ein Bürgerkrieg zwischen zwei von Hārūns Söhnen sofort nach seinem Tod viel Schaden und Leid anrichtete. Der Sieger, der Kalif Ma'mūn, erwies sich als einer der tüchtigsten abbasidischen Herrscher. Für die künftige Richtung des Islam viel bedeutsamer als gegenseitige Vernichtungskriege war jedoch ein geistiger und intellektueller Konflikt, der zu dieser Zeit ausgetragen wurde.

[*] Sir John Glubb, *A Short History of the Arab Peoples*, 1969, S. 110 (Hodder and Stoughton).

Ma'mūn setzte zunehmend die Politik seines Vaters fort, die Übersetzung ausländischer Bücher ins Arabische zu fördern. Er errichtete eine Halle der Weisheiten, die auch eine Sternwarte enthielt, und gründete ein Übersetzerkolleg mit einem Team von Gelehrten, die nicht nur mit griechischen, sondern auch mit Sanskrit und syrischen Texten arbeiteten. Ein christlicher Gelehrter, der Platos *Republik* und die *Kategorien* des Aristoteles übersetzte, erhielt das Gewicht seiner übersetzten Bücher in Gold ausbezahlt (eine Praxis, der nachzueifern modernen Regierungen gut anstünde). Hier, inmitten des intellektuellen Gärungsprozesses von Ma'mūns Bagdad, wurden die Samen für die europäische Renaissance gelegt.

Das Eindringen des »griechischen Wissens« – des zweischneidigen Geschenks des Islam an den Westen – erschütterte und verwandelte das christliche Europa. Eine Zeitlang, sieben Jahrhunderte zuvor, hat es gedroht, eine ebenso entscheidende Wirkung auf den Islam zu haben. Eine Sekte oder Bewegung, genannt die *Mu'tazilah,* war bereits zu Hārūns Zeit aufgekommen, und unter Ma'mūn wurden ihre Doktrinen vom Staat übernommen. Die Mu'taziliten waren »Rationalisten«, und ihr Hauptziel war, den semitischen Monotheismus in die ihm fremde griechische Denkstruktur einzugliedern; viele ihrer Argumente laufen parallel zu der christlichen Debatte über die Natur des *Logos.* Es war jedoch ein besonderer Aspekt ihrer Lehre, der Anklang fand beim Kalifen. Im Gegensatz zu den Orthodoxen, die darauf bestanden, daß der Koran ewig und »ungeschaffen« ist, sagten sie, das heilige Buch sei ein geschaffenes Ding, wie alles andere, was wir im Universum sehen oder berühren.

Der moderne Geist ist zu ungeduldig für Theologie, was absurd ist, da dieser Geist durch die Theologien der Vergangenheit und ihren entfernten Widerhall im volkstümlichen Denken geformt worden ist. Jedenfalls hatte die Doktrin von der »Geschaffenheit« des Koran sofortige praktische Auswirkungen; sie bedeutete, daß das Buch den Umständen der Zeit und politischen Erfordernissen angepaßt werden konnte. Dies hätte den Effekt gehabt, die Macht des Herrschers und des Staates enorm zu vergrößern. Wie fast tausend Jahre später die französischen Revolutionäre, erkannte Ma'mūn, daß Rationalismus der Schlüssel zur absoluten Macht und zu einer rücksichtslosen Manipulation des Volkes ist. Wenn erst einmal »religiöses Vorurteil« und »Aberglaube« beiseitegeschoben worden sind, dann sind dem Machbaren keine Grenzen mehr gesetzt; und für einen Kalifen des Islam, bis dahin durch das religiöse Gesetz gefesselt, bedeutete dies völlige Befreiung von allen Zwängen. Zum ersten und zum letzten Mal in der Geschichte des Islam gab es eine »Inquisition«, die *miḥnah*, was beweist – wenn überhaupt ein solcher Nachweis notwendig gewesen wäre –, daß der Rationalismus ebenso bigott sein kann wie manche Manifestationen religiösen Glaubens. Diejenigen, die die »Geschaffenheit« des Koran nicht anerkannten, wurden verfolgt, und der größte religiöse Rechtsgelehrte dieser Zeit, Ibn Hanbal, wurde eingekerkert und brutal geschlagen. Andere wurden getötet.

Die »Inquisition« dauerte nur einige Jahre, und die orthodoxe Ansicht über den Koran behielt die Oberhand; der Mu'tazilismus war jedoch nicht beseitigt. Er wurde von einer Religion absorbiert, die eine einmalige Fähigkeit zur Absorption hat, und bereicherte die Hauptrichtung des islamischen Gedankenguts. Der einflußreichste aller muslimischen Theologen, al-'Ash'ari, dessen Schule die »Orthodoxie« repräsentiert – soweit man sagen kann, im Islam existiere eine orthodoxe Theologie – begann sein religiöses Leben als Mu'tazilit und war – wie ein Exkommunist, der es den Marxisten gibt – in der Lage, griechische Dialektik gegen die Vorkämpfer des griechischen Gedankenguts anzuwenden. Was an der mu'tazilitischen Doktrin brauchbar war, wurde zur Stärkung der Orthodoxie benutzt; alles übrige welkte dahin.

Diese Stärkung kam – um es bescheiden auszudrücken – zur rechten Zeit, denn die zentrale Autorität befand sich jetzt im Prozeß der Auflösung, und das einst geeinigte Reich brach in seine verschiedenen Teile auseinander. Das Kalifat suchte nun, nachdem es ihm mißlungen war, seine Position durch eine Ideologie zu stärken, Sicherheit unter dem bewaffneten Schutz einer Garde aus Elitetruppen. Ma'mūns Bruder Mu'tasim, der ihm auf dem Thron folgte, umgab sich mit einer türkischen Leibwache, von der er annehmen konnte, daß sie sich nicht an örtlichen Intrigen beteiligte und nur ihm allein gegenüber loyal war. Die Türken, die wie wild durch die Bazare ritten und die Leute über den Haufen rannten, wurden bald so unbeliebt, daß er beschloß, Bagdad des Vergnügens seiner königlichen Anwesenheit zu berauben und sich unter enormen Kosten eine neue Stadt bei Samarra, etwa siebzig Meilen entfernt, erbauen ließ.

Auf diese Weise brachte die abbasidische Dynastie ein hartes und ganz besonders ironisches Gericht über sich selbst. Es dauerte nicht lange, und die Kalifen sahen sich als Gefangene ihrer Leibwachen, die mit ihnen spielten wie sie wollten, und sie, wenn sie des Spiels müde wurden, töteten. Die Abbasiden hatten, wie es vielen Muslimen schien – und auch heute noch scheint – die Nachkommen des Propheten ihres rechtmäßigen Erbes beraubt, nämlich der zeitlichen Gewalt über die *Ummah*. Man könnte versucht sein zu sagen: um so besser, wenn man in Betracht zieht, was wir vom Lauf dieser Welt gesehen haben. Es kam ein Tag, da ein gewisser *sharīf* (ein Nachkomme des Propheten) an der Hauptmoschee in Bagdad vorbeikam und einen zerlumpten, im Staub hockenden Bettler erkannte. Das war der Kalif jener Zeit, der seinen türkischen Leibwächtern entkommen war, nachdem diese ihm die Augen ausgestochen und ihn eingekerkert hatten. Der *sharīf* nahm ihn mit nach Hause, gab ihm zu essen und ein Dach über dem Kopf, wobei er vielleicht darüber nachdachte, daß Herrschertum nicht immer ein ungeteilter Segen ist. Es spielte keine Rolle mehr. Das Schicksal von Kalifen, Spaltungen im Reich und das gesamte Drama großer Ereignisse war, obwohl diese das Material für tausend historische Romanzen abgeben mochten, belanglos geworden, nicht mehr als Schaum auf der Oberfläche eines großen Stroms.

Man hat westlichen Historikern oft den Vorwurf gemacht –

und das zu Recht –, daß sie nach der Zerstörung Bagdads durch die mongolischen Horden 1258 einen Schlußpunkt setzten, so, als ob alles, was in der Geschichte des Islam von Bedeutung ist, damit geendet habe. Dies war jedoch tatsächlich nicht mehr als der Abschluß einer Episode in einer Fortsetzungsgeschichte. Der Islam ist eine lebendige Religion, die muslimische *Ummah* ist eine lebendige Gemeinschaft, und ihre Geschichte ist noch offen, in den Nachrichten von heute ebenso wie in denen von gestern. Hier befassen wir uns jedoch nicht mit Geschichte um ihrer selbst willen. Bis zu Hārūns Zeit und der seiner Söhne war die Geschichte des Kalifats zumindest in einem gewissen Maß auch die Geschichte des Islam und hatte ihren Einfluß auf die Gestaltung der Religion. Jetzt war der Punkt gekommen, an dem die Scheidung zwischen dynastischer und politischer Geschichte einerseits und dem Leben der *Ummah* andererseits eine absolute wurde. Der sunnitische Islam hatte sich in ein definitives Muster kristallisiert, und der legale und soziale Rahmen, innerhalb dessen die Gemeinschaft, Generation nach Generation, lebte, veränderte sich während der nächsten tausend Jahre nur sehr wenig. Die volle Implikation des Koran und der *ḥadīthe* war von Männern erarbeitet worden, die in der Stille wirkten, gleichgültig dem gegenüber, was bei Hofe geschah. Die *Ummah* hatte ein eigenes Leben angenommen und war geistig und sozial autark geworden.* Wenn die gesamte Regierungs- und Verwaltungsstruktur über Nacht in irgendeinem abendländischen Land zusammenbräche, entstünde ein Chaos; falls dies – selbst heute – in einem nur einigermaßen typischen muslimischen Land geschähe, würden wir feststellen, daß es das Leben der Bevölkerung nur sehr

---

* »Lange Zeit, tatsächlich seit dem 9. Jahrhundert, gehorchte man zwar vorwiegend despotischen Herrschern, hielt sie jedoch auf Distanz, teils, weil die Muslime eine komfortable Gesellschaftsordnung entwickelt hatten, die auf einem komplizierten Netzwerk von persönlichen und Gruppenloyalitäten und -pflichten beruhte.« Die Herrscher mögen Usurpatoren gewesen sein; »was jedoch zählte, ist, daß die Gesellschaftsordnung legitim war, da sie von dem Gesetz Gottes regiert wurde«. (P. J. Vatikiotis in *Arab and Regional Politics in the Middle East*, 1984, (Croom Helm)

wenig ändern würde, und in früheren Zeiten war wahrscheinlich der einzige Kontakt, den die meisten Bürger zur Regierung hatten, der zum örtlichen Steuereinzieher. Sie gingen ihren Weg, ihre »Herrscher« einen anderen.

Es ist nur allzu einfach, wenn man von den Männern liest, die ihre Rolle auf der Bühne der Geschichte spielten, anzunehmen, daß es gefährlich war, zu jenen Zeiten zu leben und, wenn man an das Beil des Henkers dachte, sich an die Kehle zu fassen. Es war jedoch niemand gezwungen, aufzutreten. Wenn ein Mann – oder eine Frau – sich dazu entschlossen, waren die Möglichkeiten gewaltig, die realisierbaren Belohnungen riesig und die Gefahren unberechenbar. Macht und Herrlichkeit an einem Tag, am nächsten des Henkers Beil. Dies waren die Spielregeln, und die Maxime lautete: spiel, wenn du es wagst! Es ist manchmal verblüffend, sich zu vergegenwärtigen, wie wenig ein berühmter muslimischer Dichter, Philosoph, Mystiker oder Architekt, in seinen historischen Kontext gestellt, von den Ereignissen berührt gewesen zu sein scheint, die uns in der Rückschau so gewalttätig und verhängnisvoll erscheinen. Tatsächlich waren solche Männer Trophäen für jeden Kalifen oder Sultan im geteilten Reich und konnten ihren eigenen Preis bestimmen; und der größte Stolz eines Herrschers war, sagen zu können: »Mein Philosoph kann deinen noch jederzeit zum Schweigen bringen«, oder: »Die Verse meines Poeten stellen die armseligen Wortklingeleien deines Poeten in den Schatten.« Zeitgenössische Muslime jedoch schämen sich oft ihrer eigenen Geschichte. Es tröstet sie nur wenig, wenn man ihnen sagt, daß die Geschichte anderer Völker und anderer Kulturen – nicht zuletzt die der Christenheit – ebenso gewalttätig war, denn ihre war nicht irgendeine Gemeinschaft, irgendeine Kultur: es war die *Ummah,* von der nur das Beste erwartet werden konnte. Und da für den Muslim nichts ohne Zweck und Ziel existiert, hat man ein Recht zu fragen, zu welchem Zweck die abbasidischen Kalifen und ähnliche Personen existierten. In erster Linie ist es vernünftig, daran festzuhalten, daß das Schauspiel einer bis an ihre äußersten Grenzen überspannten menschlichen

Natur uns vieles über uns selbst lehren kann und deshalb auf seine Art ein »Zeichen für die, so begreifen« ist.

Nach einem berühmten *ḥadīth* des Propheten ist Adam »nach dem Bilde Gottes« geschaffen; und wir sind Adams Nachkommen, »die Kinder Adams«, wie der Koran sagt. Es gibt etwas im Menschen – gerade eben weil der Eine-ohne-Gefährten, der Unabhängige, der Sich-Selbst-Genügende Sich auf geheimnisvolle Weise in seiner Natur widerspiegelt –, das nach solcher Freiheit von Fesseln verlangt, wie sie nur ein absoluter Herrscher haben kann. Da aber der Mensch nicht Gott ist, führt diese Möglichkeit, grenzenlos über sich selbst hinauszuwachsen, zur Zerstörung; in dem Wunsch nach großer Macht und ihrer Ausübung gibt es gewiß Elemente von Gier und Arroganz, doch könnte auch ein Element von Adel dabei sein, das nach der höchstmöglichen Form des Ausdrucks der eigenen Persönlichkeit strebt. Diese Männer, die wir hier betrachtet haben, offenbaren die menschliche Natur, bis auf die Knochen entblößt, in all ihrer Größe, ihrer Unbeständigkeit und ihrer Grausamkeit; und diejenigen, denen solche Männer vollkommen fremd erscheinen, wissen nur sehr wenig über sich selbst.

Zweitens sind Lehren zu ziehen aus dem Aufeinanderprall von Religion und Politik, Frömmigkeit und weltlicher Tüchtigkeit, wie auch aus dem Aufeinandertreffen in jedermanns Leben von Absicht und Tat, dem erträumten Muster und dem Muster, das mit den widerspenstigen Materialien dieser Erde verwirklicht wird.

Die Pietisten riefen immerfort Flüche auf die Häupter der Kalifen hernieder, und ihre heutigen Nachfolger können auch nicht einen Funken von Mitleid in ihren Herzen finden für mächtige Männer, die weniger rein sind als sie; so einfach ist die Sache jedoch nie. Der Ausspruch Jesu: »Es muß ja Ärgernis kommen; doch weh dem Menschen, durch welchen Ärgernis kommt!« (Matth. 18,7) gehört zu den beängstigendsten Sprüchen der Evangelien, denn manchmal kann die Religion nur durch »Ärgernisse« bewahrt werden. Hätte es diese furchtbaren Herrscher nicht gegeben, die aus unreinen Motiven und mit schmutzigen Händen ihr Handwerk auf die einzig wirksame Weise ausübten, in der es ausgeübt werden konnte, dann wäre vielleicht für die Frommen kein Raum mehr in dieser Welt geblieben und auch keine Schule, in der sie Frömmigkeit lernen konnten. Solche Widersprüchlichkeiten sind in keiner Weise auf den Islam beschränkt; sie sind universal und treten auf, wenn sich das Geistige und das Weltliche konfrontieren. Gerade weil diese Erde nicht das Paradies ist und nicht das Paradies sein kann, ist sie dazu verdammt – zumindest von einem gewissen Gesichtspunkt aus betrachtet –, ein »Schauplatz des Absurden« zu sein.

Wenn man von der Zerbrechlichkeit jeder Religion bei ihrer Geburt und während ihrer frühen Jahre ausgeht, könnte es sein, daß wirklich nur zwei Fragen gestellt zu werden brauchen. Hat der Islam überlebt? Hat er sich über die Welt ausgebreitet? Beide Fragen müssen bejaht werden. Danach können die Geschichtsbücher geschlossen werden.

III

Früchte des Glaubens

9. Die Rechtsordnung

Während der Periode der Entkolonialisierung in den fünfziger und frühen sechziger Jahren wurde ernsthaft über die Frage debattiert, welche Länder für eine Selbstverwaltung geeignet – oder nicht geeignet – seien. Niemand stellte die viel fundamentalere Frage, ob überhaupt eine Nation auf Erden zur Selbstverwaltung geeignet ist. Es hieß, die Schweizer hätten eine kompetente Verwaltung, und Costa Rica wurde gelobt; andernorts war es jedoch damals – und ist es auch heute noch – schwierig, irgendein Modell vorzuschlagen, das ein neugeschaffenes Staatswesen vernünftigerweise nachzuahmen suchen könnte. Man ist gezwungen zu fragen, ob es nicht etwas grundsätzlich Undurchführbares in eben dem Konzept von »Regierung« gibt, so wie der Begriff heutzutage gemeinhin verstanden wird.

In der Vergangenheit könnte das Stammessystem, das wie eine Groß-Familie funktionierte, der Vollkommenheit so nahe gekommen sein, wie irgendeine menschliche Gesellschaft nur hoffen kann, nicht nur im alten Arabien, sondern auch in Afrika vor dem Sklavenhandel, in Nordamerika vor dem Kommen des weißen Mannes, in Zentralasien und auf den pazifischen Inseln; wo immer jedoch Massengesellschaften entstanden, die eine systematische Organisation verlangten, wurde »Regierung« – bis vor kurzem – zusammen mit Pest, Hungersnöten und Steuern als eines der unvermeidbaren Übel betrachtet, denen eine gefallene Menschheit ausgesetzt ist.

Die Annahme eines notwendigen Übels bringt jedoch keineswegs die Bereitschaft mit sich, es wachsen und sich ausdehnen zu sehen; Ziel muß immer bleiben, es auf ein Minimum zu reduzieren. Eine minimale Regierung braucht jedoch als Ergänzung eine sich selbst regulierende Gemeinschaft, da Männer und Frauen nicht vernünftig unter anarchischen Bedingungen leben können. Eine solche Gemeinschaft kann nur im Rahmen eines geoffenbarten oder vorherbestimmten Gesetzes funktionieren und überdauern, das in der Tat den Platz einnimmt, den im Leben der Tiere der Instinkt hat.

Der Koran,[2] die »Verfassung« jeder wahrhaft islamischen Gemeinschaft, bestätigt diesen Vergleich, denn er versichert uns, daß Gott für jede Art und jede Gruppe von geschaffenen Dingen ein Gesetz erlassen und einen Weg gewiesen hat; während jedoch das unbelebte Universum, zusammen mit allen nicht mit Intellekt ausgestatteten Lebewesen, von Gesetzen regiert wird, die schon seiner Struktur innewohnen, wird vom Menschen, gerade weil er Intellekt und einen relativ freien Willen besitzt, verlangt, das Gesetz, das sein Wesen regiert, freiwillig und mit Verständnis zu befolgen. Steine können nicht wissen, weshalb sie fallen, Vögel nicht, weshalb sie in andere Gegenden ziehen. Der Mensch ist per definitionem einer, der weiß, und seiner Bestimmung nach einer, der wählen kann; hat aber nach islamischer Ansicht nicht die Fähigkeit, Gesetze zu machen, nach denen sich die Gesellschaft zu richten hat.

Der Glaube, daß Gott der einzige Gesetzgeber ist, fließt direkt aus dem muslimischen Glaubensbekenntnis, *lā ilāha illā 'Llāh*, das in diesem Kontext so interpretiert werden kann, daß es »keinen Gesetzgeber außer Dem Gesetzgeber« gibt. Die im Koran verkörperte Botschaft – und die aus ihm und der *Sunnah* des Propheten hergeleiteten Gesetze – binden die Gemeinschaft zusammen; es ist kein äußerer Druck nötig, um diese bindende Wirkung herbeizuführen. Über wahre Souveränität verfügt weder der Herrscher, noch die Regierung, noch eine statistische Mehrheit; sie gehört Gott, ist jedoch in gewisser Weise an Seine »rechtgeleitete« Gemeinschaft delegiert; und das Gesetz, gerade weil es ein »Mahner« an die unserer eigenen geschöpflichen Natur innewohnenden Gesetze ist, sollte prinzipiell nicht des Staatsapparats, der Beamten und Polizisten bedürfen, um zu wirken. Welchen Platz der zeitgenössische westliche Mensch der Religion in seinem persönlichen und sozialen Leben auch einräumen mag, es ist immer nur »ein Platz«; sie wird als ein Element in der Gesamtstruktur des menschlichen Lebens gesehen, ist jedoch nicht selbst diese Gesamtheit. Für den Islam andererseits ist die soziale Ordnung ein Teil der Religion und kann nicht von ihr getrennt werden.

Die Funktion des Herrschers (oder der »Regierung« als solcher) ist in diesem System streng begrenzt. Die islamische Gesellschaft ist eher theozentrisch als theokratisch. Wäre sie das letztere, so bestünde die Notwendigkeit eines halb-göttlichen Herrschers, des Vertreters Gottes auf Erden und des Interpreten Seines Willens; im Kontext einer theozentrischen Gesellschaft jedoch nimmt der Herrscher eher eine Rolle am Rande als im Zentrum ein. Trotz gewisser idealistischer Theorien, die aus Nostalgie nach der Zeit der *Rāshidūn,* der ersten vier Kalifen, entstanden, haben die Muslime im großen und ganzen eine sehr pragmatische Auffassung von der Funktion des Herrschers. Man erwartet nicht von ihm, daß er ein Heiliger oder ein Weiser sei, nicht einmal ein guter Mensch im normalen Sinn des Wortes, und seine privaten Laster können übersehen werden, solange sie privat bleiben.

Was von ihm verlangt wird, ist, daß er eine starke Rechte habe, mit der er die Gemeinschaft gegen ihre Feinde verteidigen und das Gesetz aufrechterhalten kann. Es wird oft gesagt, daß die Muslime einen starken, ja selbst skrupellosen Herrscher einem sanften und versöhnlichen vorziehen. Wenn dem so ist, dann, weil ein skrupelloser Mann wahrscheinlich eher in der Lage ist, die ihm im islamischen System zugeteilte Funktion zu erfüllen. Die meisten menschlichen Gemeinschaften haben im Lauf der Geschichte gefährlich gelebt, auf allen Seiten von Feinden umgeben (unsere heutige Lage ist nicht weniger gefährlich), und sie können sich nicht mit der gebotenen Aufmerksamkeit dem Gottesdienst hingeben oder sich den Geschäften des Lebens widmen, wenn sie nicht die Möglichkeit haben, sich auf einen wirkungsvollen Beschützer zu verlassen. Eines der großen Probleme der Muslime im 20. Jahrhundert ist, daß ihre Bereitschaft, einen skrupellosen Herrscher zu tolerieren, die gerechtfertigt sein könnte, solange die Regierung einen kurzen Arm hatte und nur sehr wenig in das Leben der Menschen eingriff, zu einer Gefahrenquelle wird, sobald politische Theorien mit Hilfe der modernen Technik die Rolle der Regierung auf jede Straße und in jeden Haushalt tragen.

Fromme Muslime haben Macht immer als etwas Furchtbares angesehen, geradezu als Fahrkarte zur Hölle. Wenn sie von dem vom Herrscher gewährten Schutz und der Ordnung, die er in der Stadt aufrechterhält, profitieren, danken sie Gott, daß jemand anderes diese Bürde trägt und auf diesem Drahtseil über dem Abgrund tanzt. Sie hegen den Verdacht, daß ein tiefsitzender Charakterfehler bei jedem vorhanden sein müsse, der sich vorsätzlich den Gefahren und Versuchungen der Macht aussetzt.

Es ist bedeutsam, daß der Prophet, der von so vielen Dingen sprach – bis hin zu den kleinsten Details des täglichen Lebens –, nur wenig über die Regierung als solche sagte und kein Interesse an politischen Theorien zeigte. Es gibt jedoch ein besonderes *hạdīth*, das in diesem Kontext weitreichende Konsequenzen hat. Zu einer Zeit, als sich der Islam rasch in Arabien ausbreitete, kam einer der Gefährten zum Propheten und bat darum, zum Gouverneur eines vor kurzem eroberten Gebiets ernannt zu werden. »Nein«, sagte er, »wenn du herrschen willst, bist du ungeeignet!«* Wenn einem Mann Macht auferlegt wird, kann ihm viel vergeben werden; wenn er sich jedoch selbst eine Schlinge um den Hals legt, wird er wahrscheinlich auch damit gehängt werden.

Wenn wir heute die verschiedenen Regierungssysteme betrachten, die in der Welt existieren, finden wir, daß alle – mit einer bemerkenswerten Ausnahme – eines gemeinsam haben: die Herrschenden, seien sie nun demokratische Politiker, Parteifunktionäre oder Militärdiktatoren, halten die Macht in Händen, weil sie diese bewußt gesucht haben und sich für befähigt halten, sie auszuüben. Die einzige Ausnahme ist natürlich die erbliche Monarchie. Die Folgerung daraus gibt, so wenig schmackhaft sie muslimischen Intellektuellen und politischen

---

* »Verlangt nicht nach Herrschaft«, sagte er (in einem anderen *hạdīth,* das von Bukhārī und Muslim aufgezeichnet ist), »denn wenn euch Macht gegeben wird, weil ihr danach verlangt habt, werdet ihr damit allein gelassen werden; wenn sie euch jedoch gegeben wird, ohne daß ihr darum gebeten habt, wird euch auch bei ihrer Ausübung geholfen werden.«

Theoretikern in unserer Zeit auch sein mag, Anlaß zu weiterem Nachdenken.

Der sunnitische Islam hat immer besonderes Gewicht auf politische Stabilität gelegt, selbst wenn dies bedeutete, eine korrupte Regierung zu tolerieren, denn eine Revolte gegen eine verfassungsmäßige Autorität bedeutet auch ein Auseinanderbrechen der Gemeinschaft, und die Einheit der Gemeinschaft ist von überragender Bedeutung; darüber hinaus ist das, dessen die Religion zu ihrer uneingeschränkten Ausübung bedarf, nicht eine ideale Regierung, eine tüchtige Verwaltung und noch nicht einmal »soziale Gerechtigkeit«, sondern eine stabile Umwelt, ein Haus mit festen Mauern, in dem die Einrichtung an ihrem Platz bleibt. Ibn 'Abbās hat berichtet, daß der Gesandte Gottes gesagt habe: »Wenn einer in seinem Herrscher etwas sieht, das ihm mißfällt, sollte er Geduld üben, denn keiner kann sich auch nur eine Spanne weit von der Gemeinschaft entfernen, sonst stirbt er wie die Leute in vor-islamischer Zeit.«

So wurde, zumindest in früheren Zeiten, Revolte gegen einen ungerechten Herrscher auch nur von den beiden entgegengesetzten Extremen des islamischen Spektrums voll sanktioniert. Die Schi'iten träumten von einem charismatischen Herrscher, der aus den Reihen der Nachkommen des Propheten ernannt werden sollte – denn kein anderer könnte als legitim angesehen werden –, während die Kharijiten (und ihre politischen Erben) von einer charismatischen Gemeinschaft rechtgläubiger Männer und Frauen träumten, die sich niemals etwas unterwerfen würden, das auch nur entfernt nach weltlicher Herrschaft aussah. Beide Seiten waren fähig, eine Revolution entsprechend ihrer besonderen Lehre zu rechtfertigen. Zum Teil war es Reaktion auf solche Rezepte für Unbeständigkeit, daß die sunnitischen Juristen die Betonung auf Gehorsam gegenüber der Obrigkeit legten.

Ihre Ansichten hatten vieles gemein mit denen, die der britische Historiker und politische Philosoph des späten 18. Jahrhunderts, Edmund Burke, äußerte. Für die sunnitischen Juristen, ebenso wie für Burke, wiegt, auf lange Sicht gesehen, die durch Revolten oder Revolutionen bewirkte Zerrüttung der Gesellschaft schwerer als alle Vorteile, die dadurch erzielt werden könnten, daß eine schlechte Regierung durch eine nur wenig bessere ersetzt wird. Ihre Ansicht gründete sich auf eine realistische Einschätzung der menschlichen Situation, wobei sie die Tatsache in Rechnung stellten, daß nur wenige Menschen, wenn sie vor eine größere – oder kleinere – Entscheidung in ihrem Leben gestellt werden, sich hinsetzen und die damit zusammenhängenden moralischen Faktoren im Licht letztendlicher Prinzipien abwägen. Zum größten Teil handeln die Menschen nach eingewurzelten Gewohnheiten, so wie es Brauch ist, und innerhalb der Grenzen, die ihnen ihr soziales Umfeld setzt. Sie tun das, was ihnen als natürlich erscheint.

Dieses Rahmenwerk zu zerstören – und das zarte Netz gesellschaftlicher Bindungen zu zerreißen, in welch edler Absicht auch immer –, heißt die Wurzeln des Herkömmlichen abzugraben, Traditionen und Gewohnheiten über den Haufen zu werfen, was das Individuum dann dazu zwingt, bei jeder kleinen Wendung seines Lebens moralische Entscheidungen zu treffen. Dies wird es nicht tun. Es ist sehr viel wahrscheinlicher, daß, wenn erst einmal alle gewohnten Hemmnisse beseitigt sind, etwas der Schwerkraft Vergleichbares es auf einen absteigenden Pfad zieht. Die Gesellschaft kann nur durch Macht in Ordnung gehalten werden, und dies ist der Grund, weshalb auf Revolution Tyrannei folgt, wie die Nacht auf den Tag. Ein korrupter Herrscher mag durch einen Mann mit edlen Prinzipien ersetzt worden sein oder eine schlechte und inkompetente Regierung durch eine befähigtere und verantwortungsbewußtere, und doch ist während dieses Umbruchs die Gesellschaft völlig aufgelöst worden, und die Menschen haben ihre Orientierung verloren; alles muß nun neu reglementiert werden, wenn die Ordnung aufrechterhalten bleiben soll und grandiose Pläne für soziale Verbesserungen durchgeführt werden sollen.

Die Stabilität der islamischen Gesellschaft über einen Zeitraum von mindestens tausend Jahren, unberührt von fast ständigem Aufruhr auf der »politischen« Ebene, war die Stabilität einer Gesellschaft, die sich weigert, Veränderungen an der Struktur des gemeinschaftlichen und des individuellen Lebens vorzunehmen oder, falls sie durch die Umstände gezwungen wird, kleinere Anpassungen vorzunehmen, diese auf ein Minimum beschränkt. In seinem Werk über den mittelalterlichen Islam schreibt von Grunebaum: »Der Muslim besitzt eine Qualität von Ruhe, Würde und Haltung, die sich nur als Ergebnis einer statischen Vorstellung der idealen Welt und der idealen Gesellschaft entwickeln konnte. Der Westen ist bereit, die Gegenwart der Zukunft zu opfern... Wir erkennen den hohen Wert der Veränderung, weil wir uns vor Stagnation fürchten... Die Welt des Muslim ruht und er ruht in ihr. Seine unmittelbare Beziehung zu Gott und sein Annehmen der göttlichen Ordnung sind während des Mittelalters niemals ernstlich beeinträchtigt worden.«[*] Von Grunebaum schrieb vor fast vierzig Jahren, und es ist zweifelhaft, ob der Westen noch immer so begierig ist, »den hohen Wert der Veränderung zu erkennen«; wahr bleibt jedoch, daß die Unveränderlichkeit der muslimischen Gesellschaft über so viele Jahrhunderte hinweg eine Lebensweise darstellt, die für den westlichen Menschen, dem das Leben der Menschen von vor nur hundert Jahren so fremd erscheint wie das der alten Etrusker, fast unvorstellbar ist. Für den Muslim stand vom 9. bis zum 19. Jahrhundert die Zeit still, und die Welt blieb fest auf ihrem zentrifugalen Kurs. Nur eins allein machte dies möglich: das Festhalten der Gesellschaft als Ganzes – oder einer ganzen Kette von Gesellschaften – an der *Sharī'ah*, dem religiösen Gesetz des Islam.

Das Wort *Sharī'ah* bedeutet »Straße« oder »Landstraße«; seine Wortwurzel weist jedoch auf den »Trampelpfad« hin, auf dem frei lebende Tiere zum Trinken zu ihrer Wasserstelle kommen. Es ist die Straße, die dorthin führt, wo die Wasser des Lebens in unerschöpflicher Fülle fließen.

---

[*] G. von Grunebaum, *Medieval Islam*, S. 346 (University of Chicago Press).

Christen sind verwundert, wenn sie erfahren, daß Jurisprudenz und nicht Theologie die wichtigste religiöse Wissenschaft im Islam ist und daß der *ʿālim*, der religiöse Gelehrte, in erster Linie ein Jurist ist, der den Menschen eher sagt, was sie zu tun haben als was sie glauben sollen. Doch der Muslim hat keine Probleme zu wissen, was er glauben soll; er sorgt sich vielmehr darum zu wissen, wie er sich unter allen nur möglichen Umständen verhalten muß, um das Wort Gottes zu befolgen und ohne Stolpern die Straße zu beschreiten, die zum Paradies führt. Das Wort *fiqh*, das gewöhnlich als »Jurisprudenz« übersetzt wird, stammt von dem Verb *faqiha* ab, das nicht mehr und nicht weniger bedeutet als »er verstand«. *Fiqh* hat also mit dem Verstehen der göttlichen Befehle und ihren Verästelungen im Gewebe des täglichen Lebens zu tun. Für den Abendländer ist die Jurisprudenz ein langweiliges, steriles Thema von nur geringem Interesse (es sei denn, man hat mit der Polizei zu tun); dies ist kaum verwunderlich, da das säkulare Gesetz ein Gewebe von Menschen erfundener Kompliziertheiten ist. Eine Anwaltskanzlei ist kaum der Platz, wohin sich ein Christ auf der Suche nach seinem Seelenheil aufmachen wird.

Für den Muslim jedoch war die Kristallisierung der koranischen Botschaft und des Beispiels des Propheten in ein nachlebbares Gesetz das höchste Abenteuer. Islam ist »Unterwerfung« unter den Willen Gottes, und das Studium dieses wunderbar geoffenbarten Willens wird als das wichtigste Studium angesehen, das dem Menschen als mit Intellekt und Vernunft begabtem Geschöpf offensteht. Das Gesetz hat darüber hinaus mit der Kunst des Zusammenlebens zu tun. Im weitesten Sinn ist es die Wissenschaft von den menschlichen Beziehungen. Die islamische Offenbarung trat zu einem Augenblick in die Geschichte Arabiens ein, als die Menschen ihre Orientierung verloren hatten; mit der Entwicklung des städtischen Lebens – der Zivilisation – in Mekka und Medina zersetzte sich die Stammesstruktur, und die moralischen Prinzipien, die das Überleben des Stammes als soziale Wesenheit garantierten, lösten sich auf. In dieser Situation stellte sich eine einfache und dringende Frage: wie sollen Menschen in einer Gemeinschaft zusammenleben? Wie es der Muslim sieht, hat Gott die Antwort auf diese Frage im Koran und im Beispiel des Propheten gegeben; Er überließ jedoch die notwendige weitere Ausarbeitung den Gläubigen. Während der nächsten zwei Jahrhunderte arbeiteten sie daran, aus diesen Grundmaterialien eine solide, allumfassende und dauerhafte Gesetzesstruktur zu erstellen.

Es ist deshalb, streng genommen, nicht ganz richtig, die *Sharī'ah* als Sammlung geoffenbarten Gesetzes zu beschreiben. Menschliche Anstrengung und rationales Urteil spielten eine Rolle bei ihrer Entwicklung; der Muslim meint jedoch, daß diese Anstrengung inspiriert und dieses Urteil durch göttliche Hilfe erleuchtet wurde. Nur ein kleiner Teil des Korans befaßt sich mit rechtlichen Fragen, »Befehlen und Verboten«, und dies wäre nicht ausreichend, würde es nicht in reichem Maß ergänzt durch die gesammelten Aussprüche und Taten des Propheten, die Sammlung von *ḥadīthen*. Bei der Beurteilung der Authentizität dieser Aufzeichnungen spielt notwendigerweise menschliche Urteilsfähigkeit eine Rolle, und so waren die frühesten Architekten des Gesetzes die *mutaḥaddithūn*, die »*ḥadīth*-Gelehrten«.

Die Methode, durch welche die Authentizität eines *ḥadīth* festgestellt wurde, hat nichts gemein mit den Methoden abendländischer Gelehrsamkeit, ist deswegen jedoch nicht schlechter. Sie war jedenfalls die einzig praktikable Beurteilungsmethode unter den gegebenen Umständen. Wenn wir von einem Informanten hören, ein Freund habe ihm gesagt, daß sein Onkel gesagt habe, sein Vetter habe ihm gesagt, daß sein Großvater von einem Freund gehört habe, daß sein eigener Großvater So-und-So eine bestimmte Bemerkung machen hörte, dann werden wir – angenommen, es ist eine Sache von großer Bedeutung – unsere ganze Aufmerksamkeit auf die Zuverlässigkeit der Kette von Informanten richten, die »Übermittler«, wie sie im Islam genannt werden. Nichts könnte für einen Muslim von größerer Bedeutung sein als das, was der Prophet zur Leitung und Lenkung der neuen Gemeinschaft wirklich gesagt hat. Für die Gelehrten des zweiten und dritten Jahrhunderts der islamischen Ära hing die Authentizität eines *ḥadīth* von dem menschlichen Wert jedes namentlich benannten Individuums in der Übermittlungskette ab; ein schwaches Glied – unmoralisch vielleicht und deshalb wahrscheinlich ein Lügner – unterbrach die Kette. In einer so engen Gesellschaft, in der jeder wußte, was der andere tat, war es keinesfalls unmöglich, alle beteiligten Charaktere zu beurteilen; und auf dieser Grundlage, wie auch durch den Konsensus der Gelehrten, konnte ein *ḥadīth* als »gesund«, gut, weniger sicher oder schließlich als »nicht gesund« klassifiziert oder aber ganz verworfen werden.

Diejenigen, die diese Aufgabe auf sich nahmen, waren wie Männer, die in einer Mine nach Edelsteinen suchen oder in einem Fluß Gold aussieben; sie waren jedoch Fachleute, und ihr Eifer, kostbare Steine oder Metalle zu entdecken, wurde aufgewogen durch ein frommes Gewissen und ein scharfes kritisches Verständnis.

Westliche Akademiker, in den Techniken der »historischen Kritik« geschult, wie sie zum Beispiel auf die Bibel angewandt worden ist, haben Vergnügen daran gefunden, an der gesamten *ḥadīth*-Literatur Zweifel anzumelden. Man kann sie getrost sich selbst überlassen. Vierzehn Jahrhunderte nach dem Tod des Propheten dürfte es ein wenig spät sein, solche Fragen aufzuwerfen. Wir können nicht mit »wissenschaftlicher« Genauigkeit wissen, ob ein bestimmtes *ḥadīth* absolut authentisch ist; wir haben aber auch kein Recht, solche Sicherheiten in diesem Leben zu verlangen. Wenn dieses *ḥadīth* von frommen Männern durch die Jahrhunderte hin akzeptiert worden ist und ein Baustein in der göttlich gewollten Struktur des Islam war, dann steht es außerhalb menschlicher Kritik. Gott kann mit »Tatsachen« tun, was Er wünscht, und Er wünscht, sie für unser geistiges Wohlergehen zu benutzen. Wenn die Wahrheit gesprochen wird, ist die Frage, wer sie ausgesprochen hat, nur von zweitrangiger Bedeutung. Die endgültige Wahrheit wird nur von Einem allein gesprochen und von niemand sonst, selbst wenn es viele Sprachrohre gibt. Die Menschen unserer

Zeit sind ihrer selbst so unsicher, daß sie verlangen, jeder Ausspruch müsse mit einem Schildchen versehen und auf seine Authentizität hin überprüft sein, genau so, wie sie erst den Namen des Künstlers wissen müssen, um beurteilen zu können, ob ein Gemälde schön ist. Diese Atmosphäre von Zweifel und diese Sucht nach Beweisen und Rückversicherung sind der Welt des Islam und der Mentalität des Muslim fremd.

Die Aufstellung eines Kanons von *ḥadīthen* war jedoch nur der erste Schritt in einem langen und komplizierten Vorgang. Von gesetzlichen Bestimmungen, die unmittelbar aus dem Koran und der *Sunnah* abgeleitet wurden, konnte man nicht erwarten, daß sie jede Eventualität in Betracht ziehen würden; auch konnten die Verhaltensregeln, die für das einfache Leben von Medina ausreichend waren, nicht dazu dienen, das Leben eines großen Reiches und seiner menschenwimmelnden Städte zu regeln. Man mußte Mittel und Wege finden, um eine Gesetzessammlung aufzubauen, die für jedes nur vorstellbare Ereignis eine rechtliche Regelung vorsah, ohne aber jemals den Kontakt mit seinen heiligen und unanfechtbaren Quellen zu verlieren. Um dies zu erreichen, entwickelte man drei Haupt-Methoden: »Konsensus« *(ijmā')*, »Analogie« *(qiyās)* und »intellektuelle Anstrengung« *(ijtihād)*.

Der Prophet hatte gesagt: »Meine Gemeinde wird niemals in einem Fehler oder Irrtum übereinstimmen.« Dies war eine Garantie für die Rechtmäßigkeit jedes Konsensus, der unter dem Volk insgesamt erreicht wurde; es wäre jedoch unvernünftig gewesen, der Meinung eines Schafhirten oder eines Handwerkers, die nicht in Koran und *ḥadīth* geschult waren, das gleiche Gewicht beizumessen wie dem wohlerwogenen Urteil eines der Gelehrten, der *'ulamā*. Andererseits waren diese gelehrten Männer Glieder der größeren Gemeinschaft, und deren Meinungen konnten nicht ignoriert werden. Es hat Fälle gegeben – meistens nur unbedeutendere –, bei denen das Urteil der Gemeinschaft als solcher sich über das der gelehrten Elite hinwegsetzte, so zum Beispiel, als der Kaffee erstmals in Arabien eingeführt wurde: die *'ulamā'* erklärten ihn als verbotenes Getränk, die Masse der Bevölkerung stimmte dem jedoch nicht zu, und nach einer gewissen Zeit wurde ihre Ansicht legitimiert. Die Stabilität des Systems hängt davon ab, wie man das empfindliche Gleichgewicht zwischen Unnachgiebigkeit und Flexibilität austariert.

Der *ijmāʿ* konnte natürlich niemals die dokumentarischen Quellen aufheben, diente jedoch dazu, die Folgerungen und Schlüsse, die die Gelehrten entweder durch Analogie oder durch eigene Bemühungen aus diesen Quellen zogen, zu legitimieren. Dieser Konsensus war jedoch nicht eine statistisch erfaßte Mehrheitsmeinung; um rechtsgültig zu werden, mußte er der Einstimmigkeit so nahe kommen, daß sich ein Abzählen erübrigte. »Nach Gott und dem Propheten kommt die Gemeinschaft«, sagt Kenneth Cragg. »Diese kann vernünftigerweise als ein ›Rahmenausschuß‹, ein Berufungsgericht angesehen werden, um das zu bestätigen oder zu verwerfen, was wirklich und authentisch islamisch ist oder nicht. Wir sollten uns darüber im klaren sein, daß dies nicht Demokratie als solche ist ... Es ist vielmehr die Erreichung einer gemeinschaftlich erarbeiteten Auffassung zu einem bestimmten Punkt, der rechtlichen Anerkennung eines Tatbestands – oder einer Meinung – die sich in der Gemeinschaft nach einer Ära des Schweigens herausgebildet hat.«[*]

Die Punkte, über die ein Konsensus erreicht wurde, waren wahrscheinlich ein Ergebnis von *ijtihād,* »Anstrengung« oder »Initiative«, seitens einzelner Gelehrter. Wie Cragg erklärt, qualifiziert sich jemand zum *mujtahid* – einem, der solcher Initiativen für fähig erachtet wird – nur durch lange rechtliche, theologische und grammatikalische Studien und bemüht sich dann tage- und nächtelang, um zu Schlußfolgerungen zu kommen, die sich im Lauf der Zeit für einen Konsensus empfehlen könnten. Selbstverständlich sollten diese niemals im Widerspruch zu etwas stehen, das in den heiligen Texten klar ausgedrückt ist, und das ganze Verfahren ist von Vorsichtsmaßnah-

[*] Kenneth Cragg, *The Call of the Minaret,* 1956 (Oxford University Press)

men umgeben, um der Gefahr der »Neuerung« entgegenzuwirken.

Nach der bis vor kurzem im sunnitischen (jedoch nicht im schiitischen) Islam vertretenen Lehrmeinung wurde das »Tor des *ijtihād*« im 11. oder 12. Jahrhundert der christlichen Ära geschlossen. Dafür gab es zwei Gründe. Zunächst einmal war man der Meinung, daß für alle Eventualitäten Vorsorge getroffen worden und die *Sharī'ah* daher abgeschlossen sei, ohne daß irgendwelche unklaren Gebiete übrig blieben. Zweitens standen die Gelehrten unter ständigem Druck, Rechtssätze zu formulieren, die in Einklang mit den Wünschen des Herrschers standen – des Kalifen, Sultans oder Emirs. In vielen Fällen muß ihr Leben davon abgehangen haben, daß sie ihm mit großem Respekt sagen konnten, es stehe nicht mehr in ihrer Macht, solches zu tun: »Großer Sultan, ich weiß, daß du der weiseste aller Herrscher und der tugendhafteste aller Männer bist, und nichts würde mich glücklicher machen als ein Urteil zu deinen Gunsten zu verkünden, aber – leider – das Tor persönlichen Urteils ist verschlossen.«

Während der letzten beiden Jahrhunderte scheint das »Tor« wieder geöffnet worden zu sein, wenn nicht im Prinzip, so doch jedenfalls in der Praxis. Es war zu einer Zeit geschlossen worden, als niemand fundamentale Veränderungen in den menschlichen Lebensbedingungen oder in der Struktur der muslimischen Gesellschaft voraussehen konnte. Das Unmögliche ist nun geschehen, und dies hat die Endgültigkeit und Unwandelbarkeit der vier »Rechtsschulen« *(madhābib)*, die das Lebensmuster der sunnitischen Muslime bestimmen, in Frage gestellt.

Alle vier entstanden im 8. und 9. Jahrhundert der christlichen Ära und sind nach ihren Gründern benannt: Abū Hanīfa (gestorben 767), Mālik ibn Anās (gestorben 795), Ibn Idrīs asch-Shafi'ī (gestorben 819) und Ahmad ibn Hanbal (gestorben 855), die als die »Grammatiker des göttlichen Wortes« beschrieben wurden. Aber diese Grammatiker waren nicht auf ihr Gelehrtenzimmer oder die Bibliothek beschränkt. Abū

Hanīfa starb im Gefängnis, verurteilt, weil er sich geweigert hatte, ein Richteramt anzunehmen; Ibn Hanbal wurde eingekerkert, weil er die Lehre von der »Geschaffenheit« des Koran bestritt; und Mālik wurden die Schulterknochen gebrochen, als er von der Leibgarde des Kalifen geprügelt wurde. Weit davon entfernt, die Staatsmacht zu repräsentieren, waren sie Schutzschilder zwischen der Gemeinschaft und dem Herrscher – so wie es die besten ʿulamā viele Jahrhunderte hindurch waren – und verfochten mit kompromißloser Festigkeit die Würde und Unabhängigkeit des Gesetzes, seinen Vorrang vor den Edikten und Interessen der zeitlichen Macht.

Von ihnen flossen vier Ströme des Gesetzes, doch das Wasser ist in jedem von ihnen das gleiche. Die Unterschiede zwischen diesen Schulen, die manchmal völlig falsch als »Sekten« beschrieben werden, sind geringfügiger Natur, was schon aufgrund der Tatsache zu erwarten ist, daß asch-Schafiʿī ein Schüler Māliks und Ibn Hanbal ein Schüler asch-Schafiʿīs war. Einige sind strenger als andere in der Frage, was für den Muslim »Verpflichtung« ist und was nicht. Die Hanbaliten halten sich streng an den Buchstaben des Gesetzes, mißtrauen »persönlicher Ansicht« (raʾy) und allem, was den Beigeschmack von allegorischer Interpretation des Koran hat. Es gibt Unterschiede zwischen ihnen hinsichtlich gewisser Auslassungen (in Wort oder Handlung), die das Ritualgebet ungültig machen, und über die rituellen Waschungen; aber nur wenn diese Unterschiede von engstirnigen Menschen übertrieben werden, bedrohen sie die Einheit des sunnitischen Gesetzes als solche.

Es hat jedoch vor nicht allzulanger Zeit eine Reaktion gegeben, nicht nur dagegen, irgendeinen Unterschied zwischen den vier »Schulen« zu machen, sondern sogar gegen die Sharīʿah, wie sie von den großen Rechtsgelehrten des Mittelalters formuliert ist. Hier treffen sich, wie so oft, die Extreme. Einerseits tun die »Modernisten« all solche Formulierungen als »nicht mehr zeitgemäß« ab, andererseits möchten diejenigen, die am angemessensten als »Fundamentalisten« beschrieben werden könnten, wieder zum Koran und der *Sunnah* in ihrer ursprünglichen Reinheit zurückkehren und alle späteren Interpretationen ignorieren. Sie scheinen zu vergessen, daß Interpretation die Antwort auf ein wirkliches Bedürfnis ist, und sie sind nicht gewillt, zuzugeben, daß die Männer, deren Werk sie so leichthin abtun, wahrscheinlich besser und weiser waren als sie sind.

Es muß nichtsdestoweniger zugegeben werden, daß der legalistische Geist gern zu Exzessen neigt, mit peinlichster Sorgfalt auf jedes »i« ein Pünktchen setzt und einen Strich durch jedes »t« macht, Komplikationen schafft, wenn die Sache einfach ist, und sich in harter Arbeit darum bemüht, Antworten auf Fragen zu finden, die gar nicht gestellt worden sind. Der Koran sagt uns: »O ihr, die ihr glaubt, fragt nicht nach Dingen, die, so sie euch kund würden, euch wehe tun würden...« (Sura 5, 101); und der Prophet hat gesagt: »Fragt mich nicht über Dinge, die ich unausgesprochen lasse, denn wahrlich, es gab schon vor euch Leute, die ein schlimmes Ende nahmen, weil sie an ihre Gesandten zu viele Fragen stellten und sich dann darüber uneinig waren.« Es ist in der Tat möglich, daß zu viele Fragen von Leuten gestellt worden sind, die besser daran getan hätten, sich auf ihr Gewissen und ihren gesunden Menschenverstand zu verlassen, aber der Muslim, der sich seines Glaubens sicher ist und gelassen in dieser Gewißheit, ist nicht leicht zu beunruhigen. Er geht seinen Weg und läßt andere den ihren gehen, weil er weiß, daß die Antworten auf alle Fragen und die Lösung aller Meinungsverschiedenheiten uns bald genug klar vor Augen stehen werden.

Der Abendländer neigt dazu, die *Sharī'ah* eher als Zwangsjacke denn als Rahmenwerk zu betrachten, weil er sich nicht darüber klar ist, daß es in ihr genügend Raum für freie Bewegung (und für individuelle Unterschiede) gibt, und weil er auch nicht gewillt ist, die psychologischen Folgerungen der Tatsache zu akzeptieren, daß sich ein physikalischer Körper auflöst, wenn er in ein Vakuum gestellt wird. Das Gesetz, sagt Seyyed Hossein Nasr, »weist dem Menschen, je nach seiner Natur und seinen Bedürfnissen, viele Pfade innerhalb eines universalen

Musters, das jeden betrifft. Die menschliche Initiative kommt dadurch zum Zug, daß man das auswählt, was in Einklang mit den eigenen Bedürfnissen steht, und nach der Göttlichen Norm lebt, wie sie in der *Sharīʿah* aufgezeigt ist. Initiative zeigt sich nicht nur in der Rebellion gegen die Wahrheit, was einfach ist, da Steine von Natur aus fallen; Initiative und Kreativität zeigen sich vor allem darin, daß man versucht, im Einklang mit der Wahrheit zu leben und ihre Prinzipien auf die Umstände anzuwenden, die das Schicksal dem Menschen zugemessen hat. Um alle seine Neigungen und Aktivitäten in ein göttlich verordnetes Muster zu integrieren, bedarf es aller Initiative und schöpferischen Energie, deren ein Mensch fähig ist.«*

Versunken in unsere individuellen Subjektivitäten – die schon ihrer Natur nach jede Perspektive verzerren –, brauchen wir objektive Maßstäbe, um nicht in Wahnsinn zu verfallen oder aber statt dessen durch die Welt zu toben, als ob niemand außer uns wirklich existiere. Im Islam ist es das unwandelbare Gesetz, das die objektiven Kriterien bietet, die uns auf mittlerem Kurs halten; und wenn wir versuchen, es zu ignorieren, dann gibt es Strafen, um uns daran zu erinnern, daß das Gesetz eine objektive Realität ist, ein Fels, der weder durch den Strom der Zeit ausgehöhlt noch durch die Hitze subjektiver Wünsche geschmolzen wird.

Die harten Strafen, die unter dem islamischen Gesetz verhängt werden (obwohl weniger hart als jene, die noch bis vor verhältnismäßig kurzer Zeit in Europa üblich waren), sind der Ausdruck von Prinzipien, die nicht um unserer Bequemlichkeit willen geändert werden können; worauf es jedoch ankommt, ist nicht, daß die Strafe, wenn angebracht, auferlegt werde, sondern daß das Prinzip intakt bleibe. Der Prophet riet seinen Leuten, »Strafen durch Zweifel abzuwenden«, und jeder Kunstgriff, der eine Strafe abwendet, ohne das Gesetz zu verletzen, ist legitim. Es wird von einem Rechtsanwalt zur Zeit

---

* Seyyed Hosein Nasr, *Ideals and Realities of Islam*, London 1966, S. 98 (Allen & Unwin Ltd.)

Hārūns erzählt, der es zu Reichtum und Berühmtheit brachte, nachdem er ein juristisches Argument fand, das es dem Kalifen ersparte, seinen eigenen Sohn des Ehebruchs zu beschuldigen. Der westliche Mensch könnte sagen, daß dieser gerissene Rechtsanwalt ein Vermögen verdiente, indem er das Gesetz verdrehte, um seinem Herrn zu gefallen; der Muslim andererseits billigt sein Verhalten, da er dem Kalifen einen Weg wies, wie er Barmherzigkeit walten lassen konnte, ohne die Majestät des Gesetzes zu beeinträchtigen.

Die Strenge der Strafe, die auf Ehebruch steht, weist auf die Schwere dieses Vergehens in einer Gesellschaft hin, die auf die Integrität der Familie und ihr zartes Gewebe von Verwandtschaftsbeziehungen gegründet ist. Daß es die Strafe gibt, weist darauf hin, daß sie nötig ist, ihre Anwendung wird jedoch fast unmöglich gemacht – außer in Fällen freiwilligen Schuldbekenntnisses – durch die Vorbehaltsklausel, daß vier unanfechtbare Zeugen die Tat im Detail beobachtet haben und sich der Auspeitschung wegen Meineids unterziehen müssen, wenn der Fall noch immer nicht bewiesen ist. Auspeitschung ist als Strafe für eine Reihe von Vergehen vorgeschrieben; das Gesetz spezifiziert jedoch nicht, welches Instrument benutzt werden soll, und in den frühen Tagen des Islam gab es oft nichts, was mehr schmerzte als eine leichte Sandale oder der Saum eines Gewands; verfahrensmäßig war es immer noch eine »Auspeitschung«; das Ziel war erreicht und dem Gesetz Genüge getan. Einem Dieb mag die Hand abgeschnitten werden, jedoch nicht, wenn er aus echter Not oder weil seine Familie hungrig war, gestohlen hatte oder wenn er Staatseigentum stahl.*

Meineid selbst in einem Zivilprozeß ist ein äußerst schweres Verbrechen, da er ein ernster Verstoß gegen das Gesetz selbst ist, und in einem ungerechten Fall angewandte juristische

---

* Anders als zeitgenössische Advokaten der »Nationalisierung« bestanden die muslimischen Juristen alter Zeiten – völlig logisch – darauf, daß öffentliches Eigentum in der Tat »öffentlich« und deshalb gänzlich verschieden von Privateigentum ist. Jeder Bürger ist Teileigentümer dessen, was dem Staat gehört, und ein Mensch kann sich nicht selbst bestehlen.

Haarspalterei wird mißbilligt. »Ihr Leute, kommt mit euren Streitigkeiten zu mir«, sagte der Prophet; »es könnte aber sein, daß einige von euch ihren Fall besser darstellen können als andere. Ich muß nach den Beweisen entscheiden, die mir vorliegen. Sollte ich jemandem ein Recht zugunsten seines Bruders wegnehmen, dann sollte der es nicht annehmen, denn in einem solchen Fall habe ich ihm ein Stück Höllenfeuer gegeben.«

Die Stellung eines Richters ist, wie die eines Herrschers, nicht beneidenswert. Die Chronisten berichten uns von einem Pietisten in abbasidischer Zeit, der in den Audienzsaal des Kalifen stürmte und ihm den Vorwurf der Tyrannei und Ungerechtigkeit ins Gesicht schleuderte. (»Der beste *jihād*«, sagte der Prophet einmal, »ist ein wahres Wort in Gegenwart eines Tyrannen.«) Der Mann war bereits gegangen, ehe der Kalif sich eine ausreichend grausame Strafe für ihn ausdenken konnte: diese war, er solle zum Richter ernannt und es solle ein Edikt erlassen werden, daß keines seiner Urteile von einem Berufungsgericht verworfen werden könne. Soldaten wurden ausgeschickt, um ihn zu seiner Verurteilung zurückzubringen, er wurde jedoch niemals gefunden.

Im Islam wird die Strenge des Gesetzes der *Sharī'ah* immer durch das Gesetz der Barmherzigkeit überschattet, niemals jedoch so weitgehend, daß die beständigen Prinzipien, die seine Grundlage sind, untergraben werden. Ein Mann in Medina kam zum Propheten, um eine Sünde zu bekennen und die ihm zustehende Strafe zu empfangen (denn es ist laut einem *ḥadīth* »besser, in dieser Welt zu erröten als im Jenseits«). Er wurde gefragt, ob er einen Sklaven freilassen könne, doch das konnte er nicht. Er wurde gefragt, ob er zwei Monate lang fasten könne, doch er antwortete, das könne er nicht. Schließlich wurde er gefragt, ob er den Armen Essen geben könne. Als er antwortete, das könne er nicht, wurde ihm gesagt, er solle warten, bis der Prophet die Sache bedacht habe. In diesem Augenblick kam jemand mit einem großen Korb Datteln als Geschenk für den Propheten herein, der diese dann dem wartenden Mann gab und ihm auferlegte, sie als ṣadaqa (Almosen) zu geben. »Muß ich sie jemandem geben, der ärmer ist als ich, Gesandter Allahs?« fragte der Mann. »Ich schwöre bei Allah, daß es keine ärmere Familie als die meine zwischen den beiden Lava-Ebenen von Medina gibt!« Der Prophet lachte, bis – so wird gesagt – »seine Backenzähne sichtbar wurden«, und sagte zu dem Sünder: »Dann gib sie deiner Familie zu essen.«

Die Gemeinschaft, die von der *Sharīʿah* geschützt und geordnet wird, ist die »rechtgeleitete« Gemeinschaft, und Mitgliedschaft in ihr ist für den Muslim »ein Teil des Glaubens«. Diese Gemeinschaft zu verlassen, heißt dem Verlassen des Glaubens gefährlich nahe zu kommen. »Die Menschheit«, sagt Montgomery Watt, »braucht eine religiöse Gemeinschaft, die charismatisch ist, und der Islam hat mehr als jede andere große Religion im gegenwärtigen Leben die Idee einer charismatischen Gemeinschaft verwirklicht.«[*]

Da der Islam theozentrisch ist, verdankt die Gemeinschaft ihren Zusammenhalt in erster Linie dem Glauben, nicht der Regierung und nicht ihren religiösen Führern. Jeder einzelne Muslim ist persönlich verantwortlich für das Wohlergehen seiner Mitmenschen, seiner »Brüder« und seiner »Schwestern«, er hat ihnen in der Armut beizustehen, sie im Kummer zu trösten und sie auf den rechten Weg zurückzuführen, wenn sie irregehen (jedoch immer im Geist der Güte); zumindest im Prinzip hat jedes Mitglied der Gemeinschaft, so unbedeutend es auch sein mag, die Pflicht – wenn es etwas Falsches oder Unpassendes sieht –, es entweder mit seiner Hand oder seiner Zunge zu berichtigen oder, wenn es dazu nicht die Kraft hat, es dann in seinem eigenen Herzen zu berichtigen. Seine Pflicht geht jedoch nicht so weit, nach der Polizei zu rufen oder die Sache den Behörden zu melden, denn als Muslim verkörpert er in sich selbst das Gesetz; es kommt nicht in Frage, daß er seine Verantwortlichkeit dem unpersönlichen Staat überträgt.

[*] W. Montgomery Watt, *Islam and the Integration of Society*, S. 234

Wie eine Reihe von Autoren, darunter Frithjof Schuon, sugge-
riert haben, ist das, was im Westen einer solchen Gesellschaft
am nächsten kommt, eine mönchische Gemeinschaft, und die
Tatsache, daß in diesem Fall die »Mönche« verheiratet sind und
Kinder haben, beeinträchtigt den Vergleich in keiner Weise.
Geeint durch einen gemeinsamen Glauben an eine transzendente Realität und eine spezifische Offenbarung des göttlichen
Willens, in Gesetzen und einem Verhaltenskodex religiösen –
nicht sozialen – Ursprungs, sowie dadurch, daß die Stunden
des Tages durch die heiligen Offizien (die kanonischen Gebete)
und der Jahreskreis durch religiöse Feste gekennzeichnet sind,
werden die Mitglieder der Gemeinschaft mehr durch die Ver-
ordnungen des Glaubens zusammengehalten als durch bürger-
liche Pflichten. Der Atheist und der Agnostiker haben hier
keinen Platz, auch nicht die Anhänger fremder politischer
Ideologien, wie zum Beispiel des Marxismus; es muß sicherlich
irgendwo in der Welt eine Wüste geben, wo sie sich eine
Heimat schaffen können, während sie auf ihren Eintritt ins
Feuer warten, denn der Islam kann keine Subversion innerhalb
seines Hauses dulden. Für die Christen und die Juden andererseits und alle, die »an Gott und den Jüngsten Tag glauben«,
gibt es Freiräume, wo sie ihre religiösen Glaubensformen in
Frieden ausüben können.
In einem etwas seltsam formulierten, aber trotzdem treffenden
Vergleich bemerkt François Bonjean, als er über die heiligen
Städte des Islam schreibt und sie mit mönchischen Gemeinschaften vergleicht, daß die »gewöhnlichen Handwerker, Ver-
waltungsbeamten und Kaufleute in ihrem ganzen Gebaren an
unsere Geistlichen« erinnern;* mit anderen Worten, sie
erschienen eher wie Priester als wie Laien. »Wenn Mönchtum
als ›Zurückziehung zum Dienste Gottes‹ definiert wird«, sagt
Schuon, »und wenn sein universaler und interreligiöser Charakter deshalb anerkannt ist, weil die Sehnsucht nach dem
Übernatürlichen in der Natur des normalen Menschen liegt,

---

* Aus einem Artikel von François Bonjean, in *Les Cahiers du Sud,* 1947

wie kann dann diese Definition auf geistige Menschen angewandt werden, die Muslime sind und sich nicht aus der Gesellschaft zurückziehen?...Die Antwort darauf muß sein, daß eine der *raisons d'être* des Islam gerade diese Möglichkeit einer – falls der Ausdruck erlaubt ist – ›Kloster-Gesellschaft‹ ist: mit anderen Worten, der Islam versucht das kontemplative Leben in das gesamte Rahmenwerk zu tragen; es gelingt ihm, innerhalb dieses Rahmenwerks Bedingungen für Struktur und Verhaltensregeln zu verwirklichen, die kontemplative Isolation inmitten der Aktivitäten der Welt zulassen...Das berühmte Wort ›kein Mönchtum im Islam‹ bedeutet in Wirklichkeit nur, daß sich kontemplative Menschen nicht aus der Welt zurückzuziehen brauchen, sondern daß im Gegenteil die Welt den kontemplativen Menschen nicht entzogen werden darf...‹*

Dies ist der springende Punkt. Etwas, das Christen und Abendländer im allgemeinen nur selten verstehen, ist diese gewaltige Anstrengung, dieser *jihād*, der unternommen wird, um zu verhüten, daß auch nur ein Element des irdischen Lebens entgleiten und entfliegen könnte, als sei es von einer Zentrifugalkraft in den leeren Raum geschleudert, den wir als das säkulare oder profane Reich bezeichnen. Der Muslim, der ruhig, der *qiblah* zugewandt, in der Moschee sitzt und seinen Herrn anruft, hat diese Welt nicht sich selbst überlassen; er ist nicht nur ein kontemplativer Mensch, sondern auch ein Krieger, und die Welt ist sein Kriegsgefangener. Er beobachtet sie aus den Augenwinkeln, so daß sie ihm nicht entkommen kann. Im gleichen Kontext sagt Seyyed Hossein Nasr: »Das unitarische Prinzip des Islam konnte es jedoch nicht zulassen, daß dieser kontemplative Lebensweg sich zu einer abgesonderten sozialen Organisation außerhalb der durch die ausdrücklichen Befehle des göttlichen Gesetzes, der *Sharīʿah,* gebildeten Grundform herauskristallisierte. Er mußte eine innere Dimension dieses Gesetzes bleiben und institutionell eine in das

---

* Frithjof Schuon, *Light on the Ancient Worlds,* London 1965 (Perennial Books)

soziale Muster des Islam integrierte und von ihm untrennbare Organisation.«*

Selbst Männer und Frauen, denen es an natürlicher Frömmigkeit mangelt, werden durch ihre Integration in diese theozentrische Gemeinschaft auf dem Weg, der zur Erlösung führt, mitgetragen; ihr alltägliches Leben wird von einer transzendenten Perspektive durchdrungen, die sie als Einzelpersonen vielleicht nicht einmal erspüren, geschweige denn verstehen können. Wie kleine Fische in der riesigen Weite des Ozeans würden sie schnell zugrundegehen, wenn sie alleine schwämmen; inmitten eines großen Fischschwarms schwimmen sie jedoch sicher in die richtige Richtung.

Gleichzeitig aber haben die Mitglieder dieser Gemeinschaft sich das heilige Leben nicht als Vokation ausgesucht, sondern sind hineingeboren, und zuviel von ihnen zu erwarten, widerspräche dem der islamischen Perspektive innewohnenden Realismus. Der »Konsensus« hat sehr entschieden die kharijitische Auffassung zurückgewiesen, daß der »Sünder«, da er die Gemeinschaft in Gefahr bringt, entweder getötet oder in die äußersten Wüsteneien geschickt werden müsse. Ihre Auffassung war zum Teil noch ein Erbe der Stammesgesellschaft, denn das Überleben eines arabischen Stammes in der Wüste hing von der strikten Anpassung an die Regeln ab, welche diese harte Umwelt ihnen auferlegte. Der Weg des Propheten war da anders, und er sagte bei einer Reihe von Gelegenheiten, er sei nicht gesandt, »um euch eure Religion schwer zu machen«. Er verlangte von seinen Leuten nicht übermenschliche Tugend, sondern ehrliche Anstrengung, ihr Bestes zu geben, selbst wenn dies nur wenig war. Er verabscheute unnötiges »Getue« bei kleinen Dingen, da er ein unfehlbares Gefühl für Prioritäten hatte. Ein geringfügiges Beispiel mag dazu dienen, dies zu verdeutlichen. Abū Hurayra berichtet, daß einmal ein Wüstenaraber, der in der Moschee in Medina war, aufstand und sein

* Seyyed Hossein Nasr, *Islam and the Plight of Modern Man*, S. 73, London 1975 (Longman)

Wasser da abschlug, wo er gerade stand. Wütend ergriffen in die Leute; doch der Prophet sagte zu ihnen: »Laßt ihn los und gießt einen Eimer Wasser darüber, denn ihr seid nur gesandt worden, um Dinge einfacher und nicht schwieriger zu machen.«

Der Glaube und das Gesetz sind jedoch nicht die einzigen bindenden Faktoren, die den islamischen Gemeinschaften ihre enorme Durchhaltekraft gegeben haben. Man hätte annehmen können, daß Loyalität gegenüber der *Ummah* alle »natürlichen« Loyalitäten ersetzen würde, und sie ersetzte tatsächlich die Loyalität gegenüber dem Stamm, aber die verwandtschaftlichen Bindungen, die menschliche Wesen miteinander verknüpfen, sind die Grundlage der gesamten Struktur. Der Islam arbeitet mit der Natur und nicht gegen sie.

Die Fäden, die das große Gewebe der Verwandtschaftsbeziehungen bilden, in dem sich jeder einzelne befindet, werden durch die Ehe geknüpft (was zweifellos ein Grund dafür ist, daß der Prophet sagte: »Die Ehe ist die halbe Religion«). Sie erstrecken sich einerseits durch die Nachkommen (und deren Ehen) und andererseits durch die Blutsverwandten der Partner und die weiteren Bindungen, die von diesen eingegangen werden. Die Polygamie vergrößert diese Verwandtschaftsbeziehungen noch, und jede »Großfamilie« ist mit einer Reihe von anderen verbunden, so daß es keinen Riß in dem Gewebe gibt, welches das festgefügte kommunale Leben der Stadt ergänzt.

Trotz der wichtigen Rolle der Nomaden in der frühen Geschichte der Religion ist es die traditionelle islamische Stadt, die deren besonderen Genius am besten zum Ausdruck gebracht hat. Das Beste in der Struktur und den Bräuchen des Nomadenstammes wurde entsprechend den Erfordernissen der neuen Gesellschaft verwandelt, aber nicht zerstört.

Im Mittelpunkt jeder muslimischen Gemeinschaft steht das gemeinschaftliche Gebet, die beim Gottesdienst versammelte *Ummah*; dies ist auch der Urquell ihres sozialen Lebens. Das Leben der Stadt hatte seinen Brennpunkt in der Großen Moschee, das jedes Stadtbezirks um die örtliche Moschee herum, und jede Familie wohnte nahe genug, um den Ruf des *mu'ezzin* zu hören, der sie zum Gebet rief, sie zur Einheit als heilige Gemeinschaft rief, sie zum Paradies rief, das auch ein Ort der Begegnung ist. Wenn die Große Moschee das Herz der Stadt war, so war der Markt ihr Magen (auf seine Art auch heilig, da die guten Dinge, die wir verwenden, und die Nahrung, die uns ernährt, von Gott kommen), und ihr Gehirn waren die Schulen und Hochschulen, wo Wissen, das kostbarste aller Güter, ausgetauscht wird.

Äußerlich – hier sind wir weit entfernt von römischer Prachtentfaltung – war nichts Prächtiges an diesen Städten mit ihren engen Gassen, die kontrastieren mit der Schönheit des dem Gottesdienst und dem Familienleben dienenden Innenraumes. Der Islam findet keinen Geschmack an »prometheischem« Größenwahn oder irgendeiner Art von Anmaßung. Ein französischer Reisender des 17. Jahrhunderts bemerkte, als er Ägypten besuchte: »Es gibt nicht eine einzige schöne Straße in Kairo, aber eine Masse von kleinen Gassen, die hierhin und dorthin führen, was klar beweist, daß alle Häuser ohne Plan gebaut sind und daß jeder den Platz aussucht, wo es ihm gefällt zu bauen, ohne sich Gedanken darüber zu machen, ob er damit eine Straße zubaut oder nicht...«* Dieser »Kaninchenbau«, dieses Labyrinth, bewahrte den organischen Zusammenhalt und die Unabhängigkeit, die so wesentlich für das Leben des Muslim sind, weil sie die unpersönlichen Kräfte des Staates in Schach halten – es gab keine breiten Avenuen, die Lust zu Militärparaden erwecken konnten. Die Ordnung, die das Leben der Menschen regierte, war mehr eine innere als eine äußere.**

* *The Cambridge History of Islam*, Band 2, S. 456
** Die Tatsache, daß man, wenn man über die »islamische Stadt« schreibt, die Vergangenheitsform benutzen muß, könnte einen Hinweis auf die geistige und seelische Malaise geben, unter der so viele Muslime heutzutage leiden. Außer Fez und Sana'a gibt es vielleicht kaum noch Städte, von denen man sagen könnte, sie projizierten den Geist des Glaubens nach außen, und die solchermaßen für den Muslim eine Umwelt schaffen, in der er sich wirklich zu Hause fühlen kann.

Der Handel war das wirtschaftliche Lebensblut der Stadt; er diente jedoch auch dazu, weitere Beziehungsbande zu schmieden. Die von Gott gegebenen guten Dinge, die es wert sind, daß man sich ihrer erfreut, werden zur Quelle von noch mehr Gutem, wenn sie denen ein Auskommen geben, die mit ihnen Handel treiben, und gleichzeitig dadurch weiteren Verkehr zu Tausch und Austausch ermutigen. Denn schon auf dem Zusammentreffen von »Gläubigen« liegt ein besonderer Segen. »Zwei Muslime können sich nicht begegnen und sich die Hände schütteln«, sagt der Prophet, »ohne daß ihnen ihre Sünden vergeben sind, ehe sie sich wieder trennen«; und einer seiner Gefährten, Ibn ʿAbbās, erwähnt, daß »Satan jedesmal weint, wenn er hört, daß ein Muslim seinem Bruder den Friedensgruß entbietet, und Satan dann sagt: ›Weh mir! Sie werden nicht eher auseinandergehen, bis Allah ihnen beiden vergeben hat.‹«

In gewissem Sinn ist der Geschäftsabschluß nur zweitrangig im Vergleich zu der Begegnung als solcher. Der Gastgeber bietet denen, mit denen er verhandelt, Kaffee oder ein anderes Getränk an und verstärkt dadurch die Verbindung zwischen ihnen. Er weiß, daß Gott gegenwärtig ist, derartige Verbindungen gutheißt und Wohlgefallen daran findet, wenn der dampfende Kessel die Runde unter den Versammelten macht. Der Gewinn oder der Verlust der beteiligten Parteien ist eine Frage der Zeit, der Akt des Zusammenkommens gehört jedoch der Ewigkeit an.

»Satan hat die Hoffnung aufgegeben, jemals von denen angebetet zu werden, die sich dem Gebet hingeben«, sagt der Prophet, »er hofft jedoch noch immer, daß er sie gegeneinander aufhetzen kann«; und zu den schwersten im Koran aufgeführten Sünden gehört die des »Zerschneidens der Beziehungen« – Familienbande, Freundschaftsbande, Bande der Gemeinschaft oder der Mitarbeiter in einem Unternehmen, die alle dazu beitragen, ein Netzwerk der Einheit in einer zersplitterten Welt zu bilden, und ohne die die Menschen wie ständig miteinander kollidierende Atome wären. Die Verstärkung solcher Bindun-

gen kann viele Sünden sühnen. Ein Mann kam zum Propheten und sagte: »Ich habe eine schwere Sünde begangen. Kann ich etwas zur Buße tun?« Der Prophet fragte ihn, ob seine Mutter noch lebe, und als er antwortete, sie sei tot, fragte er ihn, ob er eine Tante mütterlicherseits habe. Er sagte, er habe eine, worauf der Prophet sagte: »Dann erweise ihr etwas Gutes!« Gemäß einem anderen *ḥadīth* wird Gott am Tag der Auferstehung fragen: «Wo sind die, die einander um Meinetwillen lieben? Heute werde Ich ihnen Schutz in Meinem Schatten geben, wenn es keinen Schatten mehr gibt außer dem Meinen.« Und der Prophet sagte: »Ihr seht die Gläubigen in gegenseitigem Mitleid, gegenseitiger Liebe und Zuneigung – wie ein Körper. Wenn ein Glied zu klagen hat, ist der übrige Körper im Wachsein und im Fieber mit ihm verbunden.« Im Kontext dieser Aussprüche – und es gibt viele von ihnen – können wir die Schwere von Vergehen ermessen, die die Gemeinschaft untergraben, Bande zerreißen und verwandtschaftliche Bindungen durchschneiden; und so etwas beginnt gewöhnlich mit Klatsch und Tratsch. »Wenn mir irgendeiner für das geradesteht, was zwischen seinen Kinnbacken oder zwischen seinen Beinen ist, werde ich ihm das Paradies garantieren«, sagt der Prophet. Er fragte einmal einige Leute, ob sie wüßten, was üble Nachrede sei, und als sie darauf antworteten, Gott und sein Gesandter wüßten es am besten, sagte er ihnen, es sei »etwas über deinen Bruder zu sagen, das ihn kränken könnte«. Ein Mann fragte ihn, wie es denn wäre, wenn das, was er über seinen Bruder gesagt habe, wahr sei, und er antwortete: »Wenn das, was du gesagt hast, wahr ist, hast du ihn diffamiert, und wenn es nicht wahr ist, hast du ihn verleumdet.«
Der Koran sagt uns: »Siehe, diejenigen, welche Gefallen daran finden, daß Schändliches ruchbar wird von den Gläubigen, sollen schmerzliche Strafe empfangen, hienieden und im Jenseits; und Allah weiß [die Wahrheit], doch ihr wisset nicht« (Sura 24,18–19). Und wieder: »O ihr, die ihr glaubt, lasset nicht die einen über die andern spotten, die vielleicht besser sind als sie ... Diffamiert euch nicht beieinander und gebet

einander nicht beschimpfende Beinamen. Ein schlimmer Name ist Nichtswürdigkeit nach dem [Erreichen des] Glaubens... O ihr, die ihr glaubt, vermeidet sorgfältig Argwohn; siehe, Argwohn ist manchmal Sünde. Und spioniert nicht [hinter einander her] und keiner verleumde den andern in seiner Abwesenheit. Würde etwa jemand von euch gern seines toten Bruders Fleisch essen? Ihr würdet es verabscheuen! Und fürchtet Allah; siehe, Allah ist langmütig und barmherzig« (Sura 49, 11–12).

Die vergangenen Sünden von Männern und Frauen sind in der Tat »totes Fleisch«, auf denen man nicht herumhacken oder sie mit lüsternem Interesse diskutieren soll. Es gibt in der ḥadīth-Literatur häufige Hinweise darauf, daß, wenn wir wünschen, daß Gott unsere Sünden übersieht, wir auch die unseres Nachbarn verbergen sollten, und, falls wir in der Position sind, ihn tadeln zu können, es nicht öffentlich zu tun: »Niemals zieht ein Gläubiger einen Schleier über die Nacktheit eines anderen Gläubigen, ohne daß Allah einen Schleier über *seine* Nacktheit am Tag der Auferstehung zieht«; und wieder: »Verletzt nicht die Gläubigen und sagt ihnen nichts Schlechtes nach; versucht nicht, ihre Nacktheit [d. h. ihre Fehler] zu entblößen, denn wahrlich, so einer versucht, die Nacktheit seines Bruders zu entblößen, wird Allah am Jüngsten Tag *seine* Nacktheit entblößen.«

Solche Ratschläge, etwas zu verhüllen, Diskretion und Takt walten zu lassen, stehen in ziemlichem Gegensatz zu der zeitgenössischen westlichen Vorliebe, »die Dinge ans Licht zu bringen« oder – um eine jetzt übliche Redensart zu gebrauchen, die das richtig ausdrückt – »alles rauszulassen«. Noch weniger in Einklang mit zeitgenössischen Prinzipien ist der Gedanke, daß wir, wenn wir können, unsere eigenen Sünden und Schwächen verbergen sollten, gemäß dem Ausspruch: »Lieber hundert Sünden im Angesicht Gottes als eine im Angesicht der Menschen.« In einem wohlbezeugten ḥadīth berichtet Abū Hurayra, der Prophet habe gesagt: »Alle meine Leute werden in Sicherheit sein, außer denen, die ihre Missetaten öffentlich verkünden. Es ist eine Art Unverschämtheit, wenn ein Mann, der während der Nacht einen Akt des Ungehorsams begangen hat und dann, nachdem Allah diesen um seinetwillen verborgen hat, jemanden am Morgen erzählt, er habe dies oder jenes während der Nacht getan. Sein Herr hatte es in der Nacht verborgen, aber er legt – am Morgen – offen, was Allah verborgen hatte!«

Unsere Zeitgenossen, zumindest im angelsächsischen Teil der Welt, können dies nur als Anreiz zur Heuchelei ansehen. Der Kult der »Ehrlichkeit« ist jetzt so weit gegangen, daß viele Leute glauben, sie könnten sich alles erlauben, solange sie es nur offen und ehrlich zugeben und niemals tun, als seien sie besser als sie wirklich sind; außerdem, zu verbergen, was man getan hat, könnte darauf hindeuten, daß man sich seiner selbst schämt, und wie könnte das in einem Zeitalter geschehen, in dem das »Selbst« ein Gott ist – vielleicht der einzige Gott, den es gibt? Das Motiv ist – zumindest oberflächlich – eine Reaktion gegen die viktorianische »Heuchelei«, obgleich das, was an den Menschen des 19. Jahrhunderts wirklich tadelnswert war, nicht ihre Geheimnistuerei, sondern ihre Selbstgerechtigkeit gewesen ist; wenn man jedoch tiefer schürft, offenbart, so paradox es auch erscheinen mag, diese Leidenschaft für Selbstenthüllung einen Wunsch nach Bestätigung und gesellschaftlicher Anerkennung. Wenn ich meine Sünde völlig ohne Scham bekenne – sie vielleicht noch mit einem gefälligen Make-up versehe – und meine Freunde nicht schlechter von mir denken, dann ist alles in Ordnung, und ich brauche nicht bekümmert zu sein.

Für den Muslim hat jede Übertretung des Gesetzes, jede Sünde, zwei ganz getrennte Aspekte. Erstens bezieht sie sich auf die Situation des Einzelnen gegenüber seinem Schöpfer, von dem er weiß, daß Er stets zur Vergebung bereit ist, vorausgesetzt, der Sünder bereut und beschließt, es in Zukunft, wenn er kann, besser zu machen. Zweitens: wenn diese Sünde publik gemacht wird, ist das eine Ermutigung für andere, dasselbe zu tun; und dies ist, vom Gesichtspunkt der Gemeinschaft – der rechtgeleiteten Gemeinschaft – aus betrachtet, der ernstere Aspekt der Sache. Wir wissen alle, wie bereitwillig die meisten Menschen andere nachahmen, und das, was sie tun, damit rechtfertigen, daß es andere auch getan haben. Ein schlechtes Beispiel, das dem Blick der Öffentlichkeit vorgeführt wird, ist eine der Gemeinschaft zugefügte Wunde, die das Gesetz untergräbt und die Beziehungen lockert. Für dieses Vergehen ist Vergebung weniger wahrscheinlich.

Es gibt jedoch noch tiefergehende Gründe, um die »Nacktheit« anderer zu schützen und unsere eigene zu verbergen. Wie schon zuvor dargelegt, sind nur wenige Persönlichkeiten in sich geschlossen und ganz aus einem Stück. Wenn ein Mann versucht, jene Elemente in sich selbst, die er gerne überwinden möchte, zu bedecken und zu unterdrücken, und jene herauszustellen, die er gerne triumphieren sähe, dann ist das keine »Heuchelei«. Wenn er gerne besser wäre als er ist, dann verdient er, darin ermutigt zu werden, und es ist etwas sehr Merkwürdiges an dem zeitgenössischen Trend, die schlimmsten Charakterzüge eines Menschen als dessen »wahres« Selbst repräsentierend anzusehen, obwohl das Hand in Hand geht mit der allgemeinen Meinung, Häßlichkeit sei auf merkwürdige Weise »realer« als Schönheit, und daß die Entdeckung eines schandbaren Geheimnisses die Entdeckung der Wahrheit sei. Vielleicht liegt ein gesünderer Gesichtspunkt in der Geschichte, die Muslime über Jesus erzählen. Es heißt, er sei eines Tages mit seinen Jüngern gewandelt, als sie am Aas eines Hundes vorbeikamen. »Wie es stinkt!« sagten die Jünger; Jesus aber sagte: »Wie weiß seine Zähne sind!«

Niemand ist jemals verdammt worden, weil er zu gut von den Menschen dachte. Man sagt, daß der heilige Thomas von Aquino einmal von seinen Ordensbrüdern an das Fenster des Refektoriums gelockt worden sei, die riefen: »Bruder Thomas, komm schnell, hier ist ein fliegender Ochse!« Er hievte seinen beträchtlichen Leibesumfang aus dem Sessel und ging zum Fenster. Als er nichts sah, ging er inmitten spöttischem Gelächters wieder zurück, setzte sich und sagte: »Besser an einen fliegenden Ochsen zu glauben als an einen lügenden Mönch!«

Wir können von Natur aus irgend jemand oder irgend etwas nur schlecht beurteilen, und die meisten Zeugenaussagen sind parteiisch, wenn nicht gar widersprüchlich. Schließlich gibt es eine einfache moralische Wahl: das Beste oder das Schlimmste zu glauben; Glauben zu haben oder vor diesem Sprung in die Dunkelheit zurückzuschrecken und in einer Ecke zu wimmern, bis uns der Tod holt.

Um aber auf die Frage zurückzukommen, daß man der Welt sein bestes Gesicht zeigt, könnten wir den Fall eines Mannes bedenken, der keine angeborene Würde des Charakters oder des natürlichen Betragens hat: wenn er sich bemüht, würdig zu erscheinen, um die Menschen um sich herum zu beeindrucken oder um materieller Vorteile willen, dann ist er in der Tat ein Heuchler; wenn er es jedoch aus Liebe zu der Qualität »Würde« tut, zu ihrer Schönheit und zu ihrer Ehre und aus dem Wunsch heraus, trotz eigener Unzulänglichkeiten seines Schöpfers würdiger zu sein: als was sollen wir ihn dann bezeichnen? Könnten wir das Schicksal der Seelen voraussehen, wenn sie zum Jüngsten Gericht kommen, so könnten wir erstaunt über den Urteilsspruch sein, der über ihn ergeht, und es ist jedenfalls nicht unsere Sache, ihm die Maske abzureißen und seine rohen, entstellten Gesichtszüge im Namen eines abstrakten Begriffs von »Ehrlichkeit«» bloßzulegen.

Die Qualität der persönlichen Würde – nicht zuletzt die Würde der Haltung – wurde im Islam in der Vergangenheit hoch geschätzt und wird trotz gewisser Erscheinungen heutzutage (die auf den Einfluß moderner westlicher Manieren zurückzuführen sind) von den traditioneller eingestellten Muslimen noch immer hoch geschätzt. Dies, zusammen mit etwas, daß man oft den »Kult der Höflichkeit« nennt, läßt tatsächlich manchmal den Vorwurf der »Heuchelei« aufkommen; aber in einer so festgefügten Gemeinschaft sind gute Manieren wesentlich, um eine gewisse Distanz zwischen den Menschen zu bewahren, eine gewisse Privatsphäre einzuhalten. Das Leben wäre in einer solchen Gesellschaft unerträglich, wenn jeder sagte, was er denkt.

Bonjean, dessen Hinweis auf das vom gewöhnlichen Muslim oft an den Tag gelegte »Gebaren von Geistlichen« schon zitiert wurde, bemerkt, daß die »Höflichkeit« – oder »Unhöflichkeit« – eines Volkes dieses Volk *ist;* sie demonstriert das wirkliche Wesen seines Charakters und seine Auffassung vom menschlichen Leben. Er fragt: »Wer ist der wirklich höfliche Muslim?« und kommt zu dem Schluß, daß es jener Muslim ist, der am festesten an seiner eigenen Tradition hängt, dem es unter allen Umständen gelingt, sie in sich selbst und in anderen Menschen »lebendig und aktiv« zu erhalten, und »der als am wenigsten unwürdig erachtet wird, ein Beispiel für seine Kinder abzugeben, für seine Verwandten, für seine Nachbarn, für die Bewohner seines Wohnviertels, für die Stadt oder für Vorübergehende und Durchreisende, für die gesamte Menschheit«. Anders ausgedrückt, könnte man sagen, daß dies der Muslim ist, welcher der Befolgung des vom Propheten gegebenen Beispiels am nächsten kommt, und Bonjean selbst fügt hinzu, daß »am Ende aller Straßen muslimischer Höflichkeit« die Bestätigung *lā ilāha illā 'Llāh* steht. Er sagt auch, daß ein Element in diesem »Kult der Höflichkeit« das Wissen darum ist, daß diese Welt von geringer Bedeutung ist; und er fügt hinzu, der Muslim erlaube sich nicht, seine Blicke auf »der Erbärmlichkeit und der Vulgarität« verweilen zu lassen, die untrennbar mit unserer Kleinheit verbunden sind; »der Gläubige darf auch nicht einen Augenblick lang von dem Gedanken an Gott abweichen.«*

Bonjean befaßt sich auch mit der Bedeutung des arabischen Begriffs *ḥishmah,* der mit »Sittsamkeit«, »Zurückhaltung«, »Diskretion« oder »Anstand« übersetzt wird und der eine wesentliche und typische Qualität im Leben des traditionellen Muslim ist, und lautes Reden, Aufsässigkeit, das Zeigen von Ärger oder Aufregung verbietet, kurz, all jene Verhaltensweisen, die wir heutzutage in muslimischen Ländern ziemlich weit verbreitet finden. Nirgendwo erwähnt er die berühmte »Gleichheit aller«, die angeblich zu den wesentlichen Merkma-

---

* François Bonjean in *Les Cahiers du Sud*

len des Islam gehört, es sei denn, man erkenne an, daß man mit anderen in der Tat als seinesgleichen umgeht, wenn man sie, unabhängig von ihrem Rang, höflich behandelt.

In diesem Fall, wie in so vielen anderen, führt ein im allgemeinen Sprachgebrauch gängiger Begriff in die Irre, wenn er über eine kulturelle Grenzlinie hinweg angewandt wird; die Gleichheit, der Egalitarismus, der heute von linksgerichteten Muslimen gepredigt wird, ist ein weiteres Beispiel dafür, wie der Körper des Islam durch säkulare Ideologien vergiftet werden kann, die, oberflächlich betrachtet, islamischen Prinzipien zu ähneln scheinen und so unentdeckt die Grenze passieren.

Egalitarismus, die moderne »Gleichheit aller«, wie wir sie in der abendländischen Welt kennen, hat ihre Wurzeln in Rebellion und einem Glauben an die Macht des Menschen, sein eigenes Schicksal zu gestalten und die »nicht wiedergeborene« Natur überwinden zu können. Er ist auch eine der logischen Folgen des Atheismus, denn wenn es nichts jenseits dieses Lebens gibt – keine Möglichkeit, Fehler wieder gutzumachen, keine Entschädigung für Verluste –, dann ist derjenige, der nicht seinen gerechten Anteil an dieser Welt bekommt, der absolute Verlierer. Der Arme, der sowohl im Islam als auch im Christentum zu den bevorzugten Geschöpfen Gottes gehört – bereits »selig« ist – wäre von diesem Gesichtspunkt aus betrachtet auf ewig arm. Die französische Revolution, die jene egalitarische Doktrin auf die Geschichtsbühne brachte, war nicht nur eine Revolte gegen eine degenerierte Aristokratie; sie war eine Revolte gegen Religion und letzten Endes gegen die »Natur der Dinge«.

Es gibt zweifellos Umstände, unter denen alle Menschen gleich sind. Sie sind gleich in einem Gefängnis oder einem Bordell, und sie sind gleich in einem Kloster. Abendländische Gleichheit (als Prinzip, denn sie ist niemals in der Praxis verwirklicht worden) ist die des Gefängnisses oder des Bordells. Der muslimische Egalitarismus ist der des Klosters, der einer religiösen Elite, die an sich schon eine Art Aristokratie ist. Was der Islam als Glaubensartikel anerkennt, ist die Relativität aller irdischen

Unterschiede und die Unmöglichkeit, den wirklichen Wert eines Mannes oder einer Frau im Licht ihrer gesellschaftlichen oder wirtschaftlichen Stellung hier auf Erden zu beurteilen. Darüber hinaus wird vor der Macht und Herrlichkeit Gottes alles, das anders-als-Er zu sein scheint, zu Staub. »Ihr seid die Kinder Adams«, hatte der Prophet gesagt, »und Adam war Staub.« Im vollen Licht der Sonne ist ein Leuchtturm nicht heller als eine Kerze; beide sind gleich. Doch wenn die Sonne nicht scheint – wenn Gott Sein Gesicht verschleiert, wie Er es in diesem Leben tut –, wird der Unterschied erkennbar.

Es gibt Gleichheit nicht nur in einer Elite, sondern auch unter den Armen, und der Koran sagt uns: »O ihr Menschen, ihr seid die Armen zu Allah und Allah ist der Reiche, der Rühmenswerte« (Sura 35,16). Der muslimische Egalitarismus berücksichtigt beide Gesichtspunkte; es gibt eine gewisse Gleichheit zwischen allen Muslimen, da sie eine Elite bilden, die »Besten der Menschen«, und weil sie Staub sind, weil sie – vor Gott – »die Armen« sind, ohne Macht, ohne Rechte und ohne Besitz (denn »alles gehört Ihm«). Sie sind keine Hunde, die sich um Knochen balgen; und die Vorteile dieser Welt sind – unter dem göttlichen Licht – nicht mehr als trockene Knochen in der Wüste.

Und doch, hier und jetzt: »Und Er ist's, der euch zu Nachfolgern auf der Erde machte und die einen von euch über die andern um Stufen erhöhte, auf daß Er euch prüfe durch das, was Er euch gegeben. Siehe, dein Herr ist schnell zur Strafe, und siehe, wahrlich, Er ist verzeihend und barmherzig« (Sura 6,165). Ein Aspekt dieser »Prüfung« ist, daß wir nicht jene beneiden sollen, die »um Stufen über uns erhöht« sind, oder jene, denen mehr von den guten Dingen dieser Erde gewährt wurde als uns: »Und hefte deine Blicke nicht auf das, was Wir einigen von ihnen gewährten – den Schimmer des irdischen Lebens...« (Sura 20,131). Kein Laster wird in der islamischen Perspektive unerbittlicher verdammt als das Laster des Neids; und gerade Neid ist der Motor, der die egalitären Doktrinen der nachchristlichen Welt in Raserei und Blutvergießen treibt.

Neid, sagt der Prophet, »verschlingt gute Werke, so wie das Feuer Brennstoff verschlingt.«

Die soziale Idee des Islam ist die einer Gemeinschaft, in der jedes Individuum innerhalb der ihm oder ihr von der Rechtsordnung zugemessenen Rolle lebt, die Form ausfüllend, welche die Verhältnisse dieser Welt ihm zur Verfügung gestellt haben – sich immer dessen bewußt, daß er jeden Augenblick vor dem Angesicht Gottes lebt – und innerhalb eines sicheren Netzes menschlicher Beziehungen auf einem geraden, vielbegangenen Pfad auf ein Ziel hin wandert, das jenseits des Tores des körperlichen Todes liegt. Die Tatsache, daß eine menschliche Gesellschaft – oder ein großes Netzwerk von menschlichen Gesellschaften – tausend Jahre lang nach diesem Ideal lebte und keinen Grund sah, es gegen ein anderes einzutauschen, sollte Lehre als auch Warnung für die heutige Welt sein.

10. Das menschliche Paradoxon

Es ist an der Zeit, wieder von Adam zu sprechen, dem Urmenschen oder archetypischen Menschen; und auch von Eva, ohne die die erste Schöpfung unvollkommen und unvollständig gewesen wäre. Die Christen haben lange darüber debattiert, ob der biblische Bericht über unseren menschlichen Ursprung wörtlich genommen oder als Allegorie gesehen werden muß. Diese Debatte ist dem Islam in Verbindung mit dem Koran nicht fremd; im großen ganzen sind die Muslime jedoch weniger durch diese Frage beunruhigt worden, da sie – wenn sie weise sind – wissen, daß beide Ansichten sicher innerhalb des großen Kreises der Wahrheit ruhen können.

Der Koran beschreibt die »adamische« Schöpfung und den Fall des ersten Paares, und für den Muslim ist der Koran unfehlbar wahr; ob diese Wahrheit eine Tatsache im historischen Sinn oder eine Allegorie ist, hängt von der Perspektive des Betrachters ab und berührt nicht ihre Substanz. Der Unterschied ist weniger groß als es dem westlichen Verstand erscheint, da sowohl historische Tatsache als auch Allegorie zu den Werkzeugen Gottes gehören. Er lehrt und informiert uns durch den Koran (ebenso wie durch »Tatsachen«), und Er tut dies so wie es unseren Bedürfnissen, unserem Verständnis und unseren intellektuellen und imaginativen Fähigkeiten am besten angepaßt ist; so dient der koranische Bericht über die Erschaffung Adams dem göttlichen Zweck, und es gibt keinen Anlaß, sich darüber die Köpfe mit Argumenten zu zerbrechen. Was zählt, ist, daß der innere Sinn von Dem, das unendlich weit über uns erhaben ist, dem menschlichen Verstand mit all seinen Begrenzungen übermittelt wird – und eine solche Übermittlung ist ganz gewiß ein Wunder. Dieser Sinn bezieht sich nicht nur auf ein Ereignis in uralten Zeiten, sondern auch auf uns selbst, denn wir sind alle »die Kinder Adams«, »aus einer Seele« geformt: das ist unsere Identität, die in unsere Pässe eingetragen werden könnte.

»Und als dein Herr zu den Engeln sprach: ›Siehe, Ich will auf der Erde einen einsetzen an meiner Statt‹, da sprachen sie: ›Willst Du auf ihr einen einsetzen, der auf ihr Verderben anstiftet und Blut vergießt? Und wir verkünden Dein Lob und heiligen Dich.‹ Er sprach: ›Siehe, Ich weiß, was ihr nicht wisset.‹

Und Er lehrte Adam aller Dinge Namen; dann zeigte Er sie den Engeln und sprach: ›Verkündet mir die Namen dieser Dinge, so ihr wahrhaft seid.‹ Sie sprachen: ›Preis Dir, wir haben nur Wissen von dem, was Du uns lehrtest; siehe, Du bist der Wissende, der Weise.‹ Er sprach: ›O Adam, verkünde ihnen ihre Namen.‹ Und als Er ihnen ihre Namen verkündet hatte, sprach Er: ›Sprach Ich nicht zu euch: Ich weiß das Verborgene der Himmel und der Erde, und Ich weiß, was ihr offen kundtut und was ihr verberget?‹

Und als Wir zu den Engeln sprachen: ›Werfet euch nieder vor

Adam‹, da warfen sie sich nieder bis auf Iblīs, der sich in Hoffahrt weigerte und einer der Ungläubigen ward. Und Wir sprachen: ›O Adam, bewohne du und dein Weib den Garten und esset von ihm in Hülle und Fülle [von den Früchten], wo immer ihr wollt; aber nahet nicht jenem Baum, sonst seid ihr Ungerechte.‹ Aber der Satan ließ sie aus ihm straucheln und vertrieb sie aus der Stätte, in der sie weilten...« (Sura 2, 28–34).

In einer anderen *Sūrah* wird uns gesagt, daß Gott Iblīs fragte, weshalb er sich nicht niedergeworfen habe, als es ihm befohlen wurde, und er antwortete: »Ich bin besser als er! Du hast mich aus Feuer erschaffen, ihn aber erschufst Du aus Ton« (Sura 7,11). Und es wird uns auch gesagt, daß er, um Adam zu versuchen, ihm zuflüsterte: »...soll ich dich weisen zum Baum der Ewigkeit und des Reichs, das nicht vergeht?« (Sura 20,118).

Die Chronisten und Kommentatoren*, die sich manchmal auf das verließen, was der Prophet selbst über diese Dinge gesagt hatte, und manchmal auf inspirierte Einbildungskraft, haben den Rahmen dieses Berichts mit reichen Farben ausgemalt. Mit ihrer Liebe zum kleinsten Detail erzählen sie uns, Evas Haar sei »kastanienbraun« gewesen (*shahlā*, eine Farbtönung, in der blau und rot gemischt sind) und ihre Locken so lang, daß man sie tatsächlich rascheln hören konnte. Sie war so rundlich, daß ihre Schenkel sich beim Gehen aneinanderrieben, und Gott sprach zu Adam und sagte: »Dies ist Meine Magd und du bist Mein Diener, o Adam! Nichts, was Ich geschaffen habe, ist Mir lieber als ihr beide, solange ihr Mir gehorsam seid.« So sehr liebte Er sie, daß Er selbst und kein anderer die Trauung vornahm, wobei der Erzengel Gabriel als Freund des Bräutigams auftrat und die versammelten Engel als Zeugen; das ist der Grund, weshalb dem Muslim befohlen ist, seine Eheschließung öffentlich zu machen und dadurch in die Fußstapfen unseres Vaters Adam zu treten. All dies erinnert uns daran, daß

* Siehe im besonderen die *Qiṣaṣ al-Anbiyā'*, von al-Kisā'ī, Auszüge davon übersetzt in *A Reader of Islam*, hrsg. von Arthur Jeffery, 1962 (Mouton & Co.); [ganz übersetzt von Wheeler M. Thackston]

die erste Erschaffung des Menschen eine Doppel-Erschaffung war – »Preis Ihm, der erschaffen hat alle Arten von Paaren« (Sura 36,36) – aber daß Dualität als solche teilbar ist, und daß die beiden wieder zu Einem werden müssen in ihrem Akt der Vereinigung oder in einer dynamischen Einheit, die stets erneuert werden muß. Ist die Ehe nicht »die halbe Religion«?

Die Kommentatoren nennen uns die Rangordnung, in der die Erzengel kamen, um Adam Ehrerbietung zu erweisen; sie erzählen uns auch, daß er nicht nur die Namen aller Dinge kannte, sondern auch jede Sprache, sogar die der Fische und Frösche. Sie beschreiben, wie die Engel ihn auf ihre Schultern erhoben, so daß er sie hoch überragte, und wie sie ihn so durch die Himmelspfade trugen. Andere Engel standen überall, Heerschar nach Heerschar, und als er an ihnen vorüberkam, grüßte er sie mit dem Friedensgruß, auf den sie antworteten: »Und auf dir sei der Friede und die Barmherzigkeit Allahs und Sein Segen, O Auserwählter Allahs, du, den Er allen anderen vorgezogen hat, du Meisterwerk Seiner Schöpfung!«

Wie könnte man die herausragende Stellung Adams stumpfen, schwerfälligen menschlichen Gemütern verdeutlichen? Der traditionelle Weg ist so: Es heißt, daß eine Kanzel für ihn aufgestellt ward, und daß alle Bewohner des Himmels, Heerschar nach Heerschar, vor ihn befohlen wurden und daß er mit einer Stimme ausgestattet ward, die sie alle erreichte. An diesem Tag war er bekleidet mit einem Gewand aus Brokat, luftleicht, mit zwei juwelenbesetzten, nach Moschus und Ambra duftenden Schärpen. Auf seinem Haupt war eine goldene Krone mit vier Ecken, jede mit einer großen Perle besetzt, die so leuchtend war – oder so durchlässig für das göttliche Strahlen –, daß ihre Helle und Klarheit das Licht der Sonne und des Mondes hätte verdunkeln können. Um die Mitte seines Leibes lag der Gürtel des »Wohlgefallens« Gottes *(riḍwān)*, der sein ganzes Wesen einschloß, und das Licht, das von ihm ausstrahlte, durchdrang alle Gemächer des Paradieses. Adam stand aufrecht vor der himmlischen Versammlung und grüßte sie. Dann sagte Gott: »O Adam, dies ist es, wofür Ich dich erschaffen habe, und dieser Gruß des Friedens soll dein und deiner Kinder Gruß sein bis an das Ende der Zeit.«

Als er von der Kanzel herabstieg, war sein Glanz noch stärker als zuvor. Es wurde ihm eine Weintraube gebracht, und er aß davon. Das war die erste himmlische Speise, die er kostete, und nachdem er von ihr genossen hatte, sagte er: »Gepriesen sei Allah!«, und sein Schöpfer sprach: »O Adam! Dafür [daß du dies sagest] habe Ich dich erschaffen, und es soll auch Brauch für dich und deine Nachkommen bis zum Ende der Zeit sein.« Als aber Iblīs, die Verkörperung des Satanischen, hörte, daß Adam Nahrung zu sich genommen hatte, murmelte er: »Jetzt werde ich ihn verführen können.«

Doch dieser Schatten hatte sich noch nicht materialisiert, um die Herrlichkeit des Ereignisses zu beflecken, ebensowenig wie seine Folgen – Folgen, inmitten derer wir unsere Leben leben –, und eine große Prozession durchschritt die Himmel in schattenlosem Licht, der Ur-Mensch auf seinem mächtigen Streitroß und, neben ihm, die Ur-Frau auf ihrer edlen Kamelstute. Selbst in unserer Dämmerungswelt können wir dieses Strahlen noch flüchtig erblicken, denn es ist zeitlos; und Schatten sind schließlich und endlich nicht mehr als Schatten. Dies aber nur unter der Bedingung, daß wir unseren Vertrag einhalten, denn damals ward ein Bund zwischen Gott und Mensch geschlossen, gebilligt und bezeugt von den himmlischen Heerscharen, so daß er niemals außer Kraft gesetzt werden und die Nachkommen Adams und Evas niemals den Verpflichtungen entrinnen könnten, denen sie als Samen in Adams Lenden freiwillig zugestimmt hatten. Durch diesen Bund hat die Menschheit ihren Herrn mit einem tönenden »Ja« anerkannt und sich zu immerwährender weiterer Bejahung verpflichtet.

Der Fall in die Relativität – »der Fall« – konnte diese Verpflichtung nicht ändern, an welche die Menschheit durch einander folgende Offenbarungen erinnert worden ist; auch konnte nicht jede Spur vom Paradies aus dem menschlichen Gedächtnis oder von der Erde entfernt werden. Es heißt, daß, als Adam fiel, er ein klein wenig von der duftenden Luft des Paradieses mit sich brachte, die danach an den Bäumen und Tälern hängenblieb und alles mit Duft erfüllte (die Parfums, die wir kennen, verdanken wir dieser duftenden Luft). Mit ihm kam auch der Schwarze Stein, der damals weißer als Schnee war, und Moses' Stab aus himmlischem Myrrhenholz; und Adam sprach zu seinem Herrn und sagte: »O mein Herr, ich war Dir ein naher Nachbar in Deinem Wohnort. Ich hatte keinen anderen Herrn als Dich. Dort lebte ich im Überfluß und dort wohnte ich, wo immer es mir gefiel, aber Du warfest mich hinunter... Selbst dann hörte ich noch immer die Stimmen der Engel und sah, wie sie Deinen Thron umschritten, und ich verspürte noch immer die sanften Lüfte und den Duft des Gartens. Du aber hast mich auf die Erde geworfen und mich auf ein Maß von sechzig Ellen gestutzt, und mich von diesem Hören und diesem Sehen abgeschnitten...«* Und es war damals, so erzählt man uns, daß Gott Adam und seinen Nachkommen das Versprechen gab, sie würden niemals ohne Leitung und Lenkung in der Dunkelheit des Landes und des Meeres sein.

Solches war der Rang und die Statur Adams und Evas, seiner Frau. Und doch, »Adam war Staub«. Der Mensch als solcher ist der »Statthalter Allahs auf Erden«; wenn er jedoch vergißt, daß er nur Staub ist, verliert er diese Funktion und wird zum »Niedrigsten der Niedrigen« (Sura 95,5). Als Geschöpf ist er alles *und* nichts; in der Praxis muß er sich jedoch entscheiden, alles *oder* nichts zu sein. Gemäß einem Ausspruch des Propheten nach dem Bilde Gottes erschaffen – ein theomorphisches Wesen, dessen Natur wie in einem Spiegel die »Namen« oder Eigenschaften seines Herrn widerspiegelt –, ist er trotzdem ein Geschöpf von Fleisch und Blut, geformt aus der Erde, auf der er eine kleine Weile wandert, und dazu verurteilt, wieder in sie zurückzufallen; ein widerspenstiges Geschöpf, erfüllt von nicht zu stillenden Begierden und ständig versucht, sie auf niedrigster Ebene zu befriedigen, unterhalb seines eigenen

---

* Aus dem *Kitāb aṭ-Ṭabaqāt al-Kubrā* von Ibn Saʿd (gestorben im Jahr 845)

Niveaus zu leben. Dies ist das Paradoxon, das den menschlichen Gegebenheiten zugrundeliegt.

Man kann auf verschiedene Art erklären, weshalb der Koran auf der Überlegenheit Adams gegenüber den Engeln beharrt, aber keine lotet die volle Bedeutung davon aus. Eine so fundamentale Wahrheit konnte nicht auf *eine* Offenbarung – nur eine Religion – beschränkt werden, und auch den Christen ist sie geläufig. Wie St. Gregorios Palamas sagt: »Obgleich die Engel uns in vielen Dingen überlegen sind, sind sie trotzdem in anderer Weise unterlegen ... sie sind es zum Beispiel hinsichtlich der Existenz nach dem Bilde des Schöpfers, denn in dieser Beziehung sind wir mit dem Bilde Gottes vollkommen übereinstimmend erschaffen ...«

Diese Erklärung, die auch einer Reihe von muslimischen Philosophen geläufig ist, beruht auf der Tatsache, daß die Engel trotz all ihrer Herrlichkeit »peripherische« Wesen sind, in dem Sinn, daß jeder von ihnen einen besonderen Aspekt der göttlichen Fülle darstellt; nicht ein einziger unter ihnen spiegelt in seiner Natur die Gesamtheit der göttlichen Eigenschaften wider. Der Vollkommene Mensch andererseits, obgleich weit entfernt vom Licht des Himmels, steht gewissermaßen direkt unter der göttlichen Achse und spiegelt Totalität wider. Das ist es, weshalb der Mensch, wenn seine Natur völlig entwickelt und vollkommen im Gleichgewicht ist, als ein »zentrales« Wesen beschrieben wird, und dies ist auch der Grund, weshalb es ihm möglich ist, der »Khalīfah Allahs auf Erden«, der Statthalter, zu sein.

Darüber hinaus sind die Engel auch unfähig zum Ungehorsam und daher auch zur Sünde, was immer das sein mag; als passive Werkzeuge des Göttlichen Willens haben sie weder Verantwortung noch Macht zur freien Wahl. Hier stehen wir vor einem weiteren Paradoxon: der Tatsache, daß nur ein Wesen, das frei wählen kann und eben aus diesem Grund der Sünde fähig ist, Gott in Seinem irdischen Herrschaftsbereich »repräsentieren« kann. Weder Engel noch Tiere sind imstande, ihrem Schöpfer ungehorsam zu sein; der Mensch hat diese Wahl, denn das ist ein notwendiger Aspekt der ihm übertragenen Verantwortung und seiner privilegierten Stellung.

Und es ist genau diese Stellung – die »Zentralität« des Menschen –, die ihm die Möglichkeit gibt, gräßliche Verbrechen zu begehen (es ist absurd, von einem Verbrecher zu sagen, er habe sich »wie ein Tier benommen«; Tiere begehen keine Verbrechen). Je höher ein Geschöpf steht, desto tiefer ist auch der Abgrund, in den es stürzen kann. Die Lehre bestimmter muslimischer Philosophen, daß alle göttlichen Namen (oder »Eigenschaften«) sich im menschlichen Herzen widerspiegeln, bietet uns einen Schlüssel zum Verständnis dieses Paradoxons. Ein großmütiger Mann ist so, weil er die Qualitäten widerspiegelt, die in dem göttlichen Namen *al-Karīm*, »Der Edle«, »der Hochherzige«, zum Ausdruck kommen. Ein Mann, der Charakterschönheit besitzt, oder die Frau, die körperlich schön ist, spiegeln etwas von *al-Jamīl*, »der Schöne«, wider; der starke Mann besäße keine Stärke, gäbe es nicht *al-Qawī*, »der Starke«, und *al-Qahhār*, »der Allesbezwingende«. Aber Allāh ist auch, und in der Tat, wesentlich *al-Aḥad*, »Der Eine«; Einer allein, Einer, der keinen Teilhaber hat, der Einzigartige, der Unvergleichbare. Von diesem Namen ist die relative Einzigartigkeit jedes menschlichen Wesens abgeleitet und die Tatsache, daß jedes – zumindest der Anlage nach – ein Mikrokosmos, eine Gesamtheit ist.

In England ist es üblich, einem Kind, das zu anspruchsvoll ist, zu sagen, es sei »nicht der einzige Kieselstein am Strand«. Das Problem ist, daß jeder von uns, seiner innersten Identität nach – wenn auch in einem völlig relativen Sinn –, der »einzige Kieselstein« ist. Jeder ist, seinem Wesen nach, nicht nur ein Mann oder eine Frau, sondern *Mann, Frau*. Wenn diese geistige Qualität von dem sterblichen Ego in Besitz genommen wird, macht der Mensch sich zu einem »Gott« neben Gott; der Statthalter usurpiert den Platz des Königs. Er ist dann alleine in der Schöpfung, und alle anderen Geschöpfe sind entweder Spielzeuge, mit denen er spielen kann, oder Hindernisse, die ihm den Weg verstellen; gleichzeitig fühlt er, daß sie keine wirkliche Existenz außerhalb seiner haben, denn die Geschöpfe haben tatsächlich keine Existenz, wenn sie von Gott getrennt sind. Der Mensch ist das einzige Geschöpf, das Geschöpfe seiner eigenen Art ganz selbstverständlich tötet,* der sie bestraft, weil sie nicht in das Muster der Rechtschaffenheit passen, das ihm unbezweifelhaft erscheint, und den es nach Macht und Herrschaft gelüstet, die beweisen soll, daß er wahrhaftig einer allein ist, ohne seinesgleichen, völlig er selbst. Die größte Sünde ist, mit anderen Worten, einfach die Kehrseite des höchsten Privilegs, dessen sich der Mensch erfreut, und geringere Laster sind auch die Schattenseiten der Tugenden, welche die göttliche Vollkommenheit widerspiegeln, und legen auf perverse Art Zeugnis von unserem großartigen Rang ab. Die Tiere gehen sicher durch diese Welt, doch der Mensch balanciert immer am Rand eines Abgrunds; und es ist kaum verwunderlich, daß die Engel vorausgesehen hatten, daß diese neue Schöpfung auf der Erde »Verderben anstiften« würde.

Aber der koranische Bericht über die Erschaffung Adams und den Befehl an die Engel, sich vor ihm niederzuwerfen, hebt einen speziellen Punkt besonders hervor. Ihm wurde ein Wissen gegeben, das die Engel nicht besitzen. Ihn lehrte Gott »aller Dinge Namen«. Auch dies ist ein Aspekt seiner theomorphischen Natur, denn als *al-Khāliq*, »der Schöpfer«, definiert und erwählt Gott – indem Er ihnen »Namen« gibt – die Möglichkeiten, die es in sich tragen, außerhalb der göttlichen Schatzkammer auf dem Schauplatz *(maẓhar)* dieser Welt zu erscheinen. Als *al-Bārī* schafft Er sie, und als *al-Muṣawwir* gestaltet Er ihre irdische Form; der erste Schritt ist jedoch der höchste schöpferische Akt der »Namensgebung«.

Der Islam wird im allgemeinen als die Religion des Gesetzes betrachtet; er ist aber vor allem die Religion des Wissens, und dies ist kein Widerspruch. Wie bereits zuvor bemerkt, hat das arabische Wort für »Gesetz« die Grund-Bedeutung von »ver-

---

* Einer der »neunundneunzig« Namen Gottes ist *al-Mumīt,* »Der, der tötet«.

stehen« und ist deshalb mit Wissen verwandt. Den »Namen« von etwas zu kennen, bedeutet, es in unserem Verständnis zu besitzen und es mit den Augen unserer Intelligenz wahrzunehmen. Der Prophet hat gesagt, daß »Allah nichts edleres als die Intelligenz erschaffen hat«, und hat auch gesagt: »Ein Gelehrter ist einem gewöhnlichen Gottesanbeter ebenso überlegen wie der Vollmond den Sternen.« Der Koran sagt: Er, der der Allwissende ist, »gibt Weisheit, wem Er will, und wem da Weisheit gegeben ward, dem ward hohes Gut gegeben...« (Sura 2, 272). »Sind etwa gleich diejenigen, welche *wissen,* und jene, welche nicht wissen?« (Sura 39,12). Im Islam kennzeichnen Wissen, Intelligenz und Verständnis den Menschen als solchen. Wir können ihn nicht als Geschöpf bezeichnen, das gut oder das stark ist, nicht einmal als eines, das lieben kann; aber wir können ihn als jemand bezeichnen, der versteht – oder zumindest fähig ist zu verstehen.

Damit wir keinesfalls, sei es auch nur einen Augenblick lang, auf den Gedanken verfallen sollten, daß Wissen zu unserem Besitz gehört und von uns gehortet werden könnte, erinnert uns der Koran daran, daß »Allah weiß, doch ihr wisset nicht« (Sura 24,19). Gott lehrte Adam die Namen aller Dinge, und Adam war – nach islamischer Ansicht – ein Prophet; Muhammad empfing den Koran aus der gleichen Quelle, der einzigen Quelle, aus der wahres Wissen abgeleitet werden kann, und er war der letzte der Propheten, die in Adams Fußstapfen traten. Wenn der Muslim diese selbe Quelle anzapfen und zu jemandem werden will, »der versteht«, so hat er keine andere Wahl, als dem Vorbild des Propheten zu folgen, diesem »schönen Beispiel«, indem er Muhammad nachahmt, so gut er nur kann, sowohl in seinem Charakter als in seiner Handlungsweise. Da der Prophet »den Gläubigen näher steht als sie sich selber« (Sura 33,6), kann man auch sagen, daß er des Gläubigen *alter ego* – oder, um noch einen Schritt weiterzugehen – in Wahrheit mehr »dieser selbst« ist, als die Ansammlung von Fragmenten und widersprüchlichen Impulsen, die wir gemeinhin als das »Selbst« bezeichnen.

Dies ist der Grund, weshalb die *ḥadīth*-Literatur im Alltagsleben des Muslims von so ungeheurer Bedeutung ist; und diese Berichte sind so ausgedehnt, daß selbst unter gelehrten Leuten immer jemand seine Freunde dadurch überraschen und entzükken kann, daß er eine »Propheten-Geschichte« zitiert oder einen Ausspruch, den sie noch nicht gehört hatten. Die intime Kenntnis des Lebens Muhammads, die wir besitzen (und von der wir vieles ʿĀʾishah verdanken), ist, von einem praktischen Gesichtspunkt betrachtet, ebenso wichtig wie seine religiöse Lehre und wie das Beispiel, das er bei Angelegenheiten von größerer Reichweite gab. Der Gläubige fühlt sich ihm im Leben nahe und hofft, ihm nach dem Tod noch näher zu sein; er liebt ihn nicht nur als Meister und Führer, sondern auch als Menschenbruder. Im Licht dieser Beziehung können wir Teile der Berichte verstehen, die dem Abendländer oft trivial erscheinen, wie zum Beispiel ʿĀʾishahs peinlich genaue Beschreibung, wie sie sich aus einer einzigen Schüssel wuschen, nachdem sie sich geliebt hatten, und ihren zusätzlichen Kommentar: »Er war immer zuerst dran, und ich pflegte zu sagen: ›Laß mich doch auch mal ran, bitte!‹«

Oft sind es nur sehr unbedeutende Ereignisse, die uns den klarsten Eindruck von seinem Lebensstil, besonders von seinem unfehlbaren gesunden Menschenverstand vermitteln. Eine Frau, die einigen Räubern nur knapp entkommen war, indem sie auf einem der Kamele des Propheten das Weite suchte, sagte zu ihm: »Ich habe geschworen, daß ich die Kamelstute Allah opfern würde, wenn Er mein Leben durch sie rettete.« – »Das ist aber eine schlechte Belohnung«, sagte er, »Allah hat dich durch sie errettet, und jetzt willst du sie töten. Laß das Tier in Frieden!« und fügte hinzu – man möchte meinen, als nachträglichen Einfall – »Außerdem gehört sie ja mir.« Man wird unmittelbar vor einer gewissen Art von »Frömmigkeit« gewarnt, die nur allzu bereitwillig die Interessen anderer Leute opfert, um sich zu beweisen. Des Propheten Abneigung, in das Privatleben anderer Menschen einzugreifen, war auch ein wesentlicher Aspekt seines Führungsstils. Eine Frau, die eine

Abneigung gegen ihren Mann entwickelt hatte, trieb ihn aus dem Haus, obwohl er sie sehr liebte (»Ich habe ihn noch immer vor Augen«, sagte Ibn 'Abbās, der die Geschichte erzählte, »wie er in den Straßen Medinas hinter ihr herlief, während ihm die Tränen in den Bart rannen«). Der Prophet fragte sie, ob sie nicht ihren Mann zu sich zurückholen wolle. Sie fragte ihn, ob er ihr einen Befehl gäbe, und er sagte, er wolle nur ein gutes Wort für den Mann einlegen. »Wenn dem so ist«, sagte sie, »brauche ich ihn nicht!« In der muslimischen Perspektive sind derartige Zwischenfälle ihrem Wesen nach nicht unbedingt verschieden von der Predigt Adams vor den himmlischen Heerscharen, oder weniger wunderbar als diese, und das ist etwas, was der Abendländer besonders schwer begreift.

Al-Ghazzālī (gestorben 1111), der eine der am weitesten akzeptierten Autoritäten ist, schrieb über den wahren Muslim als jemand, der »den Gesandten Allahs imitiert, wenn er geht und wenn er kommt, in seinen Bewegungen und in seinen Ruhezeiten, in der Art, wie er ißt, in seinem Betragen, seinem Schlaf und seiner Rede«. So sollte ein Mann sitzen, wenn er sich die Hosen anzieht, und stehen, wenn er sich den Turban aufsetzt, zuerst den rechten Schuh anziehen und, wenn er sich die Nägel schneidet, mit dem Zeigefinger der rechten Hand beginnen; und al-Ghazzālī erwähnt den Fall eines frommen Mannes, der es niemals wagte, eine Melone zu essen, so gern er das auch getan hätte, da er nicht genau herausfinden konnte, auf welche Art Gottes Gesandter Melonen gegessen hatte. Schnitt er sie in Schnitze? Nahm er vielleicht das Fleisch mit einem Löffel heraus? Wir werden es niemals wissen. Aber diese äußerliche Observanz ist natürlich sinnlos, wenn sie nicht eine tiefe innere Übereinstimmung mit dem vollkommenen Modell sowohl widerspiegelt als auch hervorbringt, dem Modell, das uns von Gott als »eine Barmherzigkeit für die Menschheit« gegeben wurde, eine Übereinstimmung der Seele des Gläubigen mit der Seele Muhammads.

Es gibt gewisse Pflanzen und Sträucher, die an einem Spalier oder irgendeiner Art von Stütze hochgezogen werden müssen, wenn sie zur Vollkommenheit heranwachsen sollen; andernfalls kriechen sie richtungslos auf dem Boden, ihre Blätter von Schnecken und Ungeziefer zerfressen, ihr Zweck nicht erfüllt. Der Mensch ist auch eine »Kletterpflanze«, und wir müssen nicht weit suchen, um Beispiele für die menschliche Unfähigkeit zu finden, ohne eine Stütze, einen Rahmen, ein Modell zu wachsen – oder auch nur auf wirklich menschliche Art zu funktionieren.

Die *Sunnah* des Propheten bietet nicht nur einen Rahmen, sondern gewissermaßen auch ein Netzwerk von Kanälen, in die der Wille des Gläubigen eintritt und durch die er ruhig fließt, gelenkt wie beschützt. Es ist nicht sein Weg, der Weg des Muslims, um seinen Willen durchzusetzen, neue Kanäle durch die widerspenstigen Materialien dieser Welt zu graben, die der Natur der Dinge entgegen sind. Auf den ersten Blick könnte man erwarten, daß dies zu langweiliger Einförmigkeit führen müsse. Allem Anschein nach ist dies jedoch keineswegs der Fall, und jeder, der engen Kontakt zu guten und frommen Muslimen gehabt hat, wird wissen, daß sie, obgleich sie innerhalb eines gemeinsamen Glaubens- und Verhaltensmusters leben, sich oft stärker voneinander unterscheiden als rein weltliche Menschen, daß ihr Charakter stärker ist und ihre Individualität klarer zum Ausdruck kommt. Sie haben sich nach einer transzendenten Norm unerschöpflichen Reichtums geformt, während sich weltliche Menschen die Zeitmoden zum Vorbild genommen haben. Um es anders auszudrücken: die großen Tugenden – und es sind die Tugenden des Propheten, die nachzuahmen sich der Gläubige bemüht – können, wie es scheint, durch die menschliche Natur auf zahllose verschiedene Arten zum Ausdruck gebracht werden, während die weltliche Mode zur Gleichförmigkeit führt. In der Reklame der Medien sieht ein »Mannequin« mehr oder weniger wie das andere aus. Trotz allem sehen die Abendländer in all diesem einen Mangel an »Spontaneität« und einen Prozeß der »Entpersönlichung«. Das Wort »Spontaneität«, das sich seiner Ableitung nach auf eine Handlung bezieht, die aus dem tiefsten Quell unseres

Wesens entspringt, ist in letzter Zeit sehr mißbraucht worden. Jetzt bedeutet es eine gedankenlose und unbedachte Reaktion auf äußere Anregungen, obgleich das Wörterbuch es noch immer als »Selbsttätigkeit ohne äußere Anregung« beschreibt, was das exakte Gegenteil davon ist. Die muslimische Lebensart ermutigt ganz gewiß nicht zu automatischen Reaktionen auf die Ereignisse, die uns zustoßen – ebensowenig wie der muslimische Verhaltenskodex –, aber gerade das ist es, was wahre Spontaneität möglich macht. Dies ruft ein schon zuvor zitiertes *ḥadīth* ins Gedächtnis zurück, das sich mit der Tugend der »Langsamkeit« und der satanischen Natur der »Eile« befaßt. Spontane Handlung kommt nicht aus der Oberfläche der Persönlichkeit, sondern aus der tiefsten Quelle unseres Wesens, und gerade auf dieser Ebene ist der Prophet »den Gläubigen näher als sie sich selber«.

Eine Reihe von Orientalisten hat behauptet, daß ihrer Ansicht nach der Islam den Menschen durch die Forderung, er müsse sich jemanden anderes zum Vorbild nehmen, anstatt »er selbst« zu sein, »entpersönliche«. Das gleiche könnte von jeder Religion gesagt werden, nicht zuletzt vom Christentum; aber »man selbst« zu sein ist ein zweideutiger Ausdruck, der für den Gläubigen etwas ganz anderes bedeutet als für den Agnostiker. Die Opferung (oder Umwandlung) des empirischen Selbst ist eine der Grundbedingungen der Spiritualität, sei sie muslimisch, christlich, hinduistisch oder buddhistisch, aber da dieses äußere Selbst oder Ego in eine Welt der Dinge gestellt ist, die sich wandeln und sterben, beschleunigt seine Opferung nur das Unvermeidliche (der Prophet soll gesagt haben: »Sterbt, bevor ihr sterbt!«). Die Frage ist jedoch nicht, *ob* wir »uns selbst verlieren« sollen – da alle Menschen das auf die eine oder andere Art tun –, sondern *wo* wir uns verlieren: im Licht oder in der Dunkelheit, in guten Träumen oder in Alpträumen, in der Wahrheit oder in der Falschheit.

Es ist seltsam, daß erst, seitdem viele Menschen die menschliche Person als sinnlosen Zufall in einem sinnlosen Universum ansehen (im Einklang mit dem, was sie für die »wissenschaftliche« Ansicht halten), sie nun so großen Wert auf das empirische Selbst legen und so sehr alles das übelnehmen, was den Beigeschmack des »Unpersönlichen« in traditioneller Religion hat. Sie sind deshalb gezwungen, an eine Fiktion zu glauben und sich in der Kälte des Raumes und im verzehrenden Feuer der Zeit an sie zu klammern. Denn wer ist diese »Person«? Bin ich es selbst als Baby, als Kind, als Jugendlicher, der im Netz der Freude gefangen ist, als Mensch mittleren Alters, als Greis oder im Augenblick des Todes? Wir können sie nicht mit irgendwelcher Genauigkeit lokalisieren. Alles, was wir wissen, ist, daß zwischen dem alten Menschen und seinem Kindheit-Selbst eine kausale Beziehung besteht, zusammen mit einem zerbrechlichen Verbindungsglied, dem »Gedächtnis«; wir müssen zugeben, daß er, praktisch gesehen, nicht die gleiche Person ist.

Was zuvor im Hinblick auf die menschliche Persönlichkeit als eine Stadt mit vielen Parteien – »mein Name ist Legion« – gesagt wurde, trifft auch hier zu. Einerseits unterliegen wir im Lauf der Zeit ständigen Veränderungen; andererseits sind wir in irgendeinem Augenblick noch nicht einmal »ganz aus einem Stück«. Wenn wir auf der Suche nach einem »wirklichen Selbst« sind, müssen wir es anderswo suchen: in der Einheit *(tawḥīd)*, in der Religion (die ihrer lateinischen Ableitung nach »Bindung« bedeutet). Einheit des Äußeren und des Inneren, Bindung des Äußeren an das Innere. Wenn wir die äußere Persönlichkeit als den wechselnden Ausdruck oder die Projektion eines unveränderlichen Nukleus oder Mittelpunkts betrachten, können wir langsam eine Antwort auf die Frage erahnen: »Wer bin ich?« Hier aber können wir nicht stehenbleiben; es muß ein weiterer Schritt getan werden, bevor die Frage endgültig gelöst ist. Dieser Mittelpunkt, den die Muslime (obschon nicht nur die Muslime) das »Herz« nennen, ist tatsächlich der zentrale Punkt, dem unsere äußere Persönlichkeit als Peripherie entspricht, aber obgleich es »in« uns ist, »gehört« es uns nicht. Es gehört Gott und ist auf ewig bei Ihm gegenwärtig; und doch, da es auch »in« uns ist, ist es der Ort, wo Er gegenwärtig, immanent, ist. Wenn wir tief genug in uns selbst eindringen – durch alle Schichten von Träumen und Finsternis hindurch –, kommen wir ins Freie und finden dort alles; daher der Ausspruch des Propheten: *man 'arafa nafsahu 'arafa rabbahu,* »wer sich selbst kennt, kennt seinen Herrn«.

Muslimische Mystiker sprechen vom »Herzen« als dem *barzakh,* was »Isthmus« bedeutet; auf der einen Seite liegt das Meer dieser Welt, den Winden und dem Wetter untertan; auf der anderen der Ozean des Jenseits, der himmlische Ozean. Ein *Isthmus* trennt zwei Gewässer, er ist aber auch das Verbindungsglied zwischen ihnen. Auf dieser Seite trittst du in das Meer der Veränderung, aber wenn du diesen schmalen Streifen Land überquerst, kannst du in den großen Ozean eintauchen. Der Isthmus gehört zu beiden, ebenso wie das »Herz«, der Mittelpunkt, unser ist und doch nicht uns gehört.

Wir werden an die innige Verbindung zwischen der Erkenntnis Gottes einerseits und der Selbsterkenntnis andererseits in einem Koranvers erinnert: »Und seid nicht gleich jenen, welche Allah vergessen und die Er sich selber *(anfusahum)* vergessen ließ« (Sura 59,19). Und ein *ḥadīth qudsī* lautet: »Himmel und Erde umfassen Mich nicht, aber das Herz Meines gläubigen Dieners umfaßt Mich.«

Einige haben die Authentizität dieses *ḥadīth* bestritten; es hat jedoch eine Reihe von höchst wichtigen geistigen Lehren im Islam inspiriert und ein Echo im Christentum gefunden; nicht nur bei Angelus Silesius (der von islamischen Lehren beeinflußt gewesen sein könnte), als er schrieb, daß der Höchste gar unermeßlich ist und ihn doch ein menschliches Herz ganz umschließen kann, sondern auch bei Meister Ekkehart, als er sagte, »Gott könnte zahllose Himmel und Erden erschaffen, und doch wären diese kleiner als eine Nadelspitze im Vergleich zu einer auf Gott eingestimmten Seele.« Wenn im Herzen des Gläubigen Raum für den Schöpfer Selbst ist, dann ist gewiß in seiner Seele Raum für die Schöpfung. Der Mensch enthält das Universum in sich selbst gewisser als daß das Universum ihn enthält.

Hier haben wir einen weiteren Hinweis auf seine Funktion als Statthalter Gottes auf Erden. Das menschliche Herz – der zentrale Punkt seines Wesens – ist dort, wo die »beiden Meere« sich treffen, ist das Verbindungsglied zwischen dem, was über uns, und dem, was unter uns ist, und es heißt, daß durch das »Auge des Herzens« Gott uns sieht und wir Ihn »sehen«. In den Worten eines zeitgenössischen muslimischen Schriftstellers: »Wenn man die Erde mit einem fensterlosen Haus vergleicht, dann ist der Mensch ein Wachtturm am Haus, und das Auge des Herzens ist wie ein einziges Fenster in diesem Wachtturm, zu dem alle Hausbewohner aufblicken, um Licht zu sehen.* Ohne dieses Auge erfüllt der Mensch nicht mehr seine wesentliche Funktion, da er von seiner wahren Natur abgefallen ist; aber mit diesem Auge ist er das einzige irdische Aufnahmegefäß für das geistige Licht, das er an seine Mitgeschöpfe spendet, so daß ... obgleich er nicht die Himmel besitzt, die Himmel sich von sich aus hinunterbeugen, um die Erde in ihm, in ihrem höchsten Punkt, zu berühren.«**

Es ist klar, daß, wenn wir unsere wahre Funktion erfüllen sollen, wir zunächst unser wahres Selbst identifizieren und dann zu ihm *werden* müssen; der von seinem eigenen Mittelpunkt entfremdete Mensch ist auch von allen Dingen entfremdet, nicht nur ein Fremdling für sich selbst, sondern auch ein Fremdling im Universum. Er kann jedoch nicht ohne Hilfe diesen Mittelpunkt finden oder »er selbst werden«. Für den Muslim zeigt der Prophet uns nicht nur den Weg zum Mittelpunkt, sondern ist, in gewissem Sinn, selbst der Weg, denn eben dadurch, daß wir uns ihn zum Vorbild nehmen oder uns nach seiner Persönlichkeit formen, sind wir am besten in der Lage, zu unserem Bestimmungsort zu reisen. Handeln, das aus unserem eigenen wirklichen Mittelpunkt entspringt – »ohne äußere Anregung«, wie das Wörterbuch sagt –, ist das einzig

---

* »Hölle ist das Haus, das ohne Fenster ist – Fenster bauen o Gottesdiener, ist die Grundlage der Religion«, sagt Rumi (Mathnawi, III. 2404)

** Abu Bakr Siraj Ed-Din, *The Book of Certainty*, New York, S. 30–31 (Samuel Weiser Inc.)

»spontane« Handeln, und deshalb erlangen wir Spontaneität dadurch, daß wir ihn nachahmen.

Was geschieht aber mit jenen, die nicht die Lenkung eines göttlichen Gesandten akzeptieren oder ihm in seinen Fußstapfen folgen? Was mit jenen, die niemals ihre Funktion erfüllen? Uns wird gesagt, daß sogar ihre guten Taten keine Substanz haben und nichts in den Waagschalen der Gerechtigkeit wiegen, und das ist für den modernen Agnostiker – oder sogar den »liberalen« Christen – sehr schwer zu begreifen.

Der Koran spricht in diesem Punkt jedoch eine deutliche Sprache. Auf die Frage: »Sollen wir euch ansagen, wer seine Werke verloren hat?« gibt er die Antwort: »Die, deren Eifer im irdischen Leben irreging, und die da glaubten, rechtschaffen zu handeln« (Sura 18, 103–104) und »Das Gleichnis derer, die nicht an ihren Herrn glauben, ist: Ihre Werke sind gleich Asche, welche der Wind an einem Tag des Sturms zerstreut« (Sura 14,18). Oder wieder: »Die Werke der Ungläubigen aber gleichen der Luftspiegelung in einer Ebene, die der Dürstende für Wasser hält, bis daß, wenn er zu ihr kommt, er nichts findet; jedoch findet er, daß Allah bei ihm ist ...« (Sura 24,39). Was die Taten derjenigen angeht, die »das irdische Leben und seine Pracht begehren«, so »ist umsonst all ihr Tun hienieden gewesen und eitel ihre Werke« (Sura 11,18–19).*

Hier handelt es sich nicht um Moralität, auch kann man das Ganze nicht – wie der Agnostiker annehmen könnte – auf eine Frage der »Bestrafung« des Unglaubens reduzieren. Es geht sehr viel weiter und sehr viel tiefer, denn es hat mit der Natur der Realität zu tun, oder vielleicht sollte man sagen, mit der Natur der Irrealität. Die äußere Persönlichkeit hat, wenn sie alle Verbindung mit ihrem Schöpfer, ihrer Urquelle, verliert

---

* Nach einem *ḥadīth,* das sowohl von Bukhārī als auch Muslim aufgezeichnet ist, berichtet Abū Hurayra, der Gesandte Gottes habe gesagt: »Keiner von euch wird durch seine Werke errettet werden«, und hinzugefügt: »aber wenn ihr euch an den rechten Pfad haltet, mäßig seid, morgens und abends und einen Teil der Nacht betet und euch ernsthaft um Maßhalten bemüht, dann werdet ihr [das Ziel] erreichen.«

und von ihrem eigenen Mittelpunkt abgetrennt ist, eine schattenhafte Qualität, und die Werke von Schatten können keine Substanz haben. Es ist ein Grundprinzip des Islam, daß alles Gute – und alles, was positiv ist – seinen Ursprung in Gott hat. Wenn ein Mensch keinen Mittelpunkt hat, dann hat er keine dauerhafte Identität, der gute Taten anhaften könnten, so daß sie beim Gericht zu seinen Gunsten gewogen werden könnten. Da er inmitten von Luftspiegelungen lebt, ist ihm die Realität fremd bis zu dem Tag, an dem er, aller Illusionen entblößt, schließlich dem Wirklichen, Allah, gegenübersteht, mit leeren Händen und einem sinnlos vergangenen Leben.*

Am Tag des Gerichts können begangene Sünden bestraft oder vergeben werden; doch ein grundlegender Irrtum hinsichtlich der Natur der Wirklichkeit ist mit Blindheit vergleichbar, es wird uns gesagt, daß »wer hienieden blind gewesen, der soll auch im Jenseits blind sein und noch mehr vom Weg abirren« (Sura 17,74). Zu den großen Fehlern des *kufr* (»Unglaube« oder Verleugnung der Wahrheit) und *shirk* (Gott andere »Götter« beigesellen) fügt der Islam einen dritten hinzu: Undankbarkeit; diese ist jedoch so eng mit Unglauben verbunden, daß das gleiche Wort für beide dient und man die genaue Bedeutung nur dem Kontext entnehmen kann. Undankbarkeit hat aber auch an dem Irrtum von *shirk* ihren Anteil, da sie ein-

---

* Viele zeitgenössische Christen finden diese Doktrin grausam und deshalb unhaltbar. Sie möchten gerne glauben, daß »nette« Leute – sogar nette Marxisten – ohne Schwierigkeiten in den Himmel kommen. Und doch vertritt das Christentum, sowohl das römisch-katholische als auch das protestantische, grundsätzlich die gleiche Ansicht, wenn auch aus einer anderen Perspektive (jener der »Erbsünde«) gesehen. Besonders nach Luther können Werke ohne Glauben überhaupt nichts bewirken, um eine Seele vor der Verdammnis zu bewahren; ein ganzes in selbstlosem Dienst an der Menschheit verbrachtes Leben zählt nichts, wenn es am Glauben mangelt. Es dürfte kaum notwendig sein hinzuzufügen, daß niemand – kein muslimischer oder christlicher Theologe – sich anmaßen kann, der ausströmenden, allumfassenden Barmherzigkeit Gottes Grenzen zu setzen, aber ebensowenig kann sich jemand anmaßen, diese Barmherzigkeit als gegeben hinzunehmen, weder in seinem eigenen Fall noch im Falle anderer, die ihrer ersten menschlichen Pflicht nicht nachgekommen sind.

schließt, daß wir uns selbst das zuschreiben, was von Rechts wegen nur Gott zugeschrieben werden sollte, und uns somit für »Götter« halten.

»Solches [Bestrafung] gaben Wir ihnen zum Lohn für ihren Unglauben [Undankbarkeit]« sagt der Koran. »Und geben Wir nicht allein Undankbaren ihren Lohn?« (Sura 34,16). Der Grund dafür ist klar: »Und Allah hat euch aus den Leibern eurer Mütter hervorgebracht als Unwissende. Und Er gab euch Gehör und Gesicht und Herzen, auf daß ihr dankbar wäret«: (Sura 16,80); und wieder: »Allah ist's, der für euch die Nacht gemacht hat, auf daß ihr in ihr ruhet und den Tag zum Sehen. Siehe, Allah ist wahrlich voll Huld gegen die Menschen, jedoch danken die meisten Menschen nicht... Allah ist's, der euch die Erde zu einer festen Stätte gab und den Himmel zu einem Gewölbe, und der euch formte und eure Form schön machte und euch mit Gutem versorgte. Das ist Allah, euer Herr, drum sei gesegnet Allah, der Herr der Welten. Er ist der Lebendige, es gibt keinen Gott außer Ihm, drum rufet Ihn an in lauterem Glauben. Das Lob sei Allah, dem Herrn der Welten!« (Sura 40, 63/66–67).

Gott gab Adam und seinem Nachkommen die Gabe der Intelligenz und verlangte dafür nicht blinden Lobpreis, sondern ein lichtes und freudiges Verstehen der Natur aller Dinge und ihrer Quelle. Deshalb obliegt es uns, die Fakten unserer Lage zu erkennen, die eine Lage absoluter Abhängigkeit, absoluter Dankesschuld und Verpflichtung ist.

Eine solche Abhängigkeit erscheint dem modernen Abendländer unerträglich, obgleich sie das für einen echten Christen eigentlich nicht sein kann. Seit der Renaissance ist der westliche Mensch stolz auf seine Unabhängigkeit – wenn überhaupt auf irgend etwas – gewesen, und diese Unabhängigkeit ist eng verbunden mit einem Geist der Rebellion gegen Gott, gegen das Schicksal und gegen die Natur der Dinge selbst. Prometheus stahl das Feuer vom Himmel; er wartete nicht ab, bis es ihm gegeben wurde, und Prometheus ist das Vorbild. Der Muslim, der zutiefst praktisch ist, sieht dies nicht als Herois-

mus an, sondern als Narretei. Tatsachen, sagt er, sind Tatsachen. Wir sind vollkommen abhängig von Gott, punktum.

Der Beweis dafür befindet sich überall um uns herum. Es gibt tausenderlei Arten, wie unsere Existenz von einem Augenblick zum andern beendet werden kann; eine simple Droge kann den Intelligentesten unter uns in einen Idioten verwandeln oder den Tapfersten in einen Feigling; und wir wissen, wenn schon nicht aus Erfahrung, so doch durch Lektüre, daß die Techniken der Folter, die heute weiter verbreitet ist als zu irgendeinem Zeitpunkt in der Vergangenheit, auch den letzten Rest menschlicher Würde in kürzester Zeit zerstören können. Die menschliche Würde, die wir besitzen mögen – und der Statthalter Gottes ist in der Tat eine Gestalt von großer Würde –, ist ein Gewand, das uns geliehen ist, genau wie die Schönheit einer Frau ihr geliehen ist, wie unsere Talente, seien sie ererbt oder erworben, uns geliehen sind, so wie unsere Stärken und unsere Tugenden. Wir können von nichts behaupten, daß es uns wahrhaft angehöre außer unseren Schwächen und unseren Lastern, zusammen mit dem Übel, das wir in der Welt tun; denn der Koran versichert uns, daß alles Gute von Gott kommt, alles Schlechte vom Menschen. Nicht einmal der Lebensatem in uns untersteht unserer Kontrolle, und »...keine Seele weiß, was sie morgen gewinnen wird, und keine Seele weiß, in welchem Lande sie sterben wird. Siehe, Allah ist wissend und kundig« (Sura 31,34).

Das Dasein ist ein reines Geschenk. Das Bewußtsein ist ein reines Geschenk. Unsere Augen und Ohren, unsere Hände und Füße sind Geschenke, wie auch unsere Geschlechtsorgane. Berge und Flüsse und das blaue Meer sind Geschenke, so wie die Luft, die wir atmen, so wie auch das Licht, und die Dunkelheit, die uns zum Ruhen gegeben ist. Die Nahrung, die aus der Erde kommt oder die wir – als ganz besonderes Zugeständnis an unsere Schwachheit – von den Leibern aus dem Tierreich und den Fischen des Meeres nehmen dürfen, sind Geschenke. Vor allem aber ist unsere Befähigung, diese vollbewußt und freudig als Gaben zu erkennen und die Fähigkeit, die uns gegeben ist, ihre Quelle anzuerkennen und zu lobpreisen, ein göttliches Geschenk.

Undankbar sein bedeutet, uns von der höchsten Gabe abzuschließen, die größer ist als alle anderen: der Gabe der göttlichen Barmherzigkeit und schließlich des Paradieses, wo alle solche Gaben in unvorstellbarem Maß vergrößert sind. In einem sterblichen Leib und einer sterbenden Welt lobpreisen und danken wir. Dafür, sagt der Muslim, sind wir erschaffen.

Der abendländische Mensch lehnt diese Abhängigkeit nicht im Prinzip ab. Wenn er Christ ist, weiß er, daß er ein elender Sünder ist, tauglich nur zur Verdammnis, wenn er nicht durch Christi Blut erlöst wird. Wenn er ein Agnostiker ist und glaubt, daß »wissenschaftliche« Theorien eine umfassende Form des Wissens sind, sieht er sich als eine zufällige Agglomeration von Partikeln und Energien – als Affe, Sohn des Affen – und gewiß als gänzlich bedeutungslos. Und doch hat er, selbst in sturmdurchtobter Finsternis, seinen eigensinnigen Stolz; er hält sich für den Eroberer der Natur und deshalb schließlich des Gottes, an den er nicht notwendigerweise glaubt. Das ist tatsächlich das prometheische Erbe, eine Krankheit, die uns durch die Jahrhunderte hindurch von einer griechisch-römischen Welt überkommen ist, die ihre Seele verloren hatte. Es sind schon recht merkwürdige Gespenster, die manchmal in abendländischen Köpfen spuken.

Dankbarkeit an einem schönen Tag in einer glücklichen Familie ist eines; Dankbarkeit im Angesicht von Verlust und Leid aber ist etwas ganz anderes. Das Leid hat uns seit langer Zeit begleitet, um es verhalten auszudrücken, aber das »Problem des Leidens« als beherrschendes Thema religiöser und philosophischer Debatte ist erst verhältnismäßig modernen Ursprungs. Es wird erst dann zu einem Problem von diesem Ausmaß, wenn eine große Anzahl von Menschen das Gefühl bekommt, daß es nicht so sein dürfe, und daß die Menschen ein gewisses Recht auf immerwährendes Glück haben. Es gibt noch immer gute Christen, die angesichts eines schweren Verlusts imstande sind, zu sagen: »Der Herr hat's gegeben, der

Herr hat's genommen. Der Name des Herrn sei gelobt!«, die sich der Gabe erfreuen und den Verlust hinnehmen. Sie sind jedoch in der Minderheit, denn für die meisten Menschen im Westen ist heute ein Gott, der es zuläßt, daß wir leiden, nicht ein Gott, an den man leicht glauben kann.

Die muslimische Anschauung beruht auf einem Bewußtsein davon, daß alles, was wir haben oder an dem wir uns erfreuen, ein Geschenk oder eine Leihgabe ist, und auf der Hinnahme des Geschickes, das Gott für jede einzelne Seele bestimmt hat. Einerseits: »Allah zwingt keine Seele über das hinaus, was Er ihr gegeben hat« (Sura 65,7), »Er macht lachen und weinen und Er ist es, der tötet und lebendig macht« (Sura 53, 44–45) und »Siehe, wir sind Allahs und zu Ihm kehren wir heim« (Sura 2,151); andererseits: »Kein Unheil geschieht auf Erden oder euch, das nicht in einem Buch stünde, bevor Wir es geschehen ließen. Siehe, solches ist Allah leicht: auf daß ihr euch nicht betrübt über das, was euch entgeht, und euch freuet über das, was Er euch gibt« (Sura 57, 22–23).

Das Wissen, daß Gott der einzige Besitzer unserer selbst und alles dessen, was existiert, ist, schließt menschliche Emotionen nicht aus, die ja auch gottgegeben sind. Als der Prophet einmal mit einigen Leuten beschäftigt war, schickte ihm eine seiner Töchter Nachricht, daß ihr kleiner Sohn im Sterben liege; er beauftragte den Boten, zu ihr zurückzukehren und sie daran zu erinnern, daß »was Allah nimmt, gehört Ihm, was Er gibt, gehört Ihm, und Er hat jedem eine bestimmte Stunde festgesetzt...« Seine Tochter schickte den Boten noch einmal zurück, um ihn zu bitten, zu ihr zu kommen, und er ging mit einigen Gefährten zu ihrem Haus. Das Kind war jetzt dem Tod nahe, und Tränen rannen aus den Augen des Propheten. »Was ist das?« fragte ihn einer der Leute. »Das«, sagte er, »ist Mitleid, das Allah in die Herzen Seiner Diener gelegt hat. Allah hat Mitleid nur mit jenen Seiner Diener, die selbst Mitleid empfinden.«

Wie läßt sich das mit dem koranischen Gebot, sich nicht zu grämen, vereinbaren? Worauf es ankommt, ist ganz klar dies, daß unsere natürlichen Gefühle niemals aus ihrer eigenen Sphäre herausgenommen und in den Rang philosophischer Prinzipien erhoben werden dürfen. Die Tatsache, daß ich traurig bin, bedeutet nicht, daß die Welt aus dem Gleichgewicht geraten ist; die Tatsache, daß ich verletzt worden bin, bedeutet nicht, daß Gott ungerecht ist, und die Tatsache, daß mein persönliches Leben durch eine Tragödie verdunkelt worden sein mag, bedeutet nicht, daß keine Sonne über der Schöpfung leuchtet. Nur wenn Emotion in eine andere Dimension verlagert wird, haben wir ein »Problem des Leidens«, und genau das ist in unserer Zeit geschehen.

Wenn weltliche Menschen von Unglück heimgesucht werden, leiden sie auf zwei Ebenen, und ihr Schmerz wird verdoppelt. Einerseits ist da das Unglück als solches und der Schmerz, den sie darüber empfinden, andererseits ist da auch der Glaube, daß so etwas niemals hätte geschehen dürfen, und daß sein Geschehen etwas sehr Bitteres und sehr Häßliches über die Natur der Welt aussagt (und wenn sie Gott noch mit hineinbringen, dann auch über die Natur Gottes). Sie leiden, weil »etwas falsch« ist, und dann leiden sie wieder, weil »alles falsch« ist. Am Ende dieses besonderen Weges gähnt der Abgrund, den wir Verzweiflung nennen, eine schwere »Sünde« für den Muslim, wie auch für den katholischen Christen, denn nun hat eine Wunde, die am Anfang sauber und einfach gewesen sein mag, den ganzen Blutstrom vereitert und vergiftet.

Da niemand in ständigem Schmerz, der an sich selbst zehrt, und in einem leeren Universum ohne Barmherzigkeit und ohne Sinn leben oder funktionieren kann, kommt ein drittes Übel – das größte von allen – zu den beiden andern hinzu, und das ist die Verhärtung des Herzens. Der fromme Muslim, ebenso wie der fromme Christ, hält geduldig aus, weil ihm zugesichert ist, daß ein Strom von Licht tief unter dem dunklen Land fließt, das er jetzt bewohnt, selbst wenn er ihn weder sehen noch erspüren kann. Es liegt jedoch nur wenig Tugend – tatsächlich aber viel Übles – in einem Ertragen, das auf der Abtötung all jener Fähigkeiten beruht, durch die wir mit Gott, der Natur

und unseren Mitmenschen in Beziehung treten. Alles andere
wäre dem vorzuziehen, selbst der schrecklichste Zusammen-
bruch, da es keine Hoffnung für diejenigen geben kann, die
seelisch tot sind, von eigener Hand erschlagen. Ein Ertragen,
das nicht eine Verhärtung des Herzens mit sich bringt, ist nur
auf religiöser Grundlage möglich, da es nur dort existieren
kann, wo ein Gefühl für Proportion vorhanden ist, was man
auch so ausdrücken könnte, daß Leid nur dann ertragen werden kann, wenn es verstanden wird, selbst wenn dieses Verstehen nur dunkel und stammelnd ist.

Der Muslim sagt »ja« zu allem, was auf ihn zukommt – oder
versucht »ja« zu sagen, was genug ist, da nach einem *ḥadīth*
»die Taten nach ihren Absichten beurteilt werden« –, denn er
weiß, woher es kommt. Gleichzeitig weiß er, daß es besser ist,
hier gereinigt zu werden als im Jenseits. Das arabische Wort
tazkīyah hat eine Doppelbedeutung, die sehr bedeutsam ist: es
kann entweder als »Reinigung« oder als »Wachstum« übersetzt
werden. Um nur eines von mehreren möglichen Beispielen
anzuführen: die Worte *Qad aflaḥa man tazakkā* in Sura 87
werden von einigen Übersetzern des Koran so übertragen: »Er,
der sich reinigt, ist erfolgreich«, von anderen: »Wer wächst, ist
erfolgreich«,* und doch ist in der scheinbaren Doppeldeutigkeit des Wortes *tazkīyah* eine ganze Philosophie enthalten.

Der chinesische Philosoph Mencius (Meng-tse) hat gesagt:
»Schmerz und Beschwerden bringen Leben, aber Reichtum
und Vergnügen bringen Tod.« Das ist seit seiner Zeit oft genug
wiederholt worden, und der Koran sagt uns, daß mit »Mühsal
auch Erleichterung kommt«, während der Prophet gesagt hat:
»Das Paradies ist von Dingen umgeben, die ihr nicht mögt.«
Wenn wir wachsen und reifer werden wollen – und das muß
das Bestreben des Muslims sein, da er glaubt, daß sein Leben
nur eine Vorbereitung auf das ist, was danach kommt –, dann
kann das Unglück, so wenig man es auch schätzt, nicht als

---

* Anm. d. Übers.: Max Henning übersetzt es »Wohl ergeht es dem, der
sich reinigt«, möglich wäre doch aber auch: »Wohl ergeht es dem, der
durch Reinigung geistig wächst«

etwas nur Negatives angesehen werden, was eben der weltliche Mensch tut. Der Muslim erwartet, gerade weil er an das Paradies glaubt, nicht daß diese Welt ein Paradies wäre, und das erspart ihm viel Bitternis und Verdoppelung oder Verdreifachung seines Schmerzes.

Philippe Guiberteau, einer von denjenigen Franzosen, die in gewissem Maß manches aus der Kolonialgeschichte ihres Landes durch eine Würdigung des Islam wieder kompensiert haben – eine Würdigung, die ihren eigenen Glauben eher gestärkt als untergraben hat –, bemerkt: »Ich habe auf islamischem Boden, sowohl im Hedschas als auch in Marokko, kranke Menschen gesehen, Männer, Frauen und Kinder; gewiß klagen sie, wenn sie zu sehr leiden, doch niemals gibt es ein Wort der Beschuldigung, niemals werfen sie Gott vor, daß er sie leiden ließ; sie sind sogar so weit von ihrem ›Ego‹ unabhängig, daß sie niemals fragen, ob es lange dauern wird, bis sie wieder gesund werden oder ob sie überhaupt noch gesund werden. Andererseits ... sind kranke Leute im Westen, selbst unter denen, die als Katholiken gelten, entrüstet, wenn sie krank werden: ›Wie konnte gerade mir so etwas passieren!‹...«[*]

Es ist kaum überraschend, daß Guiberteau hinzufügt: »Gerade auf nordafrikanischem Boden haben viele Europäer wieder das Gefühl für das Übernatürliche entdeckt«, auf einem Boden, wo sie einem Volk begegneten, »das einen solchen Glauben an die unermeßliche Transzendenz Gottes hat, daß sie daran sterben, so sehr verachten sie das, was eben nicht Gott ist«. »Sterben« oder »leben«; in diesem Fall sind die Worte austauschbar je nach der Perspektive des Einzelnen, nicht zuletzt deshalb, weil ewiges Leben für unsere weltliche Erfahrung ein Tod ist. Die Totalität ist der Tod des Partiellen und des Fragmentarischen; die Flamme der Kerze verliert sich in der Sonne.

Für diejenigen, die sich nur als isolierte Fragmente sehen, ist die Erfahrung des Leidens eine Erfahrung der Selbstentfremdung und deshalb ein unerträglicher Eingriff. Für den Muslim

[*] Philippe Guiberteau, *Islam, Occident et Chrétienté* (Cahiers du Sud)

sind seine persönliche Identität und sein Schicksal eins; nichts, das in seine Erfahrung eintritt, kann als »Fremdkörper« betrachtet werden. »Und da euch ein Unglück betraf... sprecht ihr da etwa ›Woher dies?‹ Sprich: ›Es kommt von euch selber‹« (Sura 3, 159). Das Wort *maktūb*, »es ist geschrieben« oder »vorherbestimmt«, bedeutet, daß, was uns auch immer geschieht, schon seit Beginn der Zeit in unser individuelles Wesen eingeschrieben ist. Zu wünschen, daß uns etwas anderes geschehen wäre, heißt, uns selbst anders zu wünschen als wir sind, was eine perverse Selbstverleugnung ist und, indirekt, eine Verleugnung unseres Schöpfers, der uns gegeben hat, was Er uns gegeben hat. Abū Hurayra hat berichtet, der Prophet habe gesagt: »Soweit es um gute Dinge geht, seid begierig nach dem, was euch zuträglich ist, sucht Hilfe bei Allah und seid nicht zu schwach, das zu tun. Wenn euch jedoch ein Unglück heimsucht, sagt nicht: ›Hätte ich dies oder das getan, dann wäre das nie passiert‹, sondern sagt: ›Allah verfügt, und Er tut, was Er will‹; denn das ›hätte ich dies getan...‹ öffnet dem Teufel den Weg zum Eingreifen.«

Die Verfechter des »Determinismus« und die Verfechter des »freien Willens« haben in der islamischen Welt genau so heftig argumentiert wie anderswo, und beide haben passende Texte im Koran und in der *ḥadīth*-Literatur gefunden, um ihre nur oberflächlich entgegengesetzten Meinungen zu stützen. Sie haben das trotz eines weiteren Berichts, der auf Abū Hurayra zurückgeht, getan, der sagte: »Der Gesandte Allahs kam zu uns, als wir über [die Natur von] *Allahs Ratschluß* debattierten. Er war ärgerlich, und sein Gesicht wurde so rot, daß es aussah, als sei ein Granatapfel auf seinen Wangen geplatzt. Er sagte: »Ist es das, was zu tun euch befohlen ist, oder bin ich etwa für so etwas zu euch gesandt worden? Eure Vorgänger sind nur zugrundegegangen, wenn sie Fragen über diese Sache gestellt haben. Ich warne euch, ich warne euch davor, debattiert nicht darüber!«

Zwei Dinge sind gewiß, und wir müssen sie so gut wie möglich miteinander in Einklang bringen oder ihre Aussöhnung einer größeren Weisheit überlassen. Zunächst einmal wäre das Konzept der göttlichen Allwissenheit leer, wenn wir nicht zugäben, daß Gott nicht nur alles weiß, was je geschehen ist, sondern auch alles, was je geschehen wird, und daß die »Zukunft« deshalb in einem gewissen Sinn bereits »Vergangenheit« ist. Mit den Worten der Bibel: »Was geschieht, das ist schon längst gewesen, und was sein wird, ist auch schon längst gewesen« (Pred. 3,15). Man wird kaum eine klarere Aussage finden über etwas, das allgemein bekannt ist, wenn auch nicht allgemein verstanden wird. Zweitens haben wir, da wir als menschliche Geschöpfe der Zeit unterworfen sind und nicht in die Zukunft sehen können, eine Erfahrung freier Wahl, die auf ihrer eigenen Ebene völlig berechtigt ist und – auf dieser Ebene – jene vollkommene Freiheit widerspiegelt, die allein Gott angehört. Wir treffen unsere Wahl und handeln entsprechend; erst wenn die Tat getan und der Tag vergangen ist, können wir sagen *maktūb*, »es stand geschrieben« – »es war uns vom Beginn der Zeit an bestimmt«. Bis dahin ist aber schon ein neuer Tag heraufgedämmert, und neue Entscheidungen müssen wieder getroffen werden, und wir verschwenden, sofern wir Muslime sind, keine Zeit mit Betrachtungen darüber, was »hätte sein können«, tatsächlich aber niemals hätte sein können.

Hier müssen wir, wie so oft, der Tatsache ins Auge sehen, daß der Unterschied zwischen Gläubigem und Ungläubigem ein Unterschied zwischen ganz verschiedenen Gedanken- und Gefühlswelten ist. Wenn dem Agnostiker gesagt wird, daß der »göttliche Ratschluß« unwandelbar ist, sieht er sich – wenn er wirklich ein Agnostiker ist – als gefangenes Tier, das von einer fremden und unpersönlichen Kraft in einem Käfig gesperrt ist. Der Gläubige andererseits ist, wenn auch aus dem irdischen Paradies verbannt, doch niemals aus der göttlichen Gegenwart verbannt und ist Dem Einen, nach dessen Ratschluß er lebt und stirbt, nicht fremd. Es heißt, daß das arabische Wort für Mensch, *ins*, direkt verwandt sei mit dem Wort für »Intimität«, *uns*, und das ist ein Weg, auf sein einzigartiges Privileg der Intimität mit dem Göttlichen hinzuweisen und die Gegenseitigkeit zumindest anzudeuten, die im innersten Herzen des Verkehrs des Menschen mit Gott und Gottes Verkehr mit dem Menschen liegt. Der Begriff dieser Gegenseitigkeit läßt uns auch die Natur des Gebetes und den Platz am besten verstehen, den das Gebet im Leben des Muslim einnimmt.

Christen, die sich des Herr/Sklave-Bildes bewußt sind, das für die islamische Perspektive so zentral ist, und die diese Religion im Vergleich zu ihrem eigenen Glauben als »unpersönlich« ansehen, fragen oft, ob der Muslim irgendeine Art persönlicher, gegenseitiger Beziehung zu seinem Schöpfer habe. Der Muslim andererseits legt die Betonung auf die völlige Selbst-Genügsamkeit Gottes und ist schockiert, daß der Christ glauben kann, Gott »brauche« den Menschen auf irgendeine mysteriöse Art. Hier besteht ein wirklicher Unterschied; doch ist es bis zu einem gewissen Grade auch eine Sache der Darstellung. Im Islam kommt die gegenseitige Beziehung zwischen Schöpfer und Geschöpf, die ein gegenseitiges Bedürfnis impliziert, nicht aufgrund einer scheinbaren Unzulänglichkeit der Gottheit zustande, sondern weil es dem Schöpfer gefällt, auf diese Art zu handeln. Mit anderen Worten, diese Gegenseitigkeit entsteht aus Bedürfnis unsererseits und überströmender Großmut Seinerseits.

Die koranische Verwerfung der »Vergeßlichkeit« – »Vergessen haben sie Allah, und so hat Er sie vergessen« (Sura 9,68) und der »Gleichgültigkeit« *(ghaflah)* wird aufgewogen durch den ständigen Nachdruck auf Erkenntnis, die manchmal durch *taqwā* ausgedrückt wird, was entweder als »Gottesfurcht« übersetzt wird oder als »Sich-Gottes-Bewußt-Sein«, und manchmal durch *dhikr,* ein Schlüsselwort im Islam, das man entweder als »Gedenken« oder als »Erwähnung« übertragen kann: »Drum gedenket Mein, daß Ich eurer gedenke« (Sura 2,147). In diesem Bewußtwerden, diesem Gedenken, diesem sich-vor-Augen-Rufen »sind die Herzen in Frieden« (Sura 13,28). Gebet selbst wird als »Gedenken« definiert, und in der Tat ist all unser Bewußtwerden Gottes eine Form des Gebets, denn an Ihn zu denken und Ihn im Sinne zu haben heißt bereits, zu Ihm zu beten; und auf diese Weise werden der äußere und der innere Mensch, verhärtet durch die Erfahrungen des Lebens in dieser Welt, geschmolzen und aufnahmefähig gemacht – »Alsdann glättet sich ihre Haut und ihr Herz bei dem Gedenken an Allah« (Sura 39,24). Die aber, deren Liebe zur Welt sie außer Hörweite getrieben hat, sind verloren: »Drum wehe denen, deren Herzen verhärtet sind gegen das Gedenken an Allah!« (Sura 39,23); und was den angeht, »der sich von Meiner Ermahnung abkehrt...dem sei ein Leben in Drangsal, und erwecken wollen Wir ihn am Tage der Auferstehung blind« (Sura 20, 123–124).

Der Koran sagt uns, daß die Menschheit für einen einzigen Zweck erschaffen ward, und dieser Zweck ist »Anbetung«; er sagt uns aber auch, daß diese Anbetung eine sofortige Antwort zur Folge hat: »Rufet Mich an, Ich will euch erhören« (Sura 40,62). Es besteht daher ein Dialog im Gebet, aber nur der Mensch ist eines Dialogs mit Gott fähig; die übrige Schöpfung »betet« und »lobpreist«, tut es jedoch gewissermaßen unbewußt, einfach dadurch, daß sie ist, was sie ist. »Es preisen Ihn die sieben Himmel und die Erde und wer darinnen. Und kein Ding ist, das Ihn nicht lobpreist. Doch versteht ihr nicht ihre Lobpreisung« (Sura 17,46). Nach einem Text, den man Jalāluddin Rūmi zuschreibt: »...preisen Dich die Dunkelheit der Nacht und die Helle des Tages, die Strahlen der Sonne und das Licht des Mondes, das Murmeln der Wasser und das Rauschen der Blätter, die Sterne des Himmels und der Staub der Erde, die Steine der Berge, der Sand der Wüste und die Wogen des Meeres, die Tiere zu Wasser und zu Lande.« Und doch ist ihr Lobpreis stumm, während dem Menschen das höchste Geschenk der Sprache gegeben ist, zusammen mit der Intelligenz, welche die Sprache zusammenhängend macht und deshalb die Möglichkeit zum Dialog eröffnet.

»Der Mensch betet, und das Gebet formt den Menschen. Der Heilige ist selbst zum Gebet geworden, dem Begegnungsort von Erde und Himmel; und so enthält er in sich das Universum, und das Universum betet mit ihm. Er ist überall, wo die

Natur betet, und er betet mit und in ihr, auf den höchsten Gipfeln, die die Leere und die Ewigkeit berühren, in einer Blume, deren Blätter abfallen oder in dem verlassenen Gesang eines Vogels.«* Dies ist die Funktion des *Khalīfah*, des Statthalters; dafür ist er erschaffen, und indem er seine Funktion erfüllt, wird er durch sie geformt. Es heißt, daß der Enkel des Propheten, Hasan, einmal gefragt wurde, weshalb die Menschen, die einen großen Teil der Nacht im Gebet verbringen, »so schön« aussähen; er erklärte, es sei deshalb, weil »sie allein mit dem Allbarmherzigen waren, der sie mit Licht von Seinem Licht bedeckt.«

Für den Menschen, der zugleich privilegiert und doch den schrecklichsten Gefahren ausgesetzt ist, wird das Leben ein Fortschreiten des Vergänglichen und Unbeständigen zu dem Bleibenden und Absoluten, oder aber eine Bewegung hin zur Auflösung. Nach al-Ghazzālī gibt es in der »unsichtbaren« Welt »Wunder, im Vergleich zu denen diese sichtbare Welt völlig bedeutungslos erscheint. Wer nicht zu jener Welt aufsteigt ... ist nur ein unvernünftiges Tier, denn den Tieren sind keine Flügel gegeben, dorthin zu fliegen.

... Wisse, daß es mit ›Sichtbarem‹ und ›Unsichtbarem‹ so steht wie mit der äußeren Schale zum Kern, Leib und Gestalt zum Geist, Dunkelheit zum Licht ... Wer in jener oberen Welt ist, ist bei Allah und besitzt die Schlüssel zum Unsichtbaren.«**

Auch hier stoßen wir wieder auf ein Paradoxon: der Mensch als Geschöpf zweier Welten – oder, um dasselbe anders auszudrücken – als Geschöpf mit zwei Identitäten in einem einzigen Körper, die eine vergänglich, die andere unsterblich. Es ist schwierig, sich einen Dialog zwischen Gott und Seinem Sklaven vorzustellen; es ist sehr viel weniger schwierig, sich einen solchen zwischen Gott und Seinem erwählten Statthalter vor-

---

* Frithjof Schuon, *Spiritual Perspectives and Human Facts*, S. 213 (Faber & Faber)

** Al-Ghazzālī in *Mishkāt al-anwār* [»Die Lichternische«; s. W. H. Temple Gairdner, Al-Ghazzali's *Mishkat al-anwār* »The Niche for Lights«, London 1924. Reprint Lahore 1952]

zustellen. In den *ḥadīth qudsī*, jenen Aussprüchen des Propheten, in denen Gott direkt durch ihn sprach, finden wir die treffendsten Hinweise auf die Gegenseitigkeit, die die Grundlage des Dialogs ist.

»Ich bin bei [Meinem Diener], wenn er Mich erwähnt« – oder »wenn er Meiner gedenkt« – »Wenn er Meiner gedenkt, gedenke Ich seiner... Und wenn er Mir eine Spanne entgegenkommt, komme Ich ihm eine Armlänge entgegen; und wenn er Mir eine Armlänge entgegenkommt, komme Ich ihm doppelt so weit entgegen. Und wenn er sich Mir gehend nähert, nähere Ich mich ihm eilend.« Hier ist die Antwort auf das Gebet oder tatsächlich schon auf den einfachen Akt, Gottes zu gedenken, von unvergleichlicher Größe, denn die göttliche Gegenwart ist zweifellos größer als jede andere vorstellbare Gabe. Was das menschliche Bittgebet angeht, so wird es nicht nur erhört, sondern erwartet: »Unser Herr – gepriesen und erhaben ist Er – steigt jede Nacht, wenn zwei Drittel der Nacht vergangen sind, zum untersten Himmel hinab und fragt: ›Wer ruft Mich an, auf daß Ich ihm antworten könne? Wer bittet Mich um etwas, auf daß Ich es ihm geben könne? Wer erfleht Meine Vergebung, auf daß Ich ihm vergeben könne?‹«

Selbst in dieser armseligen Welt, so sagt ein anderes *ḥadīth*, »hat Allah Engel, die auf den Wegen reisen, um jene zu suchen, die Allahs gedenken, und wenn sie Menschen finden, die dies tun, rufen sie einander zu: ›Komm zu dem, was du suchst!‹ und umgeben sie mit ihren Flügeln bis hinauf zum untersten Himmel.« Ihr Herr fragt sie (»obwohl Er es am besten weiß«), was diese Anbeter sagen, und die Engel antworten, daß sie Ihn lobpreisen, obgleich sie Ihn niemals gesehen haben; daß sie um das Paradies bitten, obgleich sie es niemals gesehen haben; und daß sie Schutz vor der Hölle suchen, obgleich sie sie niemals gesehen haben. Ihr Herr sagt dann zu Seinen Engeln: »Ich rufe euch zu Zeugen, daß Ich ihnen vergeben habe!«

Nicht jedermann, um es bescheiden zu sagen, sucht enge Gemeinschaft, Dialog mit Gott; die meisten von denen, die sich im Gebet zum Himmel wenden, tun dies aus Begier oder aus Furcht, und diejenigen, die es aus Furcht tun, sind auf der Suche nach Vergebung. Es wird uns gesagt, daß Gott keinen großen Wert auf das Motiv legt, solange sich die Menschen Ihm überhaupt zuwenden und dadurch die wesentliche Verbindung herstellen. Das kommt in einem erstaunlichen *ḥadīth* zum Ausdruck, das angezweifelt werden könnte, wäre es nicht von einem der höchst geachteten *mutaḥaddithūn* aufgezeichnet: »Bei Ihm, in dessen Hand meine Seele liegt, hättet ihr nicht gesündigt, Allah hätte euch entfernt und ein Volk gebracht, das sündigt, dann Allah um Vergebung bittet, und dem vergeben wird.« Nach einem *ḥadīth qudsī* hat Allah gesagt: »O Sohn Adams, solange du Mich anrufst und Mich um etwas bittest, werde Ich dir vergeben für das, was du getan hast, und Mich nicht darum kümmern. O Sohn Adams, wenn deine Sünden auch bis an die Wolken reichten und du Mich dann um Vergebung bätest, würde Ich dir vergeben. O Sohn Adams, kämst du zu Mir mit Sünden fast so groß wie die Erde, [selbst], selbst dann, wenn du Mir dann gegenüberständest und Mir keinen ›Teilhaber‹ zuschriebest, würde Ich dir in gleichem Maße Vergebung gewähren.«

Diese Texte und Aussprüche beziehen sich auf das Gebet im allgemeinen und vielleicht vor allem auf den *dhikr,* das »Gedenken«, das die Essenz allen Gebetes ist. Die Muslime machen jedoch eine klare Unterscheidung zwischen dem privaten oder »ex tempore«-Gebet, *duʿā* genannt, und dem Ritualgebet, das fünfmal am Tag verrichtet werden muß, *ṣalāt.* Die Wirksamkeit des letzteren hängt nicht von individuellen Umständen, Gefühlen oder Neigungen ab. Es ist ein Ritus, ein gottgegebener Rahmen, und so ist alles, was das menschliche Geschöpf zu tun hat, sozusagen in ihn einzusteigen. Dem Gebet geht die rituelle Waschung voraus, die angesammelten Schmutz abwäscht, die Orientierung (das heißt, daß der Betende sich in Richtung Mekka wendet) und die Absicht, dieses oder jenes Gebet zu vollziehen oder an ihm teilzunehmen.

Wie wir gesehen haben, interpretieren der Islam und das

Christentum die Folgen von Adams »Fall« in verschiedener Weise. Der Islam akzeptiert nicht, daß irgendeine »Sünde« – irgendein »Fall« – die innerste Essenz des menschlichen Geschöpfes determinieren könnte. Der Mensch kann dieser Perspektive nach nicht seinen Theomorphismus, seine Ähnlichkeit mit dem Bilde Gottes verlieren, so tief diese Ähnlichkeit auch mit Schmutz bedeckt sein mag. Selbst die ätzendste Säure könnte niemals die göttliche Prägung zerstören. Durch die rituelle Waschung wird diese Ur-Reinheit, die Reinheit des Geschöpfes wie es zuerst aus Gottes Hand hervorkam, zeitweilig wieder hergestellt, so daß es aufrecht vor seinem Schöpfer stehen kann.

Die Vergangenheit hängt uns an, vergangene Sünden, vergangene Fehler. Gottes Vergebung wäscht diese hinweg, oder Er löscht sie, unter Seinem Namen *al-'Afū,* aus, so als seien sie niemals geschehen (oder, um genauer zu sein, als hätten sie sich niemals an unsere Substanz geheftet), denn nur Er allein kann die Kette von Ursache und Wirkung brechen. Die rituelle Waschung ist ein Sinnbild für diese Vergebung oder dieses Auslöschen. Der Schmutz von gestern wird von der Haut entfernt und der Schmutz der Vergangenheit von der Seele, und die Substanz, die zu diesem Zweck benutzt wird, ist die gleiche Substanz, aus der wir zuerst erschaffen worden sind: »Und Er ist's, der aus Wasser den Menschen erschaffen« (Sura 25,54).

'Uthmān (der dritte Kalif) hat berichtet, daß der Prophet gesagt habe: »Wenn jemand die Waschung gut vollzieht, werden die Sünden aus seinem Leib, ja sogar unter seinen Nägeln herauskommen;« und Abū Hurayra berichtet, er habe gesagt: »Wenn ein Gläubiger bei der rituellen Waschung sein Gesicht wäscht, wird jede Sünde, die er mit seinen Augen betrachtet hat, zusammen mit dem Wasser, oder mit dem letzten Tropfen des Wassers, von seinem Gesicht fallen; wenn er seine Hände wäscht, wird jede Sünde, die seine Hände begangen haben, von ihnen mit dem Wasser oder dem letzten Tropfen Wassers abfallen, und wenn er seine Füße wäscht, wird jede Sünde, auf die seine Füße zugegangen sind, mit dem Wasser oder mit dem letzten Tropfen des Wassers abfallen, so daß er schließlich von Sünde gereinigt dasteht.« Im Islam könnte man »Reinheit« fast als ein Synonym für Objektivität bezeichnen, denn sie bedeutet vor allem, frei von den subjektiven Verzerrungen und egoistischen Interessen zu sein, die uns am stärksten gefangenhalten. Zu sagen, etwas ist »rein«, bedeutet, daß es unvermischt mit fremden Elementen und völlig es selbst ist, wie reines Gold.

Nachdem der das Ritualgebet Vollziehende wieder zu seiner ursprünglichen Reinheit zurückgeführt ist, stellt er sich hin, um zu beten. Er steht mit dem Gesicht zur Ka'ba in Mekka, so weit er auch von ihr entfernt sein mag. »Von wannen du immer herauskommst, kehre dein Antlitz in der Richtung der heiligen Moschee, und wo immer ihr seid, kehret euer Angesicht in der Richtung zu ihr...« (Sura 2,145). Bücher über Islamisches Recht, die geschrieben sind, ehe der Kompaß allgemein verwendet wurde, gehen ins kleinste Detail über die Art und Weise, wie ein Reisender die korrekte Orientierung finden kann; sie übersehen jedoch niemals die Tatsache, daß »Taten nach den Absichten beurteilt werden«. Wenn der Betende sich infolge eines unvermeidbaren Irrtums in die falsche Richtung wendet und seinen Fehler nicht entdeckt, ehe die festgesetzte Zeit für das entsprechende Gebet vorbei ist, dann wird sein Gebet von Gott angenommen. Er hatte die Absicht, sich der Ka'ba zuzuwenden, und darauf kommt es an.

Die Orientierung, sowohl im einfachen, physischen Sinn als auch symbolisch, ist im Islam von ungeheurer Bedeutung.*
Die Ka'ba ist für den Muslim der Mittelpunkt der Welt; sie ist auch das Symbol seines eigenen inneren Mittelpunkts, des

---

* Nicht nur im Islam. Ein amerikanischer Psychiater, William Sheldon, der höchstwahrscheinlich kaum je etwas über die Religion des Islam gehört hatte, schreibt: »Über einen längeren Zeitraum dauernde Beobachtungen in der klinisch-psychologischen Praxis führten fast unvermeidlich zu der Schlußfolgerung, daß tiefer und fundamentaler als die Sexualität, tiefer als das sehnliche Verlangen nach gesellschaftlicher Macht, tiefer sogar noch als der Wunsch nach Besitz, ein generelleres und universaleres Verlangen im Menschen vorhanden ist. Es ist das sehnliche Verlangen nach dem Wissen um die richtige Richtung – nach Orientierung.«

»Herzens«, wo alle Dinge zusammenkommen. Sich in die richtige Richtung zu wenden, bedeutet, auf dem Weg zur persönlichen Integration fortgeschritten zu sein. Es bedeutet, sich bereits auf dem »rechten Pfad« zu befinden, auf den geleitet zu werden der Muslim Gott in seinem Gebet bittet; nur ist im ersteren Fall der Pfad sozusagen horizontal – da er nach Mekka führt – während er im zweiten Fall vertikal ist und zu »dem Herrn dieses Hauses«, dem Herrn der Ka'ba, Gott Selbst, führt. Die horizontale Reise ist wie eine Projektion der vertikalen auf eine flache Oberfläche; mit anderen Worten, die erstere ist ein Symbol der letzteren und gleichzeitig ihr Vorläufer.

So ist *ṣalāt*, das Ritualgebet, »festgesetzt«. »Wenn du mit dem Gebet beginnst, sollst du in die Gegenwart Allahs kommen wie am Tage der Auferstehung, wenn du vor Ihm stehen wirst ohne einen Mittler, denn Er heißt dich willkommen, und du sprichst vertraulich mit Ihm, und du weißt, in wessen Gegenwart du stehst, denn Er ist der König der Könige. Wenn du deine Hände erhoben hast und sagst: ›Gott ist am Größten‹, dann laß nichts mehr in deinem Herzen verbleiben außer der Verherrlichung und laß zur Zeit der Verherrlichung nichts mehr in deinem Sinn außer der Herrlichkeit Gottes, des Allerhöchsten, so daß du diese und die nächste Welt vergißt, während du Ihn lobpreisest. Wenn ein Mensch sich beim Gebet beugt, dann soll er sich danach wieder erheben und sich dann wieder zur Fürbitte verneigen, bis jedes Gelenk seines Körpers ganz dem Thron Gottes zugewandt ist... und er so gering von sich selbst denkt, daß er sich für geringer als ein Staubkörnchen hält.«*

Dieses Ritualgebet ist nach dem Wort des Propheten »der Schlüssel zum Paradies«, und er hat zu seinen Gefährten gesagt: »Sagt mir, wenn vor jemandes Tür ein Fluß wäre, in dem er sich fünfmal täglich wäscht, würde dann noch Schmutz an ihm bleiben?« Als sie antworteten, es würde keiner bleiben, sagte er: »Das ist wie die fünf Gebetszeiten, durch die Allah

---

* *Kharrāz*, aus: Margaret Smith, *Readings from the Mystics of Islam*, Nr. 26

Sünden tilgt.« Wenn die Menschen nur wüßten, welch ein Segen im frühen Morgengebet liegt, so sagte er ihnen, »dann würden sie [zum Gebet] kommen, selbst wenn sie hinkriechen müßten«. Man braucht sich nicht zu wundern, daß, wenn der Ruf zum Gebet ertönt, »der Teufel sich umdreht und einen Furz läßt, um den Ruf nicht hören zu müssen...« Das ist des Teufels Weise, der Realität aus dem Weg zu gehen, aber Männer und Frauen, wenn sie heil und seelisch gesund sind, leisten dem Ruf Folge. Ein Mann kam zum Propheten und sagte: »Gesandter Allahs, ich habe etwas getan, das Bestrafung verdient; setze also [eine Bestrafung] für mich fest!« Der Prophet sagte nichts, und als die Zeit zum Gebet gekommen war, betete der Mann mit ihm und wiederholte dann seine Bitte um Bestrafung. »Hast du nicht mit uns gebetet?« fragte der Prophet ihn. Er bejahte das. »Nun gut, Allah hat dir dein Vergehen vergeben.«

Das Ritualgebet hat zwei Brennpunkte: einer hat mit Verständnis zu tun und bezieht sich auf den Geist, der andere ist existentiell und hat mit dem Körper zu tun. Der erste ist das Rezitieren der *Fātiḥah*, der kurzen *Sūrah*, die an den Anfang des Koran gestellt ist, in jeder einzelnen Gebetseinheit (zusammen mit der Rezitation anderer Koranstellen in den beiden ersten Einheiten), und dies wird getan, während der Betende aufrecht steht, so wie es sein Recht ist, wenn er als Statthalter Gottes auf Erden betet. Der zweite ist die Niederwerfung des Körpers, wobei die Stirn den Boden berührt, zusammengekrümmt wie ein Kind im Mutterleib und ausgelöscht unter dem Herrlichkeitsglanz der göttlichen Majestät. Diese beiden Brennpunkte sind die beiden Pole menschlicher Erfahrung, menschlicher Realität.

Die *Fātiḥah* beginnt nicht mit den Worten »Ich lobpreise Allah«, sondern mit »Lob sei Allah«, da der Statthalter im Namen der gesamten Schöpfung betet. Ebenso wie Wasser vom Himmel als Segen herabkommt und als Dampf und Dunst wieder zum Himmel aufsteigt, so werden die göttlichen Gaben gewissermaßen in Lobpreisung verwandelt, die zum »Herrn der Welten« zurückkehrt, der dann als »Der Erbarmer, Der Barmherzige« qualifiziert wird und danach als »König am Tage des Gerichts«, da Er am Ende jedes Weges steht und alles schließlich zu Ihm kommt, um »gerichtet« zu werden und den ihm entsprechend seiner Natur zugewiesenen Platz einzunehmen. Nachdem Gottes Statthalter das Verhältnis der Schöpfung zum Schöpfer klargelegt hat, spricht er im Plural, im Namen seiner Provinz, und sagt: »Dir dienen wir und zu Dir rufen um Hilfe wir« und fährt dann fort, die universelle Hoffnung auszusprechen: »Leite uns den rechten Pfad,* den Pfad derer, denen Du gnädig bist, nicht derer, denen Du zürnst, und nicht der Irrenden.«

Dies ist die *Fātiḥah*, »die Öffnende«, die der Muslim – vorausgesetzt, er betet – mindestens siebzehnmal jeden Tag rezitiert und noch sehr viel öfter, wenn er auch die sogenannten *Sunnah*-Gebete vollzieht, wie es der Prophet zu tun pflegte. Er verneigt sich nach dieser Rezitation, so daß der obere Teil seines Körpers waagerecht ist, und in dieser Haltung lobpreist er Gott als »Den Unermeßlichen«, »Den Gewaltigen« oder »Den Unendlichen«, den Gott, dessen Macht über alle vorstellbare Ausdehnung auf der horizontalen Ebene hinausreicht. Dann wirft er sich nieder und lobpreist Gott als »Den Höchsten«, »Den Transzendenten«, der unvorstellbar hoch über und jenseits von allen Dingen steht; er hat sich so klein gemacht, damit er das tun kann, denn jede bloß menschliche Ausdehnung, wie die Ausdehnung seines Körpers in die Höhe oder die Breite – vertikal oder horizontal – wäre wie eine Verleugnung dieser Transzendenz.

Der Statthalter, der die geoffenbarten Worte des Koran rezitiert, lebt nicht im gleichen Lande wie der König, obgleich er zu Ihm spricht; es ist während der Niederwerfung, daß er sich am gewissesten in der königlichen Gegenwart befindet, und wenn er jetzt spricht, ist es die Sprache völliger Intimität. Frau 'Ā'isha sagte: »Eines Nachts vermißte ich den Gesandten

---

* Dies könnte auch als »der aufsteigende Pfad« übersetzt werden

Allahs in unserem Bett, und als ich ihn suchte, berührte meine Hand seine Fußsohle, während er sich bei der Niederwerfung befand, die Sohlen nach oben gerichtet, und er sagte: ›O Allah, ich suche Zuflucht in Deinem Wohlgefallen vor Deinem Zorn und in Deiner Vergebung vor Deiner Strafe, und ich suche Zuflucht in Dir vor Dir Selbst. Ich kann das Dir zukommende Lob nicht zählen‹...« Das Ritualgebet mit all seinen Dimensionen von Höhe, Breite und Tiefe ist ein Akt des konzentrierten »Gedenkens« *(dhikr)*, und selbst der geschäftigste Mensch wird fünfmal am Tag von seinem Umherschweifen zurückgerufen, um seine Abhängigkeit anzuerkennen und sich die Realität in sein Bewußtsein zu rufen, die unendlich weit über ihn hinausreicht und sich ihm doch in Barmherzigkeit zuneigt. Weise Männer sagten, daß alle fünf Säulen des Islam nur wegen des »Gedenkens« an Allah eingesetzt worden sind.

Das ist ganz offensichtlich der Fall bei der ersten, der Bezeugung der Göttlichen Einheit, und bei der zweiten, dem Gebet. Die dritte Säule ist *zakāt*, das Almosengeben, das Teilen von Reichtum mit anderen, das uns – ganz abgesehen von seiner sozialen Funktion – dazu zwingt, anzuerkennen, daß andere Menschen so sind wie wir, gleichermaßen einmalig, und daß ihre Existenz ein ebensolches Wunder ist wie die unsere; nur im Kontext des »Gedenkens«, das alles an seinen rechten Platz stellt, kann diese Anerkenntnis zu einer erfahrenen Wirklichkeit werden und nicht nur einfache Pflicht bleiben. Worauf es beim Fasten im Ramadan, der vierten Säule, ankommt, ist, einen Zustand der Loslösung von der Welt zu erreichen, aber auch von dem Ego und seinen Wünschen; auch dies schafft Raum für das »Gedenken« an Allah und sogar für Seine Gegenwart. Die fünfte Säule, die Pilgerfahrt, bringt uns körperlich wie auch geistig zu dem Mittelpunkt, dem Ort, wo das »Gedenken« zur Begegnung und zur Aktualität wird.

Dieses »Gedenken«, dieses ständige Bewußtsein ist verbunden mit *taqwā*, dem erschauernden Bewußtsein von Gott als der höchsten Wirklichkeit, die, wie der Koran sagt, »in Furcht und Hoffnung« angerufen wird.

Seit der Erschaffung Adams, der aus Staub geformt und zur Herrlichkeit erhoben wurde, ist ein Paradoxon auf das andere gehäuft worden, nicht zuletzt dann, wenn dieses Geschöpf aus Staub aufrecht steht und der Erde etwas vom Himmel bringt. Die duftenden Lüfte des Paradieses können jetzt nur noch in Flaschen aufbewahrt werden – sie kreisen nicht mehr mit den Winden – ihr Wohlgeruch haftet jedoch an Werken der Kunst und des handwerklichen Könnens, durch das schöne Dinge zum Gebrauch hergestellt werden, aber auch am Leben bestimmter Männer und Frauen, die der Schönheit bis zur Quelle gefolgt sind und ihre eigene menschliche Substanz zu einer offenen Tür zwischen dem, was oben, und dem, was unten ist, gemacht haben; denn dies sind die wirklich größten Künstler.

11. Kunst, Umwelt und Mystik

Es wird manchmal gesagt, daß es so etwas wie »Islamische Kultur« gar nicht gäbe, und wenn wir den Begriff »Kultur« auf seine moderne Bedeutung eingrenzen, ist dies auch ganz richtig. Es gibt keine säkularen, weltlichen Künste im Islam (ebensowenig, wie man sie in traditionellen Zivilisationen findet) und das folgt direkt aus dem Prinzip des *tawḥīd*, dem Prinzip der Einheit, das im Glaubensbekenntnis – *Lā ilāha illa 'Llāh* – ausgedrückt wird.

Die traditionelle islamische Zivilisation und alle ihre verschiedenartigen Manifestationen werden von diesem Prinzip beherrscht, das überall, wohin man sich auch wendet, zu entdecken ist, genau so wie die göttliche Einheit, die im Namen *al-Waḥīd* (aus dem der Begriff *tawḥīd* abgeleitet ist) zum Ausdruck kommt, entdeckt werden kann, wo immer eine beliebige Oberfläche angekratzt oder durchdrungen wird, um zu enthüllen, was darunter liegt. Gott ist überall gegenwärtig, und Er kann überall gefunden werden, und dies ist der Grund, weshalb die ganze Welt die »Moschee« oder Gebetsstätte des Muslims ist. Einheit ist der Nährboden der Existenz.

Es gibt einen Zugang zur Religion (und zu den metaphysischen Lehren, ohne die Religion »kein Rückgrat hätte«) durch heilige Kunst – besonders durch heilige Architektur und die Handwerksarten, die Alltagsbedürfnisse der Menschen befriedigen –, und für viele Menschen führt sie direkter zum eigentlichen Kern als verbaler oder diskursiver Ausdruck der wesentlichen Botschaft. Durch diese Kunst und durch dieses Handwerk wird der Glaube auf der Sinnesebene erfaßbar gemacht, und Sinneseindrücke sind von einer Unmittelbarkeit, die geistigen Konzepten und moralischen Vorschriften fehlt. Wer einmal die Große Moschee von Kairuan gesehen hat, hat den Islam gesehen* und wer einmal echte Erzeugnisse muslimischen Handwerks in der Hand gehalten hat, der hat den Islam berührt; diejenigen, welche die Kaʿba gesehen und berührt haben, sind noch tiefer in den Nährboden des Glaubens eingedrungen und in Berührung mit einer Wirklichkeit gekommen, die universal ist.

Die islamische Kunst, sagt Seyyed Hossein Nasr, »ist die irdische Kristallisation des Geistes der islamischen Offenbarung, aber auch eine Spiegelung der himmlischen Wirklichkeiten auf Erden, eine Spiegelung, mit deren Hilfe der Muslim seine Reise durch die irdische Umwelt macht und über diese hinaus bis zur Göttlichen Gegenwart selbst, zu der Wirklichkeit, die Ursprung und Ende seiner Kunst ist.«** Gleichzeitig erinnert sie uns ständig an »das Offene«, den Raum, in dem die

---

* Eine Lehrerin an einer Gemeinschaftsschule in einem armen Gebiet der englischen Midlands reiste kürzlich mit einer Gruppe ihrer Schüler nach Tunesien. Als sie aus der Moschee von Kairuan kamen, sagte der hartgesottenste Bursche in der Klasse zu ihr: »Miss, ich habe nie gewußt, daß Religion schön sein kann!«

** Aus der Einleitung zu *The Art of Islam* von Titus Burckhardt.

Geschöpfe frei atmen können: frische Luft, süßes Wasser und unberührte Natur. Die Offenbarung klingt ihrem Wesen gemäß noch lange nach, wenn ihr Blitzstrahl diese Erde durchdrungen und sich »kristallisiert« hat, klingt nach nicht nur in menschlichen Herzen, Generation nach Generation, sondern auch in irdischen Formen, Jahrhundert nach Jahrhundert; man könnte auch sagen, daß der Blitz latent in diesen Formen verharrt, bereit, unter den richtigen Bedingungen wieder hervorzubrechen, selbst wenn manche anderen Aspekte der Religion von der Zeit ausgehöhlt worden sind.

Das gilt natürlich für alle heilige Kunst, und wenn der Muslim seine Kunst nicht ausdrücklich als »heilig« bezeichnet, dann nur, weil eine vollständig von der Religion geschiedene Kunst für ihn unvorstellbar ist; und deshalb hat er es auch nicht nötig, wie der Westen zwischen heiliger und profaner Kunst zu unterscheiden. Seine Entschlossenheit, aus seinem Leben all das auszuschließen, was auch nur den Anschein des Profanen und Säkularen hat, schockiert häufig den westlichen Menschen, der sich fast ausschließlich mit dem letzteren befaßt und der im säkularen Bereich noch einen scharfen Unterschied zwischen, sagen wir, einer Novelle von Kafka und einer »James Bond«-Geschichte macht, zwischen Beethoven und »Pop«-Musik, einem holländischen Meister und einem Reklame-Plakat. Was den Muslim angeht, so haben diese Unterschiede nur geringe Bedeutung, wenn irgendeine Aktivität oder ein Aspekt des Lebens erst einmal vom Glauben abgeschnitten sind; sie zählen nicht viel mehr als der Unterschied zwischen einer Sorte Lehm und einer anderen. Es ist unter diesen Umständen kaum verwunderlich, daß der Muslim einen – wie es der westliche Mensch sieht – bedauerlichen Mangel an Geschmack und Unterscheidungsvermögen erkennen läßt, wenn er sich mit den Erzeugnissen westlicher Kultur und Technologie befaßt.

Gleichzeitig befaßt sich die islamische »Kultur« – wobei dieser Begriff im weitestmöglichen Sinn ausgelegt wird – ausschließlich mit dem, was nützlich ist, entweder für unser Leben in der Welt oder für unsere Endziele. Daran ist gar nichts besonders

Ungewöhnliches. Das gleiche könnte von der mittelalterlichen christlichen Zivilisation gesagt werden; und vom historischen Gesichtspunkt aus betrachtet, waren es nur sehr kurze und außergewöhnliche Perioden, in denen die Menschen entweder die Gelegenheit oder die Neigung hatten, ihre besten Kräfte dem Überflüssigen zu widmen, oder sich an der Kunst um ihrer selbst willen, an »l'art pour l'art«, erfreuten. Schiere Notwendigkeit hat uns gewöhnlich dazu gezwungen, uns vor allem anderen um unseren Lebensunterhalt zu sorgen, während der Glaube von uns verlangt, uns mindestens ebenso viel um das zu sorgen, was unseren Endzielen, unserer »Errettung« dient. Und selbst das schließt noch eine Teilung ein, die dem Islam fremd ist; der erfolgreiche Muslim ist einer, der in dieser Welt wie auch im Jenseits mit Gutem gesegnet ist.

Die beiden höchsten Künste des Islam sind Kalligraphie (verbunden mit Buchschmuck) und Architektur, wobei die eine mit dem geoffenbarten Wort, die andere mit der menschlichen Umwelt zu tun hat. Man könnte vielleicht sagen, daß die Kalligraphie mit dem ersten Teil der *Shahādah* in Verbindung steht, der Bezeugung der göttlichen Einheit, zu welcher der Koran ein ausgedehnter Kommentar ist, während die Architektur vom zweiten Teil der *Shahādah* beherrscht wird, der Bezeugung von Muhammads Prophetentum, da die islamische Umwelt dazu bestimmt ist, es Männern und Frauen zu ermöglichen, im Einklang mit seiner *Sunnah* zu leben.

Man könnte fast sagen, daß die arabische Schrift um des Korans willen geschaffen wurde und um ihm zu dienen. Die Araber in vor-islamischen Zeiten besaßen eine primitive Schrift, sie neigten jedoch dazu, dem Schreiben als einem Medium zu mißtrauen, das den freien Geist ihrer Poesie einkerkerte. Das gesprochene Wort war allmächtig; im Vergleich zu dieser lebendigen Herrlichkeit erschien ihnen das geschriebene Wort ausgedörrt, gleich einer gepreßten Blume. Es war jedoch wesentlich, daß der Koran in geschriebenen Worten aufgezeichnet wurde, damit kein Wort der Offenbarung verlorenginge oder geändert würde, so wie die Worte anderer Schriften verändert worden waren; es war nicht weniger wesentlich, daß eine Schrift entwickelt würde, deren Adel dem Adel seines Inhalts entsprach.

Die massive Schriftform des kufischen Stils erfüllte dieses Bedürfnis. »Diese feierliche Prozession von Hieroglyphen«, sagt Martin Lings, »einige einfach und andere aus mehr als einem Element zusammengefügt, ... weist auf eine unausweichliche Notwendigkeit hin, so als ob ihre Buchstaben die Entschiedenheit der Göttlichen Verordnung, aus der die Offenbarung entsprang, zum Ausdruck bringen sollten oder, als ob sie verkünden sollten, daß die Botschaft, deren Träger sie sind, unwiderruflich und unveränderlich ist. Gleichzeitig ist etwas feierlich Geheimnisvolles und Reserviertes an diesem Stil, der mehr zurückzuhalten scheint als er gibt, als fürchte er, Geheimnisse zu verraten ... «[*]

Die Worte werden langsam, stückweise aufgezeichnet, als litte der Kalligraph dabei an Geburtswehen, und die einzelnen Buchstaben sind oft so weit voneinander entfernt, »als sollten sie uns warnen« – wie Martin Lings sagt – »daß der Inhalt zu gewaltig ist, um leicht und einfach erfüllt zu werden.« Man wird manchmal an einen besonders langgezogenen Stil der Koranrezitation erinnert,[**] bei dem der Rezitator nach einem Vers oder sogar nach einigen Worten eine Pause einlegt, wie ein Bergsteiger eine Pause einlegt, um am Berghang Atem zu schöpfen, oder wie überwältigt von der Majestät des Tons, während er gleichzeitig seinen Zuhörern erlaubt, diesen Laut in sich aufzunehmen, so daß er in ihrem Innern widerhallt.

Der Koran existiert jedoch, um verstanden zu werden. Das Entziffern der kufischen Schrift ist mühsam, und im Lauf der Zeit entwickelten sich Schriften, die sehr viel einfacher zu lesen sind und dahinfließen, einige wie geschmolzene Lava und

[*]   Martin Lings, *The Quranic Art of Calligraphy and Illumination,* S. 16 (World of Islam Festival Trust)
[**] Es gibt sieben verschiedene Stile der Koranrezitation, regiert von den strengen Regeln der Kunst oder Wissenschaft des *tajwīd*

andere wie zartes Maßwerk. Sie sind schon an sich schön und ausdrucksvoll, und gleichzeitig eignen sie sich zur Ausschmükkung, gewöhnlich in Verbindung mit Pflanzenmotiven, die uns an die Übereinstimmung zwischen den *ayāt* (Versen) des Buches und den *ayāt* (Zeichen) in der Natur erinnern. Es gibt eine andere Übereinstimmung, nicht weniger wichtig: Gott ist »das Licht der Himmel und der Erde«, und Seine Selbst-Offenbarung ist eine Manifestation von Licht. Und durch Koran-Illuminierung mit ihrem Gebrauch der Sonnenfarbe Gold und der Himmelsfarbe Blau werden wir an eben diesen Aspekt des Buches erinnert.

Hier steht der Muslim vor einem Problem. Illuminierung ist eine »Kunstform«, und Formen als solche kerkern ihren Inhalt ein, genau dadurch, daß sie ihn unseren Sinnen und unserer Intelligenz zugänglich machen. Der Islam weigert sich, die Gottheit in irgendeine Formulierung einzusperren, denn dies zu tun, hieße, die Wirklichkeit zu begrenzen und somit zu verfälschen. »Es ist eine Funktion heiliger Kunst«, sagt Martin Lings, »ein Vehikel für die göttliche Gegenwart zu sein«; aber der muslimische Künstler wird diese Funktion nicht als ein Einfangen der Gegenwart auffassen, sondern eher als eine Befreiung ihrer geheimnisvollen Gesamtheit aus dem trügerischen Gefängnis der äußeren Erscheinung. Der Islam ist besonders jeglicher Idee von Eingrenzung oder Lokalisierung des Göttlichen abgeneigt ...* Wie kann »das Offene« von den Rändern einer Buchseite eingegrenzt werden? Der muslimische Künstler löste dieses Problem einerseits durch den Gebrauch von Motiven wie der Palmette (dem stilisierten »kleinen Baum«), deren Spitzen nach außen auf das weisen, was jenseits der Seite liegt, und andererseits durch sich wiederholende Muster, die zwar gewissermaßen durch den Rand zerschnitten werden, jedoch im Auge des Geistes unbeschränkt in jede Richtung »für immer und immer« weiter ausgedehnt werden können. Auf diese Art wird die menschliche Einbildungskraft

* Martin Lings, *The Quranic Art of Calligraphy and Illumination*, S. 72

eingeladen, das hinzuzufügen, was das graphische Bild nur andeuten kann.

Die Dekoration der Moscheen (die natürlich koranische Inschriften einschließt) wird von demselben Prinzip beherrscht, der Kunst des Unbeschränkten oder der Grenzenlosigkeit, die beispielhaft in der Arabeske mit ihren rhythmischen Verflechtungen zum Ausdruck kommt. Für den muslimischen Künstler, sagt Titus Burckhardt, ist die geometrische Verflechtung »ein äußerst direkter Ausdruck der Idee der Göttlichen Einheit, die der unerschöpflichen Vielfalt der Welt zugrundeliegt. Gewiß, die Göttliche Einheit als solche bleibt jenseits aller Darstellung, da ihre Natur, die total ist, nichts außerhalb ihrer selbst bleiben läßt.... Trotzdem, durch Harmonie wird sie in der Welt widergespiegelt, da Harmonie nichts andres ist als ›Einheit in Vielfalt‹ *(al-waḥdah fi'l kathrah)* und ›Vielfalt in Einheit‹ *(al-kathrah fi'l- waḥdah)*. Verflechtung bringt sowohl den einen wie auch den anderen Aspekt zum Ausdruck.«[*]

Wenn der Christ eine Kirche betritt, kommt er aus der profanen Welt in einen heiligen, eingefriedeten Raum; für den Muslim ist jedoch die ganze Erde sein »Gebetsplatz«. Eine Moschee ist daher kein geweihtes Gebäude; sie ist ein kleines Gebiet der Erde, aus praktischen Gründen ummauert, so daß die Gläubigen ohne Ablenkung dort beten können. Der Mittelpunkt der christlichen Kirche ist der Altar, der Ort der göttlichen Gegenwart, wo der Priester dem Herrn dient, und er ist ausgerichtet auf jenen Punkt am Horizont, an dem zu Ostern die Sonne aufgeht, so daß die Achsen aller Kirchen, wo immer sie auch sein mögen, parallel zueinander liegen. Die Moschee andererseits ist ein Raum für das Gebet und hat als solcher ihren Mittelpunkt nicht innerhalb der umschließenden Mauern; ihre Orientierung ist in Richtung auf die Kaʿba, so daß alle Moscheen in der Welt einen großen Kreis um Mekka herum

[*] Titus Burckhardt, *Art of Islam: Language and Meaning*, S. 63 (World of Islam Festival Trust)

bilden (wenn wir uns die Erde so vorstellen wie sie auf einer flachen Oberfläche dargestellt ist).

Die Kirche ist gewissermaßen ein Ort des Sehnens und dynamischer Spannung, die mit atemloser Hoffnung auf den auferstandenen Christus schaut, die Vereinigung mit ihm sucht und die Unvollkommenheit der menschlichen Seele, solange diese Vereinigung nicht erreicht ist, impliziert. Die Moschee ist friedvoll, da für den Muslim die göttliche Einheit hier und jetzt ist, überall gegenwärtig, und nur als das erkannt werden muß, was sie ist. Die islamische Architektur besitzt diese Fülle an jedem Ort und erinnert uns an das *ḥadīth:* »Es geht den Gläubigen unter allen Umständen gut«; sie erinnert uns daran, daß im göttlichen Wissen alles gut *ist,* alles vollständig ist: *consummatum est.* Streben ist seiner Natur nach unruhig und sucht Beruhigung; was aber in sich selbst vollständig ist, daß ist bereits zur Ruhe gekommen wie ein stiller Teich, der die Sonne widerspiegelt.

Die erste Moschee des Islam war einfach der Hof, auf den sich das Gemach des Propheten und die Gemächer seiner Familie öffneten. Im Lauf der Zeit hat sich die Moschee-Architektur je nach ethnischem Genius – die Moscheen Westafrikas sind äußerlich sehr verschieden von denen Arabiens oder den Moscheen Südostasiens – und individueller Inspiration entwickelt, die Grundprinzipien sind jedoch die gleichen, die »Atmosphäre« ist die gleiche, und der Zweck ist der gleiche. Die Kuppel ersetzte den offenen Himmel, aber die Kuppel ist ein Abbild des Himmels über uns, Minarette ragten auf in die Höhe, eine Bezeugung der göttlichen Einheit, wie der erste arabische Buchstabe des Namens *Allāh* oder wie der ausgestreckte Zeigefinger des Muslims, wenn er diese Einheit im Verlauf des Gebets bezeugt. Gleichzeitig wurde der »Ort der Niederwerfung« (was die wörtliche Bedeutung des Wortes »Moschee« ist) verschönt, weil »Allah schön ist und Er die Schönheit liebt«, und wurde mit Licht durchflutet, weil »Allah das Licht der Himmel und der Erde ist«.

Titus Burckhardt spricht vom muslimischen Architekten als

jemand, der Stein in eine Lichtschwingung verwandelt, und jeder, der den Löwenhof im Alhambrapalast in Granada gesehen hat, wird genau wissen, was er meint und wie wundervoll diese Verwandlung ist. Das göttliche Licht bringt Dinge aus dem Nichts ins Sein; sichtbar sein heißt sein. Für den Islam ist Licht das angemessenste – oder am wenigsten unangemessene – Symbol der Gottheit, aber das Licht als solches blendet, und die menschliche Schwachheit verlangt, daß es in die Farben des Spektrums gebrochen werde, die seine Natur gewissermaßen sowohl analysieren als auch ausdrücken. In dem dekorativen Fliesenwerk von Moscheen wird, wie bei der Illuminierung des Koran, die Sprache der Farbe eingesetzt, um die Geheimnisse zu offenbaren, die im Glanz des Lichts verborgen sind, ebenso wie die »schönen Namen« im Koran benutzt sind, um etwas von der Natur Gottes zu enthüllen, der in Sich Selbst zu blendend ist, um begriffen zu werden.

Nirgendwo in der Moschee oder in anderen Manifestationen normaler religiöser sunnitisch-muslimischer Kunst finden wir Darstellungen menschlicher Gestalten, die uns ins irdische Drama hineinziehen könnten; wir finden auch keine Darstellungen von Tieren, denn: »Kein Getier gibt's auf der Erde und keinen Vogel, der mit seinen Schwingen fliegt, die nicht wären Völker gleich euch« (Sura 6,38); als alternative und wörtliche Übersetzung könnten wir sagen »in eurem Bilde gemacht«, was Gedankengänge eröffnet, die wir hier nicht verfolgen können. Der unmittelbare Grund für diese »Bildlosigkeit« des Islam ist das Verbot der Götzenanbetung in irgendwelcher Form und eine Vorsichtsmaßnahme gegen die Möglichkeit der Götzenanbetung; es ist jedoch auch eine Vorsichtsmaßnahme gegen menschliche Anmaßung; wir können kein Leben erschaffen – »nimmer erschaffen sie eine Fliege« (Sura 22,72) –, und ein Bild eines lebendigen Geschöpfes zu machen, ist für den Muslim so, als versuche der Künstler dieses blasphemische Unterfangen. Man muß ihm Einhalt gebieten, ehe er anfängt, sich selbst als kleinen Gott zu sehen.

Darüber hinaus ist es auch eine Frage des Respekts gegenüber dem »Geheimnis«, das in jedem lebendigen Geschöpf liegt, ein »Geheimnis«, daß nicht in irdischen Formen dargestellt werden kann. Je höher das Geschöpf steht, desto weiter sind wir von der Möglichkeit entfernt, seine Essenz, seinen inneren Sinn, darzustellen. Von diesem Gesichtspunkt aus könnte eine bildliche Darstellung des Propheten nur eine leere Hülse sein und damit nicht nur mißfällig, sondern wirklich gefährlich; denn wer weiß, welche Einflüsse sich in eine leere Hülse einschleichen, welche Trugbilder in das Vakuum projiziert werden können, das von einem »Idol« dargestellt wird. Was den gewöhnlichen Menschen angeht, so ist sein Potential als Statthalter Gottes etwas Unfaßbares und ganz gewiß jenseits jeder Möglichkeit zur Darstellung, es sei denn durch einen Symbolismus, der notwendigerweise abstrakte Form annimmt. Die menschliche Persönlichkeit kann nicht auf seine oder ihre irdischen Modalitäten reduziert werden.

Verbote jedoch können niemals absolut sein, da sie sich auf eine Welt, eine Existenzart beziehen, die an sich selbst nicht absolut ist, und jede Regel verlangt Ausnahmen. Sowohl Menschen als auch Tiere sind auf persischen Miniaturen liebevoll gezeichnet; doch es sind weder die Menschen dieser Erde noch die Tiere dieser Erde. Sie existieren in einer anderen Dimension. Sie sind wie Schatten, von anderswoher auf eine flache Oberfläche geworfen und dann in den Farben unserer begrenzten Örtlichkeit ausgemalt. Wie Burckhardt sagt, sucht die Miniatur nicht, »die äußere Welt so zu porträtieren, wie sie sich gewöhnlich den Sinnen darstellt, mit all ihren Disharmonien und Zufälligkeiten; was sie indirekt beschreibt, sind die ›unwandelbaren Essenzen‹ *(al-aʿyān ath-thābitah)* der Dinge«, sie ist wie ein »klarer und lichtdurchlässiger Traum, wie von innen her beleuchtet.«[*] Das Fehlen von Perspektive erhöht noch die Qualität der Objektivität, die mit dieser »Lichtdurchlässigkeit« einhergeht, denn Perspektive impliziert immer die Gegenwart – ja sogar das Eingreifen – eines individuellen

---

[*] Titus Burckhardt, *Art of Islam*, S. 31

Subjekts, das die Szene von seinem eigenen Gesichtspunkt aus betrachtet. Diese Bilder existieren in ihrer eigenen Welt, und ihre Welt ist frei von den Verzerrungen, die unsere irdische Schau beeinträchtigen.

Außerdem: die menschlichen Figuren in der Landschaft dominieren nicht. Arnold Hottinger zieht eine Parallele zwischen dieser Behandlung der menschlichen Gestalt und anderen Aspekten islamischer Kunst, einschließlich der Art und Weise, wie menschliche Charaktere in der arabischen und persischen Literatur behandelt werden: »Dieser Charakter der *reinen Öffnung*, des Abstrakten und Kristallinen, das den großen Werken der islamischen Architektur eigen ist, geht Hand in Hand mit der Koordinierung verschiedener Objekte in den Miniaturen, wie in einem Garten, mit den spontanen Sequenzen individueller Illuminationen in den Gedichten, und mit Firdausis beweglichen und lichten Figuren, die sich weigern, sich in ein einziges System eingrenzen zu lassen. Wir finden ihn wieder in dem unendlichen, freien Fluß der Geschichten in *Tausend-und-einer-Nacht*, einer Mischung aus Menschen, Tieren, Dämonen, Gewöhnlichkeit und Schönheit...«* Dies ist weit entfernt von jeder humanistischen Kunst-Theorie oder -Praxis, bei denen ein kleiner Mittelpunkt von Elend, ein leidendes Geschöpf in einem Bild oder einer Geschichte eine ganze Landschaft von Freude und Frieden auslöschen kann; und Hottinger lenkt unsere Aufmerksamkeit auf die Qualität des »Losgelöstseins«, die für diese Kunst charakteristisch ist. Die Welt ist so wie sie ist, und in der Miniatur weigert sich der Künstler, seine menschlichen Figuren mehr über das, was er übermitteln will, aussagen zu lassen als das übrige Bild, das wie ein Spiegel ist, der die innere Harmonie reflektiert, die der normale Seinszustand ist oder zumindest sein sollte.

Hottinger zitiert in diesem Zusammenhang eine aufschlußreiche Textstelle aus dem Vorwort von Hugo von Hofmannsthal, zu *Tausend-und-Eine-Nacht:* »Hier ist Buntheit und Tiefsinn,

---

* Arnold Hottinger, *The Arabs,* S.77

Überschwang der Phantasie und schneidende Weltweisheit; hier sind unendliche Begebenheiten, Träume, Weisheitsreden, Schwänke, Unanständigkeiten, Mysterien; hier ist die kühnste Geistigkeit und die vollkommenste Sinnlichkeit in eins verwoben. Es ist kein Sinn in uns, der sich nicht regen müßte, vom obersten bis zum tiefsten...Eine Ahnung, eine Gegenwart Gottes, liegt auf allen diesen sinnlichen Dingen, die unbeschreiblich ist. Es ist über dieser Wirrnis von Menschlichem, Tierischem und Dämonischem immer das strahlende Sonnenzelt ausgespannt oder der heilige Sternenhimmel. Und wie ein sanfter, reiner, großer Wind wehen die ewigen, einfachen, heiligen Gefühle, Gastlichkeit, Frömmigkeit, Liebestreue durch das Ganze hin... « Was wir hier wie auch anderswo im islamischen Kosmos haben, ist die Gegenwart »des Offenen«; Wüste und Steppe, unbegrenzte Horizonte.

Wo aber können wir nun eine spezifisch »menschliche« Kunst finden? Keine Kunst ist uns sowohl körperlich als auch psychisch näher als die der Bekleidung, und wenn die menschliche Gestalt anderswo ausgeschlossen ist – oder nur als ein Element in der Zeichnung auftritt –, ist sie doch im Mittelpunkt der islamischen Umwelt in Glanz gekleidet. »Keine Kunst«, sagt Titus Burckhardt, »hat eine größere Wirkung auf die Seele des Menschen als die der Bekleidung, denn der Mensch identifiziert sich instinktiv mit den Kleidern, die er trägt.« Burckhardt identifiziert die moderne abendländische Kleidung als »Abwendung von einem Leben, das ausschließlich von kontemplativen Werten beherrscht wird und zum Jenseits hin orientiert ist«; die Lehre, die der traditionellen Kleidung des Islam innewohnt – so verschieden sie von einer Region zur anderen sein mag –, ist, daß der menschliche Körper zu den »Zeichen Allahs« gehört, und daß, ihn zu verhüllen, wie Burckhardt sagt, »nicht bedeutet, ihn zu verleugnen, sondern ihn zurückzuziehen, wie Gold, in das Reich der Dinge, die vor den Augen der Menge verborgen sind.«*

* Titus Burckhardt, *Art of Islam*, S.99–100

Es ist im Westen durchaus üblich, Schimpansen menschliche Kleider anzuziehen, entweder um Kinder bei einem Zoobesuch zu erheitern oder um für gewisse Produkte im Fernsehen zu werben, und die Erzeugnisse moderner westlicher Schneiderkunst stehen Affen sehr gut; sie stehen Menschen weniger gut und sehen völlig albern an Muslimen beim Gebet aus; sie sind jedoch das Markenzeichen der »Zivilisation« und werden als solches getragen. Ein Soldat weiß, daß er wirklich in der Armee ist, wenn er seine Uniform anzieht, und ein Mönch ist sich seiner Berufung sicher, wenn er sein Ordensgewand anlegt; sowohl Kemal Atatürk als auch Mao Tse Tung begannen, als sie vollständig mit der Vergangenheit brechen und eine neue Art Türken und eine neue Art Chinesen schaffen wollten, damit, den Kleidungsstil ihrer Völker zu ändern, und es ist interessant zu beobachten, wie schnell katholische Priester säkulare Kleidung anlegen, wenn sie das Vertrauen in ihre priesterliche Funktion verlieren.

Diejenigen, die sich für kluge Affen halten, werden sich wie kluge Affen anziehen, während diejenigen, die glauben, »Statthalter Allahs auf Erden« zu sein, sich auch entsprechend kleiden werden. Manchmal sorgen wir uns mehr um periphere Bedrohungen als um die Bedrohung, die uns am nächsten ist; viele Muslime machen sich große Sorgen über die Bedrohung ihrer Lebensweise durch solche westlichen Gebräuche wie Tanzen und »Dating«, aber nur wenige sind sich darüber im klaren, daß nicht nur ihre Lebensweise, sondern auch ihre Identität als Muslime durch einen Kleidungsstil untergraben werden könnte, der dem islamischen Konzept von der Rolle des Menschen in der Schöpfung völlig fremd ist.*

Das Argument, das man nur allzu häufig hört, ist, daß »äußerliche Dinge« keine Bedeutung haben; alles, worauf es ankommt, ist »was man im Herzen hat«. Dieses Argument ist, gelinde gesagt, naiv. Was wir in unseren Herzen haben, wird

---

* Nach einem *ḥadīth* unter der Überschrift »Bekleidung«: »Wer andere Menschen nachahmt, gehört zu ihnen.«

ständig beeinflußt – und am Ende verändert – durch unsere unmittelbare Umgebung und die Umgebung, die uns am nächsten ist, ist das Gewand, der Anzug oder das Kleid, das wir tragen; danach kommt das Heim, und nach dem Heim die Stadt.

Ebenso wie die Art und Weise, wie Menschen sich anziehen, darauf deutet, was sie von sich selbst denken, deutet die Art und Weise, wie sie bauen, darauf, was sie von der Gesellschaft und vom Zweck des Lebens denken. Die abendländische Architektur in diesem Jahrhundert ist ein offenes Buch, in dem die Ideologien unserer Zeit studiert werden können. Die traditionelle islamische Architektur trägt trotz einer gewaltigen Vielfalt von Stilen die unverkennbare Prägung des Islam; das traditionelle Haus und die traditionelle Stadt waren dem Leben der Menschen genau angepaßt, die in all ihren Aktivitäten der *Sunnah* des Propheten folgten, und gerade aus diesem Grunde erleichterten sie die Befolgung der *Sunnah,* ebenso wie das arabische Gewand den Vollzug der rituellen Waschungen und die Bewegungen beim rituellen Gebet erleichtern.

Die Bulldozer aber sind am Werk gewesen, im Namen der »Modernisierung«; und die auf dem verwüsteten Land gebauten neuen Städte mit ihrer drittklassigen Imitation alles dessen, was am häßlichsten ist in der abendländischen Architektur und ihrer billigen Pfuscherei, bieten angemessenen Wohnraum nur für *shayāṭīn,* »Satane«. Der westliche Mensch, der dies beobachtet und beklagt, handelt sich leicht den Vorwurf ein, er wolle die muslimische Welt »rückständig« und »pittoresk« halten, um sie noch besser beherrschen zu können, obgleich seine Ankläger wahrscheinlich genau die Leute sind, die den Westen wegen seiner »Dekadenz« verdammen, während sie sich darum reißen, die komplette Infrastruktur eben dieser Dekadenz zu übernehmen (man ist versucht hinzuzufügen, daß der Westen zumindest weiß, wie man auf stilvolle Art dekadent sein kann).

Was jedoch hier zur Debatte steht, ist nicht eine Frage von Geschmack oder ob man das Dekorative dem Nützlichen vorzieht; es ist eine Frage geistiger Gesetze, die so unerbittlich sind wie jedes Naturgesetz, und ist gleichzeitig eine Frage menschlicher Psychologie. Was das in unserer Zeit so weit verbreitete Mißtrauen gegenüber allem, das als »romantisch« oder »pittoresk« beschrieben werden könnte, angeht, so bemerkt Frithjof Schuon, daß »die ›romantischen‹ Welten genau die sind, in denen Gott noch immer wahrscheinlich ist; wenn die Menschen den Himmel loswerden wollen, ist es logisch, damit zu beginnen, eine Atmosphäre zu schaffen, in der geistige Dinge fehl am Platz erscheinen. Um mit Erfolg erklären zu können, daß Gott unwirklich ist, müssen sie um den Menschen herum eine falsche Realität aufbauen, eine Realität, die unvermeidbar unmenschlich ist, da nur das Unmenschliche Gott ausschließen kann. Enthalten ist darin eine Verfälschung der Einbildungskraft und damit Zerstörung...«[*] Die Muslime bauen heute eine Umwelt um sich auf, in welcher der Glaube nur fehl am Platze scheinen kann, das Gebet überflüssig und die *Sharīʿah* eine Unbequemlichkeit.

Seele und Körper des Menschen sind imstande, sich unwirtlichen Bedingungen anzupassen, vorausgesetzt, die Verschlechterung der Umwelt geht graduell vonstatten. Europäer und Amerikaner besitzen eine gewisse Immunität gegen die bösartigen Einflüsse der modernen Umwelt, und die Vertrautheit mit ihr ermöglicht es ihnen, Werturteile über die Produkte der Technik abzugeben. Menschen anderswo verfügen über keine solche Immunität, und ihre bisherige Lebenserfahrung – in einer eher von Hand als von Maschinen gemachten Umgebung – hat ihnen keine Gelegenheit gegeben, einen Geschmacksstandard zu entwickeln, der auf diese Produkte anwendbar wäre. Was dabei herauskommt, ist genau das, was man erwarten würde; Menschen, die noch vor einer Generation inmitten von Dingen lebten, die schön und der islamischen Lebensweise vollkommen angepaßt waren, leben jetzt inmitten

---

[*] Frithjof Schuon, *Understanding Islam*, London 1963, S.37 (Allen & Unwin)

von Schund, den sie nicht einmal als solchen erkennen können. In den meisten Fällen ist es nur der Europäer, der, wenn er z. B. ein modernes ägyptisches mit einem traditionellen arabischen Heim vergleicht (eingerichtet mit den Erzeugnissen islamischer Handwerkskunst), sieht, was sie verloren haben, und für ihren Verstand fürchtet. Der Einfluß, den eine dem Islam völlig fremde Umwelt auf sie ausübt, ist um so gefährlicher, als er nicht wahrgenommen wird.

Es wird manchmal behauptet, der Unterschied zwischen einem Werkzeug und einer Maschine sei nur graduell; niemand könnte jedoch ernsthaft bestreiten, daß der Unterschied zwischen einem traditionellen Handwerker und einem Arbeiter, der in einer automatisierten Fabrik auf Knöpfe drückt, fundamental ist.

Der wesenhaft heilige Charakter des Handwerks wurde fast überall in der Vergangenheit von den verschiedensten Völkern in jedem Teil der Welt anerkannt. Die Handwerksarten wurden den Menschen, wie einige sagen, von »Göttern« oder, wie andere sagen, von »Geistern« beigebracht, und der Handwerker bereitete sich rituell auf eine Arbeit vor, die auf ihre Art priesterlich war. Für die Muslime sind die verschiedenen Handwerksarten durch einander folgende Gesandte Gottes göttlich geoffenbart, und die Tätigkeit, aus Rohmaterialien ein Ding herzustellen, das sowohl nützlich als auch schön ist, war noch bis vor kurzem als eine Form von Gebet anerkannt. Die Erzeugnisse einer geheiligten Tätigkeit tragen einen Segen in sich, eine *barakah*, die den Benutzer dazu ermutigt, Gottes »zu gedenken«, und ihn damit näher zu Gott bringt. Keine traditionelle Zivilisation hätte die Vorstellung akzeptieren können, daß es Dinge gibt, die nur unserem körperlichen Wohlergehen dienen. Jede Tätigkeit und jedes Ding muß einen Bezug zum ganzen Menschen haben, der Geist, Seele und Körper ist, und der Islam – die Religion der Einheit – ist die Religion der »Ganzheit«.

In seinem Buch über die marokkanische Stadt Fez, *Fas: Stadt des Islam*, beschreibt Titus Burckhardt eine Begegnung mit einem alten Handwerker, der noch immer nach traditioneller Art arbeitete. »Ich kannte einen Kamm-Macher, der in seiner Zunftgasse arbeitete. Er hieß 'Abd al-'Azīz... Das Horn für seine Kämme bekam er von Ochsenschädeln, die er von Fleischern kaufte. Er trocknete die gehörnten Schädel an einem Platz, den er gemietet hatte, nahm die Hörner heraus, öffnete sie der Länge nach und bog sie über einem Feuer gerade, ein Vorgang, der die größte Sorgfalt erforderte, wenn die Hörner nicht brechen sollten. Aus diesem Rohmaterial schnitt er Kämme und drehte kleine Dosen für Antimon (das als Augenschminke benutzt wird) auf einer einfachen Drehbank... Während er arbeitete, summte er Koransuren.«

Der alte Mann war fast erblindet, und während er über den zunehmenden Import billiger Plastikkämme klagte, sprach er von seinem Handwerk: »›Es ist auch unsinnig, daß Menschen an einer Maschine stehen und ohne Sinn und Verstand immer die gleiche Bewegung machen, während ein altes Handwerk wie meines in Vergessenheit gerät.‹ Denn die eigene Arbeit wird als inspiriert empfunden: der Prophet Seth hat es die Menschen gelehrt. ›Und was ein Prophet bringt – und Seth war ein Prophet –, muß ganz sicher einen besonderen Zweck haben, äußerlich wie innerlich. Nach und nach begann ich zu verstehen, daß es nichts Zufälliges bei diesem Handwerk gibt, daß jede Bewegung und jeder Arbeitsvorgang der Träger eines Elements der Weisheit ist. Nicht jeder kann das verstehen. Aber selbst wenn man das nicht weiß, ist es doch dumm und tadelnswert, die Menschen des Erbes der Propheten zu berauben und sie vor eine Maschine zu stellen, wo sie tagein tagaus eine sinnlose Aufgabe erfüllen müssen.‹«

Der alte Kamm-Macher hat alles gesagt, was gesagt werden muß, und diejenigen, die ihn nicht verstehen, werden niemals etwas von der menschlichen Situation begreifen oder von der Forderung, unsere Tätigkeiten zu heiligen, die Gott an uns stellt – etwas, das wir nicht tun können, wenn diese Tätigkeiten nicht ihrem Wesen nach geheiligt werden könnten. Das Dahingehen dieses alten Mannes und anderer, die ihm ähnlich waren, zu bedauern, hat nichts mit Sentimentalität zu tun. Es hat etwas mit Furcht zu tun, mit der Furcht, daß, wenn wir erst einmal ganz nutzlos geworden sind – völlig ungeheiligt und nicht mehr zu heiligen – wir nur noch für das Freudenfeuer taugen, das den Schutt einer ruinierten Welt erwartet.

Die Disziplin des Handwerkers, dessen Werkzeuge so einfach sind, daß er sich auf Weisheit, Kompetenz und Handfertigkeit verlassen muß, um Dinge herzustellen, die auf ihre Art vollkommen sind, ist sehr ähnlich der Disziplin des Mystikers, dessen Rohmaterial nicht Ton, Holz oder Knochen ist, sondern seine eigene Seele. Die islamische Mystik, auf arabisch *taṣawwuf* und gemeinhin als Sufismus bezeichnet, ist ein weites und komplexes Gebiet, und zwar eins, das viele Fallen für den Unbedachten enthält; sie kann jedoch in keiner allgemeinen Studie der Religion so ignoriert werden wie die christliche Mystik von jemandem, der über das Christentum schreibt, ignoriert werden kann. Wir können, wie Seyyed Hossein Nasr bemerkt, »der Gesamtheit der islamischen Tradition und ihren unendlich reichen geistigen Möglichkeiten nicht gerecht werden, indem wir ihre innere Dimension beiseiteschieben. Wenn wir über den Sufismus sprechen, werden wir deshalb in Wirklichkeit über die islamische Tradition in ihrem allerinnersten und universalsten Aspekt sprechen.«*

Unter den Orientalisten gibt es einige, die bereitwillig die ungeheure Vertiefung und Intensivierung der religiösen Erfahrung zugeben, die der Sufismus zustandegebracht hat. »Was in anderen Zivilisationen eine auf Außenseiter, Asketen, Mönche, Nonnen und Geistliche beschränkte Aktivität bleiben sollte«, sagt Arnold Hottinger, »hat tiefe Wurzeln in den Massen der gewöhnlichen Muslime geschlagen und wurde tatsächlich zum wichtigsten sozialen Band, das die muslimische Gesellschaft jahrhundertelang zusammengehalten hat.«** Andere haben – so hat man vermutet – absichtlich die Bedeutung der mystischen

---

* Seyyed Hosein Nasr, *Islam and the Plight of Modern Man*, 1975, S. 49 (Longman Ltd.)
** Arnold Hottinger, *The Arabs*, S. 96

Dimension bagatellisiert, um die christliche Position zu stärken, in der Annahme, daß ein Islam, der von dieser Dimension abgetrennt ist, nicht mit dem Christentum konkurrieren oder für sich in Anspruch nehmen kann, eine adäquate Antwort auf die geistigen Bedürfnisse der Menschheit zu geben. Wie dem auch sei, es gibt bestimmt eine Reihe von Büchern, die vorgeben, einen umfassenden Überblick über den Islam zu geben, die jedoch ein in die Irre führendes, weil oberflächliches Bild der Religion bieten und beim westlichen Leser die Frage aufkommen lassen, wie jemand, der von seinem Glauben etwas mehr erwartet als nur einen Verhaltenskodex für das tägliche Leben, Muslim sein, geschweige denn aus freien Stücken Muslim werden kann.

Tatsache ist, daß viele westliche Menschen, besonders solche, die eine Zeitlang in muslimischen Ländern gelebt haben, es fast unvorstellbar finden, daß es eine gemeinsame Basis geben könnte für den exoterischen, legalistischen Islam und die mitreißende Flut des Sufismus mit seinen kühnen Sprüngen in geistige Höhen und seinem kühnen Eintauchen in die Tiefen des Ozeans des Seins, seiner Betonung der Gegenwart Gottes im Herzen des Menschen und seinem Anspruch, Wissen um göttliche Dinge aus dem so wahren Quell des Wissens selbst zu schöpfen. Sie mögen sehr wohl in dieser Meinung von Muslimen bestärkt worden sein, die ihnen gesagt haben, der Sufismus sei »unorthodox«, oder sogar, er sei eine »Neuerung«; und ihre eigenen Erfahrungen in der christlichen Welt mögen sie dazu geführt haben, Mystik als einen etwas peripheren Aspekt der Religion anzusehen. Sie fühlen sich gerechtfertigt in ihrer Meinung, daß der Islam nicht viel mehr als eine »Pfadfinder-Religion« ist, mit ziemlich unangenehmen Untertönen von Gewalttätigkeit und Scheinheiligkeit.

Bevor man die Einwände betrachtet, die gewisse Muslime gegen die mystische Dimension ihrer Religion machen, ist es wichtig, auch zu betonen, daß der Sufismus verschiedene Formen annimmt in Übereinstimmung mit den sehr verschiedenen Temperamenten derer, die sich zu ihm hingezogen fühlen. Die *ṭuruq* (der Plural von *ṭarīqah,* was »Pfad« oder, in diesem Fall, »geistiger Pfad« bedeutet) unterscheiden sich nicht in wesentlichen Dingen voneinander – sie alle sind aus derselben Wurzel gewachsen –, doch sind sie recht verschieden in ihren Methoden und Disziplinen wie auch christliche Mönchsorden. Keine genaue Klassifizierung ist möglich; es gibt jedoch einen deutlichen Unterschied zwischen jenen Sufis, die »berauscht«, und jenen, die »nüchtern« sind; die ersteren, berauscht vom »Wein« der Gnosis oder dem »Wein« der göttlichen Liebe – oder von allen beiden –, verhalten sich nicht wie andere Menschen, sondern sind von Ekstase ergriffen und scheren sich nicht um die Konventionen des normalen Lebens; die letzteren schließen ihre Ekstase in sich selbst ein, halten sie unter strikter Kontrolle und vermeiden einen Skandal selbst dann, wenn sie innerlich unter der göttlichen Berührung taumeln, und bewahren Verschwiegenheit über ihren geistigen »Zustand«. Das Ideal, wie es von einem großen Sufi-Meister dieses Jahrhunderts, Ahmad al-ʿAlawī ausgedrückt wurde, ist, »innerlich berauscht« und »äußerlich nüchtern« zu sein.[*]

Eine weitere Unterscheidung könnte zwischen jenen *ṭuruq* getroffen werden, die »andächtig« sind, und jenen, die »intellektuell« oder »gnostisch« sind, die mehr dem Weg der Erkenntnis (*maʿrifah,* das heißt »göttliche Erkenntnis«) folgen als dem Weg der Liebe, obgleich die beiden oft ineinander übergehen, und Liebe eine Art von Erkenntnis, wenn auch indirekt ist, ebenso wie Erkenntnis sich mit Liebe in mystischer Erfahrung vermählt; was wir lieben, ist von uns erkannt,[**] und was von uns erkannt ist, kann nur geliebt werden. Es ist also eher eine Frage der Betonung als eines fundamentalen Unterschieds.

Man kann auch unterscheiden einerseits zwischen einem Sufi-Weg, der auf einem vertieften Gefühl für die Bedeutung der

[*] Martin Lings, *A Sufi Saint of the Twentieth Century,* 1961 (Allen & Unwin Ltd.)

[**] Der biblische Ausdruck für den Geschlechtsverkehr ist: »Er erkannte sie«.

normalen religiösen Riten (Ritualgebet, Fasten und so weiter) und peinlich genauer Beachtung der *Sharīʿah* beruht, und andererseits einem Weg, welcher der Ausübung des *dhikr* (dem »Gedenken an Gott«) in seinem technischen Sinn Vorrang gibt. Aus einleuchtenden Gründen werden jene Muslime, die den Sufismus mit Mißtrauen betrachten, immer den »nüchternen« Sufi dem »berauschten« vorziehen, den »andächtigen« dem »gnostischen«, und den strengen Anhänger der *Sharīʿah* dem Sufi, dessen Festhalten an äußerlichen Observanzen auf das beschränkt ist, was zur Vermeidung eines Skandals notwendig sein mag.

Die Mystik, besonders in ihrer metaphysischen Dimension, durchbricht die Grenzen, die den einfachen Glauben des gewöhnlichen Gläubigen schützen, und trägt uns in eine uneingegrenzte Region, in der sehr reale Gefahren bestehen, irrezugehen, besonders dann, wenn das menschliche Ego nicht zuvor in Ordnung gebracht wurde. Gleichzeitig neigt sie zur »Relativierung« der formalen Religion, die zwar ihr Sprungbrett ist, die sie aber in einem gewissen Sinn weit hinter sich gelassen hat. Dogmen und Vorschriften, die der gewöhnliche Gläubige als absolut ansieht, werden allegorisch interpretiert oder als Bezugspunkte benutzt, die schließlich transzendiert werden können. Besonders schockierend für das exoterische »Establishment« ist die Tatsache, daß der Mystiker oft – wenn auch nur stillschweigend – eine direkt aus Gott abgeleitete Autorität für sich in Anspruch nimmt und ein Wissen, das eher von oben gegeben als in der Schule gelernt wird.

Der Mystiker hat zwar seine Rechte – welche die Rechte der Wahrheit selbst sind –, so aber auch der gewöhnliche Gläubige, dessen Glaube an ein paar einfache Prinzipien (die nichtsdestoweniger für seine Errettung ausreichend sind) durch Lehren untergraben werden könnte, die ihm diese Prinzipien in Frage zu stellen scheinen. Aus diesem Grund haben viele geistige Meister große Verschwiegenheit bei ihrem öffentlichen Lehren geübt und die Essenz ihrer Lehre für die wenigen Menschen bewahrt, die befähigt sind, sie zu empfangen; und dies ist auch der Grund, weshalb die »äußeren« Autoritäten die Mystik mit gewissem Mißtrauen betracht haben. Zu allermindest erschien es ihnen notwendig, sie unter Kontrolle zu halten, damit sie nicht die gesamte Struktur des autoritären Glaubens bedrohe.

Was (im christlichen Kontext) die katholische Kirche anging, so war das kein wirkliches Problem, da die Mehrheit der christlichen Mystiker, mit einigen wenigen bemerkenswerten Ausnahmen, Mönche oder Nonnen waren, die nach einer strengen Regel lebten und der Autorität ihrer Äbte oder Äbtissinnen unterworfen waren. Die Lage im Islam ist ganz anders. Zwar untersteht jeder Sufi der Autorität seines Scheikh (ein Begriff, den man in diesem besonderen Zusammenhang mit »geistiger Meister« oder »Leiter« übersetzen könnte); es gibt jedoch im Islam keine höhere Autorität, die Scheikhs ernennen oder absetzen könnte oder sie daran hindern, ihren eigenen Weg zu gehen. Das hat gelegentlich zu Exzessen und heterodoxen Praktiken geführt, die mehr als alles andere dazu beigetragen haben, den Sufismus in gewissen Kreisen in Verruf zu bringen.

Es wurde jedoch Kontrolle ausgeübt, und zwar zum Teil durch die öffentliche Meinung – den »Konsensus« der *Ummah* – und zum Teil durch eine Art dynamischer Spannung, die durch die Jahrhunderte hindurch zwischen den exoterischen religiösen Autoritäten einerseits und den Sufi-Scheikhs andererseits bestand. Eine unterschwellige Opposition gegenüber dem Sufismus in Teilen der islamischen Gemeinschaft hat als notwendige Kandare für die Mystiker gedient, war jedoch niemals stark genug, diejenigen, die eine echte Berufung für den Sufi-Pfad fühlten, davon abzuhalten, ihrer Bestimmung zu folgen. Auf diese Art blieb ein gesundes Gleichgewicht zwischen den esoterischen und den exoterischen Dimensionen der Religion erhalten.

Es ist trotzdem wichtig, zu betonen, daß die Unterscheidung oder Grenzlinie zwischen den beiden niemals so scharf gezogen war wie man hätte annehmen können. Viele der *'ulamā* (der Religionsgelehrten) und *fuqahā* (der Rechtsgelehrten), die das

393

offizielle »Establishment« im Islam formen, waren – und sind auch heute – selbst Mitglieder von Sufi-Bruderschaften, während Sufis von hohem geistigen Rang wichtige Positionen im »Establishment« innehatten; ein modernes Beispiel ist ʿAbd ul-Ḥalīm Maḥmūd, bis zu seinem Tod im Jahre 1978 Rektor der al-Azhar (der ältesten und bedeutendsten Universität in der sunnitisch-muslimischen Welt) und eine der am meisten respektierten Persönlichkeiten im zeitgenössischen Islam.

Drei besondere Wasserscheiden in der Geschichte der komplexen Beziehung zwischen der inneren und der äußeren Dimension der Religion verdienen hier Erwähnung. Die erste betrifft das Leben und die Lehren Ḥusayn Ibn Manṣūr al-Ḥallājs (hingerichtet im Jahr 922), eines der drei oder vier herausragenden Sufis, deren Namen westlichen Menschen, die sich für die Mystik interessieren, geläufig sind.[*]

Al-Ḥallāj wurde in Bagdad hingerichtet, weil er sich zu frei ausgedrückt hatte – auf die Art der »berauschten« Mystiker –, obgleich bei seiner Verurteilung auch politische Faktoren eine Rolle gespielt haben dürften. Sein Ausspruch *Anāʾ l-Ḥaqq,* unverschleiert, als nackte Behauptung – ohne Einschränkung und ohne Erklärung – war klare Häresie, soweit es die religiösen Autoritäten anging. Dieser Ausspruch »Ich bin die Wahrheit« bedeutet tatsächlich »Ich bin Gott«. Was auch immer das betreffende »Ich« für al-Ḥallāj gewesen sein mag – und soweit es ihn anging, war es Gott Selbst, nicht der sterbliche Mensch, der diese Worte durch ihn sprach[**] – für den größten Teil der

---

[*] Louis Massignon, *La Passion d'al-Ḥusayn al-Hallāj, Martyr mystique de l'Islam,* Paris 1922, neue erweiterte Ausgabe 1975

[**] In diesem Kontext bemerkt Jalāluddīn Rumi zu seinen Schülern: »Nehmt den berühmten Ausspruch ›Ich bin Gott‹. Einige Leute halten dies für eine große Anmaßung; aber ›Ich bin Gott‹ ist tatsächlich große Demut. Der Mensch, der sagt, ›Ich bin der Diener Gottes‹, stellt fest, daß zwei existieren, einer er selbst und der andere Gott. Aber wer sagt ›Ich bin Gott‹, hat sich selbst zunichte gemacht und sich in den Wind geworfen. Er sagt: ›Ich bin Gott‹, das heißt: ›Ich bin nicht, Er ist alles, nichts hat Existenz außer Gott, ich bin reines Nichtsein, ich bin nichts‹. Und dies ist die größere Demut«. (*Discourses of Rumi,* übersetzt A. J. Arberry, John Murray, S. 55).

Menschheit einschließlich der Mehrheit der Gläubigen, ist das »Ich« das menschliche Ego, und wenn das Ego sagt, »Ich bin Gott«, ist das die äußerste Sünde oder die Wurzel aller Sünde.

Sein Zeitgenosse Junayd, eine Säule der »nüchternen« Mystik, machte ihm niemals seinen geistigen Rang streitig, sagte aber trotzdem, als al-Ḥallāj sich seinem Kreis anschließen wollte: »Ich nehme keine Verrückten zu Gefährten; um zu den Gefährten zu gehören, braucht man gesunden Verstand. Nüchternheit ist das Merkmal eines gesunden geistigen Zustands; Trunkenheit ist das Zeichen von zuviel Sehnsucht.«

Er konnte nicht anders sein als er war oder etwas anderes tun, als was er tat; aber er war sich des Doppelsinns seiner Aussprüche voll bewußt, wie auch der Gefahr, daß sie die Menschen in die Irre führen könnten. Trotzdem konnte er sich nicht zurückhalten: »Der Mensch, der das Geheimnis Allahs Seinen Geschöpfen offenbaren möchte«, sagte er, »empfindet ein Leiden, wie es menschliche Stärke nicht ertragen kann«; doch zu einer Gruppe Gelehrter, die gekommen waren, ihn zu befragen, sagte er: »Was für Fragen könntet ihr mir stellen? Denn ich sehe nur zu gut, wie recht ihr habt und wie unrecht ich!«

Als er zum Tode verurteilt wurde, sagte er: »Mein Tod wird garantieren, daß die Gesetze eingehalten werden«, weil er sehr wohl wußte, daß alle Gottesfurcht zu verlieren – wie es bei ihm der Fall war – für den gewöhnlichen Gläubigen bedeutet, den Weg zur Katastrophe zu betreten.

Als er schließlich zum Galgen gebracht wurde, nach langer Verzögerung (denn es gab viele, die versuchten, ihn zu retten), betete er: »Diese Deine Diener haben sich versammelt, um mich zu töten aus Eifer für Deine Religion und um Dir näher zu kommen. Vergib ihnen, Herr, laß ihnen Deine Barmherzigkeit zuteil werden. Denn hättest Du ihnen enthüllt, was Du mir enthüllt hast, so täten sie nicht, was sie tun; und hättest Du mir verhüllt, was Du ihnen verhüllt hast, so würde ich nicht mit dem heimgesucht, womit ich nun heimgesucht werde. Dir gebührt Lob für das, was Du tust, und Dir gebührt Lob für das, was Du willst!«

Er starb, indem er lobpries. Früher hatte er in einem Gedicht geschrieben:

> Ich bin, der den ich lieb'; Er, den ich liebe,
> Ist ich – zwei Geister, doch in einem Leibe.
> Und wenn du mich siehst, hast du Ihn gesehen,
> Und wenn du Ihn siehst, siehest du uns beide.*

In der Vereinigung von Liebendem und Geliebtem sind alle Fragen beantwortet und alle Doppeldeutigkeiten aufgelöst. Was die Doppeldeutigkeiten angeht, so wurden sie – zumindest weitgehend – im 11. Jahrhundert von Abū Ḥāmid al-Ghazzālī aufgelöst, der von vielen als die bedeutendste und einflußreichste Gestalt im mittelalterlichen Islam angesehen wird. Schon in jungen Jahren zum Professor für religiöses Recht an der berühmten Niẓāmiyya-Hochschule in Bagdad berufen, kam er nach und nach dazu, die Grundlagen seines Glaubens in Frage zu stellen, gab seine Stellung auf und suchte in verschiedenen Denksystemen nach einer Lösung für seine Zweifel. Er fand sie in der Sufi-Lehre und wurde nach vielen Jahren des Reisens und einsamer Meditation zu einem unvergleichlich wirkungsvollen Brückenbauer zwischen den beiden gegensätzlichen Dimensionen des Islam. Niemand konnte sich mit ihm in der Kenntnis oder der Ausübung der *Sharī'ah* messen, noch gab es – zu seiner Zeit – jemanden, der ihm als Exponent der Sufi-Doktrin gleichkam. Man könnte sagen, daß er den Sufismus »legitimierte«, und sein größtes Werk, *Iḥyā' 'ulūm ad-dīn* (die »Wiederbelebung der Religiösen Wissenschaften«) war eine Synthese, die jeden Aspekt im Leben des Gläubigen behandelte, von der korrekten Art zu essen, zu trinken und die Ehe zu führen bis hin zu den Disziplinen und Belohnungen des mystischen Pfads.

Nicht weniger wichtig als al-Ḥallāj und al-Ghazzālī bei der Entwicklung der Sufi-Doktrin war der andalusische Mystiker

---

* A. d. Ü.: Übersetzungen aus Annemarie Schimmel, *Al-Halladsch, Märtyrer der Gottesliebe*, Köln 1968

Muḥyīddīn ibn 'Arabī (gestorben 1240), der von denen, die ihn schätzen, *ash-Sheikh al-akbar* (»der größte geistige Meister«, »Magister Magnus«), genannt und von denen, die nichts von ihm halten, als Häretiker betrachtet wird. Er steht bis heute im Mittelpunkt von Kontroversen; seine Schriften sind in Saudi-Arabien verboten, und 1980 verhinderte das ägyptische Parlament eine Veröffentlichung seiner gesammelten Werke in Kairo (eine Entscheidung, die bald darauf wieder aufgehoben wurde). Und doch konnte während der vergangenen sieben Jahrhunderte niemand sich seinem Einfluß entziehen, und eine große Anzahl von Muslimen hat in seinen komplexen und manchmal obskuren Doktrinen einen unschätzbaren Schlüssel zu den inneren Mysterien ihres Glaubens gefunden.

Den legitimen Gegnern des Sufismus, das heißt denjenigen unter den *'ulamā*, die der Ansicht sind, daß Mystik den Einfluß des Gesetzes auf gewöhnliche Gläubige abschwächt oder daß sie sich in verbotene Gedanken- oder Erfahrungsregionen vorwagt, schlossen sich in jüngerer Zeit zwei andere Gruppen an, die sehr viel weniger Anspruch auf Legitimität haben. Die erste von ihnen könnte – allerdings ohne maliziöse Absicht – als die »Snobs« bezeichnet werden. Es ist eine merkwürdige Eigenschaft des Sufismus, daß er in seinem Netz die beiden äußersten Enden des sozialen Spektrums eingefangen hat, die intellektuelle Elite und die Massen. Die Mittelklasse nahm sehr viel weniger Anteil daran, und der wohlhabende Rechtsanwalt oder Geschäftsmann, der seinen Dienern einen Abend frei gibt, damit sie an der *haḍrah* ihres Ordens teilnehmen können, wird vom Sufismus mit etwas verächtlicher Nachsicht als »populärem Aberglauben« reden. Seine Einstellung hat vieles gemein mit der eines Pfarrers der Church of England im 18. Jahrhundert gegenüber »religiöser Begeisterung«.

Die zweite Gruppe schließt Modernisten, Revolutionäre und alle diejenigen ein, deren Interesse an ihrer Religion sich auf ihre Verwendbarkeit als politische Waffe beschränkt. Sie stellen den Sufismus dem »Quietismus« und »Fatalismus« gleich und machen ihn für alle Übel verantwortlich, die der Islam erlitten hat, seit europäische Macht in der Welt herrschend wurde. Der Sufismus, sagen sie, entmannte eine dynamische Religion, die sonst die Welt erobert hätte. Sie wissen bedauerlich wenig über ihre eigene Geschichte oder aber wirken gewollt beschränkt.

So lobenswert das Verhalten vieler *ulamā* – besonders der hervorragenden Religionsgelehrten der frühesten Zeit – beim Widerstand gegen die Tyrannei ist, besteht doch eine natürliche Affinität zwischen den religiösen Autoritäten und den Autoritäten des Staates. Es waren die Sufis, die am ehesten bereit waren, ihre Meinung zu sagen und ihren Kopf zu riskieren. Später war die muslimische Welt zu bestürzt über den Ansturm des Westens – und zu gespalten –, um ihm wirklich wirksamen Widerstand zu leisten. Der Emīr ʿAbduʾl-Qādir, der die Franzosen in den dreißiger Jahren des 19. Jahrhunderts in Algerien bekämpfte, war wahrscheinlich der einzige Muslim seit dem Mittelalter, der wegen seines Muts, seines Edelmuts und seiner Großherzigkeit mit Ṣalāḥuʾd-Dīn (»Saladin« wie er im Westen genannt wird) verglichen werden könnte. ʿAbduʾl-Qādir war ein Sufi und brachte in seinem Zwangsexil in Damaskus den Rest seines Lebens damit hin, die Werke Ibn ʿArabīs zu studieren und zu kommentieren.

Schāmil, der die Armeen des Zaren von 1834 bis 1859 in Schach hielt und einen der ungewöhnlichsten Feldzüge der Militärgeschichte führte, war ein Scheikh des Naqschbandi-Ordens. Des »Löwen von Daghestan«, wie ihn die britische Presse jener Zeit nannte, gedenken noch heute die Muslime des Kaukasus, deren stiller, aber unerbittlicher Widerstand gegen das Sowjetregime von den Scheikhs des gleichen Ordens inspiriert und geleitet wird. Politische Aktivisten im Mittleren Ostens müssen erst einmal zeigen, ob sie überhaupt fähig sind, soviel Treue, Mut und Wirksamkeit aufzubringen, ehe sie die Sufis kritisieren.

Jedenfalls liegt eine gewisse Irrelevanz in solcher Kritik, was auch immer ihre Motive oder ihre religiöse Basis sein mögen, denn der Sufismus fließt im Blutstrom der *Ummah* und verleiht seine Würze nicht nur jedem Aspekt der muslimischen Kunst, sondern auch dem Alltagsleben des Gläubigen. Selbst diejenigen, die meinen, sie seien vollkommen gegen ihn und völlig frei von seinem Einfluß, können nicht umhin, Begriffe aus dem Sufismus zu benutzen, wenn sie über ihren Glauben sprechen, und es ist unmöglich, sich eine weltweite Religion des Islam vorzustellen, die dieser Dimension ermangelte. Die Türken sind durch Sufi-Prediger, Kaufleute und Reisende bekehrt worden, wie auch die Bewohner des indonesischen Archipels und viele der Völker im indischen Subkontinent. Der Geschichte kann man nicht entgehen, und die Geschichte des Islam ist eng verbunden mit jener der Sufi-Orden, ebenso wie die äußere Religion von der inneren durchdrungen und belebt ist.

Die Sufi-Scheikhs haben immer eine gewisse Ungeduld gezeigt, wenn man sie bat, eine präzise und genaue Definition von *tasạwwuf* (Sufismus) zu geben. Als Scheikh al-'Alawī mit Dr. Carret sprach, erwähnte er, daß »über der Religion die Doktrin steht«. Dr. Carret fragte, was diese Doktrin sei, und der Scheikh antwortete: »Die Mittel und Wege, Gott Selbst zu erreichen.« Dr. Carret fragte sodann, was für Mittel und Wege das seien, und der Scheikh antwortete lächelnd: »Weshalb sollte ich es Ihnen sagen, da Sie nicht geneigt sind, davon Gebrauch zu machen? Wenn Sie als mein Schüler zu mir kämen, könnte ich Ihnen eine Antwort geben. Doch was für einen Sinn hätte es, bloße Neugierde zu befriedigen?«* Diejenigen, die eine Landschaft sehen wollen, müssen sich auf den Weg zum Aussichtspunkt machen; wenn sie nicht bereit sind, das zu tun, kann angenommen werden, daß ihr Interesse lediglich das eines Dilettanten ist, nämlich wie das Wörterbuch zutreffend sagt, eines »Stümpers, der sich oberflächlich, spielerisch mit etwas befaßt«. Man spielt nicht mit den »Wegen, zu Gott zu kommen«.

Es gibt jedoch Definitionen. Sufismus, ist einmal gesagt worden, heißt »nichts zu lieben, was dein Geliebter nicht liebt«.

---

* Martin Lings, *A Sufi Saint of the Twentieth Century*, 1961, S. 26–27 (Allen & Unwin Ltd.)

Für Junayd besagt er einfach, daß »Allah dich von dir absterben und in sich wieder auferstehen läßt«, und einer seiner Schüler erklärte, daß die Sufis diejenigen sind, »die von allem geflohen sind, das anders-als-Er ist, nichts besitzen und von nichts besessen werden«; laut Bāyazīd von Bistam sind sie »großzügig wie das Meer, gut wie die Sonne, demütig wie die Erde«. Sufismus, sagt man, ist »Aufrichtigkeit«, und diese ist gleich *iḥsān*. Der Prophet hat von drei Graden in der Religion gesprochen: *islām*, Unterwerfung, *īmān*, Glaube, und *iḥsān*, was die Vervollkommnung der Unterwerfung und des Glaubens ist und gewöhnlich als »Vortrefflichkeit« übersetzt wird. Der Sufismus ist dieser Definition nach das Mittel, sowohl Unterwerfung unter Gott als auch Glauben an Gott zu ihrem logischen Schluß zu bringen oder einfach aus dem Glaubensbekenntnis – *lā ilāha illa ʾLlāh* – seine endgültige Bedeutung zu gewinnen. Es geht dabei darum, bis zum Ende des Weges zu wandern. »Stehen unsere Reiter nicht, wenn sie absteigen, der Wahrheit von Angesicht zu Angesicht gegenüber?«, fragt der Scheikh al-ʿAlawī in einem seiner Gedichte.

Der gewöhnliche Gläubige ist, wie man sagt, stationär, obgleich das Gefährt, in dem er sitzt – die Religion als solche – ihn voranträgt; der Sufi wird als »Reisender« beschrieben oder als einer, der »vorwärts eilt«: »Wetteilet miteinander zur Verzeihung eures Herrn und zum Paradies, dessen Breite gleich der Breite des Himmels und der Erde ist, bereitet für diejenigen, welche an Allah und seine Gesandten glauben. Das ist Allahs Huld, die Er gibt, wem Er will. Und Allah ist von großer Huld« (Sura 57,21).

Martin Lings spricht von der besonderen »geistigen Affinität«, die die Sufis zum Koran haben, als dem, das sie von anderen Muslimen unterscheidet; »das heißt, daß die Wahl, die sie mit voller Absicht und unwiderruflich getroffen haben, nämlich das Ewige dem Vergänglichen vorzuziehen, nicht lediglich theoretisch oder intellektuell ist, sondern so vollkommen aufrichtig, daß sie sie bis in die tiefsten Tiefen ihres Wesens erschüttert und sie auf dem Pfad in Bewegung gesetzt hat. Der

Koran selbst ist eine Kristallisierung dieser Wahl, denn er betont ohne Unterlaß den ungeheuren Unterschied zwischen dieser niederen Welt und der transzendenten Welt des Geistes.« Wer sonst, fragt er, außer ihren Geistesverwandten in anderen Religionen, »könnte den Sufis gleichgestellt werden, wie sie erstrangige Dinge an erste und zweitrangige Dinge an zweite Stelle stellen?«[*]

Der Sufismus könnte, wie einige Fachleute meinen, ganz einfach als *dhauq* (»Schmecken«) definiert werden, und das ist von besonderem Interesse, wenn man sich daran erinnert, daß das lateinische Wort »sapientia« (wie in »homo sapiens«, also »weise«) von *sapidus* abgeleitet ist, was auch »schmackhaft« bedeutet; weise zu sein ist deshalb nicht so sehr eine Frage, ob man die Wahrheit verstandesmäßig erfaßt, sondern ob man sie existentiell erfährt, oder mit anderen Worten, sie kostet.

Die Unmittelbarkeit des Wissens von himmlischen Realitäten – oder der Realität als solcher –, dessen sich der Mystiker erfreut oder sich zu erfreuen hofft, entspricht mehr der Unmittelbarkeit von Sinneswahrnehmungen als dem indirekten Wissen, das der Verstand von Ideen oder Phänomena besitzt, und es ist gleichermaßen frei von Zweifel und Ungewißheit. Mit anderen Worten, jener Aspekt des Sufismus, der mit Wissen zu tun hat – er hat auch noch andere Aspekte –, könnte als »Konkretmachung« dessen bezeichnet werden, was für die meisten Menschen »abstrakt« ist, bis dann die geistigen Wahrnehmungen dieselbe Qualität von Selbstverständlichkeit besitzen, die wir normalerweise mit dem Gesehenen, Gehörten, Gefühlten und Geschmeckten in dieser Welt der körperlichen Objekte um uns herum verbinden.

Niemand würde abstreiten, daß es auf diesem Gebiet viele Gelegenheiten zur Selbsttäuschung gibt. Jede menschliche Tätigkeit schließt gewisse Risiken ein, und je gehobener die Tätigkeit, desto größer die Risiken; diejenigen, die auf dem Bauch kriechen, brauchen keine Angst vor einem Fall zu

---

[*] Martin Lings, *What is Sufism?*, 1975, S. 30 (Allen & Unwin Ltd.)

haben. Eben dies ist aber auch der Grund, weshalb kein Mann und keine Frau legitim den Sufipfad beschreiten darf, ohne zuvor in eine echte *ṭarīqah* initiiert zu sein (was sie sozusagen in die Gemeinschaft der »Reisenden« eingliedert) und sich danach unter die wachsame Leitung eines spirituellen Führers zu begeben, der den Pfad, auf den sie nun den Fuß setzen, bereits begangen hat.

Dann ist es nicht ihre Aufgabe, Visionen, Erfahrungen oder Erkenntnisse jenseits der normalen Grenzen menschlicher Existenz zu suchen oder zu erwarten; sondern sie haben sich ganz einfach den Praktiken ihres Ordens in Gehorsam und Demut zu widmen. Was ihnen zukommen soll, wird kommen, so Gott will, auf seine eigene Art und zur rechten Zeit, und kein Mensch kann dem Grenzen setzen. »Es ist klar, daß es absurd ist«, sagt Frithjof Schuon, »dem Wissen Grenzen auferlegen zu wollen; die Netzhaut des Auges empfängt die Strahlen unendlich weit entfernter Sterne; sie tut es ohne Leidenschaft und Dünkel, und kein Mensch hat das Recht oder die Macht, es zu verhindern.«[*]

Die Idee des *dhauq* – der Gedanke, daß man tatsächlich die letzten Wahrheiten durch persönliche Erfahrung erkennen kann – hat eine große Anziehungskraft für den fragenden modernen Geist, und es gibt keinen Zweifel, daß viele Menschen in der heutigen Welt sich der Religion nur durch die Mystik nähern können. Sie sind nicht bereit, wie ihre Vorväter, diese Wahrheiten vom »Hörensagen« her zu akzeptieren oder aufgrund der Autorität derer, die besser und weiser als sie selbst sind; sie müssen sie »schmecken«. Vielleicht ist das nichts anderes als eine höfliche Art zu sagen, daß sie »Menschen geringen Glaubens« sind, und man könnte auch sagen, daß diejenigen, die sich weigern zu glauben, ohne das Objekt ihres Glaubens tatsächlich zu erblicken, eigentlich nicht verdienen, es zu sehen. Aber so ist nun einmal das Wesen unserer

---

[*] Frithjof Schuon, *Logic and Transcendence*, New York 1975, S. 216 (Harper & Row)

Zeit, und man kann nur unter den Bedingungen der gegebenen Situation arbeiten; und nicht nur im Westen besteht diese Situation. Eine wachsende Anzahl geborener Muslime – »Paß-Muslime« –, deren Glaube durch eine moderne Erziehung untergraben war, finden jetzt ihren Weg zum Islam durch die Sufi-Dimension zurück.

Das ist jedoch keine einfache Lösung für jemandes Schwierigkeiten. Diejenigen, die einen greifbaren Beweis für religiöse Wahrheit suchen, suchen ihn, zumindest zunächst einmal, zu ihrer eigenen Befriedigung; sie suchen Wissen als persönliche Bereicherung und geistige Entwicklung als persönliche Leistung. Sie werden wahrscheinlich enttäuscht werden. Der Sufismus – und dies hat er mit jeder authentischen Mystik gemein – sagt mit unerbittlicher Festigkeit: »Nicht ich!«, »Nicht ich, Herr, sondern Du und Du allein!« Die erste Stufe auf dem Pfad führt nicht zur Selbstverherrlichung, sondern zur Selbstauslöschung, die im Islam *fanā* genannt wird im Einklang mit dem Koranvers: »Alle auf ihr [der Erde] sind vergänglich *(fān)*, aber es bleibt das Angesicht deines Herrn voll Majestät und Ehre« (Sura 55,26–27). Der Wiederauferstehung geht der Tod voraus; die Blätter der Pflanze welken, sie stirbt, und ihr Samen ist in der Erde begraben, bis neues Wachstum im Licht der Sonne entsteht. Der Sufi ist gehalten, alles loszulassen, und sich selbst zu verlieren, ehe er hoffen kann, sich in Gott zu finden und so den Zustand zu erreichen, der als *baqā*, »Bleiben in Gott«, bekannt ist, oder, wie es Martin Lings nennt, »Verewigung«. Was bleibt und fortdauert, ist nicht die Person, die wir waren – die Person, die wir mehr als alles andere auf Erden geschätzt hatten –, ehe wir diesen Weg beschritten.

Wenn westliche Menschen zum ersten Mal in die Schriften der großen Vertreter des Sufismus blicken, erwarten sie wunderbare Berichte über geistige Erfahrungen und Ekstasen zu finden. Die werden sie auch finden, aber sie werden, oft zu ihrer Überraschung, sehr viel mehr über die Tugenden, das Abtöten der *nafs* (des Selbst, der niederen Seele), den Gehorsam gegenüber den göttlichen Geboten und die Erziehung des Charakters finden.* Diese Bücher befassen sich, in großem Detail, mit den Pflichten des Menschen aufgrund seines Menschseins: Furcht des Herrn, Vertrauen in Gott, innerer Abstand und vor allem geistige Armut *(faqr)*; in der Tat wird derjenige, der diesem Pfad folgt, gewöhnlich häufiger *faqīr*, »Armer« genannt als »Sufi«. Was auf uns zukommt – oder auf uns zukommen könnte –, ist eine Gabe Gottes, die unserer Aufnahmefähigkeit angepaßt ist, aber trotz allem in keinem Verhältnis zu unseren Verdiensten steht. Unsere Hauptaufgabe ist, uns bereit zu machen. Was uns geboten wird, ist klar und einfach, aber wenn wir auch nur mit der Möglichkeit dieser Gabe konfrontiert werden, finden wir, daß wir eine Masse von Widersprüchen sind, nicht nur völlig untauglich, sie zu empfangen, sondern sogar unfähig, sie in uns aufzunehmen.

Das Selbst des weltlichen Menschen ist eine Schutthalde von Erinnerungen und Träumen, falschen Hoffnungen und sich hinziehenden Schuldgefühlen oder harten kleinen Kieselsteinen von Eigen-Interesse, von Wünschen und Furcht. Das ist das »verhärtete Herz«, von dem der Koran so oft spricht. Ein Gefäß muß geleert werden, ehe es wieder neu gefüllt werden kann; und nur jemand, der diesen Schutt aus dem Mittelpunkt seines Wesens entfernt hat, kann hoffen, daß etwas von der göttlichen Fülle in ihn fließen wird. Es gibt im menschlichen Herzen keinen Raum für zwei, wie die Mystiker bei einer Reihe von Gelegenheiten gesagt haben.

Noch andere Bilder könnten helfen, diesen Punkt zu erläutern. In unserem noch nicht wieder regenerierten Zustand sind wir gewissermaßen hinter einer Mauer von Eis eingeschlossen, die uns von »dem Offenen« trennt. Eis hat eine gewisse Licht-

---

* Titus Burckhardt berichtet, daß Mulay ʿAlī (ein Enkel des Gründers des Darqāwī-Ordens), den er kennenlernte, als er in den frühen dreißiger Jahren in Fez lebte, sich immer weigerte, von den »inneren Zuständen« der Sufis zu sprechen, und sagte: »Dies sind Früchte, die ganz von alleine auf dem Baum des Dienstes an Gott wachsen; laßt uns lieber darüber sprechen, wie man den Baum pflegen und ihn bewässern muß, und nicht über Früchte, ehe sie reif sind.«

durchlässigkeit, weshalb jemand, der seine Augen benutzt, manchmal einen Blick auf das erhaschen kann, das jenseits liegt. Der Mystiker macht sich daran, diese Mauer von Eis zu schmelzen, oder, sehr gelegentlich (wie in den Praktiken des Zen-Buddhismus), sie zu zertrümmern. Wir könnten aber auch von dem »Spiegel des Herzens« sprechen, einem Spiegel, der entworfen ist, um himmlische Wirklichkeiten widerzuspiegeln, in den meisten Fällen jedoch zu schmutzig oder – da die alten Spiegel aus Metall waren – zu rostig ist, um das tun zu können. »Wie kann das Herz erleuchtet werden, während sich die Formen der Geschöpfe in seinem Spiegel widerspiegeln? ... Oder wie kann es ersehnen, in die Gegenwart Gottes einzutreten, ehe es den Flecken der Vergeßlichkeit von sich abgewischt hat?«*

Der Prophet hat gesagt: »Es gibt Reinigungsmittel, um Rost von allem zu entfernen, und das Reinigungsmittel für Herzen ist das Gedenken an Allah!« *Die* Grundlage jeder Sufi-Praktik ist Anrufung, »Gedenken« oder »Erwähnen« *(dhikr)* des Heiligen Namens Gottes oder einer Formel, die von Dem Namen beherrscht wird, wie *Allāhu akbar!* Und wir sind dessen gewiß, daß Gott in Seinem Namen gegenwärtig ist oder sich vergegenwärtigt, wenn unsere Lippen sich beim Nennen Seines Namens bewegen (oder wenn wir ihn still in unseren Herzen erwähnen).

Für die Sufis ist die ständige Anrufung, das ständige »Gedenken«, der Schlüssel zu jedem Schloß – könnte es ein Schloß geben, das der Macht des Allmächtigen widersteht? –, und sie ist auch die eigentliche Essenz des Gebetes, denn nach der Erwähnung des Gebetes als solchem sagt uns der Koran: *wa la dhikru 'Llāhi akbar* (»und wahrlich das Gedenken an Gott ist größer«) (Sura 29/44).

Die ganze Kunst oder Wissenschaft des Sufismus besteht in der Vervollkommnung des *dhikr* und darin, ihn immerwährend dauern zu lassen (so daß er selbst inmitten aller anderen Aktivi-

* Aus dem *Kitāb al-Hikam* von Ibn 'Atā'illah

tät weiter im Herzen singt). Dies entspricht einem ununterbrochenen Bewußtsein der göttlichen Gegenwart; aber es darf natürlich nicht angenommen werden, Gott könne durch einen menschlichen Akt »herbeigerufen« werden. Er ist stets gegenwärtig – »Wenn du das Herz eines Atoms spaltest, wirst du eine Sonne darin erblicken«, sagt ein persischer Dichter –; wir neigen jedoch dazu, umherzuschweifen, und wir müssen wieder und wieder zu unserem Ausgangspunkt zurückkehren, hier und jetzt, gegenwärtig und in Der Gegenwart.

Schließlich ist dann, wie die Sufis es sehen, das Herz, das durch Reinigung und mittels des *dhikr* seines Schuttes entleert ist bereit, der Sitz Dessen zu werden, Dessen Thron alle Dinge umschließt, und sie erwähnen in diesem Kontext ein *ḥadīth qudsī:* »Mein Sklave hört nicht auf, sich Mir zu nähern durch freiwillige Andachten, bis Ich ihn liebe; und wenn Ich ihn liebe, dann bin ich Ich das Ohr, mit dem er hört, und das Auge, mit dem er sieht, und die Hand, mit der er greift und der Fuß, mit dem er geht.« Jemand, der diese Leere und dadurch diese Fülle erreicht hat, könnte, wenn man ihn fragt, wie es ihm geht, antworten:

> Mir geht es wie einem, durch dessen majestätischen Willen
> Die Welt sich dreht, Fluten steigen und Flüsse fließen,
> Sterne sich in ihrer Bahn bewegen; ja, Tod und Leben
> Warten auf seinen Wink und fliegen zu den Enden der Erde,
> Seine Helfer zu Trauer oder Freude.*

Wir befinden uns jetzt in einer Region jenseits der Glaubensunterschiede, einer Region, in der die Unterscheidungen, die wir in unserem täglichen Leben beobachten, keinen Sinn mehr haben und auch nicht zum Verständnis beitragen, einer Region, in der *Sehen* zu *Sein* wird. Das »Auge des Herzens«,

---

* Reynold A. Nicholson, *The Mystics of Islam* (Routledge & Kegan Paul)

mit dem der vollkommene Sufi seinen Herrn sieht (und mit dem sein Herr ihn sieht) – jenes gleiche »Auge«, von dem der Apostel Paulus im Brief an die Epheser schrieb (Eph. 1,18), und über das ein indianischer Weiser in Nordamerika gesagt haben soll: »Ich bin blind und sehe nicht die Dinge dieser Welt; wenn aber das Licht von Hoch Oben kommt, erleuchtet es mein Herz, und ich kann sehen, denn das Auge meines Herzens sieht alle Dinge«* – dieses Auge wird zu einem Tor, durch welches das Wesen geht, um das zu werden, was es in seiner Essenz immer war, sich vereinend mit der ewigen Identität, die die seine ist in der Gegenwart Gottes.

Der Mensch kann dieses Ziel niemals durch eigene Anstrengungen erreichen, er kann es aber auch nicht ohne Anstrengung erreichen. »Was den Menschen von der göttlichen Realität trennt, ist die allerniedrigste Barriere: Gott ist dem Menschen unendlich nahe, aber der Mensch ist unendlich weit von Gott entfernt. Diese Barriere ist für den Menschen ein Gebirge; er steht vor einem Gebirge, das er mit eigenen Händen abtragen muß. Er gräbt die Erde aus, jedoch vergebens; das Gebirge bleibt bestehen. Der Mensch jedoch gräbt immer weiter, im Namen Gottes. Und das Gebirge verschwindet. Es war niemals da.«

---

* Frithjof Schuon, *L'œil du Cœur*, S. 22, Paris 1950 (Gallimard)

12. Andere Dimensionen

Es sind nicht nur die Mystiker, die sich mit dem Problem befassen, das »Abstrakte« konkret zu machen, das heißt, den Sinn für Realität, den alle geistig gesunden Männer und Frauen besitzen, so weit auszudehnen, daß er auch Realitäten einschließt, die nicht mit unseren körperlichen Sinnen erfaßt werden können. Sie können weiter ins »Unbekannte« vorstoßen als ihre weniger unternehmungslustigen Gefährten – die »wahre Reise« geht Ibn 'Aṭā'Allāh zufolge auf einen Wahrnehmungszustand hin, in dem »du das Jenseits dir näher siehst als dein eigenes Selbst« – doch das Problem existiert für jeden Gläubigen.

Für den Islam wie für das Christentum ist dieses Leben eine Vorbereitung auf das, was kommen wird; niemand aber wird sich ernsthaft auf etwas vorbereiten, das ihm unwirklich erscheint, als Phantasie, als Traum. Es ist schon für junge Menschen schwierig genug, völlig konkret die Tatsache zu begreifen, daß sie – vorausgesetzt sie überleben – schließlich alte Menschen sein werden. Wieviel schwieriger ist es dann für das Menschen-Geschöpf, jung oder alt, zu verstehen, daß das göttliche Gericht, Himmel und Hölle, eben so sicher kommen werden wie die Morgendämmerung des kommenden Tages, ja sogar noch sicherer, weil die Morgendämmerung nur kommen kann, wenn es Gottes Wille ist, während das Eintreffen des körperlichen Todes und alles dessen, was danach kommt, die einzige unfehlbare Vorhersage ist, die wir im Hinblick auf unsere Zukunft machen können.

Es ist keineswegs einfach für die, deren Aufmerksamkeit sich auf die massive scheinbare Realität dieser Welt konzentriert, die Tatsache zu akzeptieren, daß sie jeden Augenblick wie ein Rauchwölkchen verschwinden kann und auch wird. Und doch versichert uns der Koran, daß die *ākhira*, das Jenseits, »besser und dauernder« ist, und dies läßt den Schluß zu, daß es realer ist als jede »Realität«, die wir hier erfahren. In diesem Kontext stellt die Terminologie ein Problem dar: Begriffe wie »das

Jenseits« oder, in noch weiteren Ausmaß, »das nachtodliche Leben« können in die Irre führen, wenn man sie als Hinweis auf etwas nimmt, das nicht viel mehr ist als eine schattenhafte Widerspiegelung dessen, das vorher war, oder als entkörperlichte Fortsetzung des Lebens, das wir hier erfahren; und genau das scheinen sie vielen Menschen unserer Zeit zu bedeuten. Bedauerlicherweise steht keine alternative Terminologie zur Verfügung, zumindest keine, die den wesentlichen Punkt deutlich macht, nämlich, daß unsere Erfahrung in der *dunyā*, der Welt, qualitativ weniger real ist als unsere »Erfahrung« in der *ākhira*. Auch gibt es kein Wort, das die grenzenlosen Möglichkeiten andeutet, die dem Geist offenstehen, wenn er das Tor des physischen Todes durchschritten hat.

Die Einbildungskraft kann jedoch eine Strecke Weges gehen, um die Lücke auszufüllen. Vergleichen wir einmal unsere Situation hier und jetzt mit der einer Gruppe von Menschen, die in einem einzigen Raum eines großen Hauses eingeschlossen sind, unfähig, sich an irgend etwas außerhalb dieses Raumes zu erinnern. Das Haus hat viele andere Räume, und draußen erstreckt sich ein weiter Park, und dahinter sind die Berge, Täler und Flüsse des Landes, in dem das Haus liegt. Das Land ist aber nur ein kleiner Sektor des Planeten, und der Planet ist kaum mehr als ein Staubkörnchen im gesamten Kosmos.

Wie beschreiben wir den Menschen, die in einem Raum eingeschlossen sind, all das, was außerhalb seiner vier Wände liegt? Sprechen wir von anderen Räumen im Haus, von denen einige unvergleichlich prächtiger, andere wieder nur verwahrloste Dachkammern oder stinkende Kellerlöcher sind? Beschreiben wir den Park mit seinem dekorativen Zierteich oder fordern wir unsere gefangenen Zuhörer auf, ihre Phantasie noch weiter schweifen zu lassen und sich die Gebiete jenseits des Parks vorzustellen? Wagen wir es, von dem feurigen Inneren des Planeten zu sprechen? Schließlich, ist es ratsam, diese Menschen noch weiter ins Unbekannte zu führen und ihnen von Sternen und Galaxien zu erzählen?

Die verschiedenen »Räume«, der »Park«, die »Länder« und die »Galaxien« liegen in Seinsdimensionen, die anders als jene sind, die den meisten von uns bekannt sind, einige davon so überaus real, daß unser menschliches Leben im Vergleich wie ein Traum erscheinen müßte, andere wieder nicht mehr als das, was wir im Vergleich zum Wachzustand »Träumen« nennen würden. Diese Geschichte hat kein Ende, so groß ist die Ausdehnung des »Jenseits« im Vergleich zu dem Schauplatz, auf dem sich unser menschliches Dasein entfaltet, und der Versuch, es Weltmenschen zu beschreiben, hieße sie dazu auffordern, eine Fähigkeit zu benutzen, die durch mangelnden Gebrauch verkümmert ist.

Die Offenbarung trägt dieser Unfähigkeit Rechnung. Sowohl der Islam als auch das Christentum bieten nur einen äußerst synthetischen, zusammengedrängten Einblick in das »Jenseits«. Die einfache Alternative Himmel/Hölle versorgt den gewöhnlichen Gläubigen mit genau so viel Information, wie er zu seiner Errettung braucht. Es ist klar, daß irgendein bestimmter Erfahrungszustand anderswo entweder »besser« oder »schlechter« sein muß als das Leben, das wir hier erfahren, und es genügt, daß Männer und Frauen nach dem »Besseren« streben und das »Schlechtere« zu vermeiden suchen. Diese Lehren verwenden jedoch auch einen Symbolismus, der, wenn er von denen recht verstanden wird, die ein Bedürfnis haben zu verstehen, den Horizont über die Bilder himmlischer Freude und höllischen Feuers hinaus erweitert, besonders wenn er mit dem Symbolismus anderer Religionen und mythologischen Traditionen koordiniert wird. Die Sprache von Mythos und Symbol ist die einzige universale Sprache.

Erst in moderner Zeit ist es notwendig geworden, zumindest bei einem Teil der Menschheit, über die komplexen Beziehungen – die erweiterten Horizonte – jenseits der einfachen Bilder zu sprechen. In früheren Zeiten waren Hoffnung auf den Himmel und Furcht vor der Hölle für die Christen überwältigend real, selbst wenn sie häufig so handelten, als bestünden diese Dimensionen nicht (genauso, wie junge Menschen sich häufig so aufführen, als würden sie niemals altern). Der Verlust dieser Hoffnung und dieser Furcht war ein entscheidender Faktor bei der Gestaltung der Kultur und des Meinungsklimas, in dem wir jetzt leben.

Der Muslim ist sich im allgemeinen dessen, was kommen wird, noch immer außerordentlich bewußt. Obgleich der Koran die *kāfirūn* in erster Linie als solche definiert, die Gott und Seine Selbst-Offenbarung aktiv leugnen, definiert er sie auch als diejenigen, die nicht an das »Jenseits« glauben und an das Gericht, das seiner Entfaltung vorausgeht. Glaube an Gott kann nicht von der Überzeugung getrennt werden, daß wir eines Tages vor Ihm »stehen« werden, und diese Überzeugung garantiert praktisch schon die Errettung. Es wird von einem Mann erzählt, der ein so gottloses Leben geführt hatte, daß er im Sterben seinem Sohn befahl, seinen Leichnam zu verbrennen und die Asche in alle Winde zu verstreuen, so daß selbst Gott ihn nicht wieder zusammensetzen könnte. Als er trotzdem vor den höchsten Richter gebracht wurde, wurden ihm, wie es heißt, seine Sünden vergeben, weil die Größe seiner Furcht großen Glauben bezeugte.

Einmal, als der Prophet den Leuten von der Kanzel aus predigte, zitierte er den Koranvers: »Für den aber, der seines Herrn Rang gefürchtet, sind der Gärten zwei« (Sura 55,46), und ein gewisser Abū Dardā' rief aus: »Selbst wenn er hurt und stiehlt, Gesandter Allahs?« Der Prophet wiederholte den Vers, und Abū Dardā' wiederholte seine Frage. Nachdem dies zum dritten Mal passiert war und der Prophet wieder sagte: »Für den aber, der seines Herrn Rang gefürchtet, sind der Gärten zwei«, fügte er hinzu: »auch wenn es Abū Dardā' nicht paßt!«

Die drei monotheistischen Religionen sind (anders als zum Beispiel der Hinduismus) nicht ganz glücklich, wenn Bilder wie »Träumen«, auf unsere gegenwärtige Existenz angewandt werden, obgleich dieses Bild weder dem Islam noch dem Christentum fremd ist. Es wird aber oft mißverstanden, da die Menschen es gern so auslegen, als ob Leben »weniger real« sei als wir glauben, während es seine Absicht ist, darauf hinzudeuten, daß es andere mögliche Erfahrungszustände gibt, die so intensiv sind, daß sie, verglichen mit unserer Alltagserfahrung dieser Welt nur mit Wachsein gegenüber Träumen verglichen werden können. Es gibt ein von Muslim aufgezeichnetes *ḥadīth*, das kaum anders interpretiert werden kann. Der Mann, der das angenehmste Leben auf der Welt hatte, wird, so wird gesagt, am Auferstehungstag einen Augenblick lang in die Hölle getaucht werden. Dann wird er gefragt werden: »Sohn Adams, ist dir jemals etwas Gutes widerfahren? Ist dir jemals etwas Angenehmes zugestoßen?«, und er wird antworten: »Nein, mein Herr, ich schwöre es.« Dann wird der Mann, der auf Erden das elendste Leben aller hatte, einen Augenblick lang ins Paradies eingetaucht werden. Dann wird er vor seinen Herrn gebracht und gefragt werden: »Sohn Adams, ist dir jemals ein Unglück widerfahren?«, und er wird antworten: »Nein, mein Herr, ich schwöre es. Niemals ist mir ein Unglück widerfahren und ich habe kein Elend gekannt.«

Es dürfte schwierig sein, eine einfachere oder treffendere Illustration des Unterschieds zwischen verschiedenen Graden der Realität zu finden, wie sie von einem Bewußtsein erfahren werden, das von einer niedrigeren Stufe auf eine höhere versetzt wird. Gleichzeitig bietet sie – zumindest denjenigen, die bereit sind, die Möglichkeit zu akzeptieren, daß es Erfahrungszustände geben könnte, die »realer« sind als alles, was wir hier durchleben – eine Antwort auf die Frage, weshalb Gott es zuläßt, daß die Unschuldigen in dieser Welt leiden. Wenn jemand aus einem bösen Traum voll Furcht wie gemartert erwacht, um sich zu Hause neben dem geliebten Menschen zu finden, während das Sonnenlicht durchs Fenster strömt, die Aussicht goldener Tage vor sich, die all seine tiefsten Sehnsuchtswünsche erfüllt – wie lange würde er sich dann der Qual seines Traumes erinnern? Andererseits, würde er aus einem Traum des Entzückens aufwachen, um sich in einer ihm nur allzu bekannten Gefängniszelle wiederzufinden, wo er auf die nächste Folterung durch gnadenlose Inquisitoren völlig ohne Hoffnung zu warten hat, so würde das Glück des Traumes in wenigen Augenblicken dahinschmelzen. Sei der Traum süß oder bitter, die Realität hat den Vorrang vor dem Traum und die größere Realität hat den Vorrang vor der minderen.

Ein hochempfindliches Gleichgewicht muß zwischen zwei Extremen gehalten werden: einerseits einer Ansicht über das menschliche Leben, die der Welt der Sinne absolute Realität zuschreibt, und andererseits einer Ansicht, die diese Welt als »unwirklich« abtut. Der Islam als die Religion des »mittleren Weges« hat dieses Gleichgewicht mit großer Sorgfalt bewahrt, sooft auch einzelne Muslime von einem Extrem zum anderen getaumelt sein mögen. Die Barrieren – oder »Schleier« –, die verschiedene Grade der Realität voneinander trennen, als fest und undurchsichtig zu behandeln, heißt, unsere Welt zu unfruchtbarer Isolation zu verdammen; vorzugeben, sie existierten nicht, heißt, die Welt vernichten, oder, weil wir das nicht tatsächlich können, den Kontakt mit der geringeren Realität zu verlieren, der wir in unserem irdischen Leben ausgesetzt sind. Was der Islam in der Tat lehrt, ist, daß die Schleier nach dem Willen Gottes bestehen und daß sie ein Aspekt Seiner Barmherzigkeit sind, denn wir könnten nicht die Spiele spielen, die wir hier und jetzt spielen, wären wir nicht vor einem Licht verschleiert, das – würde es völlig enthüllt – alle Existenz in einem Augenblick verbrennen würde,* selbst das Einbrechen der Engelsdimension in ihrer ganzen Herrlichkeit in unsere Welt würde alles zu einem Ende bringen. »Und sie sprechen: ›Warum ist denn kein Engel zu ihm herabgesandt?‹ Aber wenn Wir einen Engel hinabgesandt hätten, so wäre die Sache entschieden gewesen, und dann wäre es nicht mit ihnen verzogen« (Sura 6,8).

Es wird erzählt, daß bei einer Gelegenheit der Prophet den Erzengel Gabriel bat, sich in der »mächtigen Gestalt« zu zeigen, in der Gott ihn erschaffen hat. »O Geliebter Gottes«,

---

* In einem *ḥadīth*, das sowohl von Muslim als auch Ibn Ḥanbal aufgezeichnet ist, heißt es: »Licht ist Sein Schleier; entfernte Er ihn, so würde die Herrlichkeit Seines Angesichtes alle, die zu Ihm gelangen wollen, verbrennen.«

sagte Gabriel, »ich habe eine so schreckenerregende Gestalt, daß niemand sie anblicken könnte, ohne völlig außer sich zu geraten.« Der Prophet bestand jedoch darauf, und Gabriel ging schließlich darauf ein, zu gestatten, daß seine Engelsdimension die irdische Vision umfing. Da gab es ein gewaltiges Rauschen, wie bei einem Wirbelsturm in vollem Toben und Gabriel erschien in seiner die Erde zerschmetternden Herrlichkeit, so daß seine Gestalt den Horizont auslöschte. Der Prophet fiel unter dem Eindruck dieser Vision in Ohnmacht, worauf der Erzengel wieder seine irdische Verkleidung annahm, den zu Boden gesunkenen Mann umarmte, ihn küßte und zu ihm sagte: »Fürchte dich nicht, o Geliebter Gottes, denn ich bin dein Bruder Gabriel!«; er fügte aber hinzu: »Wie wäre es erst gewesen, wenn du Isrāfīl (den, der zum Jüngsten Gericht ruft) gesehen hättest! Denn dann wäre dir meine Gestalt klein und kümmerlich erschienen.«

Die Schleier existieren, aber sie sind zumindest halbdurchlässig; die größeren Realitäten scheinen noch immer – wenn auch verschleiert – durch sie hindurch auf die minderen, so wie Engel den Menschen erscheinen können, aber nur in Verkleidung. »Das Paradies ist euch näher, als der Riemen eurer Sandale«, sagt der Prophet, »und das gleiche gilt für das Feuer.« Einmal sahen die Leute ihn anscheinend seine Hand nach etwas ausstrecken und sie dann schnell zurückziehen. Sie fragten ihn nach dem Grund, und er antwortete: »Ich sah das Paradies und langte nach einer seiner Weintrauben. Hätte ich sie genommen, so hättet ihr davon gegessen, solange die Welt dauert. Ich sah auch die Hölle. Niemals habe ich etwas Schrecklicheres gesehen...«

Der Faden des Seins durchzieht alle möglichen Stadien der Existenz, alle Dimensionen, so wie dies auch der Faden der Barmherzigkeit tut; dies liegt bereits in der fundamentalen Doktrin des *tawḥīd* beschlossen, denn Der Eine kann nicht in verschiedene Stücke geschnitten werden, ebensowenig wie die verschiedenen Grade der Realität voneinander durch undurchdringliche Trennwände getrennt werden können. Die Begriffe

»Sein« und »Barmherzigkeit« könnten wir durch »Schönheit« und »Güte« ersetzen, die aus ihrer einen einzigen Quelle überborden, um die entferntesten Grenzen der Existenz zu erreichen. Nach einem schon früher angeführten *ḥadīth* ist Gott schön, und Er liebt die Schönheit, die gleiche Schönheit, durch die wir an unserem fernen Platz etwas vom Göttlichen wahrnehmen und den Duft des Paradieses wittern können. Einem anderen *ḥadīth* zufolge belohnt Er hundertfach alles Gute, das wir getan haben, weil »Er Sich Selbst neunundneunzig Hundertstel alles Guten vorbehalten hat und – durch den hundertsten Teil, der auf Erden verblieben ist – werden alle Seine Geschöpfe von Liebe belebt und das Roß hebt seine Hufe aus Furcht, ein Kind zu verletzen.«

Wenn überdies nun Himmel und Hölle uns so nahe sind – wie das der Prophet sagt –, dann leben wir, zumindest in gewissem Sinn, bereits in diesen Dimensionen, auch wenn wir sie meistens nicht wahrnehmen; und nicht mehr als ein dünnes Häutchen trennt uns von der ewigen Freude und vom Feuer. Es wird oft genug gesagt, daß »wir alle nur Menschen sind«, und so ist es: man könnte jedoch hinzufügen, daß unsere äußerliche »Menschlichkeit« nicht mehr als ein Firnis ist, der eine tiefere Identität übertüncht. Hier und jetzt, in unserem Alltagsleben, stehen wir bereits Schulter an Schulter mit »dem Volk des Paradieses« und »dem Volk des Feuers«.

Selbst in der physischen Umwelt, die uns umgibt, sind diese außerirdischen Dimensionen wahrnehmbar für diejenigen, die mit scharfem Blick begabt sind; und der Islam ist durchaus nicht die einzige Religion, die das behauptet. Ein christlicher Autor, William Law, schreibt: »Es kann nicht das kleinste Ding oder die kleinste Eigenschaft von irgend etwas in dieser Welt geben, das nicht eine Eigenschaft von Himmel oder Hölle wäre, die unter einer zeitlichen Form zu entdecken ist.«

Eben unter dieser Perspektive mit ihrer klaren Implikation, daß Schönheit – weit davon entfernt, ein Luxus zu sein – ein Mittel zur Errettung ist und Häßlichkeit ein Weg zur Verdammnis, können wir die Bedeutung der Umwelt ermessen, die Menschen für sich selbst schaffen und in der sie vorzugsweise leben wollen. Auf dieselbe Art können wir die Bedeutung des Kults der Häßlichkeit (gewöhnlich als »Realismus« bezeichnet) beurteilen, der einen großen Teil zeitgenössischen Denkens und zeitgenössischer Kunst überschattet. Heutzutage gibt es eine weitverbreitete Annahme, daß das Häßliche auf irgendeine sonderbare Art »realer« ist als das Schöne, und so könnte man auch gleich sagen, daß uns die Hölle näher als der Himmel ist (was in diesem Zeitalter durchaus zutreffen könnte). Die moderne Kunst liefert den erschreckendsten Beweis dafür. Ein Kunstkritiker beschreibt zum Beispiel ein Gemälde von Lucien Freud mit folgenden Worten: »Ein junger Mann mit langem blondem Haar liegt vollkommen nackt mit hochgezogenen, gespreizten Beinen auf einer Chaiselongue. In seiner linken Hand hält er eine kleine schwarze Ratte mit Knopfaugen, deren langer, schlangenartiger Schwanz sich über seinen rechten Schenkel nahe an seinen Penis heranschlängelt. Der junge Mann starrt zur Zimmerdecke hinauf. Sein Gesichtsausdruck ist der eines Menschen, der Horror oder eine ganz tiefe Leere gesehen hat...«[*] Es dürfte nicht leicht sein, zumindest in öffentlichen Ausstellungen, ein modernes Gemälde zu finden, das die Nähe des Paradieses ebenso stark bezeugt wie dieses die Nähe der Hölle.

Da Gott sowohl unser Ursprung als auch unser Ende und in jedem Augenblick der Zeit bei uns ist, sind uns auch diese Widerspiegelungen Seiner Schönheit und Seines Zornes stets nahe; es ist jedoch Seine Gegenwart als solche, die jede mögliche Dimension beherrscht. Diejenigen, die Ihn nicht in irgendeinem Maßstab in diesem Leben finden oder sich zumindest Ihm zuwenden, »obgleich sie Ihn nicht sehen«, sind es, die dem Koran zufolge blind auferstehen werden, dann, wenn die einzigen Alternativen schlicht und einfach Licht oder Finsternis sind, Gegenwart oder Abwesenheit. Die Menschen vergessen die Relativität der Zeit und die Tatsache, daß sie ein nur an

[*] *The Times*, London, 2. März 1978

das Räumliche gebundener Zustand ist. Hier und jetzt sind wir, was wir sein werden.

Selbst wenn wir dies theoretisch wissen, wird es uns sehr schnell zur Gewohnheit, nicht über die Reichweite unserer körperlichen Sinne hinauszuschauen und diese Erfahrungswelt so zu behandeln, als sei sie ein in sich geschlossenes und autarkes System. Die Theologie des Islam ergreift Maßnahmen, diese Gewohnheit zu korrigieren, und zwar mit Mitteln, die als Radikalchirurgie beschrieben werden könnten. Sie trennt das Verbindungsglied zwischen Ursache und Wirkung, das die Grundlage unseres rationalen Verständnisses der Welt ist.

Die Theologie hat im Islam niemals die gleiche Bedeutung gehabt wie im Christentum. Praxis, nicht Theorie war entscheidend, und man war nicht verpflichtet, Antworten auf Fragen zu geben, die gar nicht erst hätten gestellt werden sollen. Der Reisende braucht nur wenig von dem Land zu wissen, das er durchquert, vorausgesetzt, er ist über die direkte Route unterrichtet, die zu dem richtigen Punkt für die Ausreise führt. Der Prophet hatte gesagt: »Verhaltet euch in dieser Welt, als wäret ihr Fremde oder Reisende ...« Und doch gebietet der Koran dem Gläubigen zu »denken«, »die Dinge von allen Seiten aus zu betrachten«, seine Intelligenz zu gebrauchen; und die Menschen stellen in der Tat Fragen, auf die sie Antworten erwarten. Bestimmten frommen Männern erschien es besser, diese Fragen in einer Weise zu behandeln, die die Frömmigkeit stärkte, als es dem Fragenden selbst zu überlassen, Antworten zu finden, die den Glauben untergraben könnten.

Im zweiten Teil des 11. Jahrhunderts der christlichen Ära akzeptierte der sunnitische Islam weitgehend schließlich die Theologie von al-Asch'arī (gestorben im Jahr 935) und seiner Schule. Er selbst hatte seine Laufbahn als Mu'tazilit, als »Rationalist« begonnen und war imstande, die Instrumente griechischer Dialektik gegen den Rationalismus zu benutzen und gegen alle ähnlichen Versuche, die Welt einzig und allein mit Begriffen ihrer eigenen begrenzten Kategorien zu erklären. Die asch'aritische Theologie wird man besonders an zwei

Theorien erkennen, die beide in erstaunlicher Weise für den unnachgiebigen Unitarismus der islamischen Perspektive und ihr intensives Bewußtsein der göttlichen Allmacht Zeugnis ablegen. Die erste ist die der »Aquisition«, »Erwerbung«, der zufolge alle unsere Taten und Handlungen von Gott erschaffen, aber dann von dem menschlichen Wesen »erworben« werden, das von da an für sie verantwortlich ist. Die zweite ist die gemeinhin als »Okkasionalismus« bekannte Lehre, der zufolge jedes Ereignis, das in dieser Welt geschieht, neugeprägt ist, ohne jede Verbindung mit dem ihm vorausgegangenen, das heißt mit seiner Ursache. Gott allein ist die Ursache jedes Ereignisses, und Er erschafft die Welt jeden Augenblick aufs neue. Diese Theorie wurde von den Sufis unter dem Begriff der »Erneuerung der Schöpfung mit jedem Atemzug« *(tajdīd al-khalq bi'l-anfās)* übernommen. Gott ist der Schöpfer nicht nur zu Anbeginn der Zeiten, sondern jetzt, in diesem Augenblick und auf ewig; Er erschafft eine neue Welt in jedem winzig kleinen Augenblick der Zeit. Phänomene können nicht die Ursache anderer Phänomene sein, Ereignisse können keine Ereignisse zeugen, denn dann wären sie »Götter« neben Gott. Schatten werfen keine Schatten. Schneller als das Auge es erfassen oder der Verstand es begreifen kann, verschwindet die Welt mit allem, das sie enthält, ins Nichts, als sei sie niemals gewesen; und nicht minder schnell wird eine neue Welt an ihrer Stelle erschaffen – so Gott es will.

Bis zu unserem Jahrhundert dürfte das eine nur schwer begreifliche Theorie gewesen sein. Heutzutage könnte jedes Kind sie verstehen. Wir haben in Film und Fernsehen eine exakte Illustrierung dessen, was die Asch'ariten sagten. Der Zuschauer beobachtet eine fließende Abfolge von Ursache und Wirkung in einem Zeitraum; tatsächlich sind aber die aufeinander folgenden Bildausschnitte des Films, die durch den Projektor laufen, gar nicht so miteinander verbunden. Ein einzelner Bildausschnitt wird auf die Leinwand geworfen; dann kommt ein Augenblick Dunkelheit, nicht erkennbar für das menschliche Auge, worauf ein neuer Bildausschnitt erscheint. Der

Regisseur des Films kontrolliert die Reihenfolge, in der diese Bildausschnitte gezeigt werden. Die Zuschauer sehen, wie ein Stein in eine Fensterscheibe fliegt, woraufhin das Glas zersplittert, aber die Bildausschnitte, die zeigen, wie der Stein geworfen wird, haben nicht diejenigen »verursacht«, die das »Zersplittern« zeigen. Der Regisseur hätte das letztere auslassen oder statt dessen andere einfügen können, oder er hätte die Reihenfolge, in der sie projiziert werden, umkehren können. Der Regisseur kann im Schneideraum das tun, was ihm gefällt, ebenso wie Gott »das tut, was Ihm gefällt«; und da es – für den Muslim – undenkbar ist, daß Gott unter irgendeinem Zwang stünde, folgert daraus, daß Er nicht gezwungen ist, zuzulassen, daß eine bestimmte Wirkung die Folge einer bestimmten Ursache ist.

Nach Ansicht der asch'aritischen Theologie ist es nicht das Feuer, das das Verbrennen eines Holzstückes verursacht – denn wie könnte etwas so Bescheidenes wie Feuer die Ursache von irgendetwas sein? –, nein, es ist Gott allein, der verursacht, daß ein von einer Flamme ergriffenes Ding brennt. Hier haben wir, sagt Frithjof Schuon, »ein treffendes Beispiel für den Geist rigoroser Alternativen, die charakteristisch für die semitische und die westliche Mentalität sind; um in der Lage zu sein, *einen* wesentlichen Aspekt der Wahrheit zu bejahen, müssen andere Aspekte verneint werden, obgleich sie dem zu demonstrierenden Prinzip in keiner Weise Abbruch tun würden.«* Zuzugeben, daß Feuer brennt, und hinzuzufügen, daß es das tut, weil Gott es zu diesem Zweck erschaffen hat, würde in keiner Weise die göttliche Allmacht untergraben; aber die Asch'ariya glaubt, daß dies der Fall sein könnte, und was die Psychologie des semitischen und des westlichen Menschen angeht, mag das nicht ganz falsch sein.

Die Erfordernisse der Frömmigkeit und die Rechte objektiver Wahrheit entsprechen sich auf theologischer Ebene nicht immer ganz genau, worauf Schuon in einer detaillierten Kritik

---

* Frithjof Schuon, *Stations of Wisdom*, London 1961, S. 70 (John Murray)

der asch'aritischen Position hingewiesen hat.* Auf dieser Ebene hat die Frömmigkeit den Vorrang vor der Objektivität, und das Hauptanliegen Al-Asch'arīs ist, uns ständig daran zu erinnern, daß Gott in allen Dingen gegenwärtig und aktiv ist, und darauf hinzudeuten, daß – gäbe es nicht Diese Gegenwart – die Welt nicht mehr als ein zusammenhangloses Chaos wäre. Dies gelingt ihm, jedoch zu einem hohen Preis. »Vom metaphysischen Gesichtspunkt aus«, sagte Schuon, »ist das unnötiger Luxus, denn der Intellekt hat andere Quellen als fromme Absurdität...« Vom psychologischen Gesichtspunkt aus jedoch erreicht die asch'aritische Schöpfungstheorie ihr Ziel, und dies in einer Weise, die typisch für den Islam ist. Gott ist niemals abwesend und niemals untätig; alles muß Ihm als der Quelle zugeschrieben werden, selbst wenn das mit sich bringt, daß man deshalb leugnen muß, daß Er mittels sekundärer Ursachen und im Einklang mit erkennbaren »Naturgesetzen« handelt, und sich weigert zuzugeben, daß, nach Schuons Worten, »wenn Gott einen Apfelbaum schafft, dieser Äpfel hervorbringen soll und keine Feigen«. Ebenso wie es dem Muslim verboten ist, Bilder von lebendigen Dingen zu machen, damit er sie nicht als Idole anbete, wird er auch daran gehindert, irdischen Ursachen Wirkungen zuzuschreiben, damit er sich nicht einbilde, diese Ursachen seien unabhängig von der göttlichen Allmacht.

Die moderne Naturwissenschaft beruht auf dieser Zuschreibung und schließt in der Tat Gott aus der Kette der Kausalität aus; lediglich in der Disziplin Physik entdecken manche zeitgenössischen Wissenschaftler die Gegenwart von etwas jenseits ihrer Begriffsbestimmungen, aber die Physik ist zu einer so abstrusen Wissenschaft geworden, daß sie nur wenig Einfluß auf die gängige »Mythologie« hat. So weit atheistische Wissenschaftlichkeit transzendente Ursachen leugnet und die Welt der Erscheinungen von der Realität isoliert, hat al-Asch'arī – wie

---

* Frithjof Schuon, »Dilemmas within Ash'arite Theology« in *Islam and the Perennial Philosophy*, 1976 (World of Islam Festival Co.)

Schuon sagt – darauf schon vorher eine Antwort gegeben, indem er physische Kausalität leugnete. Dies heißt nicht nur Modifizierungen in die wissenschaftliche Weltbetrachtung einzuführen, sondern mit einem schweren Hammer an die Fundamente zu gehen, auf denen diese Auffassung gebaut ist; das ganze Gebäude stürzt zusammen.

Moderne muslimische Intellektuelle – zumindest die, deren Stimmen am häufigsten zu hören sind – suchen Sündenböcke für die Tatsache, daß der Islam niemals Mittel zur Zerstörung der Welt und zur Entmenschlichung des Menschen entwickelt hat. Sie sind durch ihren Minderwertigkeitskomplex gegenüber den westlichen technologischen Errungenschaften verkrüppelt. Einige geben der Unbeugsamkeit der *ulamā* die Schuld, andere beschuldigen den Sufismus und wieder andere den Asch'arismus. Der Islam, so sagen sie, hat Europa die Wissenschaft geschenkt und ist dann eingeschlafen, während Europa den Ball aufgenommen hat und mit ihm zu dem Tor »Macht« und »imperiale Herrschaft« gerannt ist.

Es ist schon wahr, daß der Islam Westeuropa den »griechischen Virus« (um Arnold Hottingers Ausdruck zu gebrauchen) übertragen hat, einen Organismus, gegen den er sich als immun erwies, dem das Christentum jedoch erlag; doch die Muslime unserer heutigen Zeit dürften wohl die einzigen Menschen auf Erden zu sein, die sich je darüber beklagt haben, daß ihre Vorfahren einer Krankheit gegenüber immun waren. Sie weigern sich, zuzugeben, daß weder die Naturwissenschaft, die sie bewundern, noch die Technologie, nach der es sie gelüstet, jemals in einem wahrhaft islamischen Klima hätten aufkommen können; die erstere hängt von einer besonderen Einstellung zu Gott und die letztere von einer besonderen Einstellung zur Natur (und zu menschlichen Berufungen) ab, von denen keine mit dem unitarischen Glauben des Muslim vereinbar ist, beide aber ergeben sich aus der Isolierung dieser Welt von anderen Dimensionen.

Die islamische Naturwissenschaft war – zur Hoch-Zeit der geistigen und intellektuellen Wagnisse – einerseits damit befaßt, die »Zeichen Allahs« in den Naturphänomenen zu erkennen, und andererseits mit der Beobachtung von Naturkräften und -gesetzen, um besser mit ihnen zusammenzuarbeiten, damit die menschliche Familie sich leichter und bequemer in ihre gottgegebene Umwelt einfügen könne. Bis sein gesamtes Seins-Muster in jüngster Zeit aus dem Gleichgewicht geworfen wurde, war es niemals die Art des Muslim, gewissermaßen der Natur der Dinge entgegen zu arbeiten, die Form der natürlichen Welt mit Gewalt zu verändern oder an ihren Reichtümern Raubbau zu treiben. Seine Welt war im Einklang mit menschlicher Proportion geregelt; er baute nichts, was ihn aufgrund schierer Größe oder Großartigkeit hätte überwältigen können; er wurde niemals zum Sklaven seiner eigenen Werkzeuge, und solange er dem Gebot gehorchte, »behutsam über die Erde zu gehen« – er und seine Pferde, seine Kamele und sein Vieh –, erscheint es unwahrscheinlich, daß er jemals Bulldozer entworfen haben könnte, um die Erde aufzureißen. Seine »reine« Wissenschaft war eher die Kenntnis von Essenzen als das Wissen um Phänomene als solche. Sterne und Steine, Gebirge und die Vegetation der Erde, die Wellen des Meeres und die Wolken am Himmel waren nicht eine zufällige Ansammlung von Dingen, sondern eine Abfolge von Bildern, die in einem einzigen Buchband enthalten war. Diese Bilder, diese »Zeichen« waren um so eher verständlich, als sie einfach waren, frei von den Verwicklungen und Verzerrungen, die menschliche Erfindungsgabe in die Phänomene der natürlichen Welt einführt. Wie die moderne Naturwissenschaft die normale menschliche Fähigkeit, in Symbolen zu denken, zerstört hat, trifft es auch zu, daß die moderne Technologie den der natürlichen Umwelt innewohnenden Symbolismus verdunkelt und somit das Verständnis erschwert hat.

»Allah ist das Licht der Himmel und der Erde. Sein Licht ist gleich einer Nische, in der sich eine Lampe befindet; die Lampe ist in einem Glase, und das Glas gleich einem flimmernden Stern. Es wird angezündet von einem gesegneten Baum, einem Ölbaum, weder vom Osten noch vom Westen, dessen Öl fast leuchtete, auch wenn es kein Feuer berührte. Licht über Licht!« (Sura 24,35). Eine Bogenlampe oder eine Neonröhre sind Lichtquellen, wer aber könnte daran zweifeln, daß sie sich weniger für einen solchen Symbolismus eignen als eine einfache Öllampe? Unsere technischen Erfindungen haben eine gewisse betäubende, abstumpfende Wirkung auf uns gehabt, und es ist zunehmend schwieriger geworden, die »Transparenz« der natürlichen Phänomene zu erkennen oder auch nur an sie zu glauben. Nicht nur ist die Welt um uns herum ihres Sinns entleert, sondern auch die Probleme, die jedem Versuch innewohnen, andere Erfahrungsdimensionen mit Bildern der Dinge, die wir hier vorfinden, zu beschreiben, werden fast unüberwindbar.

Die Frage, wie himmlische Realitäten dem menschlichen Verstand übermittelt werden könnten, ist mehrfach in diesem Buch berührt worden. Wir sind gezwungen, immer wieder zu ihr zurückzukehren, denn dies ist das Feld, auf dem die wichtigsten Schlachten geschlagen werden, besonders im gegenwärtigen Zeitalter. Ein blinder Glaube, der Fragen nicht stellt, wird zunehmend seltener. Der Agnostiker findet die Überlieferungen über das göttliche Gericht, Himmel und Hölle, in Schriften und Traditionen entweder unwahrscheinlich oder absurd. Die Gläubigen zanken sich untereinander, ob solche Beschreibungen wörtlich oder allegorisch zu nehmen sind.

Tatsache ist, daß wir undankbare Leute sind. Wir wollen – was nur allzu natürlich ist – wissen, was uns (wenn überhaupt etwas) nach dem Tode geschieht. Gott ist diesem Wunsch gegenüber nicht taub. Uns wird eine riesige Auswahl an Bildern, Andeutungen und Hinweisen angeboten, die, falls wir bereit sind, unsere Gaben der Intelligenz und der Einbildungskraft zu nutzen, eine hinreichende Antwort geben. Und dann beklagen wir uns über Widersprüche in dieser Bildersprache, Dunkelheit in diesen Andeutungen und Mangel an Präzision bei diesen Hinweisen.

Jede Beschreibung von Seinszuständen nach dem Tod wäre

verdächtig, wenn sie keine Widersprüche gegenüber unseren hiesigen Erfahrungen enthielte. Es ist unmöglich, daß Zustände, die so verschieden von unseren eigenen sind, sich glatt in die Kategorien dieser Welt einfügen ließen oder unseren örtlichen Bedingungen entsprechen würden. Es ist unwahrscheinlich, daß die Gesetze, welche die Zeit regieren, auf andere Formen der Dauer, und die Gesetze, die den Raum regieren, auf andere Formen der Ausdehnung angewandt werden können; da aber Zeit eine der möglichen Formen der Dauer und Raum eine der möglichen Formen der Ausdehnung ist, können Zeit und Raum entnommene Bilder in andere Dimensionen übertragen werden. In dieser Welt haben wir fünf Sinne. In einer anderen mögen wir fünfhundert haben, jeder von ihnen so verschieden vom anderen wie Sehen und Hören in unserer gegenwärtigen Erfahrung; aber wir sind noch immer genötigt, von diesen Dingen in Begriffen wie »sehen«, »hören«, »fühlen«, »riechen« und »schmecken« zu sprechen.

Wäre andererseits das Jenseits völlig unvorstellbar, so würde das bedeuten, daß verschiedene Wirklichkeitsebenen ohne jede Verbindung hermetisch voneinander abgeschlossen sind, was im Gegensatz zur Lehre des *tawḥīd* und tatsächlich auch zum gesunden Menschenverstand stünde. Wenn dem so wäre, dann hätten wir keinen Anlaß, uns dafür zu interessieren, was uns anderswo geschieht, weil, was immer es auch sein möge, es keine Beziehung zu unserem Wissen, unseren Hoffnungen, unseren Bedürfnissen und unseren Sehnsüchten als Geschöpfe der Erde hätte.

Die notwendige Verbindung zwischen der Erfahrung hier und der Erfahrung anderswo wird vom Koran betont: »Verheiße aber denen, die glauben und das Rechte tun, daß Gärten für sie bestimmt sind, durcheilt von Bächen; und so oft sie gespeist werden mit einer ihrer Früchte als Speise, sprechen sie: ›Dies war unsere Speise zuvor‹; und ähnliche werden ihnen gegeben...« (Sura 2,23). Die Schätze des Paradieses und die Gaben der Erde müssen etwas gemeinsam haben, da sie aus einer einzigen Quelle fließen. Und doch: »Keine Seele weiß, welcher

Augentrost für sie verborgen ist, als Belohnung für ihr Tun« (Sura 32,17). Es ist, religiös gesehen unumstößlich, daß Gott niemals weniger gibt als Er verspricht. Er enttäuscht niemals Erwartungen, die Er Selbst geweckt hat. Er gibt jedoch – so wird uns versichert – mehr als Er verspricht, und es ist dieses »mehr«, das nicht zu entziffern ist oder die Reichweite der menschlichen Einbildungskraft überschreitet; und dies ist es, das letzten Endes die einfachen Bildvorstellungen, welche die Menschen von einem »glücklichen Leben im Jenseits« haben, überstrahlt, so wie ein großes Licht ein geringeres überstrahlt. »Sie werden haben, was sie in ihm begehren, und bei Uns ist Vermehrung« (Sura 50,34).

Jedem menschlichen Genuß sind Grenzen gesetzt. Das Paradies als solches ist grenzenlos, denn es öffnet sich zum Unendlichen hin. Auf der menschlichen Ebene kann dies nur mit numerischen Begriffen angedeutet werden – wir werden tausend Freuden erfahren, zehntausend, eine Million und so weiter – oder in Begriffen eines Zuwachses ohne Ende, aber auch ohne Wiederholung. Die erotische Liebe zum Beispiel wird all das Wunder und die Frische einer »ersten Liebe« haben (die »immerfort erneuerte Jungfräulichkeit« der »Huris«, die bei westlichen Islam-Kundlern so viel Heiterkeit hervorruft, ist ein klarer Hinweis darauf). Jeder Trunk ist wie der erste Trunk eines Durstigen, obgleich niemand im Paradies dürstet, und jeder Bissen Nahrung schmeckt wie der erste Bissen, den ein Verhungernder zu sich nimmt, obgleich dort niemand hungert, und jede Begegnung ist zum ersten Mal entdeckte wahre Freundschaft, und es gibt nichts im Paradies, das nicht neu geprägt wäre, um mit dem Appetit der Jugend genossen zu werden.

All dies ist logisch, wie schwer man es sich auch vorstellen kann, denn es ist unmöglich, daß ein Erfahrungszustand, der mit Begriffen wie »mehr und immer mehr« definiert wird, statisch sein kann. Grenzenlosigkeit weist auf kein sichtbares Ende einer Bewegung in Richtung auf das hin, was besser und noch besser ist und dann noch besser, ohne daß der Freude, der

Schönheit und der Entdeckung Grenzen gesetzt wären. Das größte Wunder wird immer von einem noch größeren Wunder übertroffen, die süßeste Gemeinsamkeit wird stets süßer, und die Liebe – obwohl sie von Anbeginn an vollkommen erfüllt erscheint – wächst immer noch grenzenlos. Die Bewohner des Paradieses sind immerfort überrascht, denn jedes Mal, wenn sie glauben, Vollkommenheit in Händen zu halten und es könne nichts Besseres als dies geben, finden sie vor sich etwas noch Besseres. »Der niedrigste Ort für irgendeinen von euch im Paradies«, sagt der Prophet, »ist der, in dem Allah ihm sagen wird, er solle sich etwas wünschen, und er wird wünschen und wieder wünschen. Allah wird ihn dann fragen, ob er seinen Wunsch ausgesprochen habe, und wenn er antwortet, er habe das, wird Er ihm sagen, daß er erhalten wird, was er sich gewünscht hat und noch einmal soviel dazu.«

Und doch bleibt das Problem. Als wir von erotischer Liebe, Essen und Trinken sprachen, hätten wir diese Begriffe vorsichtigerweise in Anführungsstriche setzen sollen, oder kann man sie einfach so stehen lassen? Das ist eigentlich eine Frage der Schicklichkeit, da beides zu rechtfertigen wäre. Die Dinge des Paradieses (und der Hölle) sind »ähnlich wie« die Dinge auf Erden, weil alle möglichen Erfahrungszustände miteinander verbunden sind; sie sind ihnen »unähnlich« wegen der Unvergleichbarkeit der verschiedenen Dimensionen oder Ebenen der Realität.

Was die »Ähnlichkeit« angeht, steht es uns frei zu sagen, daß es in der Tat Essen und Trinken im Jenseits gibt (köstlich im Paradies und widerlich in der Hölle); was die »Unähnlichkeit« betrifft, haben wir jedes Recht, den entgegengesetzten Standpunkt einzunehmen; aber diejenigen, die das tun, müssen dann andere Mittel vorschlagen, um das, was zum Ausdruck gebracht werden soll, auch auszudrücken. Man kann leicht sagen, daß alle solchen Bilder allegorisch zu verstehen sind; der Durchschnittsmensch wird dann jedoch fragen, was er mit »allegorischem« Essen und Trinken anfangen soll. Nicht nur der Islam, sondern auch die anderen Weltreligionen haben immer die konkrete Bildersprache bevorzugt und es den Gläubigen überlassen, was sie entsprechend ihrer Intelligenz und ihrer Einbildungskräfte daraus machten. Wir müssen die Tatsache akzeptieren, daß einige gute, aber schlichte Menschen mit sehr primitiven Auffassungen über das Jenseits durchs Leben gehen, während andere, weniger gut und sehr viel weniger schlicht, den Himmel und – noch bereitwilliger – die Hölle wegen der scheinbaren Primitivität der verwendeten Bilder einfach abtun.

Mit diesen Überlegungen im Sinn und ohne irgendwelche unwiderrufliche Festlegung auf die »wörtliche« oder aber die »allegorische« Interpretation der heiligen Bildersprache, müssen wir betrachten, was der Muslim – im Lichte von Koran und *ḥadīth* – über das Jüngste Gericht, die Freuden des Paradieses und die Qualen der Hölle glaubt.

Niemand entgeht dem Gericht. Jedes menschliche Geschöpf hat in einem Zustand von Verschleierung gelebt – jeder nur denkbaren Art von Selbstbetrug unterworfen – und ist gezwungen, wenn die Schleier entfernt sind, der nackten Wahrheit ins Angesicht zu sehen. »Wahrlich, du warst dessen achtlos, und Wir nahmen deinen Schleier von dir, und dein Blick ist heute scharf« (Sura 50,21). Und »wer auch nur Gutes im Gewicht eines Stäubchens getan, wird es sehen. Und wer Böses im Gewicht eines Stäubchens getan, wird es sehen« (Sura 99,7–8); denn »*Daselbst* soll jede Seele prüfen, vorausgeschickt, und zurückgebracht werden sie zu Allah, ihrem wahren Herrn, und schweifen wird von ihnen, was sie ersonnen« (Sura 10,31).

Während die Folgen alles dessen, was sie je getan hat, jetzt ein Eigenleben anzunehmen scheinen, ist jede Seele ganz allein: »Und nun seid ihr zu Uns gekommen, allein, so wie Wir euch erschufen das erste Mal, und ihr ließet hinter euch, was Wir euch bescherten, und nicht schauen Wir bei euch eure Fürsprecher, von denen ihr wähntet, sie seien unter euch...« (Sura 6,94). Jeder trägt seine eigene Last, denn kein geschaffenes Ding kann sie mit ihm teilen oder auch nur einen kleinen Teil davon tragen: »Und nicht wird eine beladene Seele die Last einer andern tragen, und so eine schwerbeladene um ihrer Last willen [nach Hilfe] ruft, soll nichts von ihr getragen werden, auch nicht von einem Versippten« (Sura 35,19).* Wie Frithjof Schuon sagt: »Nach dem Tode fällt alle Selbstsicherheit und alle Tüchtigkeit ab wie ein Kleid, und das Wesen, das bleibt, ist machtlos und wie ein verlorenes Kind; nichts ist übriggeblieben als eine Substanz, die wir selbst gewebt haben und die entweder tief fallen oder sich, im Gegenteil, vom Himmel wie ein aufgehender Stern hochziehen lassen kann.«** Alle bekannten Orientierungspunkte sind verschwunden, außer denen von Glauben und Gebet, und derjenige, der ohne Glauben war und niemals ein Gebet gesprochen hat, findet sich in Finsternis auf einem ›riesigen abgrundtiefen Meer‹«: »Dort deckt ihn eine Woge, über der eine Woge ist, über der sich Wolken befinden – Finsternisse, die einen über die andern –, wenn einer seine Hand ausstreckt, sieht er sie kaum. Und dem Allah kein Licht gibt, der hat kein Licht« (Sura 24,40). Das heißt: kein eigenes Licht; denn er taucht aus dieser brüllenden, chaotischen Finsternis in ein Licht auf, das – für ihn – über alle Vorstellung hinaus schrecklich ist.

Die islamische Vision des Gerichts wird von der Idee der »Enthüllung« beherrscht. Nichts, aber auch gar nichts ist vor Ihm verborgen, der, wie es der Dichter Sanā'ī ausdrückt, »die Berührung des Fußes einer Ameise erspürt, wenn sie sich im Dunkel über einen Felsen bewegt«. An jenem Tag gibt es

---

* Es gibt jedoch eine wichtige Ausnahme von dieser Regel. Jeder, der einen Mann oder eine Frau ohne ausreichende Rechtfertigung tötet (wie zum Beispiel in Notwehr oder nach einem rechtmäßigen Prozeß) trägt die zusätzliche Last all der Sünden, die sein Opfer begangen haben mag und wird für sie geradestehen müssen (vgl. Sura 5,32 und andere Stellen). Das Opfer hat gewissermaßen alle Verantwortung für die Sünden eines Lebens auf seinen Mörder abgeschoben. Wenn man den Gedanken weiterführt, könnte man annehmen, daß das gleiche auch für »Hinrichtungen« durch den Staat gilt, wenn die Todesstrafe nicht in Einklang mit dem religiösen Gesetz steht oder nicht alle Begnadigungsmöglichkeiten eingehend in Erwägung gezogen worden sind.

** Frithjof Schuon, *Understanding Islam*, S. 84

keinen Schatten außer dem Seinen, keine Zuflucht vor Ihm, es sei denn in Ihm: »Und wenn in die Posaune gestoßen wird mit einem einzigen Stoß und von hinnen gehoben werden die Erde und die Berge und zerstoßen werden mit einem einzigen Stoß...An jenem Tage werdet ihr vorgeführt werden; nichts Verborgenes von euch soll verborgen sein« (Sura 69,13–14,18). Da keine Hülle zu finden ist, wird die Menschheit an jenem Tag nackt und barfüßig versammelt sein. Als der Prophet das sagte, fragte Frau ʿĀʾisha – die keine Gelegenheit ausließ, Fragen über das zu stellen, worüber andere vielleicht nachgedacht hatten, aber zu fragen zögerten –, ob Männer und Frauen zusammen sein würden und sich dann anschauten. »Die Sache wird zu ernst sein, ʿĀʾisha, als daß sie sich dann noch gegenseitig anschauten«, sagte er.

Als ob diese Enthüllung nicht ausreichend wäre, wird auch noch eine Heerschar von Zeugen anwesend sein. Die Tiere werden dort sein, um zu bezeugen. Einem *ḥadīth* zufolge wurde (oder wird) einer Prostituierten vergeben, weil sie, als sie an einem verdurstenden Hund vorbeikam, ihren Schuh auszog, ihr Kopftuch abnahm, den Schuh daran befestigte, ihn in einen Brunnen hinabließ und Wasser für das Tier heraufzog. Und der Prophet hat auch gesagt, daß »eine Frau wegen einer Katze bestraft wurde, die sie eingeschlossen hielt, bis sie Hungers starb«. Hier fällt die Doppeldeutigkeit der Zeitformen auf; ein Ereignis, das außerhalb der Zeit liegt, so wie wir sie kennen, kann als Vergangenheit bezeichnet werden, obgleich es für uns in der Zukunft liegt. Die Relativität der Zeit in diesem Kontext wird noch betont durch die Tatsache, daß nach dem Koran der »Tag des Zitterns«, der »Tag der Aufwekkung«, der »Tag, der Kinder greis macht« (Sura 73,17), der Tag, an dem »jede Säugende ihres Säuglings vergessen [wird] und ablegen wird jede Schwangere ihre Last und schauen wirst du die Menschen als Trunkene, wiewohl sie nicht trunken sind« (Sura 22,2), fünfzigtausend Jahre lang dauern wird und doch – gemäß einem *ḥadīth* – für den aufrichtig Gläubigen »wie nur eine Stunde« vorübergehen wird.

Die sanfte Erde selbst wird eine Stimme finden und Zeugnis ablegen: »An jenem Tag wird sie ihre Geschichten erzählen, weil ihr Herr sie inspiriert« (Sura 99,4–5); und was auch immer auf dem Lande oder auf See getan worden ist – oder »in den Himmeln« – »wäre es auch nur das Gewicht eines Senfkorns und wäre es in einem Felsen, wird ans Licht gebracht werden« (Sura 31,15). Die Begegnung mit der Absoluten Wahrheit läßt nichts verborgen bleiben.

Noch bedeutsamer ist, daß der Mensch gegen sich selbst Zeugnis ablegen wird und auch nicht anders kann. Er kommt zum Gericht mit einem »Treiber« und einem »Zeugen«, die während seines ganzen Lebens bei ihm gewesen waren, und die Mächte innerhalb der geteilten Stadt, die seine irdische Persönlichkeit war, haben vieles zu sagen, aber er selbst – das Selbst, das Entschuldigungen und Rechtfertigungen ausdenken könnte – ist zum Schweigen gebracht: »Heute versiegeln Wir ihren Mund, doch es sprechen ihre Hände zu Uns, und ihre Füße bezeugen, was sie geschafft« (Sura 36,65). Es könnte deswegen gesagt werden, daß die Seele sich selbst richtet, denn nun – endlich – kennt sie sich selbst vollständig, kennt ihre Beziehung zu der »Norm«, der sie sich angepaßt haben oder von der sie abgewichen sein mag. Jeder findet seinen Weg unfehlbar zu der einzigen Nische, in die er passen wird, sei sie nun oben oder unten, und der Koran erinnert uns beständig daran, daß Gott niemals ungerecht ist; Er läßt uns dorthin gehen, wohin wir unser Natur nach gehören.

Die Substanz der Seele, die in diesem Leben etwas Fließendes hatte, ist gewissermaßen festgelegt oder kristallisiert, wenn dieses Leben vorbei ist; sie kann sich nicht ändern, so sehr sie das auch wünschen mag. »Und wenn dann eine jede sündige Seele alles, was auf Erden ist, besäße, wahrlich sie möchte sich damit lösen. Und offen werden sie die Reue bekunden, wenn sie die Strafe gesehen. Und es wird in Gerechtigkeit zwischen ihnen entschieden werden, und nicht sollen sie Unrecht leiden« (Sura 10,55). Diese Welt ist der Ort der Barmherzigkeit, wo wir nur bitten müssen, um zu empfangen; am Tage (des

Gerichts) herrscht reine Objektivität, und wir sind das, was wir sind oder was wir aus uns gemacht haben. »Sprich: O Meine Diener, die ihr euch gegen euch selber vergangen habt, verzweifelt nicht an Allahs Barmherzigkeit; siehe, Allah verzeiht die Sünden allzumal; siehe Er ist der Vergebende, der Barmherzige. Und kehrt euch reuig zu eurem Herrn und ergebet euch Ihm, bevor zu euch die Strafe kommt. Alsdann werdet ihr nicht gerettet« (Sura 39,54–55).

Wir lesen in einem *ḥadīth* von einer Brücke, die überquert werden muß, der gleichen Brücke, die in vielen Traditionen und Mythologien der ganzen Welt erwähnt wird; dünn wie ein Haar und rasiermesserscharf, ist sie über unendlich tiefe Abgründe gespannt. Jede Seele muß diesen gefährlichen Weg beschreiten, wenn sie ins Paradies kommen will, und einige – so heißt es – überqueren sie blitzschnell und andere so schnell wie der Wind, andere so wie ein Vogel fliegt, einige mit der Geschwindigkeit eines Rennpferds und wieder andere wie ein Mensch, der rennt, bis dann einer kommt, der »auf den großen Zehen seiner beiden Füße läuft« und den die Brücke abschüttelt, wie sie es auch mit vielen anderen tut, so daß sie dann Hals über Kopf ins Feuer stürzen. Auch dies ist ein Aspekt des Gerichts, der die Eignung oder Nichteignung der Seele für den himmlischen Garten enthüllt.

Der Abgrund, in den diejenigen stürzen, die für nichts besseres geeignet sind, ist ein Ort rasenden Feuers, das den Traditionen zufolge tausend Jahre lang geschürt worden ist, bis es rot wurde, dann noch einmal tausend Jahre lang, bis es weiß wurde, und wieder tausend Jahre lang, bis es schwarz wurde wie eine sternlose Nacht; und der Koran sagt uns, daß sie, wenn sie sich ihm nähern, »sein Rasen und Brüllen hören. Und wenn sie in einen engen Ort von ihm geworfen werden, zusammengefesselt, dann werden sie um Vernichtung bitten. ›Rufet heute nicht nach *einer* Vernichtung, sondern rufet nach vielen Vernichtungen‹« (Sura 25,13–15).

Dort, »in dem Schatten des schwarzen Rauchs«, müssen sie die tödliche Frucht des Baumes Zaqqūm essen, von der einige sagen, sie sei die Frucht des Bösen, das sie während ihres Lebens auf Erden getan haben, und ihr Trank ist »Eiter«, den »sie kaum unter die Gurgel bringen« (Sura 14,19–20). Der *ḥadīth*-Literatur zufolge treffen sie dort auf Skorpione, die so groß wie Maultiere sind, und auf riesige Schlangen, die ihnen die Haut vom Kopf bis zu den Fußnägeln abziehen; wenn sie ihre feurigen Sandalen anziehen, kochen ihre Gehirne wie in einem Kupferkessel, ihre Backenzähne glühen wie Kohlen, und ihre Eingeweide schmelzen und zerfließen. Ihre Stimmen sind, wenn sie aufschreien, wie die Stimme des Esels, die mit Keuchen beginnt und mit einem gellenden Schrei endet. Es heißt, daß, wenn auch nur der winzigste Teil der Hitze des Feuers in unsere Richtung käme, er alle Erdenbewohner verbrennen würde, und daß, wenn eines der Gewänder der Höllenbewohner über uns aufgehängt würde, der Gestank und die Hitze zusammen uns alle töten würden.

Der Tod kommt zu den Verdammten aus allen Richtungen, und doch können sie – dem Koran zufolge – nicht sterben, und deshalb liegt Leiden ohne Ende vor ihnen. »So oft ihre Haut gar ist [vom Feuer], geben wir ihnen eine andere Haut, damit sie die Strafe schmecken« (Sura 4,59); denn hier kann es keine Erleichterung durch Sinnesbetäubung geben, und die Verdammten gewöhnen sich niemals an ihren Zustand. »Gegossen wird siedendes Wasser über ihre Häupter, das ihre Eingeweide und ihre Haut schmilzt« (Sura 22,20–21); und dies hat eine besondere Bedeutung, wenn wir uns daran erinnern, was im Koran über die Verhärtung des Herzens gesagt wird und auch über die Undurchlässigkeit gegenüber der göttlichen Barmherzigkeit und der göttlichen Botschaft.

Es gibt nur wenig in den muslimischen Bildern über die Höllenregionen, das der westlichen Imagination fremd erscheinen könnte. Ob Dante die Bildersprache seines *Inferno* von islamischen Quellen »geborgt« hat oder ob sie ihm mehr oder weniger spontan einfiel, ist unwichtig; die Tatsache bleibt bestehen, daß sie sehr eng mit der muslimischen Vision des Reiches der Verdammten übereinstimmt, und beide bieten sich geradezu für allegorische Interpretation an, wofür der große Korankommentar von Fakhr ad-Dīn ar-Rāzī (gestorben 1209) ein interessantes Beispiel abgibt.

Rāzī zufolge sind die in einer Reihe von Versen erwähnten »Ketten« oder »Fesseln« »ein Symbol dafür, daß die Seele an ihre (früheren) physischen Bindungen und körperlichen Freuden gefesselt bleibt ... und jetzt, da deren Realisierung unmöglich geworden ist, hindern diese Fesseln und Ketten die auferstandene Persönlichkeit *(an-nafs)* daran, das Reich des Geistes zu erreichen ...« Folglich erzeugen diese »Fesseln« spirituelle »Feuer«, da unerfüllbare Sehnsucht ein starkes Gefühl des Brennens verursacht, was nach Rāzī die Bedeutung des »lodernden Feuers« *(al-jahīm)* ist. Der Sünder versucht die würgende Agonie der Entbehrung und den Schmerz der Trennung von allem, nach dem er sich sehnt, herunterzuschlucken; daher die Hinweise auf die Nahrung, die »sie kaum unter die Gurgel bringen«.* Es muß zugegeben werden, daß Interpretationen dieser Art einen weniger starken Eindruck hinterlassen als die nackte, schreckliche Bildersprache von Koran und *ḥadīth*, und sie sind deshalb auch weniger wirksam, um die menschliche Seele so zu erschüttern, daß sie ein Gefühl für die Realität bekommt.

Die wichtigste und kontroverseste Frage ist jedoch die, ob die Hölle des Muslim »ewig« sei, und hier stoßen wir – wie so oft – auf Probleme der Terminologie. Coomaraswamy und andere haben den wesentlichen Unterschied zwischen »Ewigkeit« (jenseits jeglicher Form von Zeit oder Dauer) und »fortwährendem Bestehen« (unbestimmte Dauer) betont. Wenn wir diese Definitionen akzeptieren, kann man sagen, daß Gott alleine ewig ist, da Er alleine die Absolute Realität ist, und der Koran stützt ganz gewiß diese Ansicht. Fortwährendes Bestehen mag »für immer und alle Zeiten« zu bestehen scheinen, es gibt jedoch ein Entrinnen daraus nach oben, hin zum Ewigen, ebenso wie es ein Entrinnen aus dem Traum durch das Wach-

---

* Muhammad Asad, *The Message of the Quran*, bes. S. 904

werden gibt. Die Verdammten mögen kein Ende ihrer Leiden sehen, aber Gott sieht ein Ende. Darüber hinaus ist Seine Barmherzigkeit »größer als Sein Zorn«, und zu suggerieren, daß diese in der Hölle völlig abwesend sein könnte, hieße zu suggerieren, daß die Hölle eine unabhängige und autarke Existenz jenseits der Reichweite Seiner alles durchdringen Barmherzigkeit habe, und das ist für den Muslim unannehmbar.

Es ist deshalb kaum überraschend, daß wir in den traditionellen Quellen lesen, daß ein »grüner Baum« (oder, in anderen Versionen, »Brunnenkresse«) auf den Feldern der Hölle wachsen wird, sobald sich die Zeit ihrem Ende nähert; und in der Tat schließen die Bilder von »Scheuern« und »Schmelzen«, die der Koran verwendet, eher einen Prozeß der Reinigung ein als den einer Strafe um der Strafe willen. All dies weist, in christlicher Terminologie, eher auf das Purgatorium hin als auf eine Hölle, in der man alle Hoffnung fahren lassen muß, wenngleich keine geringere Autorität als der heilige Thomas von Aquino sagt, daß es in der Hölle keine wahre Ewigkeit gebe, sondern nur Zeit; und Zeit muß ein Ende haben.

Ebenso bedeutsam ist die Tatsache, daß Fürbitte noch in Kraft ist. Einem ḥadīth zufolge, das sowohl von Bukhārī als auch Muslim, den beiden angesehensten Autoritäten, aufgezeichnet ist, werden die Gläubigen, die das Paradies sicher erreicht haben, für ihre Brüder in der Hölle bitten, und werden Erlaubnis bekommen, diejenigen herauszuholen, die sie erkennen. Ihre Gesichter werden vor dem Feuer geschützt sein, und sie werden eine große Anzahl Menschen herausbringen. Dann wird ihnen von ihrem Herrn gesagt werden, zurückzugehen und alle die herauszuholen, »in deren Herzen ihr Gutes auch nur im Wert eines dīnārs findet«. Das werden sie tun, aber es wird ihnen befohlen werden, noch ein drittes Mal zurückzukehren und alle die herauszuholen, »in deren Herzen ihr auch nur ein Staubkörnchen Gutes findet«, und das werden sie tun, obgleich die Engel und die Propheten bis dahin bereits eine unzählbare Menge aus dem Feuer gerettet haben werden. Dann wird Gott sagen: »Die Engel haben Fürbitte geleistet, die

Propheten haben Fürbitte geleistet, die Gläubigen haben Fürbitte geleistet, und nur der Allerbarmer der Barmherzige bleibt
noch übrig«; und Er Selbst wird eine »Handvoll« – und es gibt
nichts, das jemals Seine »Hand« füllen könnte – von Menschen
herausholen, die niemals etwas Gutes getan haben und zu
Kohle verbrannt sind. Er wird sie in einen Fluß werfen,
genannt Fluß des Lebens, und sie werden wie Samenkörner aus
Abfall auftauchen, der von den Fluten hinweggetragen wird,
und sie werden auftauchen »wie Perlen«. Danach mag man uns
erlauben, uns zu fragen, wie viele wohl bis zum bitteren Ende
in der Hölle verbleiben werden.

In einem anderen *ḥadīth* aus den gleichen Quellen wird uns
gesagt, daß der allerletzte Mensch, der aus der Hölle herausgeholt werden soll, wenn Gott ihm alles, was er sich wünschte
und noch mehr gegeben hat – wenn auch nicht ohne einige
Auseinandersetzungen zwischen ihnen –, seinen Weg zu seiner
Wohnung im Paradies »leichter findet als er die Wohnstatt
fand, die er auf Erden besaß«. Nach einer Lebensspanne auf
Erden, nach dem Trauma des Todes und nach den scheinbar
endlosen Qualen des Feuers (das ihn zu Kohle werden ließ) ist
er nach Hause gekommen und erkennt seine Heimat ohne
einen Augenblick des Zögerns.

Es ist fast, als sei er niemals abwesend gewesen.

Wir können daraus nur eine Schlußfolgerung ziehen. Wo
immer die menschliche Seele sich auch befinden und so weit sie
auch umherschweifen mag, sie ist nur im Paradies zu Hause.
Überall sonst ist sie im Exil. Und doch darf nicht vergessen
werden, daß das, was aus dem »Abfall« oder aus den verkohl-
ten Resten hervorgebracht wurde, ein »Samenkorn« war (das
dann im Wasser des Lebens »keimte und austrieb«). Unser
innerster Kern, der das Paradies sucht und dort zu Hause ist,
ist nicht die äußere Persönlichkeit, die mit den Angelegenheiten dieser Welt beschäftigt und von ihrer Essenz getrennt ist,
obgleich auch sie, auf ihre Art und unbewußt, auf der Suche
nach einer Erfüllung ist, die sie hier niemals finden kann; er ist
die innerste Essenz jedes Wesens – der »Geist« –, der sich nach

dem Nachhausekommen sehnt und der niemals befriedigt sein kann, ehe er nicht nach Hause gekommen ist. Was immer in unserer Natur sein mag, das nicht in Einklang mit unserer Essenz steht, ist Abfall, der verbrannt werden muß; und wer glaubt, daß dieser Abfall er selbst – sein »wahres Selbst« – sei, wird mit ihm zusammen verbrannt werden.

Mit dem Eintritt ins Paradies lassen wir die Zeit hinter uns, und alles findet seinen rechten Platz. Wäre es möglich, daß die Seligen auch nur eine einzige unglückliche Erinnerung behielten, wäre das nicht die ihnen versprochene Vollkommenheit; und doch kann man nicht sagen, daß sie etwas vergessen, denn das Paradies ist der Ort, wo alles klar gesehen wird. Was sie dann sehen, ist die absolute Vollkommenheit der Schöpfung, in der alle Disharmonien aufgelöst sind. Dort geht nichts verloren, denn der kleinste Verlust wäre eine unerlaubte Unvollkommenheit, ein Flecken auf dem Glas; und allein die Tatsache, daß wir etwas auf dieser Erde lieben, ist ein ausreichender Beweis dafür, daß das eine Widerspiegelung von etwas ist, was dort in unvergleichlich schönerer Form existiert.

Es kann keine Rückkehr zu den Schatten und den Vieldeutigkeiten dieser Welt – oder irgendeiner anderen Welt – geben, wenn einmal der Befehl erteilt ist: »Tretet ein ins Paradies ihr und eure Gattinnen, in Freuden... hier ist enthalten, was die Seelen ersehnen und die Augen ergötzt. Und ewig sollt ihr darinnen verweilen« (Sura 43,70–71); denn »jene sind's, von denen Wir das Beste von dem, was sie taten, annehmen, und deren Missetaten Wir übersehen; unter den Bewohnern des Paradieses sind sie« (Sura 46,15).

Diese, das Volk des Paradieses, »werden sich in Geschäften ergötzen, sie und ihre Gattinnen, im Schatten auf Hochzeitsthrone sich lehnend. Früchte werden ihnen darinnen sein, und was sie verlangen. ›Frieden‹ ein Wort von einem erbarmenden Herrn.« (Sura 36,55–58).

Von einem etwas anderen Standpunkt aus sehen wir, daß ein Unterschied gemacht wird zwischen »den Ersten« und den »Leuten zur rechten Hand«; denn obgleich niemand hier weniger findet als er ersehnt – tatsächlich finden alle mehr –, unterscheiden sich die Seligen in Substanz oder in Fähigkeit zur Freude, und selbst im Paradies gibt es Abstufungen. »Die Ersten« sind die *muqarrabūn*, »die Nahen« (das heißt, nahe bei Gott Selbst), und in der *Sūrah* »al-Wāqiʻah« beschreibt der Koran ihren Zustand in reichem und doch knappem Symbolismus, der sich weitgespannter Interpretation anbietet. Sie ruhen auf »(mit Edelsteinen) eingelegten Thronen« und werden von »unsterblichen Jünglingen« bedient, die ihnen einen Trunk aus einer »reinen Quelle« bringen (könnte dies das Wasser des Lebens selbst sein?); sie ruhen »von Angesicht zu Angesicht« in vollkommener Gemeinschaft und essen das »Fleisch von Vögeln«, eine Engelsnahrung, die frei vom Gewicht und der groben Struktur irdischer Dinge ist; und bei ihnen sind die Schönen mit großen dunklen Augen, die *ḥūr*, die wie »verborgene Perlen« sind, so geheimnisvoll, so zart, so schön; und das Wort, das in ihren Ohren widerhallt, ist »Friede, Friede!«

Die »zur rechten Hand« sind nicht weniger glücklich, da sie alles Glück genießen, das sie ertragen können, »unter dornenlosem Lotos und Bananen mit Blütenschichten und weitem Schatten, und bei strömendem Wasser und Früchten die Menge, unaufhörlichen und unverwehrten« (Sura 56,26–32). Gott, der nur zu sagen braucht: »Sei!«, und es *ist*, hat für sie »eine neue Schöpfung« erschaffen, Jungfrauen, die ihnen »vollkommen angepaßt« sind, liebevoll und gesellig. In unserer Welt sind Sehnsucht und ihr Gegenstand, Bedürfnis und seine Befriedigung getrennt, manchmal durch große Entfernungen oder durch einen unüberbrückbaren Abgrund; das Paradies hat jedoch sehr viel mehr Anteil an der göttlichen Einheit als unser gegenwärtiger Erfahrungszustand. Im Paradies ist die Lücke geschlossen.

Die Eschatologie ist immer Pedanten ausgeliefert, die den Symbolismus, der ihre notwendige Sprache ist, sogar noch wörtlicher nehmen als der fantasieloseste Gläubige. Doch vielleicht beruht das Problem zum Teil darauf, daß sie die eschatologische Bildersprache vom falschen Standpunkt aus studieren.

Was zählt, sind nicht die Mittel, durch die – wie es heißt – Freude erschaffen wird, sondern die Tatsache, daß Freude existiert, nicht die Gegenstände, die – wie es heißt – Sehnsucht befriedigen – »Früchte« und »reiner Trunk« und »das Fleisch von Vögeln« –, sondern Sehnsucht als solche und ihre vollkommene Befriedigung.

Ein Mann, der offensichtlich meinte, daß ein Himmel ohne Kamele überhaupt kein Himmel wäre, fragte den Propheten, ob er im Paradies auch Kamele vorfinden würde. »Wenn Allah dich ins Paradies bringt«, sagte der Prophet, »wirst du dort alles haben, was deine Seele ersehnt und was dein Auge ergötzt.« Ob das tiefe Bedürfnis dieses Mannes, das in dieser Welt seine Befriedigung im Besitz edler Tiere fand, auch noch im Paradies Kamele zu seiner Befriedigung brauchen wird, ist eine Frage, die offengelassen werden kann.

Die Frage der *ḥūr* (»Huris«), der weitäugigen Jungfrauen, welche die Gefährtinnen der Seligen sind, hat – gelinde gesagt – die Christen über viele Jahrhunderte hinweg beschäftigt, und obgleich der Gedanke an himmlische Erotik nicht mehr so schockiert wie früher, sind zeitgenössische westliche Menschen noch immer davon fasziniert und können nur selten umhin, zu fragen, weshalb keine ähnlichen Vorkehrungen für die Frauen unter den Seligen getroffen wurden, wenn sie, nachdem sie das Gericht überstanden haben, ihre wahre Heimat erreichen.

Es dürfte nach dem, was zuvor zum Thema Sexualität und tatsächlich nach all dem, was über die islamische Perspektive gesagt worden ist, einleuchten, daß nichts, das so zentral in unserem Leben auf Erden ist, vom Paradies ausgeschlossen sein könnte, denn das wäre eine unerklärliche Lücke im Gewebe der Glückseligkeit. Wenn geringere Freuden und andere Schönheiten, die wir hier genießen, als Widerspiegelung dessen anzusehen sind, was anderswo vollkommener existiert, dann muß auch sexuelles Entzücken seinen Platz in der Matrix der Realität haben, und die Schönheit der Frauen muß uns ganz besonders unmittelbar an die ewige Schönheit erinnern, die sich noch unmittelbarer im Paradies manifestiert. Diese Schönheit scheint durch die *ḥūr* hindurch, die als Personifizierungen des Reichtums der göttlichen Gaben Freigebigkeit, liebevolle Güte und alle sanften Tugenden verkörpern; Vereinigung mit ihnen in solcher Nähe zu Gott Selbst muß eine noch intensivere Bedeutung haben als sie die geschlechtliche Vereinigung im irdischen Kontext hat.

Hier liegt in der Tat ein doppelter Symbolismus: erstens der der Freude, der Vereinigung (die Geschlechter existieren um der Vereinigung willen) und der Erfüllung; zweitens den der Schönheit, auf Erden teilweise und im Paradies überall sichtbar und durch die *ḥūr* – anfaßbar, warm und intim – zum Leben gebracht. Jenseits davon gibt es einen noch tieferen Symbolismus, mit dem sich die Mystiker befassen. Die göttliche Essenz, die »Realität Der Realität«, die jenseits alles Begriffsvermögens liegt (»das Auge«, heißt es, »kann das Auge nicht sehen«), wird im Arabischen mit dem weiblichen Wort *dhāt* beschrieben, und da sie für unser Verständnis »dunkel« ist, wird sie manchmal als »Nacht«, *Laylā*, dargestellt, was auch der Name der Heldin vieler muslimischer Geschichten und Gedichte ist. Durch die Schönheit, die Unschuld und das Mysterium eines jungen Mädchens wird das tiefste Geheimnis aller Dinge, ob manifestiert oder nicht-manifestiert, erspürt und geliebt.

Ebenso wie die Hölle ein Ort der Trennung ist – denn obgleich die Verdammten zusammengekettet sind, hassen sie einander –, ist das Paradies der Ort voller und vollkommener Vereinigung, und der Islam empfindet es nicht als unpassend, dies mit erotischen Begriffen darzustellen. Einem *ḥadīth* zufolge wird jeder Mann sein Gesicht in dem seiner Gefährtin widergespiegelt sehen und auch in ihrem Körper, und sie wird ihr Gesicht in seinem und in seinem Körper sehen, als ob, in einer so vollkommenen Vereinigung, sie ineinander aufgingen, doch ohne ihre eigenen Identitäten zu verlieren; es heißt auch, daß das Knochenmark sichtbar sei, das wie »leuchtender Honig« durch die Knochen jeder Jungfrau läuft (so durchsichtig sind sie), und das ist die Essenz sichtbar gemachter Absoluter Schönheit. Formen, die in dieser Welt so fest und so undurchsichtig erscheinen, verbergen – im Paradies – nicht das göttliche Licht, das sie projiziert hat. Und diese Formen sind unendlich wandelbar. Niemand wird dies verstehen, es sei denn, er kann sich von rein irdischen Denkgewohnheiten freimachen, denen zufolge jedes Ding in seiner undurchsichtigen Dichte isoliert und jeder Geist unwiderruflich an eine bestimmte leib-geistige Form gebunden ist; doch wenn man sich daran erinnert, daß das Wort »Persönlichkeit« von dem lateinischen Wort *persona* abgeleitet ist, was die Maske eines Schauspielers bedeutet, wird man sich auch klar werden, daß Masken gewöhnlich nicht auf Gesichter geklebt sind, und wird aus dieser Tatsache gewisse logische Schlußfolgerungen ziehen.

Im Paradies, so heißt es, werden den Seligen – Männern wie Frauen – siebzig Gewänder gegeben, deren jedes seine Farbe siebzigmal in der Stunde wechselt. Wenn wir uns daran erinnern, daß in dieser Welt Körper und Persönlichkeit »Gewänder« des Geistes sind, ist die Bedeutung dieses *ḥadīth* ganz klar. Es wird auch gesagt, daß es im Paradies einen Markt gibt »auf dem weder gekauft noch verkauft wird, sondern wo es nur Gestalten von Männern und Frauen gibt«; der Geist der Seligen nimmt jegliche Form an, die er wünscht, denn sie könnten kaum mit geringerer Ausdrucksfreiheit zufrieden sein, und dies ist der Ort der Zufriedenheit.

Unter diesen Umständen könnte die Frage, weshalb es keine männliche Entsprechung zu den *ḥūr* gibt, überflüssig sein. Es wird jedoch noch immer gefragt werden, ob der »durchschnittliche Muslim« tatsächlich in einem derart komplexen Symbolismus denkt, worauf die Antwort lauten muß, daß solche Dinge nicht analytisch ausbuchstabiert zu werden brauchen, um verstanden (wenn auch nicht notwendigerweise in ein Konzept gezwungen) zu werden von denjenigen, deren Verstand, Phantasie und Einfühlungsvermögen durch den Islam geformt sind. Nur wenn bestimmte Fragen gestellt werden, wird es notwendig, erklärende Worte auszuspinnen, und der »durchschnittliche Muslim« stellt diese Fragen gar nicht erst, denn er weiß, daß im Paradies alles wohlbestellt sein wird; und das ist genug.

Aber wie lange wird das dauern? Wenn Gott alleine in der präzisen Bedeutung des Wortes ewig ist und wenn, nachdem alles getan ist, ein grüner Baum auf dem Boden der Hölle wächst, wie kann Er dann den Seligen versprechen, daß sie das Paradies niemals verlassen müssen? (Sura 15,48). Zunächst einmal gibt es keine wie auch immer geartete Gleichwertigkeit zwischen Paradies und Hölle (ebensowenig, wie es eine solche zwischen der göttlichen Barmherzigkeit und dem göttlichen Zorn gibt). Das eine (das Paradies) ist offen, die andere (die Hölle) ist geschlossen, das eine ist grenzenlos weit, das andere begrenzt. Gut und Böse, obwohl wir von beiden gewöhnlich als einem Paar sprechen, gehören nicht der gleichen Ordnung oder der gleichen Ebene der Realität an; deshalb ist uns auch versprochen, daß eine gute Tat zehnfach belohnt werden wird – oder hundertfach (oder so vervielfacht wie man es sich vorstellen mag) –, wohingegen die böse Tat nur das als Strafe empfängt, was ihr gleichwertig ist, und nicht mehr als dies (das Gute ist fruchtbar, das Böse ist unfruchtbar).

Zweitens ist das Paradies »offen« in einem sehr besonderen Sinn; es öffnet sich zum Göttlichen hin, und in Seiner Gegenwart, Der sowohl ewig als auch unendlich ist, kann es kein Ende von irgend etwas geben. »Verheißen hat Allah den Gläubigen, Männern und Frauen, Gärten durcheilt von Bächen, ewig darinnen zu verweilen und gute Wohnungen in Edens Gärten. Aber Wohlgefallen *(riḍwān)* bei Allah ist besser als dies. Das ist die große Glückseligkeit« (Sura 9,73). *Riḍwān* wird gewöhnlich als »Billigung« oder »Wohlgefallen« übersetzt; für seine Wortwurzel *raḍiya* bietet das Wörterbuch Übersetzungen wie »zufrieden sein«, »zustimmen«, »billigen« an, aber keine Übersetzung kann die Kraft und Bedeutung eines Wortes mitteilen, das etwas beschreibt, was größer als das Paradies selbst ist, vielleicht deshalb, weil es schon schwierig genug ist, sich das Paradies vorzustellen, ohne daß wir uns auch noch vorstellen müssen, was jenseits davon ist. Wir können uns nur an die Idee der »Offenheit« klammern, die selbst auch nicht mit menschlichen Begriffen zu erfassen ist.

Der Prophet sagt, ein Augenblick werde kommen, wenn Gott die Seligen fragen werde, ob sie zufrieden seien, und daß sie antworten werden: »Wie sollten wir nicht zufrieden sein, Herr, wenn Du uns gegeben hast, was Du sonst keinem Deiner Geschöpfe gegeben hast?« Dann wird Er sagen: »Soll Ich euch etwas noch Besseres als dies geben?« und sie werden fragen, was noch besser sein könnte. Dann wird Er sagen: »Ich werde Mein *riḍwān* sich auf euch niedersenken lassen...« Und der Prophet sagt auch: »Während die Bewohner des Paradieses ihren Freuden nachgehen, wird ein Licht auf sie scheinen, und wenn sie ihre Köpfe erheben, werden sie sehen, daß ihr Herr von oben auf sie herabgeblickt hat. Er wird sagen: ›Friede sei mit euch, o Bewohner des Paradieses!‹...Er wird sie dann anschauen und sie werden Ihn anschauen, und sie werden sich nicht abwenden, um irgendeiner ihrer Freuden nachzugehen, solange sie Ihn anschauen können, bis Er sich dann wieder vor ihnen verschleiert, obgleich Sein Licht bleibt.« Der Prophet sagt auch: »Bei Ihm, in dessen Hand meine Seele ist, keine Seiner Gaben ist kostbarer als dieses Ihn-anblicken-dürfen«, und wenn die Vision verblaßt und sie wieder zu sich gekommen sind und in ihren himmlischen Haushalt zurückkehren, werden ihre Gefährten voll Entzücken feststellen, daß sie jetzt »noch schöner sind als zuvor«. Das ist das Ende der Reise und die Heimkehr für diejenigen, die während ihres irdischen Lebens gebetet haben: »Mein Herr, gib mir einen gesegneten Ausgang, denn Du bist der beste der Ausganggeber« (Sura 23,30).

Hier haben wir eine vollkommene Entsprechung. Wenn wir *riḍwān* als »Annehmen« von seiten Gottes übersetzen, dann könnte *islām* als »Annehmen« von seiten des Menschen übersetzt werden; er »nimmt« Gott an mit allem, was dies einschließt, und »nimmt« sein Schicksal an mit all dem Leid, das es enthalten mag, und, er schlägt den »rechten Pfad« ein, der zum Paradies führt und darüber hinaus, zur beseligenden Schau; und deshalb »nimmt« Gott ihn an und gibt ihm »Licht über Licht«.

Wenn der Muslim gemäß dem ersten Pfeiler seiner Religion das

Glaubensbekenntnis ausspricht, bindet er sich an das Wesentliche und stellt alles beiseite, was – scheinbar – anders-als-Gott ist, und er erkennt die Wahrheit an, die von den Gesandten gebracht wurde. Wenn er gemäß dem zweiten Pfeiler betet – sei es in einer Moschee oder auf dem Wüstensand, in einer westlichen Stadt oder in den Polargebieten –, stellt er sich in den Mittelpunkt aller möglichen Welten; denn Gott hat versprochen, daß Er gegenwärtig sein wird, wo immer Sein Name erwähnt wird, und der Ort, an dem Er gegenwärtig ist, ist notwendigerweise der Mittelpunkt jeder Dimension.

Wenn dieser Muslim gemäß dem dritten Pfeiler die Armensteuer zahlt und die Pflicht liebevoller Güte gegenüber seinen Mitmenschen auf sich nimmt, erkennt er die Rechte der anderen Geschöpfe an und erkennt, daß Gott, der ihm nahe ist, auch ihnen nahe ist. Wenn er fastet, gemäß dem vierten Pfeiler, löst er sich von der Örtlichkeit, in der er zeitweilig untergebracht ist, um sich auf seine ewige Heimat vorzubereiten.

Und wenn er als Pilger vor der Ka'ba in Mekka steht (nachdem er sie siebenmal umschritten hat), wird die Zentralität, die bereits vorgebildet war, wenn er sich aus weiter Ferne beim Gebet in ihre Richtung wendete, zur Wirklichkeit. Nur in zwei Längen einfachen, ungenähten Stoffes gekleidet, hat er die Kennzeichen hinter sich gelassen, die seine Identität in dieser Welt ausmachten, seine Rasse, seine Nationalität, seinen Status; er ist nicht mehr Soundso von da oder dort, sondern einfach ein Pilger.

Unter seinen bloßen Füßen liegt, wie Perlmutt, der blasse Marmor dieses Amphitheaters im Mittelpunkt der Welt, und obgleich ihm befohlen ist, seine Augen niederzuschlagen, wenn er anderswo betet, ist es ihm nun erlaubt, sie zu erheben und auf die Ka'ba zu blicken, die der irdische Schatten des Pols oder der Achse ist, um den sich die Sternenhimmel drehen. Mag auch das Paradies noch weit entfernt erscheinen, er ist schon nach Hause gekommen.

Preis (gebührt allein) Allah, dem Herrn der Welten

Register der Koranzitate

Die Übersetzung von Max Henning, Reclam Verlag, Stuttgart, ist den Übersetzungen zugrundegelegt, jedoch des öfteren verändert und schärfer gefaßt.

Ḥadīth qudsi, außerkoranische inspirierte Gottesworte